海峡两岸暨香港人文社会科学论坛论文集(2015)

中华文化与现代世界
新文化运动一百年

北京大学社会科学部 ◎主编

北京大学出版社
PEKING UNIVERSITY PRESS

图书在版编目 (CIP) 数据

中华文化与现代世界：新文化运动一百年 / 北京大学社会科学部主编 . -- 北京：北京大学出版社，2025.6. -- ISBN 978-7-301-34910-6

Ⅰ . K261.107-53

中国国家版本馆 CIP 数据核字第 2025DY4316 号

书　　名	中华文化与现代世界——新文化运动一百年 ZHONGHUA WENHUA YU XIANDAI SHIJIE ——XINWENHUA YUNDONG YIBAINIAN
著作责任者	北京大学社会科学部　主编
责 任 编 辑	刘书广
标 准 书 号	ISBN 978-7-301-34910-6
出 版 发 行	北京大学出版社
地　　址	北京市海淀区成府路 205 号　100871
网　　址	http://www.pup.cn　　新浪微博：@北京大学出版社
电 子 邮 箱	编辑部 wsz@pup.cn　　总编室 zpup@pup.cn
电　　话	邮购部 010-62752015　发行部 010-62750672 编辑部 010-62755217
印 刷 者	河北博文科技印务有限公司
经 销 者	新华书店
	650 毫米 ×980 毫米　16 开本　21 印张　330 千字 2025 年 6 月第 1 版　2025 年 6 月第 1 次印刷
定　　价	88.00 元

未经许可，不得以任何方式复制或抄袭本书之部分或全部内容。

版权所有，侵权必究

举报电话：010-62752024　电子邮箱：fd@pup.cn

图书如有印装质量问题，请与出版部联系，电话：010-62756370

编委会

主　　　编：北京大学社会科学部

编委会成员：王博（北京大学副校长）、王磊（北京大学社会科学部副部长）、邢滔滔（北京大学社会科学部副部长）、蔡昉（中国社会科学院副院长）、张妙清（香港中文大学副校长）、李光华（台湾"中央大学"副校长）、王泓仁（台湾大学人文社会科学发展中心主任）、范从来（南京大学校长助理）、孙向晨（复旦大学哲学院院长）

执 行 编 辑：韩聿琳（北京大学社会科学部助理研究员）

序 言

"海峡两岸暨香港人文社会科学论坛"是香港中文大学、台湾"中央大学"、南京大学、中国社会科学院、北京大学、复旦大学和台湾大学共同发起的学术交流平台,由7家单位轮流承办,每年围绕一个重要议题,汇聚海峡两岸和香港地区的学者展开深入的讨论,以期增进理解、活跃交流、加强合作。

2015年第八届论坛,恰逢新文化运动一百周年,主题遂定为"中华文化与现代世界——新文化运动一百年"。北京大学作为新文化运动的主要阵地,承担了本届论坛的组织工作。论坛当年10月在北京大学举行,由北京大学社会科学部协办。

时任北京大学常务副校长刘伟、中国社会科学院副院长蔡昉、香港中文大学副校长张妙清、台湾中央大学副校长李光华、台湾大学人文社会科学发展中心王泓仁、南京大学校长助理范从来、复旦大学哲学学院院长孙向晨等出席了开幕式。时任北京大学校务委员会副主任李强、时任北京大学社会科学部部长王博、时任副部长王磊等,以及来自海峡两岸暨香港的近40位学者参加了本次论坛。

北京大学韩水法教授和台湾中央大学汪荣祖教授分别进行了主旨演讲。韩水法教授以《作为他者的自身——新文化运动中的中国认识与认同》为题,阐述了作为中国现代历史大变局关键点的新文化运动中的中国认识及其知识背景,人们的判断和情绪与决定和行为之间的关系,以及这些因素对中国社会现代变迁的影响。汪荣祖教授以《世界和平需要国学里的王道精神》为题,论述了"王道"与"霸道"的区别,并认为美国推行的"霸道"不可能带来世界和平,而和平的希望在于中国的"王道"精神。

论坛分为三个单元。第一单元,与会者围绕"科学与人文——中华文化的现代精神"主题展开讨论。南京大学李承贵以中国哲学特性对科学方法的设定为中心,探讨了中国文化的现代价值。中国社会科学院陈霞从"为学日益,为道日损"出发,论述了科学与人文的协调发展。台湾中央大学陆敬忠则从文化际诠释学的视角切入,以《体系与中道》为题,讨论了科学与人文的间际问题。

在第二单元"历史与现实——新文化运动与现代中国"中,复旦大学张汝伦以李大钊的史学思想为例,阐释了"史学与中国现代性"。香港中文大学张历君分析了瞿秋白的"鲁迅论"与新文化运动中知识分子的自我想象。中国社会科学院郑大华就《新青年》创刊与近代中国文化走向展开了论述。南京大学沈卫威则将新文化运动比作中国的文艺复兴,关照民国学人在其中的"积极"与"消极"。台湾大学吴展良从中国近现代史的自身脉络,重新诠释了新文化运动的基本性质与主张。北京大学欧阳哲生对古代北京与西方文明研究的诸多问题进行了探讨。

在第三单元的发言里,与会者围绕"自由与秩序——个人发展与社会进步"主题展开讨论。复旦大学孙向晨认为,新文化运动中提出的"个体"与"家庭"的论争,百年后再讨论有全新的意义。台湾"中央大学"孙炜采用审议民主的观点,试图构建地方行政机关的公民参与和绩效管理的概念结构及制度设计。香港中文大学戴海静研究了当代中国乡村的社区建设,探讨了村级福利系统建设的模式及意义。北京大学徐爱国则从法制建设出发,分析了新文化运动在法制发展历程中的印记。

本论文集展现了海峡两岸暨香港学者对新文化运动的共同研究与关注。各位学者的文章,体现了论坛对于传承文明、凝聚共识、加深沟通、引领风尚等方面的历史与现实意义,同时表明,论坛长效机制的建立对海峡两岸暨香港人文社会科学学者展开更为精细和专业的学术合作提供了一个有效的平台和良好的契机。

北京大学社会科学部
2019 年 1 月

目　录

主旨演讲

作为他者的自身
　　——新文化运动中的中国认识与认同 ……………… 韩水法/3
世界和平需要国学里的王道精神……………………………… 汪荣祖/15

第一单元　科学与人文——中华文化的现代精神

中国传统文化的现代价值
　　——以中国哲学特性对科学方法的设限为中心 ………… 李承贵/23
"为学日益，为道日损"
　　——论科学与人文的协同发展 ……………………………… 陈　霞/28
体系与中道——在科学与人文之间际
　　——一种文化际诠释学之省思 ……………………………… 陆敬忠/40

第二单元　历史与现实——新文化运动与现代中国

史学与中国现代性
　　——以李大钊的史学思想为例 ……………………………… 张汝伦/91
"挤出轨道"的孤儿
　　——瞿秋白的"鲁迅论"与新文化运动中知识
　　　分子的自我想象 ………………………………………… 张历君/108

《新青年》创刊与中国近代的文化走向 …………………… 郑大华/124
民国学人"文艺复兴"路径上的"积极"与"消极" ………… 沈卫威/142
新文化运动新诠 ………………………………………… 吴展良/162
国际视野下的北京研究
　　——《古代北京与西方文明》导论 ………………… 欧阳哲生/199

第三单元　自由与秩序——个人发展与社会进步

个体主义与家庭主义:新文化运动百年再反思 …………… 孙向晨/245
中国礼教与现代秩序
　　——兼论创建新型礼教文明的意见 ………………… 司马云杰/259
地方行政机关的公民参与和绩效管理:审议民主的观点 …… 孙　炜/268
从私人关系到村级福利:当代中国乡村的社区建设研究 …… 戴海静/291
寻找"新文化运动"在百年法治中的印记 ………………… 徐爱国/312

主旨演讲

作为他者的自身

——新文化运动中的中国认识与认同

韩水法

北京大学哲学系教授

本文的主旨,是从方法论上探讨新文化运动之中国人有关中国认识的方法、知识背景和态度等方面及其相互作用。在这样一种角度之下,本文包含三个维度的考察。首先,它是关于中国历史和社会认识的方法论研究,这同时也就关涉关于中国社会的若干基于实证的判断和解释,其次,它考察中国现代社会变迁过程之中的知识及其体系的演变,这也关涉中国士大夫到现代知识分子转变的知识群体的转型;第三,它考察中国社会现代变迁中的中国人的自我认识的演变,从而关涉现代社会的精神基础,即认同的意义。

本文以新文化运动为时点,但也会纵观这一时期前后的历史现象,考察的主要对象为新兴知识分子,亦包括转变中的传统士大夫及一般破蒙的人群;除了知识,本文也会关涉理智与情绪之间的关系——在一个社会大变动时期,社会心理与个人情感是一项极其重要的因素。通过这样的

---

* 该文章已发表在《学术月刊》2016年第9期。

考察和研究,人们可以从先前那种表面的、常常单一视角的描述拓展到多维而立体的视野,从一时成王败寇的判断扩大到宏观历史的鸟瞰,从而揭示作为中国现代历史大变局关键节点的新文化运动之中人们的认识、知识背景、判断和情绪与他们的决定和行为之间的关系,以及后面这些因素对中国社会现代变迁的影响。

一、为什么要认识中国

为什么要认识中国这个问题,在今天一些人们的直觉中,似乎是多余的,认识中国是无须置疑的任务,为什么的问题是不存在的,虽然人们为此提出的理由并不相同。而在新文化运动时期一些颇有影响的人物的观念中,这个问题同样是多余的,但他们的态度刚好相反,认为中国,尤其它的传统就是如此,不值得重视,它的糟粕如此明显,而其精华,如果有的话,其他文明同样也具备,因而就无需认识,首要的任务是建立一个新中国。① 这样一种观点和态度的形成有复杂的背景,也产生了长远的影响,直至今天余绪未绝,这正是将中国造就为他者的一个重要因素。

当我们重新审视这一段历史时,发现一些人之所以认为认识中国不必要,恰恰是因为对中国缺乏基于现代人文社会科学的系统知识,不仅对当下的中国,而且对传统的中国,都缺乏系统的和全面的认识。在这种情形之下,当时主张系统地认识中国的观点虽然存在,却处于弱势的地位。当人们重新回顾这段历史,结合当时人的思考,为回应为什么要认识中国的问题,可以提出许多的理由,这里撮其大要,概括出如下一些主要的方面。

首先,在何种情况之下出现了认识中国的迫切要求?毫无疑问,巨大的社会变革迫使人们需要重新面对他们似乎熟悉的、天天出入其中的那

---

① 参见林毓生的观点:"在陈独秀和胡适看来,没有必要对中国传统进行任何实质性的研究。他们从唯智论的整体观思想模式出发,认为受到指责的中国传统就是不值得珍视的。根据这种形式主义的论断,中国传统中那些有价值的东西只不过是一切文化中都具有的性质而已,它们对中国传统的中国性质既不能加以解释,又不能促其发展。"(林毓生:《中国意识的危机》,贵州人民出版社,第248—249页)

个社会,重新认识自身。但是,在那个即便西方的现代学术体系也刚刚形成而中国现代学术体系尚属草创的时代,传统的知识体系、认识方式和判断准则,仍然具有强大的惯性力量,人们常常据此并且依照日常经验来认识他们所身处的社会、社会中的人,以及这个社会和这些群体与周围世界的关系,而这种认识和那种通过现代学术研究所得到的知识和理论是有极大的差别的。倘若社会变迁是以改良的方式进行的,人们的认识不足还可以通过逐渐的、试错式的方式予以弥补。但如果社会变迁是以革命的方式进行的,那么错误的认识和判断以及在此基础上做出的决定就会导致巨大的灾难和无法挽回的损失。然而,无论如何,认识中国是改造中国的必要前提,你无法改造一个你对之认识不清和不全的对象。但是,这里一个致命的困难是,当时中国的士大夫——知识分子很少有人意识到自己对中国及中国社会知识的缺乏和薄弱。

其次,这种认识具有一个独特的急迫性:在西方强国侵略、压迫和欺凌之下的对比认识。对付列强,或者更高一层的目标,中国的强大,成为当时国人对中国社会及其人民做出各种判断的主要目的。当然,在中西对比的境域之下对中国以及相应的对欧洲的认识,并不是自19世纪40年代才开始的。康熙时代的"中西礼仪之争"实际上就蕴涵了这样一类的认识,如果不溯及明末的历史的话。

不过,"中西礼仪之争"所包含的认识与19世纪40年代之后的相应认识有根本的区别。因为,在鸦片战争之后,第一,国人清楚地认识到中国与所谓西方列强以及日本的巨大差异;第二,国人清楚地认识到了西方文明的巨大优势;第三,国人是在巨大的失败和挫折,尤其是心理崩溃的局面之下认识到这种巨大差距的;第四,国人有了初步的世界观念,以天下为自任的态度几近消失。

另一方面,欧洲人自从17世纪耶稣会教士进入中国,有计划有系统地来中国传教,同时就着手从各个方面了解和考察中国,并把这些考察所得整理为文字,源源不断地传回欧洲,使得西欧的知识分子对中国有了相对来说颇为丰富的知识——尽管许多知识其实是相互矛盾的和错误的,就如赫尔德所说,"现在,我们对中国的了解甚至超过对欧洲的一些国家"。① 而当时的士大夫对欧洲的所知及其态度,则是连传教士送到中国来的知识也没有引起他们的多少兴趣。

张之洞提出"中学为体,西学为用"的原则,表明国人对认识自身以及外在世界的态度发生了重大变化,它具有如下几重意义:(1)认识中国,在当时主要是反思和重新考察中国传统的思想和知识体系。很显然,如无认识,中学何以界定?西学的情况也是如此。更何况人们还要比较两者之间的差异,后者与单纯所谓中学之学与西学之学是大有区别的学问,亦即它是一种学术研究和系统的知识。(2)它提供了一种原则,不仅施用于学术研究,而且主要用作社会改革的原则。(3)建立了认同的区别的一个标准,导致了据于中学的认同与据于西学的认同之间的学术争论以及观念争论。(4)它确实也表明,中国原有的思想和知识已经不敷足用,需要引入西方的资源。

不过,从思想资源上来说,"夷夏之辨"已经就是一种自我认识的有效方式,这就是与他者的对照,而非单纯的自我观照。另外,"夷夏之辨"这一说法本身也表明,自身在"辨"之中需要得到澄清,而在这之前,夏究竟是什么,原本也是不清楚的。倘若"夏"原本就是清楚的,那么夷之为夷,自然也就是分明无误的。因此,简单地说,自我认识总是在与他人的关系之中,并且是在与他人发生的事件之中或之下才发生的。但是,深入一步,这其中事实上包含相当复杂的关系,这里,我们可以分疏出如下若干内容:(1)认同的迷失,自身与他者混为一体,亦即原本以为有一个自身,与他者泾渭分明,而现在竟然淆乱以至于连自身是什么也难以分辨了。因此,夷夏之辨的提出并非表明,已有一个分明的夏或自身在,而是恰恰说明,这样清楚分明的夏是要通过分辨才能建立起来的。(2)认识的缺乏。倘若在这之前,夷夏的知识是现成而充分的,那么分辨甚至就是不必要的,至少不必当作一个重要的事情来做。或者退一步说,只要关于夏或夷的一方知识是具备的,人们也就没有必要来做这样一件大事。(3)夏的重新构造,因为夏其实与夷一样,在知识上和观念上是不清楚的,所以要

---

① 夏瑞春:《德国思想家论中国》,江苏人民出版社,1997年,第93页。

梳理出来,并且还必须提供必要的论证,这个过程实际上也就是一个构造的过程,而非单纯梳理和温习的事情。

新文化运动提出了新的要求,这就是要求构造一个不同于既有的中国的新的国家或社会。新文化在这里包含多重意义,就新文化运动所关涉的范围而论,它包括思想、文学与语言、科学、政治、社会、历史、艺术、宗教等领域。毋庸置疑,这种构造不仅意在与上述领域相关的观念的创造、引进及其确立,而且承带与这些观念相应的制度的构建。简而言之,新文化运动不仅是观念的和思想的运动,它同时还承带社会改造的运动。这是人们的一般认识,也是确实的认识。实际的情形还不止如此。在《青年杂志》(即《新青年》)第一期上,陈独秀所要求的是人的更新,主要是青年人的更新。他认为,老年人是可以放弃了,即便青年人,"老年其脑神经者十之九焉……叩其头脑中所涉想,所怀抱,无一不与彼陈腐朽败者为一丘之貉"。[①] 他认为,"循斯现象,于人身则必死,于社会则必亡"。[②] 如要人免于腐朽,社会免于灭亡,则青年要自作更新,为此他提出了六条原则。

因此,认识中国的目的是要改造中国,建立新的中国,包括造就"新人"。所以,"新中国"就成为一个极具思想和政治号召力的观念和标志,它在政治上自然是正当的,"新"不仅意谓好,而且也意谓正当、未来和光明,以及其他一切正面的价值。但是,这也就蕴涵了本文所要讨论的问题:新中国,或者新文化,究竟意谓什么?

二、如何认识中国

如何认识中国?在新文化运动中的一些人看来,中国现实就是如此,根本无需多说。就如陈独秀在《敬告青年》一文中所表达的态度,中国社会趋于陈腐朽败。因此,问题的关键不在于认识当时的中国,而在于确立新的中国和社会的原则和蓝图。这样,在这些人的眼里,如何认识中国的问题并不存在。然而,一旦提出新的原则和蓝图,又必然要与历史和现实

[①] 《青年杂志》第1卷第1号,第1页。
[②] 同上书,第1—2页。

对照,而这就又不得不要对现实的中国及其历史做陈述、评价和判断,所以认识中国的任务依然回避不了。

事实上,只要学者从事研究而稍涉中国问题,就必定包含认识中国的内容,从而也就承带如何认识中国的问题。在新文化运动中,多数人文和社会科学学者所研究的对象直接就是中国的问题,因此,如何认识中国不仅是一个无可避免的问题,而且仅就其学术研究来说也是一个根本性的问题,更何况批判和打倒传统文化,建立新文化乃是当时社会思想和学术的主流观念,也是当时中国社会的主流。至于社会改革或革命的活动者,同样也承担认识中国的任务和要求。

但是,当时许多人仅仅凭借自己的日常经验和既有知识来对中国做出判断,就如前面所提及的那样,在陈独秀和胡适等人看来,中国的传统无需也不值得研究。这种态度在一定程度上是可以理解的。由于人们身受当时环境的各种压迫——国内的压迫和国外的压迫,事实上国外的压迫在心理上和知识上更甚于国内环境的压迫,对中国持否定的和批判的态度成为一种主流的态度。人们普遍地把中国社会视为一个病态社会,因此,如何认识中国的问题就演变为如何诊断中国的病症以及寻找病因的问题。

这样,事情就演变得高度复杂。首先,在当时,人们对于病症仿佛有了相当高度的共识:中国人一盘散沙、落后、愚昧、自私、保守、无知、迷信,总之,中国人的国民性是恶劣的,需要彻底改造。中国社会落后、腐败、软弱,如此等等,需要根本的变革。其次,人们对于这些社会病症的原因的解释却颇有分歧。这些分歧也就导致了在解决中国问题的主义、方法与道路方面更大的分歧——倘若我们这里暂时把国际的因素搁置不论的话——事实上,在当时,中国采取何种社会改革方案并不是中国人自己可以完全决定的,而是在很大的程度上受到国际势力的左右。

在相当长的时期内,关于如何认识中国和中国社会,人们只是注意第二个方面,即中国问题的原因以及解决的方式,而很少有人关注更为根本的一点,即当时对中国社会的病症的判断是否正确。今天,我们能够清楚地看到,当时对中国社会问题及其原因的认识和判断包含许多错误,而这种判断的错误无可避免地导致人们就改造中国社会的原则和方案做出错误的判断。

需要注意的是,一个至关重要的转折在这里发生了:如何认识中国与如何认识中国之外的世界这两个问题是同时出现的,如何认识中国同时也意谓如何从外在世界的眼光来认识和评价中国,而这直接就造成了如下一个结果:直接用被视为先进国家的制度和观念来评判中国。在这之前,这样转折的条件尚不具备。中国作为文化中心地带,作为中原,在与可交往和实际交往的周围世界里,中国文化处于优势地位。除了佛教,没有任何其他强大的文明因素进入过中国。

但是,现代的这个转折来得太过猛烈,西方现代文明又太过强势,太过系统,仿佛无所不包,无远弗届。尤其是现代学术制度及其所提供和产生的认识方法和体系性的知识,对于崇尚知识、人文和教育的中国士大夫—知识分子阶层来说,既是致命的打击,又具有不可抗拒的吸引力。

由此,这个转折就导致了本文所要分析的主题,即将自身当作他者。

三、自身如何变为他者?

自身变为他者,是一个逐渐的过程,也是一个历时很久的过程,其间时有起伏。

张之洞提出"中学为体,西学为用"时,中国士大夫和精英阶层尚未将自身当作他者,自身还是自身,他们还在试图维护自身的主体性——尽管这并不意味他们的做法是正确的,甚至恰恰相反,这种做法和努力恰好为后来的将自身视为他者准备了充分的条件,因为它无非是表明,士大夫—知识分子阶层无法通过现代学术体系来有效地认识中国社会和中国传统。

中国的士大夫—知识分子以及普通国人在认识中国、中国传统和中国现实、中国人和中国社会时,将其视为他者的原因至少包含如下几个方面。

第一,强势的西方文明对国人心理和自信形成了巨大的压力,以弱势的中国文明为背景的中国士大夫—知识分子很容易就放弃和全盘否定自己的传统,就如前面所引林毓生对陈独秀等人的判断所表明的那样;即使他们在内心和习惯上还无法真正斩断这种联系。西方文明的强势在当时人的眼中,简单来说,至少体现在如下几个方面:(1)强大的军事力量,(2)强大和现代经济组织方式和力量——注意,这并不一定是指经济总体实力,甚至在一定程度上并不代表经济总量,(3)现代教育制度,(4)现代科学技术和知识体系,(5)有效的社会管理和组织,(6)现代的交通、通讯和社会服务体系,如医院等,(7)现代文学和艺术,(8)日常生活方式,如服饰、礼节等等。

第二,与上述第四点有关,现代学术体系在中国是后起的,正在初创亦相当薄弱,无法为国人认识中国社会提供有效的支持。周策纵认为,在中国,西式教育制度自1907年才开始大规模地建立起来,在此后的十年间才出现一批具有一定西方学识的知识分子。[①]——十年间形成的现代学术研究力量,虽然从今天来看,其中不少人颇具实力、水平和力量,但是相对于全面认识和理解中国、西方以及两者之间的差异和共同性,它们过去的历史、现在的情形以及未来的发展,无论知识积累的深度和广度、方法运用的多样化,还是人员的数量和力量,都远远不够。

而中国的士大夫—知识分子以及一般国人对这种学术研究的重要性和意义也同样缺乏足够的认识。——当然,在这里我们也必须注意到,当时的西方学术体系虽然进入了现代,却依然处于早期阶段。它的学术原则尚未完备地建立起来,许多知识是不充分的,不同知识之间的混淆——尤其是价值判断与实证知识之间的混淆——乃是常见的现象。但是,相对于中国的传统知识体系的方法,它们就显得无比的强势,使得国人易于无批判地接受它们的观念、学说和理论而陷于同样的错误。

因此,国人在利用这样的知识来认识自己的国家时,由于缺乏足够的批判精神,就相当容易造成对自身认识的错误。而一旦人们将这种错误认识付诸实践,或者仅仅用来支持某种政治运动和改革,就会造成实际上的巨大的消极后果——比如,全盘西化的主张、有关私有制和市场经济等学说,就是如此。

又如,关于五四运动的评价,根据周策纵的概括,在当时就有如下几

---

① 周策纵:《五四运动史》,岳麓书社,1999年,第527页。

种说法:文艺复兴、宗教改革或启蒙运动,[①]而所有这些都是来自西方的比拟。这些说法的简单套用和比拟,无法真正解释这个巨大变局的复杂性和独特性。虽然这场运动,或者时间更长、涵盖更广的"新文化运动",包含所有这些西方社会运动的因素,甚至它们的某些主要因素,但是它的社会背景、历史环境、条件、方向、策略等等,与它们在实际上都有着重大的差异的。

于是,人们就看到历史上曾经出现过的这样一种情况:所有中国人,尤其是中国士大夫—知识分子和精英阶层,在这个历史关头面临一个巨大而又缺乏自我意识的危局,一个致命的盲区:中国社会三千年之未有的变局正在展开,而国人对这个社会,对这个变迁,它的来龙去脉,仅仅具备极其薄弱的知识,既不系统,也不全面,更是缺乏各种不同观点长期讨论而形成的对社会变迁复杂性应有的充分的意识和思想准备,当然也谈不上社会共识。但是,他们以及社会的职业改革者们却固执地全力推动中国的全盘改造和革命。

第三,相比于欧洲各国,中国虽然是一个早熟的现代国家,或者具备现代国家主要骨架的一个政治共同体,但是,在这个巨大的转变之中,它的认同需要更新,而这是一个缓慢的和充满冲突的过程。无论是作为一个国家、族类还是文明,认同的空缺或不足,会使得这个骨架缺乏心灵。共同的历史、民族、语言以及血缘只是这个国家的血肉,共同观念的缺乏则无法使这些血肉成为活生生的躯体,当然也就无法使认同有效地建立起来。

对如何更新或重新构成认同,当时的士大夫—知识分子和精英阶层都同样缺乏足够的认识和知识。他们虽然知道思想和文化的重要性,但并不知道和了解认同的重要性,也不了解这种认同是需要通过社会结构和制度的调整而逐渐形成的,是要由民众的自主的行动构成的,而无法单单通过革命或者宣传一蹴而就地达到,当然也是不能够灌输和分布给民众的。

第四,存在着一种改变中国的急切心理,以及通过一场革命或运动一劳永逸地改变社会的理想。实际上,在 19 世纪、20 世纪转折之际,直至

---

① 参见周策纵:《五四运动史》,第 527 页。

日本全面侵华之前,中国在政治、经济、教育和社会等方面已经发生了相当大的变化。现在从统计数字来看,这种变化是实在而清楚的,但在当时人们的日常意识里,却并不一定明显,或者达不到引起人们的普遍肯定的程度,反而使他们陷于一切照旧甚至倒退的感觉。这里我们需要注意另外两个事实:(1)在社会基层组织形式未发生根本的变化的情况下,人们的生活方式并不会发生重大的变化,而这一点在那个时代,确实并不明显,在农村尤其如此。事实上,直到20世纪80年代,中国许多农村在相当大的程度上保持着传统的生活方式和观念。(2)当时激烈的、反复的政治斗争掩盖了社会生活方式的某些变化,比如初级教育体系的建立,大学和大学生人数的快速增长,新型工业企业的出现,城市化的进展,等等。

在那个时代,人们希望通过一场最后的革命或改革,一劳永逸地完成所有政治和社会的变革,建立起理想的社会。像鲁迅等人对辛亥革命的失望,或者认为辛亥革命归于失败,诸如此类的期待和想法构成了重要的背景。

四、他者的意义

林毓生认为,五四时期的反传统主义是非常激烈的,其特点是全盘性的反传统。在他看来,新文化运动的主将陈独秀、胡适和鲁迅都是全盘反传统主义者。这种主义的要害在于摧毁过去的一切。[①] 虽然这些激进的反传统主义者思想中包含深刻的内在矛盾,但这种激进的否定态度,就将中国,包括传统的和现实的存在,视为一个自身之外的他者。这里最典型也最直观的例子就是吴稚晖在其文章中常用"贵国"来指称中国。就此而论,中国就转变成为一个他者。

那么,在这种历史变局之中,中国之成为他者对这些士大夫—知识分子以及改革者来说,具有什么样的意义呢?或者更为客观地说,这样一个具有多重意义的中国与他们具有一种什么样的关系呢?在这里,我可以概括出如下几层重要的意思。

第一,将中国作为他者,他们可以对中国的传统或过去采取一种撇清

---

① 林毓生:《中国意识的危机》,第5—6页。

的态度。这个受到否定乃至诅咒的中国,是由其他人——当然包括祖先——造成的,而不是由这些他们这些批判者和改革者造成的,因此,过去的传统和历史与他们自身无关,他们当然也就不是责任者。由此,他者就有了双重的含义:作为传统和历史实体的他者,以及作为那种历史实在的责任者的他者。更进一步,因为这个传统与自身无关,所以在某种程度上,它就可以受到肆意的批判,可以承受一切的责任。比如,将整个中国传统社会视为吃人的社会。

第二,中国的现实与自身无关,那些政客、军阀、守旧的知识分子、愚昧的民众,那些传统的观念、习惯和行为造就了今天的中国。对于这些批判者和改革者来说,现实的中国同样也是一个他者。作为批判者和改造者的他们自身是清醒的、批判的、先进的,而现实的中国则具有他们所批判并要予以清除的各种病症和问题。自身与他者的区别,是他们自身具有批判的、革命的和启蒙的资格的前提。

第三,未来的中国,或者任何不同于传统中国和当下中国的另一个先进和文明的中国,依然是一个他者。这样的新中国因为尚未实现,需要通过对传统和现实的社会及其制度的批判,通过政治力量格局的改变和革命,以及新文化的建设,才能够造就。他者的身份和性质在这里产生了变换,因为自身是这个未来的他者的设计者和建设者。在这个意义上,作为自身的批判者和改革者与这个未来的他者就有了更为切近的关系。但是,从另一个方面来看,这个未来的中国或许是一个更遥远的他者,不仅由于这些批判者和改革者们起伏不定的情绪,当时在他们看来十分险恶的社会环境,列强欺凌的行为和瓜分的狼子野心,而且还在于这个未来的理想中国究竟应当如何设计、怎样实现,在他们心里其实是没有底的。不仅如此,当时的理想主义严重影响了这些面向未来的先知先觉者,他们之中的若干人认为西方社会亦存在着严重的疾病和缺陷,比如阶级和贫富差别、剥削、帝国主义等,所以他们要求一劳永逸地解决所有的社会疾病,包括中国的问题和西方的问题,只取西方现代社会的长处,而避免在他们看来的那些短处或弊病。于是,当时的人们因主义而分歧,因分歧而构造出未来中国的不同前景,未来的中国就体现在许多不同的蓝图中。而这种不同的未来的取向,在观念上以及在实践中,自然会导致认同的分裂,从而导致社会的分裂。

五、回到自身——中国认同

从他者回到自身,这是新文化运动所蕴含的一个主题,而作为主体的自身的确立,乃是新文化运动完成的一个标志。作为主体的自身的确立,就是中国认同的重新形成。一般而言,这个过程也就标志中国现代社会变局和转型的完成。

在新文化运动中,人们提出了形形色色的新文化的观念和主张。但是,什么是新文化,什么是中国的新文化,什么是中国的新人这样一类问题,始终没有获得明确的答案,也没有达成共识,虽然实际的政治斗争导致了各种结果,但是,中国认同这个问题在理论上和实践上,并没有得到最终的解决。

新文化运动同时提出新中国的概念,而新中国就意味着作为主体的自身具有了一种新的意义。

作为主体的自身和中国认同,这是在新文化运动中为人们所忽略或根本没有意识到的一个重要问题。新文化,无论是何种观念,何种文明内容,倘若无法得到民众的普遍承认和接受,都无法凝聚成一种现实意义上的新的认同,自然,"新文化"也就依然没有着落。因此,中国认同才是中国现代转型过程的一项重要而根本的任务。认同与新文化的创造不同,无法由知识分子和精英阶层的单方面的颁布或宣传而获得,而是民众通过自主的行为和活动才能够达到。

他者如何回到自身,在观念和思想上,以及在社会实践,依旧是一个未完成的任务。认同的基础包括(1)新原则,(2)新制度,(3)新社会结构。但是,它们的形成和建立需要一个过程,一个稳定而持续的民众自主参与的过程,而这正是当时的中国所缺乏的,而这也就是反思新文化运动依然有其现实意义的理由。

2015 年 5 月 27 日草于北京圆明园东听风阁
2015 年 10 月 15 日再改于北京圆明园东听风阁

世界和平需要国学里的王道精神

汪荣祖

台湾"中央大学"历史讲座教授

中国直到晚清才加入现代列国之林,才有现代的国与国之间的关系[1]。但现代的国际关系并不平静,至19世纪,西方列强争霸益趋激烈,积极向海外扩张,夺取亚非拉弱小国家的资源、劳力、市场,甚至占有他国领土,据为殖民地,划分势力范围,成为以强凌弱、以大欺小的世界。处此世界,弱小国家固然受人宰割,苦不堪言;而列强争夺霸权,互不相让,不免走向战争。20世纪的两次世界大战,史无前例的残酷,生灵涂炭,财产损失,无从估计。二战后的冷战,美苏争霸,双方拥有的核武器,足以毁灭整个地球。几度核战危机得以消解,端有赖于"恐怖平衡"(balance of terror)。但地区冲突不断,少数有识之士早已洞悉美国一意孤行的外交,可称之为悲剧[2]。悲剧的代表作是越战,美国于十五年间在越南投下七

---

[1] 参阅旅美华裔史家徐中约之专著 Immanuel C. Y. Hsu, *China's Entrance into the Family of Nations: the Diplomatic Phase*, 1858-1880, Cambridge, Mass., Harvard University Press, 1960.

[2] 参阅 William Appleman Williams, *The Tragedy of American Diplomacy*, New Edition, New York & London: WW Norton, 1959, 1972.

百万吨炸弹,留下两千万坑洞,使许多地方像是月球的表面,死伤无数。美国也因支付庞大军费,造成严重的通货膨胀,社会被撕裂,并运回五万五千个尸袋,既一无所获,又大伤元气。有学者指出,美国五位总统持续的错误政策使得或可避免的悲剧成为无可避免的希腊式悲剧[1]。苏联崩解后,美国一霸独存,原有意统合全球化的世界,号称"和平红利"(peace dividends)。然而红利既未得分享,世界也不太平。美国主导的世界,凭其经济实力,优势武力,依然强行其意志,结果在阿富汗、伊拉克、利比亚、叙利亚、乌克兰等地,烽火四起,不得安宁,美国意志未遂而屡遭报复性的恐怖攻击。既无所得,害到别人亦使自家受伤。

西方人自傲的现代文明,却不能为世界带来和平,德国著名历史哲学家施宾格勒(Oswald Spengler)亲历欧战之惨烈,感叹"西方之没落"(the Decline of the West)[2],近人亨廷顿(Samuel P. Huntington)则感叹文明冲突之不可避免,而重建世界秩序之谈何容易[3]。要因西方传统以尚武称霸为荣,19世纪以来社会达尔文主义(Social Darwinism)流行,物竞天择,适者生存,更弱肉强食,使强者有欺凌弱者的依据,并声称宰制有色人种是"白人的责任"(the white man's burden)。大清帝国虽人多地广,亦不免受到列强的欺凌,使中国受尽百年的羞辱。除了西方强权之外,东邻日本更东施效颦,步武帝国主义之路,中国受其害最深。日本虽于二战后败亡,然其军国主义思想犹未尽除,日人不能吸取历史教训,既不认错,难免不重蹈覆辙。

中国于积弱之后崛起,始终以"不称霸"自许。外人或以为韬光养晦,故作低调,殊不知中国学术传统之中,原有尊王黜霸的王道精神。中国在古代自有其独特的睦邻政策,讲人道,求和平。圣贤之中几无人愿谈西方人所谓的"战争的权利"(the right of war),莫不知战争得不偿失,侵略战争尤不被允许。在中国传统思想中也许除了法家之外,无不崇尚天下太

---

[1] 参阅 John G. Stoessinger, *Why Nations Go to War*, fifth edition, New York: St. Martin's Press, pp. 84–115.

[2] Oswald Spengler, *The Decline of the West*, New York: A. A. Knopf, 1929.

[3] Samuel P. Huntington, *The Clash of Civilizations and the Remaking of World Order*, New York: Simon & Schuster, 1996.

平,儒家与墨家最甚,即使是兵家,也以不战而屈人之兵为最高准则。在儒家政治哲学里,几无主张战争的概念。儒者爱好和平,讲究德治,君子之德风,草必偃,注重以道德力量感化远近。动武乃不得已而为之,只针对桀骜不驯之辈,而欲强制不可悔改者,其目的亦在纠正其错误。国君劳师动众征讨,乃是和平绝望之后,没有办法的办法。如《尚书》所载,大禹奉命征讨轻慢典教、反正道、败德义的有苗,虽师出有名,但有一位叫益的人以"唯德动天,无远弗及"的话来劝禹,禹认为说得对,遂班师回朝,有苗讨而不服,感德之后,不讨而自动来归。充分说明儒家相信以至诚感顽的道德力量,不允许未有"威让之词",就"胁之以兵"①。孟子更直言"仁者无敌",盖仁者讨伐暴君,受暴君之害的民众必起而回应,迎接王师,故不劳征伐。

我们可以说,儒家都是"和平主义者"(pacifists),他们不仅反战,也不认同发动战争的权利与必要。孔子面对战争,谴责暴力,孟子更明言:"争地以战,杀人盈野,争城以战,杀人盈城,此所谓率土地而食人肉,罪不容于死,故善战者服上刑"②,认为好战者要服重刑。孟子的"春秋无义战",虽掷地有声,但尚有剩义,墨子《非攻》一篇,宗旨更加明确:"杀一人谓之不义,必有一死罪矣。若以此说往,杀十人十重不义,必有十死罪矣;杀百人百重不义,必有百死罪矣"。按梁启超的说法,墨子发明了非攻的真理:"其所'非'的是'攻',不是'战'。质言之,侵略主义,极端反对;自卫主义,却认为必要"③。侵略别人的国家绝对是不义的,但为保家卫国而战绝对是正义的。我们可以说,中国古代政治思想家之中,普遍存在着和平主义思维。在此影响下,后来的中国人也普遍爱好和平。固然在动乱的战国时代,也有如商鞅尚战功者,为秦始皇统一中国打下基础,但中国的传统并不赞同严刑峻法,在汉初已认为强秦之速亡,即归因于其好战与无道。已故著名政治哲学家萧公权曾说,中国在两千多年前虽已放弃了商鞅,然而欧洲仍敬重马基维利(Niccolò Machiavelli, 1469-1527),视为近代第

---

① 参阅《尚书注疏》,四库全书精华版,台北:古今大典文化事业有限公司,2000年,第1册,第70—268页。
② 见《孟子·离娄章句上》,四库全书精华版,第7册,第170页。
③ 参阅梁启超:《墨子学案》,商务印书馆,1935年,第24—26页。

一个最伟大的政治哲学家①。

不过,中国人爱好和平并不是消极的,孔孟思想中对世界秩序具有正面的理想,即孔子所提倡的王道精神。王道就是用说理而非动武的方式来解决问题,认为以武力要人就范,不足以服人心,唯以德才能服人。王道成为中国人的最高政治理想,与马基维利的思想绝对背道而驰,因深信和平为最佳处理人际与国际关系的方式,对和平与正义共处具有信念,希望所有的人都生活在和平与正义的世界秩序之中。

我们注意到,两千年来重文轻武的传统使现代人深感中国在军事上过于保守而少进取。美国汉学家费正清(John K Fairbank)就觉得秦始皇修长城,明代又重修长城,虽在军事上无效,却"生动地呈现了中国被困在长城之内的心态"(vividly expressed China's siege mentality)②。著名历史学家雷海宗也指出,中国长期积弱的原因或很复杂,"但最少有外表看来,东汉以下永未解决的兵的问题是主要的原因"③,也就是说中国缺乏尚武精神。但是王道精神不是消极地沦为别人刀俎上的鱼肉,而是积极地不仅要能自卫,而且要有能力维系世界和平。

今日中国崛起,经济实力已超越日本,成为全球第二大经济体,势必在世界上扮演愈来愈重要的角色,正可以王道精神来应对环球变局。西方强权以己度人,视中国之崛起将会以新霸权挑战旧霸权,甚至认为挑战之结果,战争或不可免,故不惜围堵,美国亦不能理解中国政府所提出的平等互惠的"新型大国关系"。其实,中国虽被霸权欺凌百年,但自振兴以来,亟言不称霸,实际上也没有侵略战争,只有卫国战争,在国际上亦绝无霸道行为,可略举数例为说。1950年岁末,美军不理会中国政府的警告,兵临鸭绿江,中国志愿军始出兵邻国,停战后即撤兵,而美军至今仍驻扎韩国。1962年印度根据英国帝国主义私订而不被清政府以来中国政府所承认的边界,不断挑衅,解放军一战而胜,却以全胜之师退回原点,并将

---

① K.C. Hsiao, *China's Contribution to World Peace*, Chunking & New York, 1945, p. 40.

② John King Fairbank and Merle Goldman, *China: A New History*, Enlarged Edition, Cambridge, Mass.: The Belknap Press of Harvard University Press, 1998, p. 139.

③ 雷海宗:《中国的兵》,《伯伦史学集》,中华书局,2002年,第101页。

缴获的武器等战利品归还敌军,为西方霸权史至今未闻之例,王霸之别,即在于此。至于中国在非洲之经营也大异于19世纪以来帝国主义的作为,欧洲强权派总督管理,掠夺资源,占据市场,奴役劳力,被殖民诸国至二战后始逐渐得到解放与独立,而中国之援助非洲,在政治上绝不干涉内政,在经济上互惠共荣,在文化上平等交流。最近伊波拉(Ebola)传染病在西非肆虐,中国使馆不仅未撤走一人,而且迅速驰援,规模之大,效率之高,为他国所不及,当地受惠者,自能体会到王道精神,以及王道与霸道之区别。

我们从历史经验可知,霸道不可能给世界带来和平,只会带来战争、灾难与痛苦。崛起的中国若能推行以王道精神为基础的世界新秩序,必将一新世人耳目,赢得国际尊重。王道、霸道是两种不同的价值观。五四之后,中国倾心西化,崇尚西方价值。西学固然多有可以采择之处,遗憾的是国学长期受到忽视与埋没。按"道"乃达到目的途径,如以人类的福祉为目的,唯有王道可行,而国学中藏有丰沛的王道意识有待发扬与阐释。王道的实质内容不外乎仁义道德,现代人视为空泛的说教而不入时流;实则,广博爱人、无私而彼此感通,谓之"仁",但绝不容忍害群之马,姑息恶徒,孔子所谓"勿求生而害仁"。办事办得客观公正而非常合宜谓之"义",与主观的一意孤行正好背道而驰,而义与仁又不可分,在儒家学说中往往两者并称。循路而行,谓之"道"。《周易》有言:"道有君子小人,君子道长,小人道消。"是知"道"分两途,恰似王霸两道不相为谋,霸道不顾他人,只图一国之私利,而王道则不为私利而"存亡继绝",维护公众的秩序与安宁。王道长,霸道才能消,世界才有可能实现天下太平,成为人类共由之路。"德"者,得也,所谓"内得于己",就是人类有天赋的"良知",能够反躬自省,有所戒惧而不蹈覆辙;"外得于人",就是自身之外得到外在的成败经验,两者相合不仅是做人之道,且是处世之道,得到共同的是非之心。如在世界上国与国之间以仁义道德为最高准则,王道行矣!

现代中国于订孔、打孔、批孔之余,广设孔子学院,又于国学衰微之余,广设国学研究院,知今是而昨非,知国学里的精华不应废弃,更宜发扬,有助于立国处世,有助于世界和平。孔子学院与国学院自亦不能徒托空言,应有实质的贡献才是。

第一单元

科学与人文
——中华文化的现代精神

中国传统文化的现代价值
——以中国哲学特性对科学方法的设限为中心

李承贵

南京大学哲学系教授

胡适曾经这样描述当年科学被人们顶礼膜拜的情形:"这三十年来,有一个名词在国内几乎做到了无上尊严的地位;无论懂与不懂的人,无论守旧和维新的人,都不敢公然对他表示轻视或戏侮的态度。那个名词就是'科学'。这样几乎全国一致的崇信,究竟有无价值,那是另一问题。我们至少可以说,自从中国讲变法维新以来,没有一个自命为新人物的人敢公然毁谤'科学'的。"如此看来,科学似乎无所不能、所向披靡。然而,仅就中国传统哲学领域言,科学方法并不是可以随心所欲的,而是有其先天限制的。那么,究竟有哪些限制呢?

一、中国哲学对科学方法设限之表现

1. 非物质化设限。所谓"非物质化设限",是指中国传统哲学不具物质性,即不能将其当作一种物质进行分析和研究,而自然科学方法强调研究对象的物质性,所以中国传统哲学的"非物质化"特点对自然科学方法

而言便构成一种限制

2. 非数量化设限。所谓"非数量化设限",是指中国传统哲学不具数字性,即不能被量化来分析和研究,而自然科学方法强调研究对象的量化,所以中国哲学的"非数量化"特点对自然科学方法而言是一种限制。

3. 非心理化设限。所谓"非心理化设限",是指中国传统哲学不具有心理特性,即不能当作心理现象来分析和研究,而自然科学方法强调研究对象的心理特性,所以中国哲学的"非心理化"特点对自然科学方法而言是一种限制。

4. 非定义化设限。所谓"非定义化设限",是指中国传统哲学不具有定义特性,即不能被当作界定分明的思想、概念来分析和研究,而自然科学方法强调研究对象的定义清晰、含义清楚,所以中国哲学的"非定义化"特点对自然科学方法而言是一种限制。

5. 非知识化设限。所谓"非知识化设限",是指中国传统哲学不具有知识特性,即不能当作知识来分析和研究,而自然科学方法强调研究对象的知识性,所以中国哲学的"非知识化"特点对自然科学方法而言是一种限制。

二、几点思考

如上讨论表明,由于中国传统哲学具有非物质化、非数量化、非心理化、非定义化、非知识化等人文特性,从而对科学方法的使用构成了设限。那么,这种设限对我们有些怎样的启发呢?

1. 以科学方法理解中国传统哲学必须注意边界。虽然自然科学用于中国传统哲学研究有其"学说内容"的合法性,即作为哲学学科范畴言,中国传统哲学中当然含有"科学哲学思想内容"与"反科学哲学思想内容",这就意味着用自然科学方法理解中国传统哲学有其合法性。但正如上述所展示的,中国传统哲学存在非物质化、非数量化、非心理化、非定义化、非知识化等特点,使科学方法用于中国传统哲学在范围和程度上都受到限制。相反,如果任性地超越这种限制,就可能造成对中国哲学的伤害。正如方东美说:"科学追求真理虽然也是令人向往,但若一旦逾位越界,连哲学都被科学化,便深具排他性,只能处理一些干枯与抽象的事体,反把人生种种活泼机趣都剥落殆尽,这也是同样的危险,因此,哲学一旦成为神学的婢女,作为护教之用,或者成为科学的附庸,不谈价值问题,则其昏念虚妄必会戕害理性的伟大作用,而无法形成雄健的思想体系。"哲学如果被科学化理解,将丧失它的特性和价值,自然也形成不了雄健的思想体系。因为科学方法用于理解和分析中国传统哲学承受着很大的风险。因此,在将自然科学方法用于中国传统哲学研究时,应该自觉到这种限制。正如牟宗三所批评的:"从这个地方看,现在好多人都是外行,都是瞎说。他们一定要把中国的学问讲成是科学,好像把它讲成是科学就可以得到保险一样,这是不对的。而且这正好把中国的这些道理都搞坏了,因为它根本就不属于科学这个范围,你为什么要乱比附呢?比如有人说《易经》里面有相对论,其实《易经》里面哪里有相对论呢?这就是瞎比附。你说《易经》里面有相对论,这就表示你既不懂相对论也不懂《易经》。"

2. 中国传统哲学对科学方法的设限是相对的。我们具体梳理、分析中国传统哲学的特性及其对自然科学方法的设限,并不意味着自然科学方法之于中国传统哲学一无是处,恰恰相反,我们希望这种意识的确定,有助于自然科学方法更准确地、更有效地应用于中国传统哲学的研究。无疑,中国传统哲学中非物质化、非数量化、非心理化、非定义化、非知识化等特点的存在,使中国传统哲学对科学方法存有一种本能的抗拒,但并不意味着自然科学方法对于中国哲学毫无用处。因为,中国传统哲学除了人文性之外,也有科学性、社会性等特点,因而不能因为其人文性对科学方法形成的设限,就否定科学方法的无能。这只是告诉我们,对于中国传统哲学的认识与理解,必须根据具体的对象而使用适合的方法,而不能勉强的使用不相应的方法。自然科学方法在科学精神、科学手段、科学分析等方面,都还是有助于中国传统哲学研究的。具体而言:首先,有助于中国传统哲学研究更加完善、更加准确化。比如,对孔子"仁"范畴的意涵及性质的分析,我们可以借助对孔子使用"仁"的概念的次数、使用的场合等因素的统计对其内涵与性质进行评估。其次,可以发掘中国传统哲学中的科学原理、科学定律、科学方法、科学精神等内容。像《周易》中的数学、《墨子》中的光学、物理学、几何学,以及中国古代典籍中所蕴藏的自然科学知识、原理、方法等内容,都可以借助科学方法的应用而得以显现。第三,亦可以对中国传统哲学中反科学的思想、观念进行揭示。比如熊十力认为,中国哲学不仅不属于知识学类型,而且还存有反理智、反科学的哲学观念。他说:"中西学者皆有反理智一派。中土如老庄即是也;老云'绝圣弃智',此所谓圣智,即指理智与知识。"中国哲学中的反科学、反理智之特点,妨碍科学之进步,但从道德的某些方面而言,科学知识是不具有决定性作用的。因此说,中国传统哲学的设限是相对的。

3. 科学方法对于中国传统哲学价值影响之评估。基于中国传统哲学非物质化、非数量化、非心理化、非定义化、非知识化等特点的存在,虽然不能排除科学方法用于中国传统哲学研究,但必须划定边界。现在我们似乎需要进一步,在科学方法应用于中国传统哲学研究实践中,其对中国传统哲学的价值会有怎样的影响?我们觉得可从三方面考虑:首先,对中国传统哲学价值的伤害。如前所述,科学方法应用于中国哲学研究,如果不相契就会伤害到中国传统哲学。正如熊十力所批评的,若用数学研究《周易》哲学,那就必然导致不仅不能认识、把握《周易》道德性命思想,而且会使其哲学空洞化。其次,对中国传统哲学价值的增宏。我们知道,自然科学方法包括科学精神、科学原理、科学定律等内容,而当科学方法被应用于相契的对象时,就会产生积极的化学反应,在这种情形下,科学方法的应用就会增宏中国传统哲学的价值,变成一件喜事。比如,胡适认为,朱熹提出的"今日格一物,明日格一物"的"格物致知",不仅含有直接接触、观察事物的科学精神,而且内含着从多到少、从繁到简的归纳推理方法。无疑,通过这种解释,胡适将科学精神与方法融入了"格物致知"这一命题中。最后是对中国传统哲学价值没有损益。前面两点一言有价值伤害,一言有价值的增宏,那么,有无对价值没有影响的状况呢?回答似乎是肯定的,就中国传统哲学而言,它有非物质化、非数量化、非心理化、非定义化、非知识化等拒斥科学方法特点的存在;就科学方法言,它最根本特征之一就是实验,它不相信任何没有经过实验、实证的结论或成果。就是说,这两个东西放在一起必然相斥,即中国传统哲学无法被实验,而科学方法无法对中国传统哲学作出分析与判断,在这种情形下,科学方法对中国传统哲学的价值无损无益,正如张东荪所说:"自然科学上的却总得诉诸'证实'。凡可证实的决不容再有疑问——除非其证实是不完全的。因此我们应得明白现在一班国学家自命采取科学方法乃是一种笼统之言。真正的狭义的科学方法是无由用于国学上的。我们正不必因为所用的并非科学方法而短气。老实说,凡一种学其对象不同,则其方法当然有若干差别。治国学不因为用科学方法而增高其确实,自然亦可不因为不用科学方法而减却价值。"就是说,以实证、实验为基本特征的科学方法,由于中国传统哲学不能进行实验,因而无法用于中国传统哲学研究,因而对其价值也就无从主张、无从增减。

"为学日益,为道日损"
——论科学与人文的协同发展

陈 霞

中国社会科学院哲学所研究员

"为学"和"为道"对当今社会仍然具有启发意义,具有现代价值。人类进入现代社会以来,"为学"最突出的现象就是科学技术的巨大成就。可是,科学技术是一把双刃剑,给人类带来生活的便捷和繁荣的同时,也给人类带来了空前的灾难,不仅危及其他生命,甚至也危及到人本身的存在和地球的安危。时代需要人文价值和人文关怀,重建道德理想,需要"为道"。

总之,"为学"的探索范围是科技理性得以认识和控制的世界,即科学世界;"为道"涉及的则是生命世界和人文世界。过度依赖科学和理性,生命世界就会被淹没,人会被物化。仅仅依赖"为道",不能有意识地认识自然和社会,发展不出科学,不能造福人类。"为学"和"为道"产生的是科学和人文两种知识,二者都是人类的文化成果。在今天,这两个世界不能相

---

* 本文部分以《"为学"与"为道"——道家对理性的反思》为题,已发表于《中国社会科学院院报》,2007年8月9日。

互取代，我们最佳的选择是建立起科学和人文之间的内在联系和互动，实现人的全面发展。

一、"为学日益"的知识论

道家提醒世人"知不知上"，应该知道自己不知道，但道家并不因此而反对一般的求知和求得真知。老子明确提出了"为学"和"为道"两种人类认识世界的途径。

老子讲"为学日益，为道日损。损之又损，以至于无为"。(《老子》第48章)由于"为学"和"为道"两者在认识对象、认识目的等方面的不同，形成了"益"和"损"两种截然相反的途径和方法、"知"和"无知"两种结果。可以说，"为学"的认识论获得的是有关经验世界的知识，探索的是事物的因果关系和规律，是对经验和现象的分析、综合、判断，是人的学习、思考、实践，是日常的、科学的、哲学上的认识方法。"为学"之"知"是关于物的知识，"为道"之"无知"是关于"道"的知识；"为学"之"知"是有限的，"为道"之"无知"才能让人进入无限；"为学"之"知"是借助于知识所达到的"知"，"为道"之"无知"则是忘掉知识之后体会到的天人之一体；"为学"之"知"仅仅认识世界、接受自然规律，"为道"之"无知"则一心想使社会、人生成为它所应是的样子。

"为学"主要靠"日益"。如果今天要把如何"日益"具体化、明晰化，使"日益"得到丰富和增加，可以说"日益"即经验和知识的不断积累、理性推理的不断深入。它从感性经验开始，使经验不断增加和丰富，然后找出经验中的共性，再进行判断和推理，形成理性知识。这是一般的认识方法。

下面这段话可提示我们"为学日益"的大致步骤。老子说："万物并作，吾以观复。夫物芸芸，各复归其根。归根曰静，静曰复命。复命曰常，知常曰明。不知常，妄作，凶。"(《老子》第16章)老子观察世上万物的运作、往来、互动，发现千差万别的"物"都在展开自己、发展自己，但最后都要复归于各自的根本。在"万物并作"中"观复"是一个经验积累的过程。老子是很注意观察世界的。《老子》首章就提出了"观其妙""观其徼"，第52章的"以身观身，以家观家，以乡观乡，以邦观邦，以天下观天下"等。

他说"合抱之木,生于毫末;九层之台,起于累土;千里之行,始于足下"。(《老子》第64章)这些都是通过观察而得到的人生智慧。运用这种认识来指导人们的行为或处理问题,才会"图难于其易,为大于其细"。(《老子》第63章)

但仅仅靠经验观察是非常受局限的,观察还不能认识老子提到的"命""常"等事物普遍的法则。后者需要有理性的综合、抽象、推理、判断。老子的"心善渊"(《老子》第8章)之"心"已经把"心"作为人的主体思维的萌芽。只有人的理性思维才能认识事物的真相。这个思想被《庄子》《管子》《淮南子》进一步发挥。庄子用到了"思"。《庄子·缮性》中的命题"滑欲于俗思,以求致其明",把"思",即人的理性思维看成是获得"明"的途径之一。《管子》的作者们提醒人们在认识事物时,要"缘理而动""知道之纪",而且要"不与万物异理"。(《管子·心术上》)这里,"理"已经作为哲学概念应用了。《管子》指出"心"的最基本的作用是"制窍",说"心术者,无为而制窍者也"(《心术上》),即"心"有统辖所有感觉器官的功能。《淮南子》的"夫心者,五藏之主也"表达了同样的意思。《老子》《庄子》《管子》《淮南子》都用"心"或"思"来说明理性的这种综合和抽象的能力。

道家并不满足于把认识停留在感知现象的阶段,而是希望深入探察事物的本质,掌握其内在之理,使认识不断深入。万物虽然芸芸繁多,"无时而不移",万物的根本却是相对静止的;在静止状态中显示出其本质,即"命",这个"命"也就是"常";而人心以"渊"为善,"渊"则深刻、沉静、见微知著[①],沉静的"心"观万物之本质的"命",就能发现"常"。"常"有恒常不变之意。韩非解释道:"夫物之一存一亡,乍死乍生,初盛而后衰者不可谓常,唯夫与天地之剖判也具生,至天地之消散也不死不衰者谓常。"徐梵澄(1909—2000)在《老子臆解》中指出:"于万事万物之中,求其至当不移之规律,得其常轨。非轨辙不足以言道,非规律不足以言常。往者如是,来者亦如是,此所谓常也。则知常之知,其境界浩大。得其规律而纲纪之,利用之,即凡诸科学之事,而近代文明之所依也。"[②]"常"作为事物的本质

[①] "心善渊"一般解释为"沉静"。《说文》说:渊,回水也。《小尔雅·广诂》说:渊,深也。"渊"可以指人或物聚集的处所,也可指渊博精致、见微知著,有认识论方面的含义。

[②] 《徐梵澄文集》第1卷,上海三联书店·华东师范大学出版社,2006年,第284页。

和规律不是直接呈现并给予我们的,是感性直观所无法达到的。只有通过人的内心之明才能洞察事物的幽微之"常",认识事物的真相。知道这个"常"、见识那种"小",才能称为"明"。可以说,"明"就是主体"心"的一种理性能力。

老子的"知常""知天下然""知其然"(《老子》第57章)"知其故"(《老子》第73章)"知其极"(《老子》第58章)、《庄子》的"思"、《管子》的"缘理",就是要认识宇宙万物的规律,认识事物的本质、共相和法则。由观察"芸芸"万物而求"常"、而"缘理",就是对事物的理性的认识。如果不知道"常"而任意行动,那就要承担"凶"的后果。

今天,我们把散见于道家文献中关于认知的内容综合起来分析,可以梳理出道家从感性认识到理性认识的认知理路,可以把这个理路理解为"为学"的内容、过程和方法。"为学"的认识范围局限于经验领域和现象界,是受所谓客观规律、自然法则支配的现象界。在这个领域中,客观必然性、因果律起着普遍的作用,认识要靠感性和知性的活动,将杂多感性材料整理为知识。"为学"的方法对于发展科学,解决人的生存和发展是必不可少的。虽然道家的思维方式还未达到高度的理性思维水平,它的理性直观还不乏经验直观的性质和特点,但已经认识到只有当人发挥理性认识的能力,才能辨析事物之间的联系性、辩证性、发展性,才能对事物的本质、规律、各种关系有抽象的认识。

二、"为道日损"的觉悟论

道家"知之所至,极物而已","道物之极,言默不足以载"(《庄子·则阳》)等言论表明道家已经认识到"为学"之"知"所能达到的范围仅限于"物"。"为学"只能获得关于"物"的知识,这可以说是道家为理性划定的界限。用有限的语言、概念、思维去表现那无限之物,必定产生范畴倒置,将认识对象完全物化,造成对物的肢解。还不止于此,"若彼知之,乃是离之"(《庄子·在宥》),"为学"在肢解物的同时,也把人从"物"中独立出来,脱离了原初的人与物的混沌一体。所以道家并不将认识的对象停留在依靠感官去感知和理性去推知的客观世界,而是将认识推进到人们无法直接感知到的"无"的世界。于是,紧接着"为学日益",老子就提出了"为道日损"。"道"不是纯粹的认识对象,而是人所追求的最高的精神境界。这个境界并不是外在于人类社会的另一个世界,而是人发现自己和世界的精神实体的同一性,即老子所说的人与物的"玄同"(《老子》第56章)境界。因此可以说,"为道"即是把握理念世界的觉悟论。"为道"的方法是求得觉悟的方法,涉及的是超越日常生活经验的精神世界、心灵世界、仙界。相比于一般的知识和日常经验,道家更强调认识"道"这个本体。感性认识和理性认识不能解决精神境界问题。通过感性经验的积累和理性的推理,我们获得了对自己、对世界的"知"。但也正是因为运用了理性思维,我们认识到了事物间相互联系的无穷性,于是进而反思到理性思维本身对认识事物关系的不可穷尽性和理性认识的缺陷,从而提出认知的新领域,为认识开辟出了新的方向。

"为道"的关键在日损,这取决于诸多的条件,特别是认识主体的状态。"损"就是要否定掉主体的各种"前识"。(《老子》第38章)"前识"包括预设的某种单一秩序的世界,以及针对这个世界的各种相应的知性配备,包括固定不变的原理、经验的法则、确定的标准及公认的方法、概念、范畴和约定俗成的惯例、信条、习俗,等等。

"损"还包括对在经验中获得的认识作一步步的减损和扬弃。先损掉感官所感觉到的关于外界个别事物的经验,再损掉理性对外物所作的规定,净化纷杂的欲念,"致虚极,守静笃",(《老子》第16章)以虚静、凝神的状态,在认识过程中采取没有先入之见、尊重客观事物的"静因之道""舍己而以物为法""感而后应",[①]使理性在纯净的本然状态中升华和飞跃,以便把握住整体性、根源性和本质性的"道"。这是直觉性地对人和世界整体感的把握,是一种前反思式的认识方法。它通过否定、通过"损"而获得觉悟,是一种在否定和超越"为学"之知后才能获得的"真知"。

老子提出了认识主体(自)与认识对象的主客关系(母子),还提出了主体的自我认识问题(自知)。他说:

---

① 《管子·心术上》说:"因也者,舍己而以物为法者也。感而后应,非所设也;缘理而动,非所取也";"毋先物动,以观其则";"物至则应,过则舍矣"。

知人者智,自知者明。(《老子》第33章)

既得其母,以知其子。(《老子》第52章)

知不知上;不知知病。(《老子》第71章)

  道家对于主客二分有所认识,但在这里,主客关系出现了另一种情况,即主客的融合。"为学"需要保持主客二分,主体要设定自己的对象为客体。这样,主客体都是有限的,因为毕竟还有另一个独立于自己的对象的存在,主体之外有客体,客体之外有主体。要真正达到无限,就得与对象融合,消除一事物对他事物的关系,把客体纳入到对其自身的关系中。所以在对"道"的体悟中,不再有"知"的主客双方,人能逐渐进入无分别、无对待的"无知之知"的状态。之所以能达到"无知之知"的境界和状态,是因为道家认为人作为认识主体与作为认识客体的"道"是同质的,两者有着内在的统一性。正是基于这种内在的统一性,即人与物未分的原初浑融状态,人的认识才不仅仅是向外追逐,不局限于外在的经验知识。它还有一个阶段就是突破所谓的客观知识、扬弃把认识对象设定为一个纯粹的认识客体的经验论思维模式,也就是说,认识到客体也是内在于主体和主体的认识过程中,主客体最终达到"玄同"的境界。

  "为学"的认识需要我们对外在的"物"的认识符合客观事实,掌握"物"的规律,最后控制"物"、改变"物"、操纵"物";而觉悟论对人和世界的把握,不会因为"道"的理念和本体地位而取代事物的自化。"道法自然"是"道"对事物自化的顺应,它不干预"物"。当顺应变成人的自觉时就转化为觉悟和境界,个人融入到认识对象之中,与之合一。这种获得觉悟的方式,用一般的认识论是难以解答的。这就使得我们有必要突破认识论的旧框架,从而促进人的认识能力。可见,觉悟论不是通过向外求得对事物的认知,而是向更深的精神境界、更奥秘的内心世界探询。它是一种纯精神的漫游,它游向"无何有之乡;广漠之野"(《庄子·逍遥游》),"游心于物之初"。(《庄子·田子方》)这种精神漫游绝不是一种消极的对世界的认识。在通过觉悟而达到的境界里,有更广阔的空间让精神伸展,让精神释放,让精神遨游。这就极大地丰富了人们的内心世界,丰富了人们的想象力和创造力,使人享有了自由带来的精神乐趣。

  "为道"这种以主体内在的虚心宁静为获得真知的方法是道家认识论

的重要传统。"为道"的提出标志着道家已能够超越感性直观和经验世界的限制,而力图从无限性、普遍性的抽象思维高度来把握存在。因为老子之"道"不是对具体现象的经验反映,而是对整个客观世界所作的理性思考的抽象概括,表现了人类在较高的认识水平上将自然和社会、主体和客体统一起来的一种尝试,代表了主体在把握客体的广度和深度上的新的开拓。"为道日损"的提出,实际上就是把人的认识眼光从杂多零乱的经验事实引向现象背后更深层次的存在本质,将认识的对象推进到了人们日常所能感知的范围之外,把人类的认识推进到了具有无限性、普遍性的本体世界,确立了以本体之道为最高认识的"为道"。"为道"的实践,表明我们称之为"存在"的那个存在,不只是限于能被经验到的各种事物,也不只限于通过理性推理能够认识到的所谓本质、规律,以及被逻辑、理性之"能指"而达到的"所指"对象。比如我们没有经历过的以往的事件,我们未接触过的祖父的祖父,依靠理性认识我们能够确立其存在。"为道"的认识,其"所指"已不是经验之物和理性推理之物,而是获得对理念世界的把握。通过这样的认识,作为主体性的人面对的"存在"就远比经验的理性"所指"的存在宽泛多了。"为道"的认识,反映了主体的人有着打破被经验和理性约束的能动性,能把认识扩大到经验和理性的范围之外。这无疑极大地解放了人的认识能动性、拓展了认识活动的领域,对人类的认识提出了更高的目标,这是古代认识史上的一次巨大进步,是对当时人们所习惯的朴素直观的思维模式的一种超越和突破。

应该说,寻求对经验和理性限定的认识范围的突破,不是道家独有的特征。对鬼神、灵魂、来世、天堂,等等的信仰,在一定程度上也反映了具有主体性的人有着突破经验和理性约束的需求,只是这些需求多是以信仰形式而不是以哲学思辨的方式去满足的。康德提出了"物自体"的不可知,提出了感性、知性、理性存在着先天的认识形式,也提出了在经验之外尚有先验、超验的领域。这些理论事实上是以哲学的思辨扩大了"存在"的范围,只是这些扩大了的范围被认为是通常的理性认识所不能达到的。道家的"为道"不仅突破了理性的局限,扩大了"存在",并且又以它提出的"日损"之路做引导,使得那被扩大了的"存在"得以被体会和达到。

三、"为学"与"为道"的辩证关系,科学与人文的协同发展

人与物原本浑融一体,这一原初领域不是我们刻意创造的,而是每一个人先天具有的,无所谓"知"与"无知",也无所谓主体与客体。人的独特之处在于把这个领域承接过来,反思这个状态而独立出"知",并构建出一套知识系统。人在思想上与对象的分离使人超越了同一性,建立起主体与对象的区别,达到客观化,实现生命的自由创造,这是一个必经的阶段,表现出了人类的进步。黑格尔说:"人由于有了对象,他才由自在成为自我,这样他就双重化了,他就保持着他自身,而没有变成另外一个东西。"[①]人作为自我活动的存在物,在对象化的世界中意识到了自己及其自由,并通过各种努力在世界之中去实现自己的目的。"为道"则要求主体回顾、回归、不要遗忘物我原初的浑融。知识的寻求不仅让我们向外追逐,甚而至于将自己遗失在外物之中。人的向外驰逐最终是为了我们向内返归,让我们通过主体的自觉,有意识地将生命引向更高的境界,使体验的深度能达到与世界的内在关系融为一体。这已和先天状态的混沌不分不可同日而语了,因为这种浑融是在主体有意识的观照下的主动的行为。

由以上分析可知,道家的认识论思想确实包含着一个层次分明的认识结构。这就是,在形成"学"或"知"之前,人与物处于先在的同一状态。由于人的主体性意识,他能出离于这种状态,并反思他所面对的这个世界以及他自己。首先,主体通过耳目等感官去直接感知外界的事物和现象,得到了闻见之知、感性的经验知识;其次,通过内心之"明"去认识万物之"常",获得了法则和规律性的知识;这是"为学"的阶段;最后,通过排除"前识""涤除玄鉴""损之又损"的直觉方法直观"道",获得了对道的悟性知识,即"为道"的阶段,由体道、得道而行道,达到知行合一。这是与人的自由发展内在联系着的智慧,而不是关于客观对象的外在知识。

前面提到,道家思维向"为学"方面的发展就是获得对有限事物的知

---

① 黑格尔:《哲学史讲演录》第1卷,贺麟、王太庆译,商务印书馆,1997年,第26页。

识。这种知识只能局限于"物"的现象界,无法把握"道"。即便如此,道家对"为学"的阐发并不充分,虽然它指出了这种方法的弊病是将人的认识局限在经验领域。所以,在"为学"中的主客的分离还非常不够,这种分离也没有受到道家的鼓励。如果没有充分独立出来的主体,也就不会有充分独立的客体让我们去认识和研究,也不会有主体对自身的充分认识,并发展出种种对客体的解释。

直觉思维方式则往往过分强调主体的直观自省,贬低、排斥感官经验和理性能力的积极意义。这就使得认识过程具有一定程度的神秘主义倾向,从而把认识过程单一化了。要发展知识论和科学的客观性真理,又只能将获得"物"的知识局限在经验的领域,道家对此却没有充分的肯定和论述。它忽略了在经验领域发展知识论带给人类认识世界、管理社会的诸多好处。在这方面,我们传统哲学存在着相当大的局限。今天在反思"为学"的使用范围时,应该加强认识"物"的方法论建构,由理性的进路达到对物界的客观认识,使"为学"的内容和方法得到充实。

老子提倡"为道",表明他看到了表现为人类的经验和理性的"为学"的严重不足。这对我们今天仍然具有启发意义。在现代性运动中,理性被视为一种利用概念进行推理和判断的思维活动。为求得能够征服自然的可靠的科技知识,启蒙理性曾极力主张通过主观的抽象分析,把对象归结为确定的普遍的量,把自然界看成数学上可掌握的量化世界,把自然知识抽象为量的数学化体系。对于启蒙思想家来说,任何不符合计算和功利规则的东西都是可疑的。"宗教、自然观、社会、国家制度,一切都受到了最无情的批判;一切都必须在理性的法庭面前为自己的存在作辩护或者放弃存在的权利。"[①]

在理性高歌猛进的三百年里,理性不断取得胜利,其中最突出的现象是科学技术的巨大成就。科学的成就和显示的威力,在人们心目中所获得的威信甚至已取代了对上帝、对先贤的崇敬。可是,科学技术是一把双刃剑,过度推崇理性给人类带来了空前的灾难,不仅危及其他生命,也危及人本身的存在和地球的安危。理性的分析精神不仅使人碎片化,也使

---

① 《马克思恩格斯选集》第3卷,人民出版社,1995年,第355页。

人和自然机械化了。技术理性崇尚物化、数量化原则,追求效益至上,人被迫变成了物,只是执行机器功能的部件和工具。庄子说:"有机械者必有机事,有机事者必有机心"(《庄子·天地》),机心会对人心产生破坏和分离,让人对之产生依赖,技术于是成为异己力量而与人对立。人对技术的掌握变成了技术对人的掌握。机械虽由人制造,但结果是机械不断地逾越其限度,不断地潜入人类生存空间的更深处,对人心、对人的自由形成遮蔽。"当生命成为工具,个体成为节点,当科学能够复制生命虚拟生活,痛苦和欢乐都成为技术的对象,当技术如海德格尔所言成为我们的形而上学,人在哪里呢?可怜的理性似乎只剩下了整理'苦难记忆'以及表演忏悔的功能。"[①]正是由于人类对物质欲望永不停歇的追求,把自然变成了征服和压榨的对象,使人与技术的关系颠倒了,使现代人失去了本己的自由,失去了根和个性,失去了生命的价值和意义。哈贝马斯(Jurgen Habermas,1929—)说:"科学技术作为生产力,实现了对自然的统治;科学技术作为意识形态,则实现了对人的统治"。[②] 老子在他那个时代曾主张"小国寡民。使有什伯之器而不用;使民重死而不远徙。虽有舟舆,无所乘之;虽有甲兵,无所陈之。使民复结绳而用之"。(《老子》第 80 章)当操纵机械的人与自我出现疏离时,人本身成了无所不在的权力意志控制与操纵的对象,人成为机器的部件和延伸,成了大机器运作中一个微不足道的齿轮,从事着被机器控制的机械式的、无聊的、无意义的劳作。

老庄那个时代技术尚未泛滥成为权威而对人产生像今天这样的压制,他们却对理性、技术、机械的负面影响进行了深刻的反思,对其弊端有着非同寻常的洞见。如果仅仅满足于"为学",把认识的所有对象都等同为经验知识的对象,其缺陷是不能理解"道"的独特性,也不能给人提供存在的价值和人类社会的精神走向。它可以为自然立法,却不能为人类的存在立法。马克斯·韦伯(Max Weber,1864-1920)曾有一个有趣的比喻,他说科学就像一张地图,它只能告诉人们怎样走,而无法告诉人们应往哪里走。人生的方向、人类的未来应该由"为道"来解决。所以在加强

---

① 陈喜辉、付丽:《道家哲学与后现代主义比较研究的缘起与现状》,《哈尔滨工业大学学报》(社会科学版),2001 年第 2 期,第 106 页。

② 刘放桐:《新编现代西方哲学》,人民出版社,2000 年,第 482 页。

分离性、增长性的"为学"工夫外,道家提醒人们如果要认识那个大全、本真的"道",就需要人整个身心的投入,需要深入体悟,需要防范知识和理性对"道"的完整性的遮蔽。

需要说明的是,尽管理性的僭越带来上述的种种弊端,今天由于愚昧、迷信、盲从的东西仍普遍存在,在政治、经济和文化等领域中还缺少理性的光芒,所以理性在我们的时代并不是过时的东西,发展理性仍然是一项未竟的事业。胡适当年曾指出:"中国此时还不曾享着科学的赐福,更谈不到科学带来的'灾难'。……我们那里配排斥科学?"[①]对于理性也是这样,我们还需要大力提倡理性、充实"为学",为缺乏理性而补课。道家为我们反思理性提供了一个视角,但这不等于让我们以迷信的、非理性的观念去为理性纠偏,而是让我们以理性来认识理性,让理性做自我认识。

第一,应该承认,人的精神生活中不仅有"为学"/理性的领域,也有许多"为道"/非理性的领域,它们各有自己的意义和价值,理性不能取代、压迫它们,比如宗教信仰,理性应该承认它的意义和价值是理性取代不了的。第二,理性也有它的纯粹性和应用性。理性要健全地发展,不能将应用作为它的唯一目标。纯粹理性为人类培育了思辨能力和伦理道德。但如果将理性工具化会使理性本身失去向导和制约,成为完全求效率、追权力的东西。这就要求我们不能片面地只追求直接作用于实践的应用科学,也应追求哲学、数学、伦理及纯精神的生活。第三,理性,即便是纯粹理性,它也应认识到自己是进化的产物,是历史性的东西。因而它必须承认即使在认识论领域,现在我们称之为理性的东西也有局限,在未来的历史中,它或者继续发展,或者还会出现其他精神意识比我们现在所称的理性更能使人接近绝对的精神。第四,道家对"为学"和"为道"的并重有其合理之处。理性一旦走向唯我道路,不仅会排斥其他精神形态,会把应用理性发展到极端,从而排斥纯理性的发展,忽略思辨、哲学、伦理以及对精神境界的追求,而且在理性认识的世界中只注重宏大叙事、基本规律、铁的必然性,而忽视随机性、偶然性、个性、多样性、突变、边缘等非主体性、非主导性、非核心性等领域的价值和意义。对于理性表现出的以上片面

[①] 胡适:《胡适文存》第2集,首都经济贸易大学出版社,2013年,第127页。

和缺失,都可以通过对理性的再认识、重新定位而得到相当程度的纠正。我们从道家中吸取的许多观念和思想,无疑会使我们对理性的再认识起到启迪和深入研究的作用。

总之,道家提出的"为学"的探索范围是科技理性得以认识和控制的世界,即科学世界;"为道"涉及的则是生命世界和价值世界。理性、概念化思维对观察作为对象化的物理世界有很大的优越性,形成了近现代的科技文明,但面对非对象化的生命世界,则容易造成完整生命的断裂与自由意义的失落。道家思想倡导一种基于生命领会的整体直观的悟性思维,对概念化思维具有解蔽作用。过度依赖理性,生命世界会被淹没,人会被物化。人始终是自然界的一部分,人的最终目的和理想不是去控制自然,而是作为自然的一员,带着审美的心态,深入到自然中,领悟宇宙的奥秘以及人与万物的关系。但是,过度依赖感性,不能有意识地认识物界,则发展不出科学。林语堂就曾致力于化解道家反智主义方法论与科学逻辑之间的紧张关系,他说:"庄子像巴斯加一样,对于人用他有限的智力来了解无限感到失望,但他对理性限制的清楚认识并没有妨碍他和巴斯加升到对一个赋给全宇宙以活力的大心灵的肯定。"[1]"巴斯加"即帕斯卡尔(Blaise Pascal)。林语堂突出了直觉对于科学、对于思维的方法论意义,从而开显出道家认识论的现代科学品性。[2] "为学"和"为道"产生的是两种知识,二者都是人类的文化成果。在今天,这两个世界不能相互取代,我们最佳的选择是建立起"学"和"道"、科学和人文两个世界之间的内在联系和互动,以实现人的全面发展。

---

[1] 林语堂:《从异教徒到基督徒》,《林语堂名著全集》第10卷,东北师范大学出版社,1994年,第143页。
[2] 陈旋波:《林语堂与新道家》,《华侨大学学报》(哲学社会科学版)2005第1期,第107页。

体系与中道——在科学与人文之间际

——一种文化际诠释学之省思

陆敬忠

"中央大学"哲学研究所教授

前　言

西方世界在从中世纪迈入近代后与东方重新交会。在东西方文化近两百年的会遇、交流、冲突、会通中，中华文化的古老心灵经历了西方现代文明的各种物质乃至精神向度之刺激与挑战，也尝试过各种回应与反应。其中，20世纪初基于反对北洋政府因山东问题丧权辱国而引发的五四运动更带来划时代的重大效应与转折，尤其是将中西文化冲突问题转化成中国现代化问题，并因而提出新文化运动之民主（德先生）与科学（赛先生）两大主张。① 从西方现代性与现代化之思想史观点而言，这可为新中

---

* 本文乃笔者执行科技三年期跨校整合型计划案"东西方哲学之宗教向度：存有学，主体论，诠释学"子计划案"基督宗教改革与现代欧陆哲学：体系性信仰诠释学初探"（"科技部"计划编号：104－2410－H－008－069－MY3）之初步成果的发表。

① 陈独秀《青年杂志》（后改名《新青年》）创刊词《敬告青年》："国人而欲脱蒙昧时代，羞为浅化之民也，则急起直追，当以科学与人权并重。"由于《新青年》自1915年9月15日发行创刊号而被视为新文化运动之起源，是故2015年为百年纪念。

国文化之启蒙运动缘起。民主固然似为与前现代时期中国政治社会之专制体制文化相对立的现代西方思想与制度的基础,科学则似乎也是富有人文精神的中华文化所缺乏的现代西方知识与文明向度。本文欲于"中华文化与现代世界——新文化运动一百年"总主题下处理"科学与人文——当代中华文化之路"之次级议题,因此将主题意识集中于当代中华文化在现代性及现代化脉络中所面临的科学向及其对立面人文向度间辩证张力问题。因此,首先需纵览西方现代化之道路与现代性之意义为何。在此则需先探究西方思想文化史中现代性之起源以及人文主义与科学主义之双重滥觞及对立关联问题,接着在此问题意识下揭示现代所发展出的两种思想文化典范,一为英美模式,另一则为欧陆模式。在概观两种模式义理生成史后,得以显现出西方从中世纪以来四种人文与科学关系之范型:中世纪传统的层级性系统状态,英美传统之宰制性统一建制,欧陆传统尤其是法系之对立性(差)异化及德系之辩证性整合等。就此脉络本文将检视英美模式之宰制性统一建制及其全球化对世界带来的诸负面效应:政治(军事)殖民(帝国)化、社会消费化、生态耗材化,以及科技主体(宰)化,并主张应另择最适合与中华文化及世界文明进程的范式探讨有益人类世界和平发展之会通模式。本文将特别以德系辩证性统合进路之范型为主,特别是以德意志观念论及其巅峰黑格尔哲思为例,区别于系统式思维(systematischer Gedanke/systematic thought)思维而发现体系性思想(systemisches Denken/systemic thinking),进而揭示其所隐含的三元辩证(trialectics/Trialektik)及其所蕴涵的三元一系(trinitics/Trinitik)思路,以进而与东方、特别是中华当代文化如何从自己传统的土壤中发现与前者对应、对话乃至对化之可能性:周易之三才之道的思想。在此本文仅先揭露中西方文化中共通的体系性思路,接着提出体系性整合模式之三元一系及其动态模式亦即三元辩证等作为人文与科学之新世界观、逻辑思路及具体架构。

一、西方现代化与现代性之源生：
文艺复兴，宗教改革，现代科学

西方现代化与现代性之起源在一般典型史观下会从现代西方启蒙之多元基源，亦即文艺复兴，(现代式)自然科学兴起等处追根溯源。然而又需回溯源自中世纪层级性系统世界观亦即上帝—人(类)—(自然)宇宙之架构及其裂解。西方在古代末期经历基督宗教化过程，虽然在编年史上以君士坦丁大帝接受基督宗教为转折点，然而此过程早在1世纪末新兴的基源基督信仰开始与希腊化文化及犹太文化间的文化际会通与转化便已启动，这其中包含在语言向度上从继承希伯来圣经又受希腊化经典刺激而终而出现新约圣经，在社会向度上从犹太会堂文化及希腊罗马公民社文化间生发出基督教会文化，在思想向度上与犹太独一神论及希腊化哲学之哲学一神论如诺斯底哲学及新柏拉图主义间的折冲论衡而产生信经及三位一体神学。但是当君士坦丁大帝之后基源性的基督信仰成为罗马国教后，反而在教会体制上开始接受罗马帝国的社会阶层制度化而走向天主教，在圣经正典化后也接受罗马法制影响而逐渐建构天主教教会法，在神学思想上则经由奥古斯丁融会(新)柏拉图哲思，经由托玛斯摄纳亚里士多德哲学系统而形成天主教神哲学系统。于是上帝—人(类)—(自然)之层级性系统遂形成中世纪之世界观。从教会之体制而言遂从以三位一体为本以基督为中心的神人关系变成以教会或圣品制度亦即传统宗教的祭司阶级成为神人之间的媒介。在经典系统中唯独教会领导阶层具有圣经终极诠释权。而在思想文化上便是神学，哲学与科学之层级系统，神学主导哲学，哲学指导科学，特别是亚理斯多德之科学观遂成科学知识典范。这虽然提供天主教神权统治之深层乃至超稳定结构，然而这也正是在中世纪末期时天主教系统开始分崩离析之基本架构所在。一则文艺复兴开始将人(类)置于世界之中心而为现代西方人文主义乃至人类中心论之滥觞，二则宗教改革将批判乃至挑战天主教会之绝对权威与神权垄断，恢复神人之间直接性信仰关系(唯独信心，*Sola Fide* 及唯独恩典，*Sola Gratia*)，包含圣经诠释权(唯独圣经，*Sola Scriptura*)与神学原创权（唯独基督，*Solus Christus*），亦即所谓人人皆祭司（Das allgemeines Priestertum），三则为近代自然科学的兴起，从天文学典范之转移，亦即从哥白尼（Nicolaus Copernicus）转向或即从亚里士多德的地心论转向柏拉图式的日心论，以及从迦利略（Galileo Galilei）现代科学方法论之崛起，亦即数学语言之使用与实验之运用，取代中世纪质性与魂化的自然宇宙观。换言之，上帝—人（类）—（自然）之层级性系统分别被宗教改革，文艺复兴及现代自然科学等三大西方进入近代与现代之文化史生成因素所支解。有趣的是，从地理上而言，宗教改革从中欧（德意志文化圈）启始，然后扩及西欧与北欧，改变欧洲的宗教势力地图，文艺复兴则以南欧（意大利）为中心，而近代自然科学则是全欧性的运动（南欧迦利略，中东欧哥白尼等）。这也使得尔后由宗教改革所引发的（日耳曼）精神文化运动及政治社会改革是以中西欧为主，文艺复兴所导致的（拉丁）美学文化潮流与古典文学复兴则从南欧开展，而以自然科学成为源自欧洲的现代文明之主流乃至表征，进而影响全世界。这一现象从思想文化向度而言则是：中世纪之神学，哲学与科学层级系统开始分化，专化而解构，这在宗教改革政教分离之引导以及自然科学独立于神学教义之要求下，进而在西方现代化过程中哲学与科学之独立与发展导致宗教与神学向度从其中世纪的统合性角色与权威性地位之异化与退化。这遂使得西方现代化进程同时带有世俗化趋势，或者就思想史而言，这便是启蒙运动出现的契机，现代性终而化约为人文哲学与自然科学之间或是韦伯（Max Weber）所谓价值理性与工具理性之间对立与合作之竞合关系问题，人文与科学间遂存在着辩证性张力：人文主导科学发展，或者科学主宰人文领域，或者人文与科学互不相干，或者人文与科学间需更高的统合或中道等各种可能性。

二、两种现代西方传统？英美与欧陆（法系及德系）思想文化典范及四种科学与人文关系之范式

在此人文哲学与自然科学间辩证张力关系之问题意识下，从文明史角度而言，现代西方实际上展示出两种思想文化性典范，一为英美模式，另一则为欧陆模式。首先，英美思想文化典范缘起于霍布斯（Thomas

Hobbes)之机械论自然观及从洛克(John Locke)至密尔(John Stuart Mill)等以来的经验主义哲学传统:一则自然世界可以人造机械这种隐喻来理解,宇宙就如一机械,终究可以解析成基本构成元素,其组成与运动则可以机械力学规律解释,而此又可以数学原理呈现,另则感性经验是获取上述资讯及知识之基本来源,因此认识主体之经验能力乃人类知识唯一官能,进而感性经验乃知识唯一判准。个别经验遂需依据归纳法形成普遍性定律,并且经由测量与量化而成为可以数学方程式化的质料。于是,这种思想模式具体的科学典范遂为自然神论(Deism/Deismus)者牛顿(Isaac Newton)依据数学原理(这也正是其三卷巨著之书名所指:《自然哲学的数学原理》*Philosophiæ Naturalis Principia Mathematica*)所建构的古典力学或机械论物理学,以及(无神论倾向的)达尔文(Charles Darwin)以归纳法为本所构思的生物进化论;其哲学立场则发展出在知识论中将思想工具化为预测及解决问题之实用主义(pragmatism),在科学哲学中的实证主义(positivism),以及在伦理学中从极量化快感出发的效益主义(utilitarianism);尤其是其20世纪以来所引发的哲学领域乃至潮流如科学哲学与分析哲学,可见其关于该问题意识之基本立场为:人文与自然均应在科学方法论、特别是顺应数学程式之量化与实验方法之操作化的统一性下成为科学研究客体,而获得可控制乃至应用于工业化与科技化的知识系统,如此便形成科学——包含其方法与知识,特别是其应用亦即科技——包含其工程化与工业化,统一与宰制一切文化向度(涵括人文向度)的文明建制。换言之,从自然与人文世界中可观察与解析的现象之个别感性经验出发,将其测量化及归纳化为数学方程式可表达的普遍假设性规律,此不但用以解释之前所观察的现象,更须能预测未来将发生者,后者则作为检证假设之依据而增益其可靠性为定律,至此之科学活动可进而转化为科技:将该受检证之定律转化为控制乃至复制自然或人文现象者,特别是经由工业设计与制程形成人工或人为的产物,如工业化产品或社会工程(social engineering)等。

所谓欧陆模式则为起源于法系的笛卡尔(René Descartes)心物二元论世界观,经由理性主义至德系的康德(Immanuel Kant)之三大批判,乃至黑格尔(Georg Wilhelm Friedrich Hegel)绝对观念论(der absolute

Iealismus),以及后黑格尔时期从右到左或从尼采(Friedrich Wilhelm Nietzsche)至马克思(Karl Marx)人文社会科学思想发展蓬勃而多元,亦即:笛卡尔将精神与物质区分成形上学与知识论上的二元世界,接着康德试图一则在知识论上整合经验主义与理性主义于其先验哲学(感性直观与知性概念同为人类主体知识来源),二则论述以实践理性为人性道德主体性异于自然法则而且优位之,三则以合目的性判断力主张自然与自由之不矛盾乃至和谐,此则导致德意志观念论分别由费希特(Johann Gottlieb Fichte)尝试以绝对自我统合理论性理性与实践性理性,谢林(Friedrich Wilhelm Joseph Schelling)从自然哲学出发而走向自然与精神之同一哲学,以及黑格尔以绝对精神之辩证法发展与统合自然哲学与精神哲学(包含主体性精神与客体性精神)之玄思性体系(das speculative System),从而显示出古典德系哲思企图以人文精神统整自然哲(科)学之努力。在后黑格尔时期,不论是尼采从力之意志出发探讨人性价值,或是马克思从有意义的实践性劳动出发认识与改造自然与人类世界,均是在不断地发现人性主体本身足以理解与改变人类自身与自然世界之命运的元素,即使是如唯物论者马克思主义者,也批判朴素的机械论式物质主义,而主张辩证性的历史唯物论。[①] 于是,在 20 世纪初,欧陆也开创出不同于英美机械力学的自然科学典范:普朗克(Max Planck)所肇始的量子力学,爱因斯坦(Albert Einstein)之光量子假说、相对时空论之狭义相对论及以(弯曲)时空(几何)论描写重力的广义相对论,以及光量子所启发的波粒二象性(wave-particle duality)乃至其哥本哈根诠释(Kopenhagener Interpretation)与海森堡(Werner Heisenberg)之不确定原理(Unbestimmtheitsrelation,又称为测不准原理,Unschärferelation)、薛定谔方程式(Schrödingergleichung),终至重力以外其他三基本交互作用(fundamental interaction)之描述等量子力学之理论基本发展,跨越甚至颠覆英式古典力学之限制,例如在巨观宇宙、特别是微观亦即量子世界中不(能)再从感性经验之观察出发,而是先从假设模型及其数学运算出

[①] 本文将德文原文 Materialimus 在汉语中依其不同脉络赋予不同译名:在传统哲学、科学机械论及文化哲学等一般脉络下译成物质主义,在马克思思想特殊脉络下则依通例译为唯物论,以示区隔,前者含有马克思所批判的意识形态之含义,后者则指涉马克思之理论及论述。

发进行预测,再以精密设计之实验证明之,或者,理论语言不再是解释实在界现象,而只是描写之或更谨慎而言乃诠释之,量子力学之诠释性格使得对于量子力学之理论论述本身遂是诠释学性的(例如目前被学界多数接受的哥本哈根诠释)①,所以具有诠释性论争的性格②,因此可以大胆而言,量子力学乃现代自然科学之诠释学转向(hermeneutic turn)。量子力学之哲学诠释甚至可以极端到主张关系或整体先于个体,"精神"或"生命力"先于物质等与英美分析论及机械论模式大异其趣者。③ 如是,二十世纪以来的欧陆哲学典范,从胡塞尔(Edmund Husserl)现象学,存在主义思潮至海德格尔(Martin Heidegger)哲思,从伽达默尔(Hans-Georg Gadamer)哲学诠释学至法系后现代思潮等无不企求在人文与科学之对立辩证中寻求中介或出路。相对于如科学哲学之流派预设哲学终究而言乃为科学服务之进路,现象学哲学企图作为自然科学与人文学科之认识论基础,生命哲学与存在主义则试图在使人文与哲学之为探究人生意义与价值之学能脱离科学之掌控而为独立乃至更根本之文化领域,海德格尔更另辟蹊径,超越自然与人文,科学与哲学之对立关系,使哲思进行更基源问题之思索,如从早期的此有诠释学至"转向"(die Kehre)后关于真理,存有及其语言

---

① 爱因斯坦因反对哥本哈根诠释之非决定论式论述,遂主张量子力学不具完备性,并提出如爱因斯坦-波多尔斯基-罗森悖论(EPR paradox)辩驳之,这则建立于定域实在论(定域隐变量理论,local hidden variable theory),假设局区域实在论成立,则量子力学不具完备性。1964年,约翰·斯图尔特·贝尔(John Stewart Bell)论述,若将该悖论加以理论延伸,就会导致对于量子力学与定域实在论出现不同的预言故可以实验检试量子世界究竟与何种预言符合遂完成诸多相关实验而确定量子力学的预言正确无误,定域实在论却无法描述量子世界。换言之,贝尔定理(Bell's theorem)表明:定域实在论与量子力学的预测不相符,专门检验贝尔定理所获得的实验结果,证实与量子力学的预测相符合,因此定域实在论不成立。参 Action at a Distance in Quantum Mechanics (Stanford Encyclopedia of Philosophy). Plato.stanford.edu. 2007−01−26 [2012−08−18],Bell, John. *On the Einstein Podolsky Rosen Paradox*, Physics 1 3, 195-200, Nov. 1964,Aspect A. Bell's inequality test: more ideal than ever. Nature. 18 March 1999, 398 (6724): 189-90 [2010−09−08]. Bibcode:1999Natur.398..189A. doi:10.1038/18296。

② 例如,目前于哥本哈根诠释之竞争诠释为休·艾弗雷特三世(Hugh Everett III)之多世界诠释(many worlds interpretation,MWI)。

③ 例如,继承海森堡之前马克斯·普朗克物理学研究所(Max-Planck-Institut für Physik 或 Werner-Heisenberg-Institut)主任 Hans-Peter Emil Dürr 之主张。参其著作:*Warum es ums Ganze geht—Neues Denken für eine Welt im Umbruch*. oekom, 2009, Geist, Kosmos und Physik. Gedanken über die Einheit des Lebens. Crotona GmbH, ISBN 978−3−86191−003−9. (Hrsg.): Physik und Transzendenz. Driediger 2010.

之思想等;终于,现象学,生命哲学与存在主义,以及海德格尔思想汇集于欧陆哲学之诠释学转向:例如德系的伽达默尔从海德格尔诠释学循环(hermeneutic circle)出发,主张真理之开显乃(经典)语言理解之为对话过程,而此乃先于科学方法之运用既已在发生;哈贝马斯以知识旨趣分类科学,人文及批判,并尝试以沟通理性取得共识;法系的利科(Paul Ricœur)则从各种不同的非科学语言中寻找诠释学资源如(宗教)象征隐喻,叙事等开展出诠释学之弧(hermeneutic arc),德里达(Jacques Derrida)进而主张,以书写之创造性诠释亦即延异(différance)解构传统西方哲学之罗格斯中心主义(logocentrisme),亦即理性与话语主体性,尤其是二元论之对立诠释为延迟的差异而可走向无限多元化。综观而言,在西方思想史脉络中遂有以下关于人文与科学关系之诸范型:中世纪传统的层级性系统状态,英美传统之宰制性统一建制,欧陆传统尤其是法系之对立性(差)异化及德系之辩证性整合等诠释进路。

三、英美模式之宰制性统一建制的全球化问题

人类与世界目前最严重的问题是:英美模式已带来全球性环境破坏之厄运,而经由20世纪末从美国所发动的全球化,英美模式却正以主流文明之姿态向全世界扩散,而且在9·11之后美国可以反恐战争、维护自由贸易等名义对任何企图反抗此全球化之势力进行经济乃至军事之封锁与攻击。因此对此进行哲学解析与省思乃解决问题之第一步。[①] 首先,宰制性统一建制容易导致在政治经济上资本主义式全球殖民帝国之扩张,19世纪的日不落大英帝国及20世纪第二次世界大战后的美国便是例证。经验主义至效益主义从人性基本欲望与自身利益出发定位人类经济活动遂形成古典资本主义及人之为经济人(homo economicus),个体欲望之扩张与利益之极大化乃个体经济活动之动力,在资源有限下却终究会导致对他人欲望与利益之压迫乃至压榨,而当政治经济实体亦如此时

---

① 以下解析,请亦参看者拙文:《人的沉沦与提升:从世纪文明危机反思人性问题——一种宗教哲学式的解析》,中原大学"海峡两岸教会史研究现况与生命教育"学术研讨会(2001年11月),第22页,特别是第2—15页。

便会形成殖民帝国主义,然而这也终会导致其与其他国家,区域或文化圈之资源争夺与利益冲突而造成世界性的军事对峙乃至冲突。如同列宁在其《帝国主义,资本主义之最高阶段》中所指出的,全球性的西方殖民帝国主义不但会导致少数最富有国家与广大殖民地间剥削者与被剥削者之矛盾,在其居于领导地位的工业国家间之殖民地与势力范围的瓜分不均与利益冲突下,导致其冲突之逆冲至诸富国间本身,遂终致世界大战。[①] 然而由于先进资本主义殖民帝国利用其于殖民地压榨之资源而产生看似无限之新财富潜能足以腐化帝国内之工人阶级与殖民地内之上层阶级而形成"机会主义",使得马克思之无产阶级社会革命无法一蹴可及而共产社会历史阶段之来临无限延后。为对殖民帝国主义进行一种连续的乃至于无限的政治斗争,列宁离开马克思对一个由工人阶级全面觉醒而爆发的决定性之社会主义革命的梦想,而决意以由共产党之为由对历史唯物论必然规律具自觉意识之无产阶级精英组成之革命先锋武装战斗党领导,实行"无产阶级专政",对内形成所谓"民主集中主义"之社会化过程与持续的阶级斗争,以使无产阶级人民从其旧有社会结构形塑之习惯势力解放出来,对外则向资本主义及其最高形式殖民帝国主义进行永无休止之政治军事斗争。这终而引致美俄两大超级军事霸权所形成两大意识形态之长期冷战对峙。其间尤以其核武之对峙竞赛让全世界如履薄冰,随时在毁灭边缘。直至修正之资本主义再度证明其强大之生产力、创造力与整合力与资产阶级民主主义极富弹性之社会冲突解决能力与社会发展能力似乎跨越马列辩证唯物论必然律的强制力。20世纪90年代苏联之瓦解与中国之改革开放使得世纪性意识形态斗争逐渐缓和。取而代之的则是资本主义与消费社会之全球化过程。然而,只要全球资本主义继续扩张,社会主义对于资本主义流弊之批判便有其意义,只要现有之国际政治结构与主流国家之政治形态不能完全使权力与资源之分配达到正义原则之要求,人类恐不能完全免于政治力量、经济利益及意识形态之斗争。政治(军事)殖民(帝国)化是西方现代史带给世界的文明悲剧!

---

① 参 Lenin, V. I., *Imperialism, The highest Stage of Capitalism*, in: Collected Works, Vol. 22, Decembere 1915-July 1916, Moscow: Progress Publisher5 1985, pp. 232, 237, 238, 239, 240, 243, 245, 246, 253, 254, 260, 262, 263, 265, 266, 267, 284, 285, 287, 299-304。

其次,所谓行为主义(behaiviourism)与实证主义(Positivism)之发展使得以机械物质主义之哲学为其形上学基础之科学主义者认为,将人类心理现象之研究化约至以外在可观察、可测量的行为与身体的制约反应状态为基础的社会科学研究,特别是心理学、社会学乃至于政治学,终究会发现人心理活动,社会乃至政治行为之制约反应的机械式规律与其规律间关系所形成的理论模型。① 如果能找到这些行为规律并建构其理论模型,社会科学不但可以借之说明、解释乃至预测所有人类之行为,甚至可以进而控制之。如是,不论是社会工程或社会控制之乌托邦是否能实现,以美俄为主之两大阵营开始一方面对影响乃至决定人类自己之思想与行为之社会环境条件与其制约反应模式进行史无前例的大规模研究。另一方面,这类研究之所以大规模,在于其实验性研究与运用之并行:关于教育、传媒与社会制度乃至消费文化对于人类影响之研究几乎是理论与实践并进。当整个社会化过程以消费文化为主轴或目的时,亦即,个人所接受之教育、整个社会体制之设计、所有媒体传播之资讯,甚至艺术创作与表演均为达到消费社会之目的,乃至个人人生意义、价值与目的均以广义的商品(包括服务业、自由业、娱乐业乃至文化业等)的购买与消耗为判准,则人之异化与物化将被系统化与体制化,亦即个人之生命完全化约至消费社会中广义商品的创造(设计、生产)、欲望的创造(广告、行销)、消费(购买、消耗)与再创造之系统循环,以及各人之存在被整合于此循环之体制而成为其中之一螺丝。消费社会之巨大机器不像工业社会者之可见,其对任何人之压榨与剥削也不像工业社会者之可感。人甚至乐在其中。然而莫名之忧郁、恐惧、无力感与无意义感却也随之而来。消费社会则进一步提供此类精神问题治疗之消费,包括旧方式之翻新与新方法之创新:宗教提供疲惫心灵之休息站与加油站(退修与禅修之类)、自责良心之鸦片与吗啡(忏悔与修补功德之类),及安生送死之科学假象与服务商品化(生死学、灵魂学与葬仪业现代化之类),心理学供应辅道、谘商、临床整套学术性与应用性之体系并与精神医学及社会工作形成严密服务网络,甚至所谓人生哲学、大众哲学、命理哲学之流的演讲卖高档门票还座

---

① 参郭任远:《人类的行为》,台北:万年青书局,1971年,第29—33、36—37页。

无虚席。如果连生死终极关怀与生命终极意义问题原本完全非商品性者都可以消费化,则还有什么事物不在社会消费化之运作内?①整个世界之社会化诚然是一种机械论物质主义思想宰制世界人心的结果。资本主义社会在实践上承认乃至鼓励个人思想、抉择与行为的自由,却在理论上基于其行为主义与实证主义之机械物质主义根本就是唯物决定论(materialistische Determinismus)而在形上学的层次上不相信人的自由。人类从未有过与当代西方资本主义社会这样在极短的社会发展时间内物质极其创新与富裕之时代,然而人类亦从未有过在这么紧密的社会成长时间内有过如此繁多与怪异的社会现象与问题。这种20世纪社会思想与行动之双重吊诡,实在是当代人类社会生活异化之双重来源。上述对人性的基本看法难道不是当代一切人类社会问题之主要根源?社会消费化是人性在现代资本主义社会中的异化之表征!

接着,由于社会消费化之全球化,使得剥削之链的尾端——无法为自己发言之地球生态本身成为毫无获利之终极牺牲者。以往被殖民地压榨劳力、自然资源与农产品,现在第三世界之次级工业化使他们自己成为二级剥削者,工业化对直接环境之破坏进入资源来源地原本之第一线,而使资源来源地之第一线进入原本地球整体生态之大后方。因此,连环境之污染也进入全球化的过程。工业化对地球资源之使用仍是基于一种机械物质主义的哲学:整个宇宙是一个物质性运动规律总体的产物,人只要能掌握此规律总体,便能说明、预测进而控制宇宙之因果活动乃至人为制造之而形成人工产品的工业制程模型。由于人类对于人造物品在工业制程之生产稳定性与大量生产性上优于自然产物之迷思,又基于人工制品本身无再生能力之特性,使得地球资源被与其具有机生命性关联之生态母体割离出来而成为纯粹消耗性质料,地球本身之为生态母体遂遭机械性的肢解与破坏。其原因则不但是因为人类实尚未掌握宇宙规律总体便径自将所掌握之部分规律应用于工业制程模型上,而从规律总体抽离之部分规律的人为运用自然会异化于规律总体而产生与总体不容之异质物,

---

① 关于对于宗教特别是基督教之消费化,参曾庆豹:《上帝、关系与言说——迈向后自由的批判神学》,台北:五南图书出版股份有限公司,2000年,第410—417页。

遂导致工业制品无法还原于或解消于自然之现象。而且更因为此总体本身关联上乃非纯粹机械性的，使得人类对自然之解读与此解读之应用始终是只限于个别局部因果律之无机性与机械性而无其关联整体之有机性与生命性！现在由于全球化过程使资源环境母体之为地球整体生态之大后方亦变成全球工业化之耗材！地球生态母体之有机性整体和谐平衡不但已被破坏，其资源再生能力与生态平衡能力本身亦将被当成耗材蚕食鲸吞。人类不但在吃老本，也在吃自己的母亲！此诚比杀鸡取卵更严重。然而，地球之生态平衡能力已开始对人类造成之环境破坏与生态不平衡展开大反扑。生态问题已超越国境限制，为区域性利益而不顾全球性生态环境问题之情形在国际级之层次则有过之而无不及，美国迟迟不肯支持东京公约便是恶例。只要以人类为主之思维方式不改，全球性生态环境问题必定持续恶化下去，直到地球资源耗尽为止，直至地球生态完全不适人类生存为止。

人类自工业化以来对地球资源之永无休止地剥削，将生态耗材化，自然也是源自物质主义思想之为其世界观的形上学基础。然而，这种把自然世界当成完全任凭人类使用之现代"世俗"物质主义式世界观确有其"神圣"同盟：中古的希腊哲学拉丁化之基督宗教神学世界观与近代的文艺复兴之人文主义、特别是启蒙运动之理性主义。而这两者又有其古典希腊之渊源。希腊哲学自从苏格拉底、柏拉图、亚里斯多德以来定立人为宇宙与伦理世界之中心，又以理性为人之本质，亦即所谓古典希腊之启蒙，便以人类中心论与理性至上论的人文主义为文化主流。当来自希伯来启示信仰文化之原始基督宗教与希腊化文化接触会通时，希腊哲学虽然终于透过古教父如奥古斯丁与中世纪神哲学家如托马斯之努力而接受基督宗教之启示神宇宙体系，特别是独一超越性真神从无造有之教义，基督宗教也接受希腊哲学之理性至上论下之人文主义与宇宙观。如是便形成上述希腊哲学拉丁化之中世纪基督宗教神学世界观的层级性系统状态基本结构：上帝—人—宇宙。人在上帝之下，不但因人按启示为上帝所造而为偶性有限存有者，也因人之存有乃受物质肉体之限制，而上帝为完全之自动（autokineton）、自因（causa sui）或自思（noesis noesios noesis），亦即纯粹之理性（nous）。人之所以在宇宙之上，则不只是因人是上帝创造宇宙之高峰，更是因上帝赋予人宇宙所没有的理性。从此处到近代之文艺复兴的人文主义与启蒙运动的理性主义只是将人在上帝—人—宇宙中间的位置转化成中心的地位，以及上帝之理神化（Deism）。当人文主义之人自认为是宇宙中心时，当机械的物质主义与历史唯物论干脆将理神化之上帝也否定掉时，则人借其理性之优位性诚为宇宙的主宰。人基于其理性优位性而自恃的主体性必然将宇宙自然客体化。[①] 如是，只要再加上进化论式物质主义的、一种近乎迷信的形上学之幻觉：物质是自行无限创生的，好像神灵一样，可以取之不尽、用之不竭。于是生态之耗材化乃西方文明发展的命运。

最后，科技在政治（军事）殖民（帝国）化、社会消费化、生态耗材化中已各自扮演重要角色。讽刺的是，武器之创新发展在现代一直是人类物质文明进步之主要动力。在政治军事化过程中，特别是自冷战以来，国防工业逐步依赖科技发展。由于美俄两超强之军事壁垒对峙，双方在传统科技与核生化科技乃至电子资讯科技与航天科技方面之武器研发与制造竞赛，使得近五十年来人类物质文明之进步与此之前的五千年相比可谓不成比例的快速。而在这场竞赛中以美国为首之西方资本主义国家之所以占优势乃至于20世纪90年代获得胜利，科技之得独立于军事势力而相当程度地自由发展实为主因之一。当俄方科技发展一切以军事挂帅为主时，西方不但允许科技在军事体系中挂帅，亦鼓励民间、特别是工商业综合体成为国防工业之主体。因此，领导科技创发之国防军事科技不但在工商业竞争之环境下突飞猛进，而且在得以应用于民生工业之普通商业用途的情况下，与社会消费化极其有效之结合。

消费社会之特征正是在于不断地创造新的消费生活欲望、新的消费生活形态及其整套主要与周边产品（包括软硬体设施等），而科技之高速发展使得此种创造之不断进行成为可能。因此科技的发展使原本讽刺的人类物质文明现象更加吊诡化：同样一种可以同时运用于军事用途与民生用途，而且，同样一个政治、军事、工业、商业综合体（complex）一方面运

[①] 参 Moltmann, J., *Gott in der Schöpfung：ökologische Schöpfungslehre*, Gütersloh：Chr. Kaiser-Gütersloher Verlaghaus4 1985, p.16。

用其基于领先科技之政治军事化力量扩展其国防工业之市场,为此甚至不惜制造代理战争或亲自发动战争,另一方面军火市场的扩展同时亦开发民生市场之需求,特别是在战争中民生用品与设施之过度消耗与摧毁及战后的整批整体重建效应,往往可以创造新的供需条件而带动新的经济体的发展或使成长趋缓之经济重获动力而不断加入全球化之过程。事实上,在所谓知识经济与全球化之过程中,先进资本主义国家对第三世界之剥削与压榨已由列宁所指出的资本输出[①]转化为劣等知识亦即人力密集与高污染、高耗能之工业技术的输出。所谓后工业国家一方面将其工业化之恶果输出,亦即包括对劳工之剥削、对环境之破坏、对自然资源之滥用,另一方面也将工业化输入国转化为次级消费化社会。第三世界的全面现代化不但是全面劣等工业化,而且是全面次级消费社会化,全面二手资本主义化。

科技之势力便逐渐以政治(军事)殖民(帝国)化与社会消费化之两手策略搜刮积聚全球之资本而使自己能更快的创新发展。而在此对科技发展本身之善性循环下,最后之终端受剥削者便是地球整体生态。所有人类物质文明消耗性成长之最后被消耗者是地球母体。现代科技对地球生态环境之剥削与破坏是多重的。首先是科技工业产品之材料层次,在高科技与传统工业之分工中,传统工业成为其下游工业而加深加剧传统工业中所造成之农业、矿业及化工业的污染与材料之消耗。尤其是化工,因对自然资源之人为加工最多,使其与生态疏离最重,也使其污染最为严重。而新科技所造新材料之对人身体的伤害与对环境的破坏仍未明,便已被急着派上工业线。其次是科技工业所需高稳定与高效能之电力能源,使核能及其他高耗能源之使用更获得合理化。核能废料仍无终极解决方式,却被广为运用,其污染之消除唯有赖半衰期之时间,比化工污染之可由化学反应过程的反转而解消严重千倍。而传统燃料又有空气污染而造成臭氧层与大气循环系统之破坏问题。此外,高科技产品本身之制造与使用便是污染源与生态破坏之祸首。资讯工业制造超高量之水污染

---

① 参 Lenin, V. I., *Imperialism, The highest Stage of Capitalism*, in: Collected Works, Vol. 22, Decembere 1915-July 1916, Moscow: Progress Publisher 1985,特别是关于银行与资本输出的章节。

已众所皆知。目前最新兴之生化科技企图为人类创造崭新的农业材料与品种及全新的医疗技术。然而利用遗传工程创造之新有机体所将连带制造之有机污染是完全无法计算与掌握的。更何况此类新品种之新生命若进入地球生态体系中,自然界是一人类完全无法控制之超级实验室,地球母体要如何平衡之而成为如何全新之生态体系,完全是未知数,也许人类便是在崭新生态体系将被淘汰之物种!而人类已迫不及待地想将量子力学、资讯科学与生化科技结合,这更不知会制造出什么怪物!

更可怕的是,连生态耗材化也可为科技利用。所谓环保科技,实在吊诡!人类使用科技制造之毒又要用更多更狠之科技清除或避免之,就好像武器竞赛一样!岂不知,如果科技本身便是违反或异化自然的,环保科技难道不会如此?然而这正是人类走上科技不归路的例子。如上所述,由于科技相继成为政治殖民化、社会消费化、生态耗材化之主角,人类对科技之全面依赖将是21世纪人类之命运!科技将逐渐取代政治之意识形态挂帅并成为政治(军事)殖民(帝国)化之决定势力与基源意义所在,并成为社会消费化之主要动力与最高价值所在,亦成为生态耗材化之充足理由与终极目的所在。笔者称此为科技主体(宰)化过程。科技不但已是人类当今主流文明之象征与主角,而且是其意义、价值与目的所在,是其自我意识与存在本质之基体(hypokeimenon),科技乃现代主流文明之主体性所在!诚如沈清松教授《解除世界魔咒》一书之要旨所指出:科技全面渗透并主导今日文化体系各次级系统,亦即终极信仰系统、观念系统、规范系统、表现系统及行动系统。[①] 然而,科技于90年代主宰知识经济体制之发展下,不但是人类对自身主体性之崇拜的表现[②],科技已取代中世纪之天主、近代之人本与现代人之理性主体性本身而成为人所崇拜之终极主体性。而科技主体性之真正可怕在于,"他"并无可对之有效反省与制衡之力量。政治最后仍受其所统治之人民群众制衡,即使在封建社会或极权国家,政权之更替最终仍取决于人民,法国大革命与苏联之瓦解便是明证。消费社会之兴衰最后仍决定于市场亦即消费者之需求喜

---

① 参沈清松:《解除世界魔咒——科技对文化之冲击与展望》,台北:时报文化出版公司,1984年,第27—29页。

② 参上引书,第152—153页。

恶。人类对环境之破坏最后会由生态自己来平衡。但是,科技虽本可由人文来平衡,然而人文中最具反省批判能力之西方哲学其英美模式却正是科技之母科学之基源!

四、欧陆德系模式之反思与批判:以海德格尔为例

关于上述问题,欧陆模式之省思则十分深刻,其中法系除结构主义外又多渊源于德系之现象学及海德格尔之效应。① 从胡塞尔对所谓欧洲科学危机的反思至布洛赫(Ernst Bloch)对已为资本主义扭曲的科学合理性地批判,以及从后者延续之新马克思主义、特别是马库瑟(Herbert Marcuse),阿多诺(Theodor W. Adorno)与哈贝马斯对科技与科学之意识形态批判、亦即科技与科学成为资本主义政治社会化统治合法化之揭发,真可谓左右开弓。② 然而,胡赛尔最杰出门生海德格尔(M. Heidegger)对科技之反省可谓最为彻底。因为海德格尔不但反省科技之合理性问题,连马克思与哈贝马斯隐然基设之启蒙精神—人类理性之终极性—都予以无情地批判,直指回古希腊哲学之起源。当然,对于海德格尔语言玄奥的思想本身却有许多的理解可能性。其中又以当代诠释学大师伽达默尔对其老师海德格尔之科学批判的诠释最为透彻。③ 海德格尔曾说:"科学不思想。"他在指涉一种不同于经验科学习惯之思维方式,一种

---

① 例如,一方面法系存在主义式现象学马塞尔(Gabriel Marcel),萨特(Jean-Paul Sartre),李维纳斯(Emmanuel Levinas),梅洛—庞蒂(Maurice Merleau-Ponty)及早期利科(Paul Ricoeur)等,另一方面摄纳与批判海德格尔的法系哲学也包含:萨特,李维纳斯,福柯(Michel Foucaults),德里达及布迪厄(Pierre Bourdieu)等。

② 参 Max Horkheimer und Theodor W. Adorno, *Dialektik der Aufklärung. Philosophische Fragmente* (Frankfurt a. M.: Fischer, 1972). 亦参 Günter Figal, *Der Sinn des Verstehens: Beiträge zur hermeneutischen Philosophie* (Ditzingen: Reclam Verlag, 1996), 83-100. 参 Habermas, J., *Legitimationsprobleme im Spätekapitalismus*, Frankfurt a. M.: Suhrkamp 1973, p. 53. 又参 Herbert Marcuse, *One-Dimensional Man: Studies in the Ideology of Advanced Industrial Society* (Boston: Beacon Press, 1964), Marcuse 指出现代科学及公共论述中实证主义式的逃避至所谓价值中立、量化及感官经验等所造成的窄化思维以及由此所产生的技术专家阶层统治社会中被消费文化操控与工具化的人。

③ 参 Gadamer, H.-G.: "Von Anfang des Denkens" (1986), in: *Hans-Georg Gadamer Gesammelte Werke*, Band 3: *Neuere Philosophie I: Hegel, Husserl, Heidegger*, Tübingen: Mohr 1987, pp. 377-382。

科学不会之思维方式？[1] 而经验科学之思维方式又是什么？伽达默尔首先指出,那是一种西方哲学与艺术及宗教分立之方式,而此方式则"影响西方世界之特异的历史。"[2] 当然,后来科学也将此种分离式思维用在他与哲学之关系。而科技之本质乃是科学,或者,科技乃科学本质之进一步发展。[3]

科学之泰坦诸神与作为其奥林匹克诸子的科技对于自然与社会中的事物的基本态度是,后者必须成为其主体认知条件的客观性对象方具实在的意义与价值。这种思维形式又是来自何方？"科技怎么会发展成为一种如此独立自主的强制势力,以致于其已成为当今人类文化之标记？"[4]海德格尔之洞见是,"……是希腊的科学与形上学,其直至当今世界文明之运作宰制吾人之时代。"[5] 亦即,其起源并"不在现代科学日益依赖科技进步之处。"[6] 海德格尔与伽达默尔当然知道希腊哲学、近代科学与当代科技之不同。[7]

在自然宗教尤其是在启示性宗教中,神是如此神圣光明而不可直视,只可倾听。对人性之片面理解及此理解之绝对化人则要直观与触摸神

---

[1] 参 Gadamer, H.-G.:"Von Anfang des Denkens"(1986), in: *Hans-Georg Gadamer Gesammelte Werke*, Band 3: *Neuere Philosophie I*: *Hegel*, *Husserl*, *Heidegger*, Tübingen: Mohr 1987, p. 377。

[2] Ibid., p. 378。

[3] 同上,"现代科学反而在某种意义上本身已是科技。这乃是说,其与自然中之存有者的关系乃是一种建构性的转化,因而是一种寻求粉碎反抗之侵略。因此,就其将其客观性知识之条件强加于存有者而言——不论此为自然或社会,科学是侵略性的"。

[4] 同上。

[5] 同上。

[6] 见上引书,p. 379。

[7] 见上引书,pp. 378-379:"当然,相对于吾人社会之较古年代,当今的科技文明带着一种新的特征。海德格尔自己曾在一篇关于科技之文章中坚持,科技并非单纯只是普通手工技艺之延伸及人类工业理性底完美化而已,而是已经稳固成一自行之体系。海德格尔以一个挑衅的名称'框架'(das Gestell)来思想此体系——一个道地的海德格尔式新词。〔……〕'框架'是一切如是调节与接通,预定与确定之总体,全部。海德格尔已令人信服地阐明,在此所探讨的是一种限定一切的思维方式,而绝不只是述及工业经济本身之特殊性而已。〔……〕十七世纪之大出发已如此长远地影响至今,是无庸争议的。它在伽利略与惠更斯之物理学中踏下第一步,并在笛卡尔之反省中发见其原则性表达。人们亦知,西方如何借由此现代科学底出发进行世界魔咒之解除。科学研究之工业式可利用性终究使西方攀登整个地球底霸权并且呈现一种宰制一切之经济与交流体系。然而这肯定不是那首先的开始。〔……〕那是希腊人迈向 *Theoria*(笔著按:qeori/a,直译:观神,哲学义:对至上善〈Plato〉或首动者、自思者〈Aristoteles〉底玄思冥想,发义:理性性思维)之出发。海德格尔挑战性的论点是:此科学启蒙底开始正是形上学底开始"。

祇。从对神祇之雕塑,到对神祇的讨论,希腊形上学之觉悟的起点可以德文中的"概念"(Begriff)一词来了解。"概念"就词源而言来自动词begreifen,乃原为"包括"之意,后成为"理解,领悟,理会,掌握"之意。begreifen一字则来自 greifen,"捉住,握住"。"概念"因此有"概括,总括,"之意。① 因此海德格尔致力于"使西方历史底命运一体性真切地显而易见,此则是从希腊形上学启始而终结于科技与工业底完全宰制下。"② 自从柏拉图以理念(e)edos作为对存有者本真之直观与理会,亚里斯多德续以属(仍是e)edos定义物种之本质,西方哲学便走上以概念规定掌握世界之不归路。如果西方哲学自身、特别是以从概念性定义出发之语句逻辑及其存有者形上学基础乃今日全球性科技主体化与主宰化之始作俑者,则只有回溯至语句逻辑与存有者形上学之前寻求此西方乃至世界文明宿命反转的可能性。然而此种海德格尔哲学之努力至今仍旧不为大多数人理解,即使研究海德格尔哲学的专家对之仍旧议论纷纷,莫衷一是。海德格尔之哲思绝对是睿邃神化的,但其对西方主流文明之反思的实践效应仍有待感应。毕竟若其哲思确有文化批判的层次,也要受人理解才会有其积极影响。

对科技产生制衡之人类文化势力者,除了反对理性至上、概念思维、人文主体性中心之海德格尔哲思外,尚有艺术与宗教乃非理性至上的、非概念思维的、非人文主体性中心的。艺术之创作活动与欣赏活动均邀请创作之主体与欣赏之主体遗忘自己之主体性而进入艺术过程与欣赏过程

---

① 参 Gadamer, H.-G.: "Von Anfang des Denkens"(1986), in: *Hans-Georg Gadamer Gesammelte Werke*, Band 3: *Neuere Philosophie I: Hegel, Husserl, Heidegger*, Tübingen: Mohr 1987, pp. 380-381;"在一个概念中某种东西被总括著(zusammengegriffen),被总结著。在此词中已蕴含,概念把握住(greift)、抓取住(zugreift)、总括住(zusammengreift)而如是将某者理会掌握住(begreift)。在概念中思想(Denken in Begriffen)遂是一种行动著地干预与伸展之思想(tätig eingreifendes und ausgreifendes Denken)。现在海德格尔便将形上学底历史解释成一种对存有之基源地希腊式经验,而且当成一种吾人思想经验底运动,一种在其存有中理会掌握存有者之运动,以致于人们将之(笔著按:存有)固定成被理会掌握者并且就此而言握之于掌心中。此则在形上学底任务找到其表述:在其(笔著按:存有者)存有者性中掌握存有者本身,遂导致定义、(亦即)Horismos(笔著按:o(rismo/j)底逻辑,在其中存有者便获致其概念。"

② 见前引书,p.381。

之为一种"游戏"(Spiel)①。在游戏中游戏本身有一种"超主体性的自主性"(Übersubjektive Atonomie)②,真理在其中之呈显生化过程乃艺术作品自行呈现其存有之意义与价值,其呈现方式正是非理性至上的与非概念思维的,而主要的是感性的、直观的、想象力的等。然而,即便艺术作品能唤醒个人人心对科技异化人性之自觉,在凝聚群体自觉力与呼唤群起对抗制衡之的实践行动力上实显不足。

能对科技产生制衡之人类文化势力是非理性至上的、非概念思维的、非人文主体性中心的,而又具群体凝聚力与实践行动力之文化主体性力量是:宗教!不论是泛灵论式(Panpneumatismus)的自然崇拜宗教或是源自希伯来信仰的启示性宗教均以寻求超越个体主体性自我的他者为信仰对象。一般文明宗教纵使亦会运用理性概念传讲教义,然而合理或非理性的宗教经验与神秘体验,智性或超智性的灵性直观,与理性并驾齐驱乃至凌驾理性之信心与信仰意志,以及以生命实践、人格成长乃至博爱利他为意义与价值所在之宗教生活均至少与理性一样重要甚至常常在宗教现象世界中超越理性之运作。即使是以主体论为主之灵魂论式(Psychimus)人文性宗教如佛教仍会以由我执及其无明与业障解脱之佛性为涅槃境界。然而佛教乃以自有限人性(我执)中发展或回返至无限佛性(参悟无明因果轮回)的智性主体性为其宗教本质,因而对人类有限理性所发展的科技虽会以无明业障定性之,但也不会号召群起对抗之。比如对复制人的态度,身体既然是臭皮囊,复制身体虽无益于佛性自觉,却也无妨。泛灵论式的自然崇拜宗教本是西方主流文明扩展之受害者,却由于其宗教十分受地缘地域性与种族文化性影响而无较统一之思想教义、符号经典、戒律规范乃至团体组织。

启示性宗教则一向与科技之兴起与发展纠缠不清。以犹太教为其文化本质的犹太人向来被认为是工业革命与资本主义发展的大推手。在中世纪中仅能从事商业与金融业的犹太人对文艺复兴、启蒙运动与科学发

---

① 参 H.-G. Gadamer, *Wahrheit und Methode. Grundzüge einer philosophischen Hermeneutik*, *Gesammelte Werke*, Bd. 1, Tübingen: Mohr, 1990, pp. 107-116。

② 参笔者拙著: *Gadamers Hermeneutik; Ihre Entwicklung, ihre systematische Bedeutung und ihr Verhältnis zu Hegels Dialektik* Köln:Hundt, 1998, pp. 63-64。

展自是欢迎与参与。其经商与金融之丰富经验与资产使科学与工业之结合形成资本主义之温床。今日社会消费化与科技主体化之全球化过程多少是全球犹太人建立之工业、商业、媒体、科技网络之伟大综合成就。世俗化的犹太人是不会与他们辛勤参建之巴别塔工程作对的。而同样以犹太人为发起人(马克思,列宁)之共产主义运动在其中只起推波助澜之效。犹太教基本教义派虽然不会苟同其世俗化同胞所为,却也不会反对任何能壮大、达成锡安主义运动(Zionism)①发展与目的之犹太人势力。希腊哲学拉丁化之基督宗教,如前所述亦很难脱离其参与此共犯结构之嫌疑。韦伯甚至认为基督新教之伦理是资本主义的精神动力。②

真正对于此种人类文明情势具反动思想与行动能力的只剩下伊斯兰教的基本教义派。整个西方主流文化之领导世界文明趋势的态势—世界全面现代化亦即工具理性化与世俗化亦即唯物化,然而及其所导致之普遍性价值怀疑论与意义虚无主义—根本违反基本教义派之精神。阿拉之绝对意志与普遍戒律应主宰世界。然而,对于某些宗教基本教义,对其绝对真理与价值毫无反省的、毫无对话的绝对预设与誓死奉行,不但无助于问题与危机之解决,反而由于其与西方犹太－基督宗教的历史问题以及绝对其信念系统中所具反理性与暴力倾向,双方之决裂冲突势所难免。9·11只是这一冲突崭新局面的开始:从现在开始,伊斯兰教基本教义派正式向西方领导的世界文明主流挑战,而且他们将以子之矛攻子之盾,以科技化之产品反制对科技绝对依赖之文明,以使整个文明发展趋向回转倒流。他们深信,其恐怖作为只是使此唯物文明毁灭之速度加快,不,他们根本只是阿拉对此魔鬼文明惩罚之神圣奴仆。

人类到底何去何从?在绝对的唯物文明与绝对的唯神基本教义外,难道就有第三种可能?事实上,当今文明之四大危机的确与物质主义思

---

① 依希伯来信仰圣殿所在地—耶路撒冷锡安山—命名的犹太人复兴运动。兴起于19世纪末,其目的在于,在现今之巴勒斯坦地区建立一个犹太民族国家。今日的锡安主义则为一种流行于以色列与全世界犹太文化的政治运动,主张基于以色列国家领土之扩张至昔日希伯来盛世(所罗门王)之疆域而必须损害邻近阿拉伯国家领土,也因此主张对巴勒斯坦阿裔人民的居住权加以限制。

② 参 Weber, M., *The Protestant Ethic and the Spirit of Capitalism*, trans. by Talcott Parsons, Introduction by Anthony Giddens, London: George Allen & Unwin Ltd 1976, pp. 155-183。

潮的兴盛有关。政治(军事)殖民(帝国)化乃资本主义机械物质主义与共产主义历史唯物论异曲同工的杰作。社会消费化更是资本主义实证物质主义与共产主义辩证唯物论相生相克之结果。生态耗材化乃进化论式物质主义之造孽。而科技主体化则吊诡地基源于古希腊理念形上学,发展于近代人文主体论,完成于现代科学物质主义。人类今日的问题与危机一方面可以总结地归咎于普遍性物质主义哲学导致的人类在各文化系统(终极信仰、观念、规范、表现与行动)之虚无主义。而马克思的人文主义式唯物论原本是要解决机械论式物质主义所带来的困境,所谓新左派虽然也洞察并批判政治意识形态之武装斗争、后期资本主义之消费社会[1]、生态之破坏与科技之宰制等当代问题[2],其所提出之解决方案则仍囿于物质主义哲学与理性至上主义之基设性吊诡而有理论上与实践上的困难。另一方面,虽然物质主义哲学乃上述当代文明危机及其巅峰——科技主体化——之形上学基设与世界观基调,然而,以理性为主的古典形上学、近代人文主义乃至现代观念论式主体论何尝不是物质主义由古典机械论式原子论发展成近代机械论式物质主义与现代历史唯物论之思想史性必要条件?要体悟当代文明危机及其解决可能性,除必须了解物质主义之为世界观的生成发展,而须明了理性至上之人文主义的生成发展外,也需找出另类思路与典范作为解决方案之潜能,而且需是适合与中华文化及世界文明进程的范式探讨有益人类世界和平发展之会通模式。在此遂继续以德系辩证性统合进路之范型、特别是德意志观念论为典型探讨该人文与科学关系中所隐含的两种思维模式:系统式(systematischer Gedanke/systematic thought)思维与体系性(systemisches Denken / systemic thinking)思想,以进而与东方、特别是当代中华文化如何从自己传统的土壤中发现与前者对应、对话乃至对化之可能性。

---

[1] 参 Habermas, J., *Legitimationsprobleme im Spätekapitalismus*, Frankfurt a. M.: Suhrkamp 1973。

[2] 参 Habermas, J., *Technik und Wissenschaft als Ideologie*, Frankfurt a. M.: Suhrkamp 1969。

五、第五种中道之统合范式？
东西方文化际体系性整合思路：三元一系思路初探

　　如前所述,在当代德系思潮中,源自现象学运动的海德格尔哲思及其传承亦即诠释学哲学乃欧陆哲学之共通思路与语言,甚至已是当代西方哲思之显学。体系性哲思及诠释学之整合亦即体系性诠释学应为第五种且符合中道之统合范式,而这可以在黑氏哲思本身中获得启发,即使不是完全解决上述反思性系统哲学之系统内在问题,也起码可以另辟蹊径：其一,海德格尔—伽达默尔系脉之诠释学哲学早已对于系统哲学之终极理据(Letztbegründung)问题提出批判①；不过吾人更企求解决之道,而黑氏哲思将三一神学玄思化确实可以启发出三元一系之体系性哲思：基督宗教神学中父—子—灵之三位一体以及日耳曼神哲学世界观之上帝—人—宇宙或世界可以转化为我—它或他或她—你之体系性位格际关系。而黑氏哲学生成发展史的确在不同阶段中经历乃至透露三元一系哲思：从法兰克福时期之我你间的爱之关系(我—爱—你或妳[以下暂以妳统称以符应作者角色])，经耶拿早期之同一与非同一之同一结构,到耶拿中期起〈诸三角形之三角形〉中三位一体论与上帝—人—宇宙之整全世界观及《耶拿体系构思贰》(1804/05)中理论我—实践我—绝对精神,终而至《耶拿体系构思参》(1805/06)开启尔后主体性精神—客体性精神—绝对精神之终极架构。尤其是我妳间的爱之关系(我—爱—妳)与自中期起精神之外化它性及回返自性底双重活动(我—它—我)便可统合成(我—它或他或她[以下暂以她统称以回应后现代女性主义]—你—我)之三元一系位格际关系：自我之外推至她者,而当我者与她者相互面对对方时我她关系便会转化为我妳关系,或者更依她者而言,她者需成为妳者才会产生我与妳及妳与我之对话关系,如是从妳者又回返至我者。如是,在诠释学向度中,反思哲学之循环结构不但已被哲学诠释学之诠释学循环所取代,而且

---

① H.-G. Gadamer, "Selbstdarstellung Hans-Georg Gadamer", in: *Hermeneutik II: Wahrheit und Methode. Ergänzungen, Register, Gesammelte Werke*, Bd. 2, pp. 479-508, bes. 485.

黑氏哲学之无限精神蕴涵有限精神之万有在神论的观念论存有学可以进而成为诠释学循环之观念论转向，一则以应对当今时代早已从实体形上学堕落为唯物论形上学之人类文明与人性世界危机，二则回应宗教神学之信仰性真理诉求；无限精神蕴涵有限精神之思想基本特质乃信仰基设而非可完成证立者，否则又陷入终极理据之系统哲学迷思，反而是信仰循环所在，而应可成为世界大宗教传统之对话所在。黑氏关于矛盾律失效之主张正是本于观念论之万有在神论基设：对立之二元之所以会形成矛盾正是基于其同属于一涵存其之存有层次，此即传统逻辑中所谓同一观点问题，然而若该存有层次实乃精神性者，便可将该对立二元理解为一体两面乃至互补二元。此第三者或精神之观点正启发黑氏哲学所谓中介之理念，而这则又基源于基督宗教之中保观念。如是，前述二元辩证法之循环结构与道路发展观念之冲突遂可进一步获得解决：将二元辩证结构透过发展典范转化为三元一系关系，启始—进程—目的，并且再以启始便以蕴涵目的之目的论哲思亦即启始与目的之等同转化发展为循环。然而，正如，康德在《判断力批判》中所已然发现生机论之内在目的性乃精神性者，在《精神现象学》"序言"中黑氏也以生机论之目的论来构想三元一系辩证法。① 当然，果实之为该生命体之结局又是新的生命的开始，于是发展模式与循环模式在生机论中自然地合一。种子—生长—结果之生命典范使行文回到本文之开始，无限性存有之为生命观念。

　　此种从中华文化与德系文化之文化际对话语对化所可能融会的新范式吾人称之为体系性整合之诠释学模式（systemic integration）。在此本文仅先揭露中西方文化中共通的体系性思路，接着提出体系性整合模式之三元一系及其动态模式亦即三元辩证（trialectics/Trialektik）等作为人文与科学之新世界观、逻辑思路及具体架构。首先，就世界观向度而言，相应于西方上帝—人（类）—（自然）宇宙间非中世纪系统层级的而是体系整合性的关系如黑格尔或海德格尔哲思所指示，古典中华文化从易经以

---

① PhG, 10(4)："花苞在花朵绽放时消失，人或可言，前者被后者驳倒，同样地，经由果实则花朵会被宣称为植物错误的存在者，而前者作为后者真理而取代之。此类形式不但相互区分，而且相互排挤成互不相容。然而其流动的本性使其同时为生机性统一体之环节，在其中它们不但不互相冲突，而且此与彼均同样必要，而此相同必要性方成就整体之生命。"

来便有天—地—人的三才之道底体系性世界观。其次,在此三元一系体系性世界观之先(前)结构下,诠释学哲思作为统合人文与科学之崭新思路具有以下三点逻辑性基设,元素及模式:脉络性—语言性—事理性,在脉络中位格—语言之为物质及精神之中(媒)介与综合—语言性理解过程,以及对话—阅读—翻译等三元辩证。

1. 汉语文化中的体系性思想与世界观:以《易》及其"三才一道"理念为范例[①]

文化作为一个人类精神活动与自然物质条件整体之综合互动亦即其间互相刺激回应、交互生发效应的过程。哲思之源生则本于解决文化问题之原创力乃至化解文化冲突问题之基要方式。中华文化之历史性缘起关键在于从商文化至周文化之发展过程。如同其他的世界古文明亦即大河文明,商朝作为中国第一个具文明信史意义的文化体,也是一高度宗教性的文明。此不但是因为:中华文化第一个有汉语文化传承意义的文字体系亦即商文明之甲骨文本为以王室为主的宗教性占卜记录文字,也因为举世闻名、独具特色的商朝青铜器主要亦为王室贵族宗教礼仪如祭祀之神器,此由其上动物纹饰所隐含灵界沟通与庇佑功能可见一斑。商朝正如所有大河文明,其以农商文化为基础的层级社会暗示着一种全面性的神治文化与神灵层级结构,而"(上)帝"则为此结构之最高神祇。相反地,周文化原为"天"信仰之游牧民族,[②]在鉴于商朝腐败化的宗教文化而革命之后,如何面对商朝根深蒂固的宗教文明,如何解决其文化际冲突,便是文王与周公治理之要务。依据儒家传统所谓的周公制周礼撰周易,可说便是为解决原本游牧之新兴农业民族的周文化与腐化的商朝大河商业文明之间的文化冲突,因而奠定后世整个中国文化的基本架构。周易

[①] 以下论述原引自拙文:《〈圣经〉及〈易经〉之正典际义理性对话初探:黑格尔之三位一体与〈易传〉之三才一道底体系性哲思诠释》,2014 年 9 月"当代儒学国际学术会议:儒学与当代文明"国际学术会议,"中央大学",第 34 页,第 15—33 页。

[②] 游牧民族多以天信仰为主,如早期犹太民族,在中国史书中则以匈奴之腾格里信仰(Tengriism, Tengrismus)著称,参《汉书·匈奴传》:"匈奴谓天为撑犁。"

转化商朝宗教世界观为理解自然宇宙之道理,从宇宙论层次建构中华文化之自然世界观[①],周礼则从人事论层面规范其关于人生伦理与社会活动之人文价值观。周易处理宇宙与自然之层面实乃欲将商代那种泛灵与多神的宗教宇宙观转成自然哲学。周礼则意欲针对商朝那种一切以宗教决定人事的文化氛围进行一种改革。礼及乐管理人与人间的社会、政治乃至宗教生活——特别是前者教化精英阶层,后者熏陶庶民文化,成功地将一个腐败的宗教社会文化转化成一个新的"周礼文化"。周公关于天人关系之理念亦即所谓以德配天成为尔后儒家天人合一理想之雏形。《易》之为形上学,礼之为规范体制与书之为官方文献,乐与诗之为艺术经典以及春秋之为历史传论则形成中华古典文化、特别是儒家之六经。[②] 如是,若由经典制作之角度而言可以依据孔子之想法将哲学的典范回溯至周公,则周易与周礼乃是哲思解决商周社会文化冲突问题之方式与过程。此则形成中国封建社会三千年来的二元基本阶级之超稳定结构:一则以古典经典教化自身而以人文精神自豪的精英文化层级,另则为承袭商朝宗教文化之多神论与祖先崇拜等遗风的综合性民俗信仰之俗民文化层级。后来儒家与道家之兴起或可谓对此社会化之特定的文化性反思、升华乃至哲学化。

　　同样地,春秋战国各种的哲思学说兴起是要解决当时环伺周天子之新兴诸文化间的竞争冲突以及这些新兴文化与古老的周文明间的对立冲突问题。因为精神高度发展但物质势力柔弱的周天子文明在世界的中心,而四周出现新兴民族对周天子出现挑战,以致于有智者开始思想如何解决这种文化冲突,北方有胡,南方有楚越,东方有齐鲁,西方有秦,他们索取的文化资源原本源自周文明,却成功地将旧有的文化资源转化成新的哲学,譬如通常的文化界共识为:周礼生成为儒家,周易发展为道家

---

　　① 周易之周不只是如孔颖达《周易正义》所指涉地名西岐为周文化之发源地,周文王与周公之为其创作者,"周"之辞源学显示其本有整体、整全或循环乃至普遍之义,此实亦呈现周易之主旨,参郑玄《易论》以为"周"乃"周普"之意,亦即无所不备,周而复始,参《易传·系辞上》第四章:"知周乎万物,而道济天下,故不过。"

　　② 参《庄子》,《外篇·天运》:"孔子谓老聃曰:'丘治《诗》、《书》、《礼》、《乐》、《易》、《春秋》六经,自以为久矣,孰知其故矣。'"《杂篇·天下》:"《诗》以道志,《书》以道事,《礼》以道行,《乐》以道和,《易》以道阴阳,《春秋》以道名分。其数散于天下而设于中国者,百家之学时或称而道之。"

等。而春秋战国留给华夏后世最有影响力者遂有四个哲学进路:儒家,道家,法家,阴阳家。这几家又是在周朝文明与其四周新兴文化、特别是北方文化与南方文化产生巨大的冲突时孕育而生。然后例如形成北方文明之象征的儒家与南方文明之代表的道家之间的冲突,此遂又产生新的文化因子,魏晋玄学与宋明理学皆然。汉朝中国面对西来佛教,当时汉儒的宗教哲学面对佛教哲学而言,纯粹就哲思理论系统而言便是劣势的。魏晋时儒道均努力地面对来自西方印度佛学之思想文化挑战。宋明理学则是对此种挑战充分消化回应的一种结果。中华文化终究对外来文化挑战成功地回应,造就伟大的汉语大乘佛学与宋明理学。在魏晋时期主要问题呈现在于语言概念之理解与转义。后来因为原始佛家思想义理经过唐代大乘佛教之汉化摄纳与发展而比较系统与完整地融合入中华文化脉络,宋明儒家遂得以从精义方面处理佛学之挑战,并且圆融地在宇宙论形上学向度亦即道学与理学方面溯源至《易》与其道家诠释体系,在道德主体向度亦即心性论方面与汉语佛学对话而摄纳之,在实践哲学向度则兼容经典诠释、德行工夫与观照修行而并之。吾人更以为,《易》作为中华文化最古老的、统整宇宙论形上学、哲学人类学与实践哲学之全方位经典,不只是解决上古农牧文化冲突、开创其独特汉语文明传统之整体世界观、深度价值观及基层人生观所在,而且《易经》作为儒道两家共同原典,其中和谐共生、整全圆融、充满体系性的思想,此则尤其呈现在《易传》中具普世性或文化际可普性的天地人三才一道之体系性哲思中。[①]

1.1 周易经传之基本生成结构中的三元一系体系性思想

事实上,《易》本身之基本生成结构,正呈显出此哲思理念,如以下所将诠释者。[②] 前已揭示,周对商之革命乃证立于后者占卜祭酒宗教文化之氾滥与腐败。[③] 依据儒家传统,《酒诰》之作者周公,亦即周朝政治社会

---

① 可普性观念(Universalizability)源自沈清松修正普遍性概念,参《数学可普性与中西比较-对刘君灿先生宏文的回应》,《中华科技史同好会会刊》,Vol.1 No.2 (2000/07),第10—15页;亦参其近著:《跨文化哲学与宗教》,台北:五南图书出版公司(2012),第19页。

② 参《易传·系辞上》:"是故,易有太极,是生两仪,两仪生四象,四象生八卦,八卦定吉凶,吉凶生大业。"亦参系辞下,第八章。

③ 参《尚书·酒诰》。

经济体制及其知识乃至哲学系统真正的奠基者,为改革殷商之神治与迷信文化遗风,将其占卜术转化为周易,或者严谨而言,文王为其作卦辞及周公继作爻辞而形成狭义周易之《易经》,尔后孔子作《十翼》亦即《易传》续诠释之,遂形成《易》之基本文本,成为中华文化基原而首要的宇宙论,人生观,自然哲学,精神哲学等世界观形上学经典。虽然,当今学界怀疑《易经》与《易传》作者与成书时期,不过,由于一方面两者成书时间最晚分别应于西周初期及战国晚期,所以无论如何应为先秦文本而仍为汉语文化中流传最早及效应历史最长之世界观形上学经典文本;二方面由于本文所探讨主要理念亦即三才之道所出的《易传》仍是以儒家为主而融会上古巫术、东周阴阳学及道家思想之结晶,因此本文之立论文本仍为信史范围。① 况且,三方面《易》本已成为中华文明两大基石儒家与道家共同的基本原典,而乃其所有思想文化资产之基源。所以对《易》之本真理解是对汉语文化整全认识与深层体悟之根本所在。

　　首先,《易纬》〈干凿度〉对于《易》名之阐释便呈现三元一系之体系性:"易一名而含三义:所谓易也,变易也,不易也。"② 易之为易简(或简易)揭示著道之为太极作为宇宙万事万物之玄元[(a)rxh/ ,arche]乃单一而纯然。③ 由其内在本质之有无或显隐遂生化阴阳两仪,亦即两相对立之基模或基原能力如阴阳两气、天地或动静刚柔,而以两种线型亦即爻形象地表现之(阴,－－;阳,——),也正是太极一词本欲表达的绝对对立性。④

---

　　① 参杨庆中:《周易经传研究》,国家社科基金成果文库,北京:商务印书馆,2005年,第150—220页。

　　② 参郑玄注《易纬·乾凿度》;此书虽假托子曰,成书也应不迟于西汉末,其关于易名之三义,颇富哲理,故常为引文。

　　③ 关于易经文本中关于道之基本意义,以《系辞上》《系辞下》为例,除上注所引文外,另参《系辞上》第四章:"易与天地准,故能弥纶天地之道。"第九章:"子曰:'知变化之道者,其知神之所为乎!'"第十一章:"子曰:'夫易何为者也?夫易开物成务,冒天下之道,如斯而已者也。是故,圣人以通天下之志,以定天下之业,以断天下之疑。'"第十二章:"是故,形而上者谓之道;形而下者谓之器;化而裁之谓之变;推而行之谓之通;举而错之天下之民,谓之事业。"《系辞下》第一章:"吉凶者,贞胜者也。天地之道,贞观者也。日月之道,贞明者也。天下之动,贞夫一者也。"《系辞下》第八章:"易之为书也,不可远;为道也,屡迁。变动不居,周流六虚,上下无常,刚柔相易,不可为典要,唯变所适。"《系辞下》第十一章:"易之兴也,其当殷之末世,周之盛德邪?当文王与纣之事邪?是故其辞危。危者使平,易者使倾,其道甚大,百物不废。惧以终始,其要无咎,此之谓易之道也。"等

　　④ 参《系辞上》第五章:"一阴一阳之谓道,继之者善也,成之者性也。仁者见之谓之仁,知者见之谓之知。"

此则于太极之为其统一性(unity，Einheit，或"体")中化成两种相生互化之互补性基元或要素(moment，das Moment [momentum]，或"用")，亦即两种互相生化或度化至对方乃至在对方中转化的对化原理、动能、模态或过程，而这也就是后来宋易学所谓太极(两仪)图所欲表象者。① 此诚为汉语文化乃至世界文明中最基源的辩证性思维。阴阳两仪各自与交互关系，特别是如太极图所示——在阴中有阳，阳中有阴——遂生成出四象，四种基本形象或元素(basic element，Grundelement，太阳 ⚌，少阳 ⚍，少阴 ⚎，太阴 ⚏)，亦即由两爻排列组合成四种象征或象素如四种天象、方位、季节乃至基本原素，此则或者依典型循环世界观而为气、火、水及土，或者依据五行之说而为火、木、金、水以及土于其中间。此四象遂一则周流循环如天文、气候等系统，另则此再各自化生出阴阳一爻而发展成八卦或经卦。这则不仅代表宇宙自然中八种环境因素(干—天、兑—泽、离—火、震—雷、巽—风、坎—水、艮—山、坤—地)与方位(西北、西、南、东、东南、北、东北、西南)，也可象征人性精神八种心境或性格(健、悦、丽、动、入、陷、止、顺)以及人类核心家庭八种关系(父、少女、中女、长男、长女、中男、少男、母)。因此，宋易学遂有先天八卦与后天八卦之论说与图像：前者之为体(一乾、二兑、三离、四震、五巽、六坎、七艮、八坤)从宇宙整体架构出发("天地定位")，并且以阴阳对立者之对位乃至对化为原则("山泽通气，雷风相薄，水火不相射")，呈现其对应平衡之整全原理或即在矛盾辩证中的和谐之道，以阳卦(乾、兑、离、震)与阴卦(巽、坎、艮、坤)间阴阳消长为本，从乾卦经阴卦至震卦而终回返至乾卦自身而形成圆形循环，或(再)从阳卦出发至阴卦(震至巽)而逆行阳卦(坤至震)回朔至乾卦而转成 S 形螺旋性动态循环之关系结构("若顺天而行，是左旋也，皆已生之卦也。知来则逆，若逆天而行，是右行也，皆来生之卦也，故曰知来也")。② 因此后天八卦之为用(震、巽、离、坤、兑、乾、坎、艮)，进而以表达

---

① 参周敦颐《太极图说》。
② 关于先天、后天八卦及其图之缘由，应起源于宋易学，参邵雍《皇极经世·观物外篇》："天地定位一节，明伏羲八卦也。八卦相错者，明交错而成六十四卦也。数往则顺，若顺天而行，是左旋也，皆已生之卦也。知来则逆，若逆天而行，是右行也，皆来生之卦也，故曰知来也。夫易之数，由逆而成矣。此一节直解图意，若逆知四时之谓也。"关于先天卦之易传文本来源，参《易传·说卦》，第三章："天地定位，山泽通气，雷风相薄，水火不相射。"又参图一。

宇宙中万有生成发展、流行周复之道理为主（"帝出乎震，[……]，成言乎艮。"），乃从自然环境中（以五行之土为中心）的方位与节令为架构①，配对五行之相生相克，以相对应卦象间的度化为出发，再显现文王干坤父母交生成家族系统之思想。②，如此，后天八卦更凸显在宇宙人生周流回转过程中的中间性或中介原理以及各卦间的相生互根之交际性或关联互动原理。

不论所谓伏羲先天卦或文王后天卦其卦序均形成一种循环结构。如是，总体而言，八卦乃呈现八种人格或人性存在方式以及其八种自然、社会处境或世界关系，而且是其各自的与相互的循环过程关系。相应地，八卦之三爻模式不但显示《易》首要的三元一系思维方式，而且也蕴涵着天地人三才一道之理想：此三爻表征天，人，地，因此各卦均象征一种三才整全之道底模式③，而此即在处境中的人格或体系性诠释学所谓在脉络中的位格（person in context, Person im Kontext）之基本模态。④ 以此为

---

① 关于后天卦之易经传文本来源，亦参邵雍《观物外篇》："起震终艮一节，明文王八卦也。[……]文王之作《易》也，其得天地之用乎？故乾坤变为泰，坎离交而为济既。乾生于子，坤生于午，离终于申，坎终于寅，以应天之时也。置乾于西北，退坤于西南，长子用事，而长女带母，坎离得位而兑艮为隅，以应地之方也。"关于后天卦之易传文本来源，亦参《说卦》第五章："帝出乎震，齐乎巽，相见乎离，致役乎坤，说言乎兑，战乎乾，劳乎坎，成言乎艮。万物出乎震，震，东方也。齐乎巽，巽，东南也；齐也者，言万物之洁齐也。离也者，明也，万物皆相见，南方之卦也；圣人南面而听天下，向明而治，盖取诸此也。坤也者，地也，万物皆致养焉，故曰致役乎坤。兑，正秋也，万物之所说也，故曰说言乎兑。战乎乾，乾，西北之卦也，言阴阳相薄也。坎者，水也，正北方之卦也，劳卦也，万物之所归也，故曰劳乎坎。艮东北之卦也，万物之所成终而所成始也，故曰成言乎艮。"又参图二。

② 参《说卦传》："乾，天也，故称乎父；坤，地也，故称乎母。震一索而得男，故谓之长男。巽一索而得女，故谓之长女。坎再索而得男，故谓之中男。离再索而得女，故谓之中女。艮三索而得男，故谓之少男。兑三索而得女，故谓之少女。"又参朱熹《周易本义》载《文王八卦次序》之图（参图三）。

③ 参《系辞下》第十章："易之为书也，广大悉备，有天道焉，有人道焉，有地道焉。兼三才而两之，故六；六者非它也，三才之道也。道有变动，故曰爻；爻有等，故曰物；物相杂，故曰文；文不当，故吉凶生焉。"《说卦》第二章："昔者圣人之作易也，将以顺性命之理。是以立天之道，曰阴与阳；立地之道，曰柔与刚；立人之道，曰仁与义。兼三才而两之，故易六画而成卦。分阴分阳，迭用柔刚，故易六位而成章。"

④ 关于体系性诠释学之基本理论以及其在脉络中位格之观念，参作者拙文：《辩证性—系统性诠释学之构思：文化际哲思方法学基设初探》（A&HCI），《汉语基督教学术论评》，第四期（2007年12月），第139—168页；《从hermeneuein至文本理解之义理生成发展：辩证性——系统性及体系性诠释学理论基本网络》，《"中央大学"人文学报》，第三十四期（2008年4月），（转下页）

本遂可开展出宇宙人生之体系性脉动关系,其一,八卦可重卦为六十四卦,开显乃至演绎出自然宇宙脉络与人生世界脉络之关联互动,亦即两组经卦之互联交通或即其排列组合可成六十四种处境或脉络中的人格[①]:一为下卦或内卦,一为上卦或外卦,亦即,前者为在变化过程中的人格或其主观观点乃至视域,后者则为其客观处境或脉络。其二,在《易》中,由于每一个爻均被赋予一爻辞作为其诠解,遂产生三百八十四种关于在处境中人格或在脉络中位格之宇宙人生开示或道引。其三,又由于六十四卦中每卦均可度化或转化至其他任何一卦,所以便化成四千零九十六种在处境中人格之变化形态与宇宙人生之生化模态,可谓一则包罗万象之大化流行[②],另则却又回复至太极之循环原理:六十四卦最后两卦亦即既济与未济再现阴阳、天地与始终之基源辩证张力关系,而透露出一种开放性的结局或出路。

因此关于易之第二种基本意义遂为变易。又因为《易》或其作者之为智慧而仁慈的圣人呈显出变易之循环结构乃至规律性乃至恒常性,遂也显示出易或道之不变性或本质性,此便是其第三种基本意义所在。[③] 从上述关于《易》之基本构想的概观中亦即一种汉语文化对于自然宇宙原则,生活世界意义以及人生价值取向之总体互动关系的基本架构中可见此三

(接上页)页 97—140;"Der neue Weg der" *Meta-Physik* "*als philosophische Wissenschaft*: *Programm einer dialektisch-systematischen Hermeneutik*", Metaphysik als Wissenschaft. Festschrift für K. Düsing zum 65. Geburtstag, hrsg. von D. Fonfara, Freiburg: Alber 2006/7, 466-480; "Vom hermeneuein zur Interkulturalität: Etymologie und Originalontologische Dynamik der systemischen Hermeneutik", Von der Hermeneutik zur interkulturellen Philosophie. Festschrift für Heinz Kimmerle zum 80. Geburtstag, hrsg. von Hamid Reza Yousefi und Henk Ooserling, Nordhausen: Bauz, 2010/12, 39-60; "Interkulturelle Form des Philosophierens am Beispiel der Hermeneutik", in: Philosophie und Philosophiegeschichtsschreibung in einer veränderten Welt. Theorien-Probleme—Perspektiven, herausgegeben und eingeleitet von Hamid Reza Yousefi und Heinz Kimmerle, Nordhausen: Bauz, 2012/1, 269-281.

① 参《系辞下》第一章:"八卦成列,象在其中矣。因而重之,爻在其中矣。刚柔相推,变在其中矣。"

② 参《系辞下》第八章:"易之为书也不可远,为道也屡迁,变动不居,周流六虚,上下无常,刚柔相易,不可为典要,唯变所适。"

③ 参《系辞下》第二章:"神农氏没,黄帝、尧、舜氏作,通其变,使民不倦,神而化之,使民宜之。易穷则变,变则通,通则久。"

种易之基义间的体系性之关系,乃是其世界观中所谓中和之道与其人生观中所谓在脉络中位格之理。精要而言,《易》之基本构思在于:宇宙以简易性总体(易之第一义)或整体性统合体或即所谓体系(system,System)呈现自身,自始在其中或从其中便生化出一种两相对反而相生相克的元素之变易(易之第二义)或辩证性浅能及活动,此则会发展成超越性的天、内在性的地及中间(介)性的人之三向度间底三元一系性相连互动。该辩证性过程乃依据反转入其他性或对立面之原则(Umschlag in die Andersheit bzw. das Gegenteil)进行①,因为就太极为其玄元或基原而言,两元素原本便各自在其对立性元素中隐涵著。一旦该辩证性过程启动,尤其是对立者之中介过程生成,其发展之为三元一系历程便会运行,而且终会回返至其基源性整体,此则会经由差异化、互动化及融通化之三元一系而化成天、地或对立之辩证与人或在脉络中位格之圆融统合体或恒常妙道(易之第三义)。《易经》与《易传》所思想的既是自然宇宙与生活世界的也是实践与生命哲学的基本结构之为对反的和谐统一以及其中庸之道。② 从此《易》之基本哲思遂产生如儒家中道乃至仁道及义道之基本理念以及道家物极必反乃至自然与无为之思维③,并且由此各自发展其天地人关系。

1.2 三才一道之体系性世界观

然而,因为儒家比较从人道出发而不但将天地人关系化约成天人关

---

① 此种辩证法在伽达默尔之诠释学中亦从黑格尔哲思中被摄纳,参 Gadamer, H.-G.: "Nachwort zu 3. Auflage" (1972),见于 *Gesammelte Werke*, Bd. 3, Tübingen: Mohr 1987, 461: "甚至于黑格尔之辩证法——我所指的不是其(译者按:辩证法)成为哲学证明方法之格式化,而是指为其奠基之概念反转入其对立面的经验,而此类概念则要求能把握整体—亦属于吾人人类经验内在自我启蒙及共同主体性表现之诸形式。"

② 参《系辞上》第一章:"天尊地卑,乾坤定矣;卑高以陈,贵贱位矣;动静有常,刚柔断矣。"亦参《系辞上》第七章:"夫易,圣人所以崇德而广业也。知崇礼卑,崇效天,卑法地。天地设位,而易行乎其中矣,成性存存,道义之门。"杨庆中揭示《易经》中的中爻(二、五爻)约半数为吉辞,显示尚中倾向,参杨庆中前引书,第209页以下。

③ "物极必反"一词本身虽非出自《道德经》,却常被当成其核心思想;参劳思光:《中国哲学史》第一卷,香港中文大学崇基学院1980年,第179—181页;参《吕氏春秋》:"全则必缺,极则必反。"亦参朱熹《近思录》引自程颐之语:"阳已复生,物极必返。"

系并且最终以天人合一之理想总结之①,道家则着重开展天道哲思而最终以道法自然归结之②,所以《易》之天地人三才底体系性思想反而未在中国哲学之效应历史中被特别开显,除宋代易学家郭雍曾凸显三才之道为贯通易经者外③,鲜有发挥者,或者亦如郭雍多少为人类或人道中心论者,而未发觉三才之道所蕴含的体系性世界观。④ 但是三才观念仍深植在汉语文化之世界观中⑤,而且在庶民文化如一贯道及姓名学中却为核心概念,深入华人文化深层结构。在此仅仍以《易传》中三才之道底文本为主,阐述其三才一道之体系性世界观。

首先,《系辞》作为周易主旨要义之诠释,不但提示上述有关《易》之基本原理,如太极与阴阳之道亦即对立统一辩证法之为宇宙人生之生化原则,也隐涵由此开展的物极必反与中道思想,以及自然之道与保合太和之和谐思想。在此义理脉络下,《系辞下》第十章揭橥《易》之世界观基本架构及其爻卦之象征意义:

> 易之为书也,广大悉备,有天道焉,有人道焉,有地道焉。兼三才而两之,故六;六者非它也,三才之道也。道有变动,故曰爻;爻有等,故曰物;物相杂,故曰文;文不当,故吉凶生焉。

此段文本可先诠解如下:《易》乃一内涵之广与范围之大包含宇宙人

---

① 例如在某些大儒之文本中似源自《易传》三才思想而本应出"天地"概念者,却只以"天"为象征性代表一语带过,参董仲舒《春秋繁露》:"为生者不能为人,为人者天也。人之为本于天。"亦参周敦颐《通书》:"天以阳生万物,以阴成万物,生仁成义。故圣人在上,以仁育万物,以义正万民,天道行而万物顺,圣德修而万民化。"又参张载《正蒙》:"犹太需有天之名,由气化有道之名,合虚与气,有性之名,合性与知觉,有心之名。"

② 参杨庆中前引书,第295—330页。当然,先秦儒家孔孟仍又其天道观,参李杜:《中西哲学思想中的天道与上帝》,台北:联经出版公司1978年,第58—99页。

③ 参孙劲松:《〈易〉言三才之道——郭雍易学思想初探》。

④ 参郭雍《郭氏传家易说·总论》:"何谓'人道成而著六位',一卦之象,虽备三才,而六画之后,圣人道在成能,欲用于天下万事,故舍天地而独明人道,是以六爻皆人位,其辞皆人事。"参王船山《周易外传》:"天地人,三始者也。无有天而无地,无有天地而无人,人之于天地又其大成者也。"亦参邵雍《观物内篇》:"道之道尽于天,天之道尽于地,天地万物之道尽于人。人能之天地之道,所以尽于人者,然后能尽民也。天之能尽物,则为之昊天;人之能尽民,则为之圣人。"又参陆九渊《象山语录》:"人生天地间为人,自当尽人道;学者所以学,学为人而已。"

⑤ 如参《黄帝内经·素问·气交变大论》:"天道者,上知天文,下知地理,中知人事,可以长久。"

生万事万物道理之书。① 在其天地人之世界观架构下所谓三才亦即天道、人道与地道乃由八卦之三爻所表达,所以八经卦表现出世界之基本元素,而这些元素之两相组合——或者依阴阳之道,或者依天地设位之理——亦即具六爻之六十四重卦仍是呈现天、人与地之道整体本身。此道乃重卦之流转变化中,故以两爻线条表示之,爻之重组象征万物元素,元素相合形成秩序形式,此是否在适当的位置或结构中,便产生顺事或逆事。换言之,在《系辞上》揭示《易》所关怀的、在宇宙人生之基本结构亦即如天地、乾坤、卑高、贵贱、动静、刚柔、卑高、贵贱、吉凶等既成的二元对立结构中的辩证性变化问题脉络下②,以及所谓圣人如伏羲"设卦观象"、文王"系辞而明吉凶",周公"刚柔相推而生变化"等创发《易》之生成脉络中③,使(贤)人存在于宇宙天地结构中即是其基原道理性认知者(知)与受动性遵循者(从)又是其自由归属性参与者(亲)与主动运用者(功)④,而此则使人(生、事)成为此结构中变易的一元(失得、忧虞、进退、昼夜等),《易》遂形构重卦之六爻以演绎其间的变化运动,而呈显天地人之为此世界结构之三基元运行之道理,尤其是洞晓其道、深谙其理之君子可以于其中安身立命。⑤ 如是,《易》以宇宙天地亦即其结构、历程、精神与物质等为其基准、典范及范围等,故能普涵包络其运行道理、变化规律乃至摄生方式,并

---

① 根据《系辞上》第六章,大指涉天(乾),广指涉地(坤):"夫易,广矣大矣,以言乎远,则不御;以言乎迩,则静而正;以言乎天地之间,则备矣。夫干,其静也专,其动也直,是以大生焉。夫坤,其静也翕,其动也辟,是以广生焉。广大配天地,变通配四时,阴阳之义配日月,易简之善配至德。"

② 参《系辞上》第一章:"天尊地卑,乾坤定矣。[……]。卑高以陈,贵贱位矣。动静有常,刚柔断矣。方以类聚,物以群分,吉凶生矣。在天成象,在地成形,变化见矣。"亦参《系辞下》第一章:"吉凶者,贞胜者也。天地之道,贞观者也。日月之道,贞明者也,天下之动,贞夫一者也。"

③ 参《系辞上》第二章。

④ 参《系辞上》第一章:"(作者按:天)易则易知,(作者按:地)简则易从。易知则有亲,易从则有功。有亲则可久,有功则可大。可久则贤人之德,可大则贤人之业。易简,而天下之理得矣;天下之理得,而成位乎其中矣。"

⑤ 参《系辞上》第二章:"是故,吉凶者,失得之象也。悔吝者,忧虞之象也。变化者,进退之象也。刚柔者,昼夜之象也。六爻之动,三极之道也。是故,君子所居而安者,易之序也。所乐而玩者,爻之辞也。"亦参《系辞上》第二章:"子曰:'易其至矣乎!',夫易,圣人所以崇德而广业也。知崇礼卑,崇效天,卑法地。天地设位,而易行乎其中矣,成性存存,道义之门。"又参《系辞上》第十二章:"乾坤其易之缊邪?乾坤成列,而易立乎其中矣。乾坤毁,则无以见易,易不可见,则干坤或几乎息矣。"

且成为人生命之意义,生活价值及行动之规范所在,而这整体而言如精神(或神灵)本身之变化运动一般,不能固定化于一方位或形式化于一实体。① 而易道或变化之道理乃阴阳或对立元之对反关系,其互动成全之生化,特别是其创化生命之仁义道德,以及其终极而言无法完全透彻的辩证精神。② 在此整体架构及其辩证活动下,方得以展示本文上节所谓《易》之基本生成结构③,而其中太极生两仪之意义更隐含着在天地之前、先天地生的先结构可为其超越性基原或玄元。④ 如是,"天"作为世界最具超越性之向度乃神灵者之创生所在,圣人则是能以其为典范而遂能效法天地变化之道者。⑤ 所以《易》以近乎宗教神格化的语言言"天"曰:"自天祐之,吉无不利。"⑥ 也因此会有"天下"之概念以及"形而上者谓之道,形而下者谓之器"之名言⑦:在天地设位之宇宙架构中,道之体系方得以运行,此则由《易》之乾坤以及在其中运作的卦象系统(器)之形构象征之。在此大脉络下,遂更能透露《系辞下》第十章文本乃在揭櫫《易经》所框架的"天—人—地"整体世界观架构及其所涵摄的"天道—人道—地道三元一系"之意义体系,以及经卦及重卦正是呈现此架构与体系之

---

① 参《系辞上》第四章:"易与天地准,故能弥纶天地之道。仰以观于天文,俯以察于地理,是故知幽明之故。原始反终,故知死生之说。精气为物,游魂为变,是故知鬼神之情状。与天地相似,故不违。知周乎万物,而道济天下,故不过。旁行而不流,乐天知命,故不忧。安土敦乎仁,故能爱。范围天地之化而不过,曲成万物而不遗,通乎昼夜之道而知,故神无方而易无体。"
② 参《系辞上》第五章:"一阴一阳之谓道,继之者善也,成之者性也。[……]。生生之谓易,成象之谓乾,效法之为坤,极数知来之谓占,通变之谓事,阴阳不测之谓神。亦参《系辞下》第一章:"天地之大德曰生,圣人之大宝曰位。何以守位曰仁,何以聚人曰财。理财正辞,禁民为非曰义。"
③ 参《系辞上》第十一章。亦参《系辞下》第一章:"八卦成列,象在其中矣。因而重之,爻在其中矣。刚柔相推,变在其中矣。系辞焉而命之,动在其中矣。"
④ 参《系辞上》第十一章,在"是故,易有太极,是生两仪"及"是故,法象莫大乎天地,变通莫大乎四时"诚然显现一种对应关系。
⑤ 参《系辞上》第十一章:"是故,天生神物,圣人则之;天地变化,圣人效之;天垂象,见吉凶,圣人象之。"
⑥ 参《系辞上》第十二章。
⑦ 参《系辞上》第十二章:"乾坤其易之缊邪? 乾坤成列,而易立乎其中矣。乾坤毁,则无以见易,易不可见,则乾坤或几乎息矣。是故,形而上者谓之道,形而下者谓之器。化而裁之谓之变,推而行之谓之通,举而错之天下之民,谓之事业。"亦参《系辞下》第六章:"子曰:'乾坤其易之门邪? 乾,阳物也;坤,阴物也。阴阳合德,而刚柔有体,以体天地之撰,以通神明之德,其称名也杂而不越,于稽其类,其衰世之意邪?'"

象征系统。

其次,关于天地人体系与辩证法则之关系,在《说卦》第二章之文本中便有进一步的揭露。《说卦》除为古代易象占筮资料汇集文献而与《易经》不尽相合,也因此是使王弼由其开辟易学义理进路外,基本上更是卦象与爻辞系统符应之列表文本所在,因此也需精要提示经卦之源生以及其所对应自然人文意象。是故《说卦》开宗明义便揭示其总体脉络[①],此则如前述《系辞》所铺陈:古时圣人创作《易》,从神灵智慧获取神助而发明占卜术,此乃以天为三(奇数)并且以地为二(偶数)而奠立数理[②],由此洞察阴阳为变化之本原而设立卦象,此则又发展自阴阳之交为刚柔线条所代表的运动所生,此术则须与人性道德规范和谐符应并且证成于其所适当的义理,而使人能透彻明白宇宙人生之道理,完全发展人性,终究实现其天命。此不但透显出《易》中象数理之三元一系性,也在此脉络下《说卦》进而提示重卦六爻之组合缘起及其于《易经》中的精义:

> 昔者圣人之作易也,将以顺性命之理。是以立天之道,曰阴与阳;立地之道,曰柔与刚;立人之道,曰仁与义。兼三才而两之,故易六画而成卦。分阴分阳,迭用柔刚,故易六位而成章。

此段文本可在前述天地人架构中诠解如下:古时圣人创作与运作《易经》,乃符应宇宙人生之本质及其天命之二元或双重原理。在"天—人—地"整体世界观架构以及其所涵摄的"天道—人道—地道三元一系"之意义体系中,他(们)依此展示天之道理,以阴与阳之对立辩证法呈现之,展示地之道理,以柔与刚之互化辩证呈现之,开示人之道理,以仁与义之相生辩证呈现之。在《易经》中每一经卦均涵存此天地人之世界三基架,再以经卦两相组合表现其双重原理,以六爻形成重卦。或者在卦中区分阴阳以显现其对立性,或者以刚与柔交互运用以显现其和谐性,如是《易经》之六十四卦遂完成。在此《说卦》第一、二章论述《易》之爻卦之缘由以及

[①] 参《说卦》第一章:"昔者圣人之作《易》也,幽赞于神明而生蓍,参天两地而倚数,观变于阴阳而立卦,发挥于刚柔而生爻,和顺于道德而理于义,穷理尽性以至于命。"
[②] 关于"参天两地"之诠释,孔颖达疏以奇偶数,朱熹则以天圆地方诠解之,参《朱子语类》卷第七十七《易十三》。

由经卦至重卦之生成后,再分别指示出后人所谓伏羲先天卦与文王后天卦两种八卦序列,亦即如前所揭,前者乃从天地阴阳之道而定位宇宙循环架构出发①,后者则从人所在生活世界之生命循环架构出发②。如是,《说卦》第二章所提示之辩证法则便也隐含着先天卦(对立统一)与后天卦(互根相生)之动态循环规律。此外,此种"先天—后天"八卦结构也暗示着一种形上与形下或即超越性与内在性向度以及其整全世界脉络,亦即"天—人—地"整体世界观架构及"天道—人道—地道三元一系"之意义体系,并且《说卦》第一章也开宗明义地将此回溯至神明之奥秘。

最后,简单总结《易》及其"三才一道"理念所呈现汉语文化中的体系性思想与世界观:首先在周易经传之基本生成结构中已然可见汉语文化先祖智者所拥有的体系性思维,不论有关《易》之一"易"三义论,或《易》之生成发展历程中的三元一系辩证过程,或《易》所生成发展之三才之道体系,或此所显示的在脉络中位格之观念等。其次,正是在三才一道之体系中进而开显出三才一道之理念,亦即"天—人—地"整体世界观架构以及其所涵摄的"天道—人道—地道三元一系"之意义体系,其中一则在"道"之统合性中开示出"道"之神性基原以及其超越性格与向度,二则在"道"之差异化或三元动态结构化中显示其世界观架构化及其内在性格与向度,三则易之"道"之为变化原理指示着三种辩证法则,亦即对立辩证法,互化辩证法,以及相生辩证法,而这三种基本上仍是三元一系者:对立、互化及相生之两元在第三元之中介下返回其所基源之整体而成为体系性者。而这诚然可与基督宗教传统之基本教义三位一体神学、特别是黑格尔之三位一体哲学典范进行对比乃至对话与对化。

---

① 参《说卦》第三章:"天地定位,山泽通气,雷风相薄,水火不相射,八卦相错。数往者顺,知来者逆,是故《易》逆数也。"

② 参《说卦》第五章:"帝出乎震,齐乎巽,相见乎离,致役乎坤,说言乎兑,战乎乾,劳乎坎,成言乎艮。万物出乎震,震东方也。齐乎巽,巽东南也,齐也者、言万物之絜齐也。离也者、明也,万物皆相见,南方之卦也。圣人南面而听天下,向明而治,盖取诸此也。坤也者,地也,万物皆致养焉,故曰:致役乎坤。兑、正秋也,万物之所说也,故曰:说言乎兑。战乎乾,乾、西北之卦也,言阴阳相薄也。坎者、水也,正北方之卦也,劳卦也,万物之所归也,故曰:劳乎坎。艮、东北之卦也。万物之所成终而所成始也。故曰:成言乎艮。"

2. 三位一体与三才一道之体系性诠释学文化际对话

在概述汉语文化中《易》三才一道以及基督信仰中三位一体各自的体系性思想后,两者间的对应乃至对比之可能性隐然若现。不可讳言,本文无法回避诠释学循环之理解活动,尤其是体系性诠释学哲思的确伴随着本文之思路进行。然而就诠释学哲思之问题意识而言,问题不在诠释学循环之逻辑谬误问题及结构问题,而在于就人性之存有学性诠释学循环而言,其是否能道引出具多元性、批判性、建构性乃原创性之意义理解。在此先简介体系性诠释学之基本构想,然后试图揭示三才一道哲思与三位一体神思对比、对话乃至对化之可能性。

2.1 体系性诠释学基本构想

相对于系统性(systematic, systematisch)思维企图从独一基源与终极原理唯一切之奠基出发并且理性逻辑演绎推导出一切其他者之论理或理论结构,所谓体系性(systemic, systemisch)思想则以体系(System)本身乃整体及其元素或位格间关系为本,注重整体与其个体间、个体与个体间以及整体及个体与其脉络间的结构性的、互动性的乃至辩证性及诠释性的关系。体系性诠释学则源自对于当代西方诠释学哲学思潮之进行后设性理论之省思以及整全性系统之呈现。[①] 对于此进行反省与呈现本来就有许多不同的方式与道路。当代多样的诠释学中主要理论与进路,从海德格尔,伽达默尔,哈伯玛斯,李维纳斯,吕格尔到德希达等等——如果解构性的思维也属诠释学论争之一部分的话——,只不过诸代表人物。

[①] 关于体系性诠释学之基本构思,参拙文,《辩证性——系统性诠释学之构思:文化际哲思方法学基设初探》(A&HCI),《汉语基督教学术论评》,第四期(2007年12月),第139—168页;《从hermeneuein至文本理解之义理生成发展:辩证性——系统性及体系性诠释学理论基本网络》,《"中央大学"人文学报》,第三十四期(2008年4月),第97—140页;《体系性诠释学之存有学向度初探:西方传统哲学基本问题之转向》(A&HCI),《汉语基督教学术论评》,第八期(2009年12月),189—222。"Vom *hermeneuein* zur Interkulturalität: Etymologie und Originalontologische Dynamik der systemischen Hermeneutik", *Von der Hermeneutik zur interkulturellen Philosophie. Festschrift für Heinz Kimmerle zum 80. Geburtstag*, hrsg. von Hamid Reza Yousefi und Henk Ooserling, Nordhausen: Bauz 2010/12, 39-60.

然而若诠释学真是古老的诸思路之一者,则在其自身的基源以及生成发展始终便会呈现出某种本真或本质者。事实上,早在诠释学一字之西方词源学基源中便可见其与众不同的思想活动。诠释——*hermeneuein*,其第一音节"her"之源于字根"eiro"(eÄirw),乃排列或言说之意。其第三音节"neu"之字根为"noeo"(noe/w),乃思想或理解之意。而在第一与第三音节间的第二音节是"me",可能源于字根"menyo"(mhnu/w),乃将秘密揭露或开启之意。因此,若将此古希腊字之三字根联系起来看—意味着:语言开启思想。[①] 在此忠实于基设向度预设着语言性或文本性,历史性或脉络性及意义性、事理性或其开放性之为体系性诠释学三基设。所以 *hermeneuein* 从开始便是一种思维与言说间之动态性、过程性的关系,以奥古斯丁之哲思语言言之,亦即内道与外道间的关系[②]。思维与言说则始终是关于或对于某者之思维与言说。如是,诠释学性的生化过程通常是一种思想,语言以及其两者之对象亦即存有、事理或意义之间的互动关联脉络。就 *hermeneuein* 一词实然语义乃至语用而言则尚有三种意义取向:表述或表达,诠解或解释,以及翻译或口译[③]。因此在 *hermeneuein* 之意义中不但包含思想经由语言开显之活动,也蕴涵其遮蔽之活动,因为没有任何表述是与其所欲表达的思想完全类比地同一,而诠解与翻译更不可能。因此,*hermeneuein* 一方面是思想,语言与存有或说事理之基本向度关系,而首先指涉一种沟通典型模式(Paradigmamodell der Kommunikation)。另一方面它又是表述、诠解、翻译三者之总和活动与语言暨文本之理解(Verstehen von Sprache und Text)、在脉络中之位格(Person im Kontext)、文本之为物质与精神之中介(Sprache und Text als Medium bzw. Synthesis von Materie und Geist)三者之统合基设间的基本行动关系,因此会发展一种作者,文本与读者间之互通融动关系而可具现为一种阅读典型模式(Paradigmamodell der Lektüre)。基源的

---

① 参拙著:《哲学诠释学——历史、义理与对话之"生化"辩证》,台北:五南图书出版股份有限公司,2004 年,第 12—14 页。
② J. Grondin: *Einführung in die philosophische Hermeneutik*. Darmstadt 1991,50-59.
③ G. Ebeling: Art. "Hermeneutik", in: Religion in Geschichte und Gegenwart III, Tübingen 1959,243.

hermeneuein,也就是言说开启思维,一方面表示着表述亦即一位第一位格之为言说者甚或作者以语言为媒介表达他对于一事理之思想,而此则成为文本。另一方面,因为第一位格之为一位说者,通常原本是为著沟通之缘故对另一位位格之为听者甚或读者就关于某者或某事理以语言表达其想法,此位听者或读者遂必须将该以语言被说出者或文本朝向说者或作者之思想诠解开来。然而,因为 *hermeneuein* 乃表达,诠解与翻译之行动关系,则言说者之表述不但表达言说者之思想,而且同时也已将之朝向听者所能理解者去诠解。语言会——比如经由语言游戏——筛选其自身所能沟通性地表达出来的思想,同时也会——例如作为生活世界之生成与持存元素——从原本思想中产生出意义增生之潜能。而且,因为一人性位格乃是一位在关系脉络中的思想与言说、意志与感情、灵魂与身体等之理解性综合体,所以听者或读者之诠解总已是一种翻译。亦即,他乃是以自己的语言来诠解那已说者或作者之语言所表达的对于事理之思想。统整上述则可先形成一种诠释学真理生化活动过程之系统性基本构脉,此则亦可以关系与理念辩证法(Relations-und Ideen-Dialektik)呈现之。①

如是,若回到诠释学之为语言暨文本之理解来重新系统地、特别是先从逻辑性向度之基设问题来省思哲学问题:因为理解就其基本典范而言本是文本之理解,所以就诠释学向度而言传统上所谓第一因或自因(causa prima bzw. causa sui)便不能预设为言说者之思想或作者之意见,而是文本本身,此则不会犯逻辑上所谓丐题谬误(petitio principii)之难题。如果每个文本与每位理解者均有其各自的前结构与传统之为真理或至少是客体性精神意义之传承过程,则理解活动便不会陷于推论逻辑上所谓的恶性循环,而是在所谓的诠释学循环(circulus hermeneuticus)中生化,而此就存有学向度而言乃是积极而有创意的。此种循环尤其是一种视域融合,这则不只是溯返运动,而且首要的是无穷前进(progressus in infinitum),亦即由此可将理解过程发展成问答对话辩证而无限性的运行。② 而此诠释学

---

① 关于黑格尔辩证法于诠释学之应用与融合,需另文专述。
② 参 Gadamer, *Wahrheit und Methode*, 375-384。伽达默尔诠释学哲思所留下的发展空间是,黑格尔辩证法与整体-个体之诠释学循环,自性-他性之视域融合以及一元-多元之对话性逻辑之间的对话与融通。

循环与无穷前进的视域融合或对话辩证则不只是从理解者之为主体出发,而更是在脉络际中的文本理解活动本身之为存有真理底生化、关系与思辨辩证,诠释学逻辑可将传统形式逻辑与科学哲学之三难问题转化成有建设性的辩证动能。如此,沟通之典型模式便会经由阅读之典型模式中转向成会话之典范模式(Paradigmamodell des Dialogs),因为在其中重点不再是那本无法完全重构的言说者思想或作者意见,而是文本尤其是其主题性事理或此之意义,而此又可差异地延展至读者在其自身历史性与语言性之理解,而发展至所谓翻译之典型模式。就现代诠释学生成发展史而言,此典型模式之系统性系谱则可如下揭示之:从史莱马赫至哈柏玛斯之批判诠释学与沟通理论之作者中心论述,经海德格尔与伽达默尔之存有诠释学与对话理论之事理中心乃至吕格尔之文本中心论述,转至后现代之读者中心论述、特别是德希达之解构诠释学。[①] 如同在社会性游戏中,在文本性对话中事理本身也会自行其道。在其中主角不再是主体或客体,而是每位参与的位格会融入此语言游戏中,而任由其所谈事理或主题主道该游戏。进而,理解之为事理之游戏与 *hermeneuein* 之为存有价值之生长、丛生与茂生之生化辩证(Geschehens-Dialektisieren),可将同一与非同一之传统存有学转化成一种生化辩证存有学。

如是,就诠释学哲思而言,语言暨文本之理解,在脉络中之位格,语言暨文本之为物质与精神之综合以及真理之为生化、关系与理念之辩证,实比主客二元之认知基设结构以及真理符应观更基源。而即使就实践哲学问题视域而言,诠释学可以提供例如沟通之典型模式,亦即可如哈伯玛斯,不止对前结构进行诠释学式批判,而且企求在主体际关系中共通行动之共识。在对话典型模式中,如伽达默尔者,则可期待诠释学性的应用之实践哲学化,亦即道德规范在个体位格的与位格际的处境中之具体普遍性,而使真理亦始终是关于乃至为著在世界中的生命之智慧。在阅读之典型模式中,如吕格尔者,甚至个人与社会行动可被理解为文本,诠释学遂可关涉于所有各种有意义的活动与行为包括宗教者。如是,体系性诠释学哲思便实在是一种对于人类所有生命层次与文化向度具普遍性应用

[①] 关于理解之扭曲与诠释可能产生负面的情况,则可在批判诠释学之向度内处理。

与运用可能性之思路。

2.2 三位一体与三才一道之文化际对话底基本构思

在此体系性诠释学脉络下审视,中华文化中基源的体系性思想及其诠释诚然表现于《易经》及《易传》里,尤其是其关于宇宙人生之基源生化事件与生成发展过程以及天地人三才之道世界观架构等思想,而基督宗教者则基源于三位一体之教义信仰及其神学诠释,特别是关于所谓内在性三一论,救恩史三一论及其间基源生化关系。于是,其间体系性思想之对应诚然为其间对话的基本向度。一方面,太极之为宇宙总体基原原理(a)rxh/)或基源性整体(结构)原理,不论是内在性者或是超越性者——一般而言中国哲学、特别宋明理学会将之诠释为内在性者——①,其中阴阳两仪则象征宇宙中对反又互生之能量、质性或辩证性动力(动态)关系原理,而天地人又呈现此种内在性整体世界观基本架构,并且作为八卦乃至六十四卦之为宇宙人生基本现象、元素或事理与其间变化互动关系之基本结构。此则又是即动态循环,又辩证开放。特别是《易传》中关于三才之道的思想从道之观念出发一则为整合三才之为世界观架构之基源性整体(结构)原理,另则也各自以其相应的对反又互生之辩证性动力(动态)关系原理而生成发展并与他者关联互动,亦即总体而言吾人所谓三才一道思想。至少就内在于自然宇宙与文化世界的向度而言,《易》之体系性思想乃毋庸置疑,亦即宇宙世界乃整体性者,其与其内个体间关系,其内个体间互相的关系,乃至其及其个体与其脉络之关系乃关联互动乃至对反互生之辩证性者。

另一方面,从早期教父经信经、奥古斯丁(Augustinus von Hippo)至黑格尔,就神哲思总体义理而言,所谓内在性亦即内在于上帝的、而从上帝相对于世界的超越本性出发则为超越性的三一论中,一则在上帝之神性统一性体中其三位格乃完全合一,另则正是三位格之特质及其间的统合互参关系使基督信仰之上帝并非完全同一的独一神论,而是如我你之爱的关系,如知、情、意之精神整体关系,又如内道与外道之道的关系等乃

---

① 有趣的是,这从利玛窦与新儒家之对话可见一斑,参 Matteo Ricci:《天主实义》上卷,《天学初函(一)》,李之藻编辑,重印版,台北:台湾学生书局 1965 年,第 14—21 页;亦参孙尚扬/Nicolas Standaert:《1840 年前的中国基督教》,学苑出版社 2004 年,第 169—177 页;亦参谢和耐:《中国文化与基督教的冲撞》,辽宁人民出版社 1989 年,第 17—18 页。

一即三,三即一之三元一系之体系。此种自从奥古斯丁以来将实体形上学化的三一论转化成位格际关系即精神之存有学性的三一论则透过其圣爱[(a)ga/ph]之利他性,精神或灵性之意向性及圣道之对话性,不但从爱力创造出被爱的他者,也从灵性反映自身于他者,并且以语言启示自身于他者,以与他者对话。这使得吾人所谓启示性的三一论得以可能[①],此则含括吾人所谓普遍启示三一论亦即在非基督信仰之其他世界文化与宗教中的隐约或匿名三一论思想——包含《易》所隐含着的三才一道——,以及传统所谓救恩史性的三一论亦即吾人所谓特殊启示三一论。此在吾人观念中方可谓内在性的亦即内在于自然宇宙与人类历史的三一论。因此,不但上帝超越性三一论以及世界内在性三一论,而且从前者至后者之基源生化关系诚然为基督信仰神思中的基本主题。尤其是黑格尔哲思中,《逻辑学》《宗教哲学演讲录》及《哲学百科全书》可谓分别为前者、后者及前后者基源生化关系之玄思观念论诠释体系。换言之,黑氏不但以其玄思辩证法展示上帝超越性三一论为存有、本质与观念之基本性范畴辩证法,有、无与变之渡化辩证法,同一、差异与矛盾之基理性反映辩证法,以及普遍性、特殊性与个别性之具体普遍性发展辩证法,也从此开展出世界内在性三一论之为自然宇宙、人性世界及三一上帝间的基源生化关系以及上帝—人—世界之世界观架构,特别是主体性精神、客体性精神及绝对性精神亦即上帝之终极启示底世界历史生成发展史而返回至上帝之三一论整体体系。基督信仰神学三一论本身不但显示出其体系性思想为三元一系论,尤其是从超越性三一体系至内在性三一体系之基源生化关系以及内在性三一体系之为上帝—人—世界之世界观架构底生成发展历史,特别是其哲思形态如黑格尔者凸显玄思性矛盾辩证法为其动力(动态)关系原理,显现出其与三才一道之对应、对比、对话乃至对话之潜能。相对地,基督宗教之三一论乃从实体形上学(早期教父至尼西亚信经)典范过渡至关系存有学典范(奥古斯丁)乃至精神哲学典范(黑格尔),

首先,就其辩证法而言,一方面,《易传》之哲思将由太极生化出宇宙

[①] 巴特特别强调此种启示性三一论,不过他比较倾向从权力结构而不是爱之关系视之;参 K. Barth, KD I/1(1932), 311-352, 亦参 F. Caurth, a. a. O., 1515-1516;亦参 B. Oberdorfer, a. a. O., 611;亦参 A. M. Ritter, a. a. O., 115; 亦参 Thomas Söding, a. a. O., 246。

世界基源之道诠释地化成在太极整体中差异而对立、互根而相生的阴阳之道,再由天地阴阳之对反互生而理解人之创生于天地之间,遂形成天地人三才之世界观架构,并分别再诠解阴阳天道之为宇宙天理运行辩证法则(如先天卦所示)、刚柔地道之为自然地理生灭辩证法则(如后天卦所象),以及仁义人道之为人性伦理辩证法则。此种太极—两仪—三才之体系乃以整体中对反互的二元会对化出综合及中介的第三元底辩证法为主。这也正巧是黑格尔辩证法常被诠释成的模态另一方面,三一论从义理脉络而言乃从上帝超越性三一论开启出启示性三一论,尤其是一则出现普遍启示性三一论如出《易》之天地人三才一道世界观架构或黑格尔继承德意志神学传统之上帝—世界—人的世界观架构,另则显示出特殊启示三一论即救恩史三一论。在其中三元一系之辩证法理始终在运行。有趣的是,耶拿中晚期的黑格尔便已有三元一系辩证法之雏形思维。因此,三才一道与三位一体两者之辩证法尚有极大对比、对话乃至对化空间,况且黑格尔辩证法哲思已可以提供思辨性线索。然而其间的基层存有学差异也甚明显:三才一道乃由《易传》之宇宙生化及生成形上学所形塑,无法回溯至三位一体之特殊启示,而以汉语宇宙论形上学哲思中的太极观、道理念、气论及阴阳学说等为其体系之观念及构思所在。反之,基督宗教之三一论本源于教义关怀、经典诠释及教会实践之综合效应,尤其在其同时面对犹太教文化及希腊化文化所致双向极(异)端之挑战,在其生成史过程中遂属于基于启示信仰之神学形上学氛围。相对于《易》勿须基设启示信仰而需终极预设宇宙论形上学的太极或道之为体系基源,基督宗教在信仰三一论之特殊启示后,由传统上所谓内在性三一论至救恩史三一论便是由神学形上学至教义神学之内在逻辑发展问题而已,而关于此耶拿时期黑格尔哲思提供极具创意的构思。

如是便可进而省思关系结构层次的问题。《易传》太极—两仪—三才之体系既是从宇宙生化及生成论论述宇宙基源与源生过程,则只能从宇宙基源暨终极原理之预设出发构想其体系性,由于将此基理视为体系之基源乃至其整体自身,所以其中出现任何差异均会形成其自我限制乃至分裂而形成两相对反者,然而由于其均源生于太极之为整体,故又为同源互根者,以致于其相克又相生。《易传》在此遂摄纳春秋时期已盛行的阴阳学说来呈现两仪,阴阳象征宇宙中正反之原则、模式、能量或物质而形构宇宙世界中天地两大向度①,或亦谓后两者源起出前两者②,无论如何,人则又天地阴阳合气所生成③,尤其在春秋以后的儒家传统中,亦即《易传》编撰之时代脉络中,不论孟子,荀子或汉儒董仲舒即使从不同观点均凸显人于天地间的特殊地位,显示儒家独到的宇宙论及生态论体系性的人类中心论,尤其是就自孔子以来所揭示人性中独特的道德伦理性为依归。④ 如是,三才一道之宇宙论形上学遂会开展至道德形上学及伦理学之向度。是故《易传》以仁义称人道不但是源于天乾阳刚之规律性与地坤阴柔之生命力,也是基于此人性立于天地之间的特质。所以中华文化在天地人宇宙论形上学关系中——而此又常被汉语哲学简化为所谓天人之形上学关系——或如儒家凸显人性伦理哲学向度之中介性而终究走向道德主体论,或如道家固守自然生态哲学向度而贬抑人为道德。在基督宗教方面,由于本于犹太宗教文化之启示信仰与救赎关怀,所以即使在于希腊哲学文化对话时会摄纳其宇宙论与存有学之语言与思想如实体形上学,所以在上帝—世界—人关系架构中——虽然此也常被传统神学化约为神人关系——所强调上帝创造与救赎世界与人类之启示与行动始终乃位格际关系者,而使该关系架构亦然,于是由此吾人所谓启示性三一论回溯超越性三一论时也会类比地揭露其位格际关系性。这是奥古斯丁的神思贡献,也

---

① 后来张载以气论说明之;张载,《横渠易说·说卦》:"两不立则一不可见,一不可见则两之用息。两体者,虚实也,动静也,聚散也,清浊也,其究一而已。"又参《御纂性理精义》卷一:"有太极则一动一静而两仪分,有阴阳则一变一合而五行具。"
② 参李觏《删定易图序论一》:"天降阳,地出阴,阴阳合而生五行。"
③ 参《黄帝内经》:"夫生于地,悬命于天,天地合气,命之曰人。"
④ 孟子以心性论之道德形上学论述之,参《孟子·尽心》:"尽其心者,知其性也。知其性,则知天矣。存其心,养其性,所以事天也。夭寿不贰,修身以俟之,所以立命也。"甚至在战争脉络下,强调人之优位性,参《孟子·公孙丑下》:"天时不如地利,地利不如人和。"荀子以人文教化之文化论述言之,《荀子·天论》:"天有其时,地有其财,人有其治,夫是之谓能参。"董仲舒以天人感应之政治论言之,参《春秋繁露·立元神》:"君人者,国之本也。夫为国,其化莫大于崇本,崇本则君化若神,不崇本则君无以兼人天地人,万物之本也,天生之,地养之,人成之。天生之以孝悌,地养之以衣食,人成之以礼乐,三者相为手足,合以成礼,不可一无也。"亦参李根蟠,《"天人合一"与"三才"理论——为什么要讨论中国经济史上的"天人关系"》,《中国经济史上的天人关系学术讨论会论文集》。李氏从农业劳动文化解释三才观念出现之社会经济史脉络,固有洞见,本文则欲揭示《易传》从宇宙论形上学经生态论自然哲学至道德人性伦理学之义理脉络中,三才实践哲学意义之形上学基源。

是在基督宗教信仰中无法被形上学化约去的启示性真理。超越性三一论之位格际关系性反而可以成为启示性或世界内在性三一论之基源与基理，进而使得不论是特殊启示神学中的神人关系，或者在普遍启示脉络中于自然里所显示的神人关系以及由此所指示的自然与人之关系，或者普遍启示脉络中于人性里所暗示的神人关系以及由此所示的人与自我及人与他人之关系，均是位格际关系。人性学伦理向度不只孤立于主体性，也可基源于位格际关系性，而且此不只是因为人之社会性，正如群居生物之社会性一般，而更是基于上帝本身三一的位格际关系性。尤其是从爱的位格际三一论可以重新思索基督宗教与孔子以仁亦即人际道德情感为伦理学核心理念之儒家对话，内外道之三一论可以与汉语佛学之二谛论对比，而由精神三一论所开展出的世界三一论也可与道家生态论之自然哲学对化。

在此脉络下，就深层存有学向度言，《易》之哲思与三一论之神思显然也均基设著体系脉络性，语言诠释性及事理开放性等基设，以及在脉络中位格，语言及文本之为物质与精神媒介，与语言及文本理解等基本元素。西方传统形上学向度基督神学与古典哲学会遇中所产生超越性与内在性之辩证问题本应是其间中介、互动乃至和谐或平衡问题，此在三位一体论中不但是由圣子之为神圣性上帝父与世人之中保以及圣灵为超越性上帝父与世界之媒介为基调，而且尚有以基督为首、受圣灵引道之教会论以及所谓末世论之新天新地观作为上帝—世界—人和谐关系之信仰群体与信仰实践目标。因此，基督徒作为所谓新造的人遂也是天地人或超越性与内在性辩证之中介，而此则又可回溯至其位格际关系三一论中的道成肉身之基督论及圣灵内住之圣灵论的信仰：语言及文本之为物质与精神媒介在基督宗教中根本呈现为基本信理亦即关于基督之为圣言成为人体之信仰，而圣灵内住于基督徒心性中也使道成肉身进而具现于后者中，使得圣经亦为能为其理解成道成肉身。这又使教义与经典文本之理解为基督信仰之基本生命活动所在。而在汉语哲学方面，由于在八卦之天地人架构中人乃在天即阳与地即阴亦即两仪之间，本应象征其为阴阳调和所在，而呈现"上天有好生之德，大地有载物之厚，君子有成人之美"（《论语·颜渊》）。此不但与基督宗教《旧约圣经》亦及《希伯来圣经》《创世纪》开宗明义所启示:"上帝就照着自己的形象造人,乃是照着他的形象造男造女。上帝就赐福给他们。又对他们说,要生养众多,遍满地面,治理这地。"(圣经和合本,创一:27)有异曲同工之妙;而且在儒家的诠释体系中,人特别因为能显现天地阴阳刚柔之道为仁义之道,而在汉语哲学中,有关天乃至超越性之宇宙论或形上学及地乃至内在性之生态论或自然哲学,乃与人之德行(或德性)论或伦理学既道德哲学关联互动,甚至是其间中介或关键。道德人性之为超越界与内在界、神性与物性或精神与物质之媒介乃中国儒家哲思之特质。对此之理解与实现遂成为儒家经典义理诠释之核心。换言之,汉语哲学就此问题视域而言,自从儒家对于易经体系性思想之系统性诠释后逐渐开显出中华文化之伦理学暨实践哲学典范乃至道德主体性倾向:周易之宇宙论形上学、生态论自然哲学及德行论伦理学之体系性整全、关联、互动之动态关系架构乃在先秦周孔儒学之人文主义式主道诠释下趋向以人性为主之伦理学。即使如此,《易传》之三才之道说仍然在体系性架构下主张人之德性,亦即从天地之阴阳刚柔源生出人性仁义,此也与可与新旧约中上帝之慈爱与公义辩证性特质对比。亦即,中华文化与基督信仰均可将人性道德伦理回溯至宇宙形上学乃至超越性及神圣性的神学根源。尤其此种思想实亦隐含着(于)体系性诠释学之存有学向度中关于脉络性基设以及人或理解者乃在脉络中位格之基本元素而方为早期海德格尔所谓此有之为在世存有亦即理解中的此有或存在者。天地人或上帝—世界—人之为体系以及人在其中之为在体系脉络中的位格乃易经所开展的三才一道观与基督宗教神学所主张的启示性三一论所共通的人观,即使前者以道德性位格而后者以宗教性位格而本,而使前者之体系脉络性以伦理关系而后者以信仰关系为主。

最后,就以体系性诠释学之位格际对话模式为典型省思三位一体与三才一道。马丁路德已揭示以对话典范为主之三一论,若进而从开示出启示性三一论亦即三位一体在世界中尤其是在特殊启示中的对话,如创世纪一:26或马可一:11,十六:34等,参示超越性三一论之上帝内在性对话,并且开示三一上帝与宇宙世界及文化人类之对话。在此对话中若引用我—妳/你—她/他之位格际关系架构,则更可呈现出新的格局:首先,三一上帝本身的对话中不论我者是何位格均会在与她/他者对话时使她/

他者转化成妳/你者而实现我与妳/你之位格际关系,同时不论对话中之我与妳/你位格为谁,第三位格之为她/他者即可以是开放的乃至公共的,或参照的乃至批判的,也可以是超越的乃至中介的第三者等等。如是,此种我—妳/你—她/他之位格际关系之三一论更可以为现代(我)、当代(妳/你)与后现代(她/他)思潮之融贯架构。在普遍启示的三一论中如上帝—世界—人之关系架构,尤其是在三才一道之天地人世界观中,天需从后现代思潮重新被定位为她/他者或超越界,如是,人之为我者从相信她/他者之为自己的创生基源而且对其之开放心灵,进而一则倾听她/他者之言说,另则将自然世界当成同是被她/他者创生者而成为妳/你者位格并且尊重之而与之对话,如此才能使人之为我者真正从她/他省思乃至批判自身,从妳/你者理解乃至充实自身。如是,首先,原本在东方文化与哲思中由于超越界之退隐而惯常的宇宙循环论形上学可以转型成螺旋发展者,亦即以超越性他者价值取向或发展目的,而不至自足于现代哲学之自我主体发展模式,忽略与人文世界之社会互动及与自然世界之生态共生。其次,三才之道之天道、地道及人道分别隐涵宗教义,自然义与人文义,在中国文化中也分别发展出民俗道教与佛汉语教,道家哲学以及儒家传统,此可与基督宗教之三一论分别与共同进行我—妳/你—她/他之位格际关系对话,例如,儒家从人之为我出发面对天道与地道,或者将天道化约成自然义者亦即原先的地道而遂有如荀子之天人相参之论,或者将成自然义地道还原至神性义的天道而有如董仲舒之天人感应说,或者直接将自然义天道天命化乃至将天道心性化亦即人文道德化如孔孟血脉者而主张天人合一之理念。如是以我—妳/你—她/他之位格际关系重构天地人三才一道或可开启儒家与道家生态论自然哲学以及基督宗教三一论神学之对话。例如,道德人格重新回到"仁"之为位格际关系中亦即人文社会性脉络中审思伦理议题,并且如上所述在面对自然环境脉络时也在位格际关系中与之对话而产生新的生态伦理学,而且也在安身立命或终极关怀之宗教信仰脉络中与启示宗教、特别是与基督宗教在位格际关系中对话,使后者不但是他者(洋教),也成为在汉语文化中的你者,以使其存有意义及文化价值更加增生与充实,使心性论得以丰化为在脉络际中位格际性(Interpersonalität in Interkontextualität)的以及在文化际中精神际性

(Interspiritualität in Interkulturalität)的生化与化成。三位一体与三才一道在文化际对话中以三元一系思路之相遇或许可以为二十一世纪的东西方文化对立以及现代化之全球化所造成的世界性社会冲突及生态浩劫提示崭新的会通典范与问题解决方向。

后语

相比于从量子力学科学典范开展出宇宙之为体系史之观念,人文学科,特别是文史哲也应从世界之为体系史出发重新建构、诠释及整合文史哲三科。于文学方面,从世界性经典之理解、诠释及应用出发重新定位中华文化经典,并与其他世界级经典进行文本际对话、阅读与翻译,使中华文化之精神成为世界文化之共享资源,也使其他世界精神文化丰富中华文化。在哲学方面就以中国哲学对当代应用伦理学之可能贡献为例,儒家可以提供以在脉络中位格为人性主体之位格际社会伦理学,道家可以提供贯通精神与物质之道为自然(环境)伦理学之源,佛家可以提供以慈悲或智慧理解为本之生命伦理学。于史学方面,本文主张当代中华文化应大胆地从世界文化史出发,不但可以真正从世界整体史观重新认识到中华文化之世界性基源、意义与价值,而且发现世界文化与中华文化之文化际性,并且具体地使中华文化的下一代具真正圆融而整合的世界观与国际观,而超越英美式宰制统一性世界观所带来帝国殖民主义之诱惑或以往欧陆国族主义之危机,使中华文化能成为真正实现康德世界公民及永久和平之路。

第二单元
历史与现实
——新文化运动与现代中国

史学与中国现代性

——以李大钊的史学思想为例

张汝伦

复旦大学哲学学院教授

在中国现代学术思想中,史学占有突出的地位。中国现代思想史上有比较重要影响的人物,从康有为、梁启超、章太炎、王国维、严复,到胡适、李大钊,或陈寅恪、钱穆,大多与史学有一定程度的关系;论主义,则从自由主义到共产主义;论学派,则从国粹派到学衡派再到战国策派,都离不开从历史出发来证明自己的主张。罗志田甚至提出,清末民初有一个史学走向中心的过程。[①] 他对此现象的解释是,清末民族危机深重,士人欲以史学来唤醒国人的民族意识,激发人们的爱国心,以达救亡之目的。史学的救亡意图,提升了史学的目的,使之取代了经学,占据学术的中心地位。到了五四前后,随着人们更多地用"文化"一词来指谓章太炎所说的"历史",史学的地位又降低了,开始重又走向边缘。[②]

---

* 该文章已发表于《学术月刊》2015年第9期。
① 罗志田:《清季民初经学的边缘化与史学的走向中心》,《权势转移——近代中国的思想、社会与学术》,湖北人民出版社,1999年,第302—341页。
② 同上书,第338—339页。

罗氏此说只见其一,未见其二。史学在清季民初开始走向学术思想的中心,并不仅仅是因为它唤醒人们的民族意识,有助于救亡;而也在于人们用它来启蒙,论证欲以建立的理想社会和国家的正当性和必然性。"国家"(民族国家)、"个人""国民""自由""进化"(进步)、"文明"这些中国近代启蒙的关键词,大都通过史学性质的论述为人熟知。史学一身兼启蒙与救亡二任,时人已有明确的意识:"今日欧洲民族主义所以发达,列国所以日进文明,史学之功居其半焉。"[1]因此,处于危急存亡之秋的中国,"史界革命不起,则吾国遂不可救。"[2]史学在现代中国占据学术思想的中心,良有以也。

然而,虽然时人赋予史学如此重大的责任,但史学理论却并未因此得到很大发展。虽然梁启超、王国维到上世纪20年代的顾颉刚,都或明或暗挑战了传统史学,"但是他们没有提出一套取代儒家观念并能解释历史现象与历史变革动力的相互关系的综合的史学理论"。[3] 五四新文化运动在历史理论的建树方面几乎交了白卷。[4] 李大钊可说是个异数,他并非史家出身,却对史学理论有强烈的兴趣,并且开始系统提出他的史学理论。若非投身政治活动和英年早逝,他很可能在史学理论方面会有较高的成就。但从他留下的关于历史的有关文字,人们至少可从一个侧面看出史学思想对于中国现代思想和政治意识形态的重大意义。本文即以李大钊的史学思想为例,来说明史学对于中国现代性的重要意义和影响。

一

中国现代史学对于中国现代思想史乃至中国现代史的影响,首先在于它给中国人提供了一种现代性史观,即线性进化论史观,中国现代思想

---

[1] 梁启超:《新史学》,商务印书馆,2014年,第85页。
[2] 同上书,第91页。
[3] [美]阿里夫·德里克:《革命与历史——中国马克思主义历史学的起源,1919—1937》,翁贺凯译,江苏人民出版社,2005年,第7页。
[4] 胡适关于史学的有关论述严格说不是有关史学理论,而只是关于史学方法:"我治中国思想与中国历史的各种著作,都是围绕着'方法'这一观念打转的。'方法'实在主宰了我四十多年所有的著述。"(《胡适的自传》,《胡适哲学资料选》下册,华东师范大学出版社,1980年,第106页)

史主流各派,无不认同此史观,而中国现代思想史上执牛耳的人物,也都无不服膺或曾经服膺此史观。之所以如此,是因为中国现代思想家无不把现代化和建立现代民族国家视为头等重要之事。蒋廷黻在其所撰《中国近代史》中直截了当地说:"近百年的中华民族根本只有一个问题,那就是:中国人能近代化吗?能赶上西洋人吗?能利用科学和机械吗?能废除我们家族和家乡观念而组织一个近代的民族国家吗?能的话我们民族的前途是光明的;不能的话,我们这个民族是没有前途的。"① 蒋氏的这番话,可以说代表了当时思想精英的共识。

线性进化论史观主要来自西方19世纪下半叶一度流行的社会进化论,而社会进化论则与18世纪的启蒙进步史观有其承袭关系。② 无论是社会进化论还是启蒙的进步史观,都是一种普遍主义历史观,又是一种机械论的目的论历史观,即认为人类的历史没有根本的不同,都是按照一定阶段向前发展的,只有速度的快慢,没有方向的不同。进步是必然的,人类总是越来越文明,最后达到一个富强康乐的大同世界。这种历史观使得中国人对自己的前途充满信心:西方人能,我们也一定能,只要我们彻底摆脱过去传统的羁绊,一切向西方看齐,建立一个西方那样的现代民族国家,就能赶上西方,甚至驾西方人而上。

这种线性社会进化论随着严译《天演论》的出版和社会达尔文主义在19世纪末传到中国,不几年为主流知识分子接受,成为他们世界观与历史观的基石。③ 社会进化论以及几乎与此同时从日本传来的"文明史"的概念,都使得人们觉得将历史进行单线分段是理所当然的做法,因为历史就是要"叙述人群进化之现象,而求得公理公例者也"。④ 当然流行的种种历史分段法,如"野蛮→半开化→文明""上世史→中世史→近世史""图

---

① 蒋廷黻:《中国近代史》,上海古籍出版社,2006年,第2页。
② [美]唐纳德·R. 凯利:《多面的历史——从希罗多德到赫尔德的历史探询》,陈恒、宋立宏译,三联书店,2006年,第453页。
③ 在此之前,也有各种历史分期观(参看王汎森:《近代中国的史家与史学》,复旦大学出版社,2010年,第30—31页),但并不像社会进化论传入后那样,把历史理解为一个不断向前进步的单线发展过程。例如,薛福成在其《出使日记》中,把唐虞以前说成是"皆民主也",把当时西方的君主立宪制,比作夏、商、周三代,历史似乎是由君主专制向君民共主、无君主、民主反向发展,越早弊病越少(参看《薛福成选集》,上海人民出版社,1987年,第606页)。
④ 梁启超:《新史学》,第95页。

腾社会→宗法社会→军国社会"等等,无不被人视为"公理公例";而这"公理公例",当然是进化之"公理公例"。既然是"公理公例",自然"天下万国,其进化之级,莫不由此,而期有长短"。① 就这样,我们心甘情愿、心悦诚服地接受了以西方历史为底本的"普遍历史"的概念。中国历史与西方历史同属这个"世界历史",它们的区别不是形态内容的区别,而是进化阶段上的区别。西方历史构成了"世界潮流"(现在则改称"主流文明"),中国不但不能脱离这个世界潮流,而且还要主动汇入这个潮流。

然而,线性进化论的历史分段,显然不是建立在编年史的时间基础上,而是建立在对文明形态或历史形态的特殊理解上。② 在西方,"近代"是指以现代性为核心的现代资本主义文明;而在东方,尤其在中国,"近代"则指西方现代文明(现代性和现代化)。实际上它根本不是一个编年史的概念,而是一个有强烈价值附加的文化政治概念。正是"近代"这个听上去是纯粹编年史的概念,而实际却是文化政治的概念,使得中国人在不经意间完成了将空间时间化的过程,中西文化的区别不是空间意义的文化或文明的区别,而是时间意义的古今之别。但是,这个"今"同时又被实质化,它不再是一个纯粹的时间概念,而是一个有明确价值取向的文明概念。经过这样一番建立在范畴混淆基础上的时空腾挪,中国现代性思想的基石奠定了。

李大钊思想形成初期,"天演论"热潮已过,且他本学法政,更习惯横向思维,对建立在纵向思维(至少在表面上)基础上的线性进化论并不敏感。从他早期发表的文字看,传统文化对他有相当的影响。他并不接受当时许多人接受的线性进化论对中西文化和历史的理解,即认为中西文化与历史不是性质的区别,而是进化阶段上的先后区别(先进与落后的区别)。相反,与时彦相比,他似乎有点落伍,他认为:"东西政俗之精神,本自不同。东方特质,则在自贬以奉人;西方特质,则在自存以相安。风俗名教,既以此种特质精神为之基,政治亦即建于其上,无或异致。"③这种

---

① 夏曾佑:《中国古代史》,中国和平出版社,2014年,第12页。
② [日]岸本美绪:《中国史研究中的"近世"概念》,《新史学》第四卷《再生产的近代知识》,中华书局,2010年,第81—98页。
③ 李大钊:《厌世心与自觉心》,《李大钊全集》第1卷,人民出版社,2006年,第137页。

言论,与晚清保守士人的看法,并无二致。在他写于1918年6、7月间的《东西文明根本之异点》中,李大钊和杜亚泉、梁漱溟等被后人视为"文化保守主义者"一样,认为东西文明的不同是由于自然原因造成的,是形态特征和倾向的不同,而非先进与落后,或文明与野蛮的不同,它们"互有长短,不宜妄为轩轾于其间"。① 他说:"以余论之,宇宙大化之进行,全赖有二种世界观,鼓驭而前,即静的与动的、保守与进步是也。东洋文明与西洋文明,实为世界进步之二大机轴,正如车之两轮、鸟之双翼,缺一不可。"② 清季的进化论者,恐怕都不会赞同他的说法。此时的李大钊,与其说是进化论者,不如说是调和论者。他不喜欢旧事物,但却认为新旧如鸟之两翼,缺一不可。他用"进化"概念,却不是进化论的原教旨主义者。③ 他甚至用例子来说明保守和进步不可偏废:"欧洲中世黑暗时代,保守主义与传袭主义之势力过重,其结果则沦于腐败。法兰西革命时代,则进步主义,趋于极端,不能制止,其结果又归于爆发。"④ 这些言论听上去怎么也不像陈独秀的同志,而会被杜亚泉引为同道。

然而,不过四个月的样子,主张调和的李大钊变成了力主革命的李大钊,而在思想上助他急剧转身的,正是进化史观。在写于1918年11月的《庶民的胜利》中,他要国人不要害怕革命造成的艰难:"这等艰难,是进化途中所必须经过的,不要恐怕,不要逃避的。"⑤ 因为进化是历史潮流,"须知这种潮流,是只能迎,不可拒的"。⑥ 这和孙中山的"世界潮流,浩浩荡荡,顺之者生,逆之则亡"是同一个逻辑。

值得注意的是,此时李大钊的进化史观,并不是建立在实证主义的社会进化论上,更不是建立在马克思主义的唯物史观基础上,而是可能与传统心学有些关系的唯心史观。李大钊认为:"人类的历史,是共同心理表现的记录。一个人心的表现,是全世界人心变动的征几。一个事件的发

---

① 李大钊:《东西文明根本之异点》,《李大钊全集》第2卷,人民出版社,2006年,第213页。
② 同上书,第214页。
③ 参看李大钊:《新的!旧的!》,《李大钊全集》第2卷,第196—199页。
④ 李大钊:《调和剩言》,《李大钊全集》第2卷,第210页。
⑤ 李大钊:《庶民的胜利》,《李大钊全集》第2卷,第255页。
⑥ 同上。

生,是世界风云发生的先兆。"①在稍后写的《Bolshevism 的胜利》中,他以稍微不同的方式重复了这一想法,以此证明:"一九一七年俄罗斯的革命,不独是俄罗斯人心变动的显兆,实是二十世纪全世界人类普遍心理变动的显兆。"所以,未来的世界"必是赤旗的世界!"②李大钊此时的史观表明,他直到那时还不是马克思主义者,但已经是进化论者了。李大钊对进化论的接受与马克思主义没有什么关系,马克思主义只是加强了他思想的进化论倾向。③ 倒是进化论使他不久顺理成章地接受马克思主义。

但李大钊此时的进化论史观,仍然与上一代人的进化史观有明显的不同。他明确批评近代人们信奉的社会进化论:"从前讲天演进化的,都说是优胜劣败,弱肉强食,你们应该牺牲弱者的生存幸福,造成你们优胜的地位,你们应该当强者去食人,不要当狗[弱]者,当人家的肉。从今以后都晓得这话大错。……人类若是想求生存,想享幸福,应该互相友爱,不该仗着强力互相残杀。"④其实这并非"从前"的人才相信,刘文典三年前(1916)还在《新青年》上鼓吹:"强弱即曲直也。……强国征服弱国,奴隶其人民,卤掠其重器玉帛,实其民族力征经营所应得之正当报酬;弱国被人征服,人民沦为臣虏,货财为人掠夺,实其民族自伐自侮所应受天讨天诛。"⑤李大钊对此格格不入,他反对国与国之间的竞争;在李大钊看来,进化的最后结果不是强者通吃,而是世界大同。⑥

还值得指出的是,即便在人们认为他已经接受了马克思主义的1919年,他仍然坚持进化需要新旧两种思潮这样马克思主义绝对不会接受的立场:

> 宇宙的进化,全仗新旧二种思潮,互相挽进,互相推演,仿佛像两

---

① 李大钊:《庶民的胜利》,《李大钊全集》第 2 卷,第 255 页。
② 李大钊:《Bolshevism 的胜利》,《李大钊全集》第 2 卷,第 263 页。
③ 迈斯纳非常正确地指出:"李大钊并不是完全倾向于历史唯物论的,他只是把历史唯物主义作为一种对历史发展的一般解释来理解。"([美]莫里斯·迈斯纳:《李大钊与中国马克思主义的起源》,中共北京市委党史研究室编译组译,中共党史资料出版社,1989 年,第 101 页)
④ 李大钊:《新纪元》,《李大钊全集》第 2 卷,第 267 页。
⑤ 刘文典:《欧洲战争与青年之觉悟》,《新青年》第 2 卷第 2 号(1916 年 10 月)。
⑥ "现在人群进化的轨道,都是沿着一条线走——这条线就是达到世界大同的通衢,就是人类共同精神连贯的脉络。"(李大钊:《政治主义与世界组织》,《李大钊全集》第 2 卷,第 283 页)

个轮子运着一辆车一样;又像一个鸟仗着两翼,向天空飞翔一般。我确信这两种思潮,都是人群进化所必须的,缺一不可。我确信这两种思潮,都应该须和他反对的一方面并存同进,不可妄想灭尽反对的势力,以求独自横行的道理。我确信万一有一方面若存这种妄想,断断乎不能如愿,徒得一个与人无伤、适以自败的结果。我又确信这二种思潮,一面要有容人并存的雅量,一面更要有自信独守的坚操。①

这的确不像是一个马克思主义者的口吻,李大钊始终不是一个教条的马克思主义者。

李大钊的调和论,实有其时间哲学的基础;而他的时间哲学、一般社会进化论的时间观和马克思主义的时间观,都有根本不同。社会进化论与唯物史观都相信古典物理学的单向线性时间观,该时间观将过去和未来都视为不存在,虽然也相信现在与过去和未来联系在一起,但实际上不从整体上理解时间,因而只突出现在的意义。李大钊受柏格森时间观的影响,从来都是从作为全体的时间,即时间本身来理解时间,把时间理解为一个大生命:"……过去与将来,都是在那无始无终、永远流转的大自在、大生命中比较出来的程序,其实中间都有一个连续不断的生命力,一线相贯,不可分析,不可断灭。我们不能画清过去与将来,截然为二。"②在李大钊后来的史学理论著作中,我们可以发现,这也构成了他历史思想的基础。

对于李大钊来说,马克思主义只是人类解放的一种思想,不是唯一的真理。例如,对于马克思主义的标志性思想——阶级斗争学说,他一方面认同马克思说的,只有经过阶级斗争(他译为"阶级竞争")才能达到一个"崭新光明的世界",但实际上他更认同克鲁泡特金的"互助论":"人类应该相爱互助,可能依互助而生存,而进化;不可依战争而生存,不能依战争而进化。这是我们确信不疑的道理。依人类最高的努力,从物心两方面改造世界、改造人类,必能创造出来一个互助生存的世界。"③在替马克思

---

① 李大钊:《新旧思潮之激战》,《李大钊全集》第 2 卷,第 312 页。
② 李大钊:《现在与将来》,《李大钊全集》第 2 卷,第 325 页。
③ 李大钊:《阶级竞争与互助》,《李大钊全集》第 2 卷,第 354 页。

阶级斗争学说辩护的文章《阶级竞争与互助》最后,他竟然不顾他自己宣传的马克思所说的"一切人类的历史,都是阶级斗争的历史",公然声称:"我信人类不是争斗着、掠夺着生活的,总应该是互助着、友爱着生活的。"[①]他丝毫不觉这个信念与阶级斗争的学说是相抵牾的。此时的李大钊,与其说是马克思主义者,不如说是人道主义者更为恰当。

二

研究李大钊的人一般都会把《我的马克思主义观》一文视为李大钊接受马克思主义的标志。其实未必。他在此文一开始就声明:"我平素对于马氏的学说没有什么研究。"[②]根据现有的李大钊到该文撰写时间(1919年9—11月)为止的文字来看,这并非谦辞。不过他的这篇文字却是中国到当时为止对马克思学说最为详细的一个介绍,分上下两篇,上篇介绍马克思的唯物史观和阶级斗争学说;下篇介绍马克思的经济学说。

李大钊指出,马克思并非唯物史观的始作俑者,而是由孔道西(孔多塞)开其绪;圣西门将经济因素视为比精神要素更重要;而蒲鲁东业已"以国民经济为解释历史的钥匙"。[③] 马克思对于唯物史观的贡献有二:一是,"凡是精神上的构造,都是随着经济的构造变化而变化"。[④] 即经济基础决定上层建筑。二是,"生产力与社会组织有密切的关系,生产力一有变化,社会组织必须随着他变动",[⑤]即生产力发展引起社会制度的变革,李大钊把它称为"社会进化论"。[⑥] 也就是说,李大钊认为马克思的唯物史观属于社会进化论的谱系,它说明了社会进化的根本原因。

在肯定马克思贡献的同时,李大钊并未对之亦步亦趋,而是将自己原先的人道主义立场与马克思的唯物史观相调和:"我们主张以人道主义改造人类精神,同时以社会主义改造经济组织,不改造经济组织,单求改造

[①] 李大钊:《阶级竞争与互助》,《李大钊全集》第2卷,第356页。
[②] 李大钊:《我的马克思主义观》,《李大钊全集》第3卷,人民出版社,2006年,第15页。
[③] 同上书,第20页。
[④] 同上书,第27页。
[⑤] 同上。
[⑥] 同上。

人类精神,必致没有效果。不改造人类精神,单等改造经济组织,也怕不能成功。我们主张物心两面的改造,灵肉一致的改造。"① 其实,李大钊笔下的马克思主义,从来都不那么"纯粹","他自由地将马克思主义与斯宾塞的社会达尔文主义、孟德斯鸠和巴克(Buckle)的地理决定论混合在一起"。② 这种情况在后来的马克思主义史学家那里是看不到的。

实际上,李大钊和所有当时接受或认同马克思唯物史观的人(如胡汉民和戴季陶)一样,只是因为马克思的唯物史观与当时已成为中国社会的主流意识形态的社会进化论不相悖而接受它的,高一涵甚至干脆将马克思主义描述为进化论。③ 对于他们来说,"唯物史观呈现为建基于经济变革之上的进化论的一种理论变体"。④ 没有社会进化论导其先路,马克思主义不会那么快被那么多人心悦诚服地接受。其实对于李大钊们来说,马克思的唯物史观不过是更为"科学"的进化论而已,它为他们改造中国的种种设想提供了"科学的"合法性依据和证明,就像斯宾塞的社会进化论对戊戌、辛亥那代人一样。另一方面,马克思主义的唯物史观又进一步加强了中国现代的进化论意识形态。⑤

不仅如此,马克思主义的唯物史观还使中国人进一步接受了"普遍历史"的概念,尽管后来有过关于马克思"亚细亚生产方式"思想的讨论,但"普遍历史"的概念还是为多数人接受,因为它便于多数人接受的现代性论述,使得现代性真的成为人类历史的目的(或"天命")。如同德里克敏锐观察到的:"中国知识分子在马克思主义中发现了对于思想、价值和社会组织的功能性的解释,它加强了新文化运动所认为的传统价值与制度在当代中国无效的理论表述。新的出发点以跨历史的诉求来拒斥中国传统,这比起以源于西方价值的名义对中国传统的自由主义式的攻击,要显

---

① 李大钊:《我的马克思主义观》,第 35 页。
② [美]阿里夫·德里克:《革命与历史——中国马克思主义历史学的起源,1919—1937》,第 21 页。
③ 高一涵:《唯物史观底解释》,《社会科学》季刊 2 卷 4 期,第 481 页。
④ [美]阿里夫·德里克:《革命与历史——中国马克思主义历史学的起源,1919—1937》,第 22 页。
⑤ "五四时期马克思主义的直接的影响,是通过规定出一个经济维度的社会进化,巩固并丰富了其时盛行的达尔文主义的社会变革观。"([美]阿里夫·德里克:《革命与历史——中国马克思主义历史学的起源,1919—1937》,第 27 页)

得更为合理和更具有确定性。"①经济的基础性使得它的普遍性轻松就使历史的特殊性成为对于理解历史来说是次要甚至无关紧要的事情。中国本身资本主义是否发达已经不足以成为中国是否可以建立社会主义的理由,世界既然已经进入资本主义阶段,而中国又受到帝国主义的侵略压迫,那么,如果说西方资本主义国家是资产阶级的话,中国就是无产阶级。"受资本主义的压迫,在阶级间是无产阶级,在国际间是弱小民族。"②中国反对西方帝国主义侵略,建立现代民族国家的斗争,也就是无产阶级反对资产阶级的阶级斗争,这样,中国就与西方发达国家一样,处于资本主义向社会主义发展的进化阶段上。这是许多中国现代左翼知识分子(首先是李大钊)的思路。

李大钊接受唯物史观,正是因为它"乃是一种社会进化的研究"。③但对于经济决定论,他始终是有保留的。即便是在接受唯物史观之后,他仍然认为人性(不是个人的人性,而是人类的人性,即他所谓的"民彝")才是历史发展的根本原因:"生长与活动,只能在人民本身的性质中去寻,决不在他们以外的什么势力。"④唯物史观与旧史学的不同在于:(1)它"于人类本身的性质内求达到较善的社会情状的推进力与指导力";(2)它"看社会上的一切活动和变迁全为人力所造,这种人类本身具有的动力可以在人类的需要中和那赖以满足需要的方法中认识出来"。⑤这种对唯物史观的理解可以说与正统唯物史观的理解是截然相反的。他不但不认为是物质条件(经济)决定人的意识,反而认为社会主义与共产主义制度的根据在于"吾人心理"。⑥他完全同意:"社会的进步,是基于人的感情。"⑦按照迈斯纳的解释:"这是由于他接受马克思主义之前,能动论在他的世界观中占支配地位;接受马克思主义以后,他并没有因为自己转向唯物史

---

① [美]阿里夫·德里克:《革命与历史——中国马克思主义历史学的起源,1919—1937》,第 26 页。
② 李大钊:《十月革命与中国人民》,《李大钊全集》第 4 卷,第 99 页。
③ 李大钊:《唯物史观在现代史学上的价值》,《李大钊全集》第 3 卷,第 219 页。
④ 同上书,第 220 页。
⑤ 同上书,第 220、221 页。
⑥ 李大钊:《由平民政治到工人政治》,《李大钊全集》第 4 卷,人民出版社,2006 年,第 6 页。
⑦ 李大钊:《唯物史观在现代史学上的价值》,第 221 页。

观就放弃能动论。他不过是为了适合自己关于人的意识和能动性对历史的作用的观点,重新解释马克思主义。"① 而人的能动性思想,乃现代性的核心成分——主体性的典型表述。只是李大钊的主体不是个人,而是人民。

梁启超在《新史学》中对中国旧史学有四个批评,即一曰知有朝廷而不知有国家。"今日盗贼,明日圣神;甲也天命,乙也僭逆。"二曰知有个人而不知有群体。"历史者,英雄之舞台也,舍英雄几无历史。"三曰知有陈迹而不知有今务。四曰知有事实而不知有理想。② 李大钊在《唯物史观在现代史学上的价值》中对旧史学的指责与此差相仿佛:"从前的历史,专记述王公世爵纪功耀武的事。史家的职分,就在买此辈权势阶级的欢心……。此辈史家把所有表现于历史中特权阶级的全名表,都置于超自然的权力保护之下。所记载于历史的事变,无论是焚杀,是淫掠,是奸谋,是篡窃,都要归之于天命,夸之以神武……"③ 不同的是,在梁启超眼里,泰西史学全无中国旧史学的毛病;而在李大钊看来,唯物史观的史学才是新史学、现代史学,之前的西方史学也是旧史学。直到今天,中国史学对现代史学的理解仍然基本不出泰西史学或唯物史学的范围。

李大钊对于唯物史观最独特的理解,便是将唯物史观解释为为人生的。所谓"为人生的",其实就是能促进人类社会进步的意思。史学对于李大钊来说是科学,但是能促进社会进步的科学。唯物史观的价值就在于能促使人民起来"创造一种世界的平民的新历史"。④ 这当然是对唯物史观的李氏新解,但也还是沿用近代以来许多史家以史学促进化(现代性)之故技。

中国现代史学的开山,大都信奉过社会进化论,也大都要用史学来推动现代社会的建立。章太炎"尊史"是为了激励种姓,鼓吹反满民族革命。而他化经为史,则是要将传统去神圣化,以除去建立现代性的障碍。此种

---

① [美]莫里斯·迈斯纳:《李大钊与中国马克思主义的起源》,第160—161页。
② 梁启超:《新史学》,第85—88页。
③ 李大钊:《唯物史观在现代史学上的价值》,第219页。
④ 同上书,第222页。

思路,亦为后来的史家承袭。① 顾颉刚就直白承认,他的《古史辨》工作"是对于封建主义的彻底破坏"。② 这其实是启蒙思想家的故智,启蒙思想家当年就是从"古史辨"开始,通过揭露教会人士对神话和历史的伪造来破坏传统的。③ 梁启超同样是从根据现代性的需要来要求史学:"今日欲提倡民族主义,使我四万万同胞强立于此优胜劣败之世界乎,则本国史学一科,实为无老无幼无男无女无智无愚无贤无不肖所皆当从事,视之如渴饮饥食,一刻不容缓者也。……史界革命不起,则吾国遂不可救。"④ 近代的这种以史为用的风气,对李大钊有明显的影响。他从一开始就认为:"国家兴亡,民族消长,历史所告。"⑤ 而唯物史观在他看来,则更能帮助国人建立一个理想的社会。

三

李大钊对史观有非常自觉的意识,他在为北大史学系开设的"史学思想史"课写的讲义中,专门写过一篇《史观》。李大钊可说是主张为人生的历史的;而历史之所以对人生重要,是因为"历史观者,实为人生的准据,欲得一正确的人生观,必先得一正确的历史观"。⑥ 史观亦有新旧之分,"神权的、精神的、个人的、退落的或循环的历史观可称为旧史观,而人生的、物质的、社会的、进步的历史观则可称为新史观"。⑦ 前者是以"历史行程的价值的本位为准",后者是"以历史进展的动因为准"。⑧ 为何后者就比前者高明? 显然是因为后者有助于明乎社会进化之公理,从而使人能自觉创造自己的历史。

---

① 王汎森:《章太炎的思想(1868—1919)及其对儒学传统的冲击》,时报文化事业有限公司,1985年,第204—217页。
② 顾颉刚:《我是怎样编写〈古史辨〉的?》,《古史辨》第一册,上海古籍出版社,1982年,第28页。
③ [美]乔伊斯·阿普尔比、林恩·亨特、玛格丽特·雅各布:《历史的真相》,第35页。
④ 梁启超:《新史学》,第91页。
⑤ 李大钊:《厌世心与自觉心》,第137页。
⑥ 李大钊:《史观》,《李大钊全集》第4卷,人民出版社,2006年,第252页。
⑦ 同上书,第254页。
⑧ 同上书,第253页。

然而,这种出于政治正确性的史观,并没有使李大钊完全变成一个教条主义者。相反,他并不认为社会进化是一个单向的线性过程,而是认为"社会进化,是循环的,历史的演进,常是一盛一衰,一治一乱,一起一落"。① 不但如此,他对近代以来流行的启蒙的进步话语,也不以为然,说:"现在也有不如古来的,如艺术。"②古今都是相对的,古曾是当时之今,今也会成为将来之古。关键不是要以简单的方式来判断古今之优劣,而是要看到"由古而今,是一线串联的一个大生命"。③

李大钊的思想并不始终如一,他有时也主张极端的社会进步论:

> 我们立足演化论和进步论上,我们便会像马克思创造一种经济的历史观。我们知道,这种经济的历史观系进步的历史观,我们当沿着这种进步的历史观,快快乐乐地去创造未来的黄金时代。黄金时代不是在那背后的,是在前面迎着我们的。人类是有进步的,不是循环而无进步的。即就文艺论,也不是今下于古的。④

这种极端的进步史观是出于史之用,而不是史之学的考虑。李大钊真正的思想,是历史是进步的,但有循环反复,它是一个螺旋上升的过程。这样的话,就把历史的循环也考虑到了。

这种历史乃螺旋上升或螺旋进步的想法,与启蒙的进步史观最大的不同在于各自的时间模式。启蒙进步史观的时间模式是单向线性的模式。李大钊对此种时间模式不以为然:"以此喻说明时的递嬗,亦不合理。"⑤他自己的螺旋进步观的时间模式是循环:"天运人生周行不息,盈虚消长,相反相成。逝者未逝,都已流入现今的中间,盈者未盈,正是生长未来的开始。"⑥不过这种时间模式并不影响历史是进步的结论。可从逻辑上说,这种时间模式与历史进步论是有矛盾的。进步必须要有一个目标,一个方向;而螺旋方向何在?没有方向,螺旋进步从何说起?而有目

---

① 李大钊:《今与古》,《李大钊全集》第4卷,第11页。
② 同上。
③ 同上书,第13页。
④ 李大钊:《演化与进步》,《李大钊全集》第4卷,第157页。
⑤ 李大钊:《时》,《李大钊全集》第4卷,第350页。
⑥ 同上书,第349页。

标与方向,就不成其为螺旋。李大钊对此矛盾,似乎从未措意。

不过,李大钊将历史理解为古今一贯的一个大生命,"历史的范围不但包括过去,并且包有现在和将来"。① 这种对历史的理解使得他不会赞同史学就是史料学。史料只是研究历史的材料,而不是历史。"历史学虽是发源于记录,而记录决不是历史。"②"历史是有生命的,活动的,进步的,不是死的,固定的。"③"历史是有生命的,是全人类的生活。"④这种对历史的理解来自启蒙运动,启蒙思想家批驳了《圣经》的历史叙述后,"历史就变成彻底人性的世俗的领域,是不受任何人控制的时间的无限延续"。⑤ 正因为如此,历史才不能只是政治史,而应包括人类生活的所有领域。并且,既然历史是有生命的、活动的、进步的,而不是一成不变的,历史就是"社会的变革"。⑥ 李大钊说这是马克思的观点,实际上梁启超在清季已经由于斯宾塞等人的社会进化论的影响,开始倡导用"群学公例",用社会进化的观点来研究历史了。梁任公恐怕也会将历史理解为"社会的变革"。

李大钊与上一代人对历史理解的一个最大不同处,在于他受到当时流行的生命哲学的影响,把历史理解为活的生命。这其实也不是什么非常可怪之论。毕竟历史和史学还是有区别,并非所有人都把历史理解为纯粹"过去发生的事",相当多的人认为历史应当包括现在和将来。李大钊史学思想值得注意的不在这里,而在于他强调历史"不但不怕改作和重作,并且还要吾人去改作、重作"。⑦

改作和重作历史其实一直在发生,包括那些实证主义史学家其实也是在改作、重作历史。问题在于,后者认为改作和重作的理由是前人歪曲了历史,他们要拨乱反正。他们不把自己理解为在历史之内,而是把自己理解为在历史之外,就像一个科学家在他的研究对象之外一样。而李大

---

① 李大钊:《史学概论》,《李大钊全集》第 4 卷,第 358 页。
② 同上书,第 362 页。
③ 同上书,第 357 页。
④ 同上书,第 358 页。
⑤ [美]乔伊斯·阿普尔比、林恩·亨特、玛格丽特·雅各布:《历史的真相》,第 36 页。
⑥ 李大钊:《史学概论》,第 358 页。
⑦ 同上书,第 359 页。

钊在把史学家看做是活在历史中的人,历史发展了,史学家的视野当然会随之改变。改作和重作不是因为前人不对,而是由于社会的发展,后人的观念已与前人不一样了。"故吾人应本新的眼光去改作旧历史。"①李大钊当然承认有真实的事实和真理,但他认为那也只是相对的,"我们所认为真实的事实和真理的见解并不是固定的,乃是比较的。"②这个想法可说是石破天惊。在现代中国史学界,无论是实证主义史学家还是马克思主义史学界,都认为事实与真理是没商量的,是绝对的,而不是相对的。后现代史学正是为此而为多数中国史学家不屑。可自称马克思主义者的李大钊,却一直主张这样离经叛道的观点。

其实这也应该是进化论思想的题中应有之义。因为历史无穷尽,则不断会有新史料,新史观出现,每一代史家都应该根据新史料、新史观,"匡其谬而足其阙。史演无已时,即史业无已时"。③照理说,这不应该有什么问题。但经典现代性的一个基本特征是同质量化时间观,"时间是绝对的、实在的、普遍存在的实体"。④故而在时间中发生的事实和真理都是绝对的。致力于反思和批判现代性的西方现代哲学对时间的思考使得西方人基本摆脱了这种建立在古典力学基础上的时间观,但它却对中国人有根深蒂固的影响。

李大钊并未质疑这种时间观,只不过唯物史观让他从社会和文化上来理解时间和历史,即时间和历史无非是人类社会的变革和文化的演历。"历史与社会,同其内容,同其实质,只是观察的方面不同罢了。"⑤正因为如此,作为人类生活的时间,就不是纯粹同质的流逝,而是文化(人类生活)的更新。"因为文化是一个整个的,不容片片段段的割裂。"⑥所以过去并未一劳永逸地过去,而是活在今天,不断为后人重塑。大钊比较高明的地方在于,他区分"实在的事实"和"历史的事实"。前者是不可复返的,

---

① 李大钊:《史学概论》,第361页。
② 同上。
③ 李大钊:《〈清代通史〉序》,《李大钊全集》第4卷,第373页。
④ [美]乔伊斯·阿普尔比、林恩·亨特、玛格丽特·雅各布:《历史的真相》,刘北成、薛绚译,上海人民出版社,2011年,第49页。
⑤ 李大钊:《史学要论》,《李大钊全集》第4卷,第400页。
⑥ 同上书,第401页。

而后者却是不断更新的。因为所谓"历史的事实","便是解喻中的事实"。①

这里,李大钊已经摆脱了流行于中国现代思想界的实证主义哲学,而以释义学的观点来看待历史事实了。解喻并非是对事实的主观虚构或编造,而是"对于事实的知识"。② 李大钊主张历史的事实是解喻中的事实,并非如当代西方释义学者那样,出于反实在论形而上学的立场,认为不存在纯粹的事实,事实总是已经经过了一定的解释;而是从进化论的进步主义观点出发,认为历史是不断发展的,人类知识是不断进步的,解喻就是要肯定知识增长无已时:"知识是天天增长的,天天扩大的,所以解喻是天天变动的。……可以增长扩大的,不是过去的本身,乃是吾人关于过去的知识。"③事实与真理的相对性,只是就此而言的。"史观与知识不断的进步,人们对于历史事实的解喻自然要不断的变动。去年的真理,到了今年,便不是真理了;昨日的真理,到了今日,又不成为真理了。"④这就是说,真理是临时性的,过了产生它的时代,便不是真理了。反对相对主义人都会认为这是无法接受的相对主义。

但李大钊大概不会认为自己是相对主义者。因为按照他的进步主义立场,尽管任何真理都会过时,但相比以前的真理,它还是进步的,它更真理。但人们要问,凭什么说后来的解喻一定比以前的解喻更真理?答案只能是:后来的时代更进步,它们产生的史观和知识也就更进步,由此对历史事实的解喻也就更高明。这种答案其实是一种出于启蒙进步主义信念的逻辑推理;但此推理的前提却未有令人信服的论证。此外,如果活50岁和活100岁都改变不了人必有死,我们能说活百岁者更不死吗?只有确定真理的超时间标准,才能判断知识或解喻的真理程度。黄金时代在未来与黄金时代在过去同样都是一种信念的陈述,而不是事实与真理。李大钊的事实与真理的相对论显然与他的进步主义是不相容的。但"意识形态的一个厉害之处在于它能藐视逻辑,因此能将不一致的,甚至互相

---

① 李大钊:《史学要论》,《李大钊全集》第4卷,第403页。
② 同上。
③ 同上。
④ 同上书,第404页。

冲突的理念结合在一起"。①

中国人之所以对现代性意识形态心悦诚服,实拜史学之赐。"19世纪时,历史依据一个出自牛顿科学的新的时间概念而现代化了。西方历史学者认为时间具有共通适用性,而且是演化进展的,于是将每个时期的民族、组织和制度按时间排列,给每个民族和各个时代贴上发展程度的标签。"②"历史研究于是变成寻找人类发展的法则。"③对此我们照单全收,因为我们觉得只有这样,史学才能是和自然科学一样的科学。西方现代史学是信仰进步的启蒙思想的产物,④力图按照现代西方史学来塑造自己的中国现代史学,因为又得到其社会进化论教条的强化,更是进步信仰的大力鼓吹者。在人文学科中,史学打着用事实说话,无征不信的科学旗号,成为在中国建立现代性信仰的头号功臣,几乎无人敢撄其锋。史学在现代中国历次思想争论中都处于中心的位置,便是一个证明。"即使大多数历史学者不再像黑格尔或马克思那样讲述完整统一的历史,但是历史作为一个学科,是靠着人们相信专业历史学者在写那完整历史中的各个片断。能把故事说对了,就有助于推动现代化(以及进步)的进程。"⑤这是三位美国史学家对西方现代史学的描述;移到中国,不也虽不中,亦不远吗?

---

① [美]乔伊斯·阿普尔比、林恩·亨特、玛格丽特·雅各布:《历史的真相》,第116页。
② 同上书,第49页。
③ 同上书,第17页。
④ 同上书,第31—80页。
⑤ 同上书,第76页。

"挤出轨道"的孤儿

——瞿秋白的"鲁迅论"与新文化运动中知识分子的自我想象

张历君
香港中文大学文化及宗教研究系

一、瞿秋白的鲁迅论

1933年2月上旬,瞿秋白的住处又发生问题。当时中共的上海中央局获得情报,指国民党特务打算破坏中共在紫霞路的一处机关。经分析后,认为瞿秋白夫妇的住所很可能会发生危险。于是,在黄玠然护送下,瞿氏夫妇第二次到鲁迅家中避难。(陈铁健 1995:391)瞿氏夫妇这次避难住的时间较久,瞿秋白和鲁迅有更多的时间促膝谈心,展开更深入的交流。这次避难期间,他们一起编辑了《萧伯纳在上海》和苏联版画集《引玉集》,而瞿秋白更就谈话所得,或者跟鲁迅商量以后,写了《苦闷的答覆》《出卖灵魂的秘诀》等十多篇杂文。根据杨之华的回忆,"这些杂文,为了不让敌人发觉它们的真正作者,秋白有意模仿了鲁迅的笔调,鲁迅请别人

---

* 本文为香港研究资助局资助之"重绘民初中国的跨文化现代性版图:中国左翼知识分子对柏格森生命哲学的接受"(GRF Project number:14402114)部分研究成果。

另抄一份,署上自己的笔名,送给《申报》副刊《自由谈》等处发表"。(杨之华 1984:134)

在这段时间,鲁迅和瞿秋白的关系无疑是极为密切的。1933 年 3 月初,鲁迅在上海四处奔走,为瞿氏夫妇在东照里十二号租到了一个亭子间。① 正是在这个亭子间里,瞿秋白展开了编辑《鲁迅杂感选集》的工作,并于 4 月初花了四个晚上,写成了一万七千多字的《〈鲁迅杂感选集〉序言》。(杨之华 1984:134—136)杨之华曾经忆述鲁迅第一次阅读这篇《序言》的情境:

> 鲁迅走进房间,在椅子上坐下来,抽著香烟。秋白把那篇《序言》拿给他看。鲁迅认真地一边看一边沉思著,看了很久,显露出感动和满意的神情,香烟快烧著他的手指头了,他也没有感觉到。(杨之华 1984:137)

鲁迅后来更向冯雪峰表示,这篇《序言》的"分析是对的。以前就没有这样批评过"。(《忆秋白》编辑小组 1981:263)曹聚仁曾慨叹为鲁迅造像之难:"我们都是不敢替鲁迅作特写的,因为我们没有这份胆识〔……〕。"(曹聚仁 1999:5)瞿秋白不但有这份胆识,更抓住了痒处,他为鲁迅所作的特写,就连曹聚仁也为之折服。他用以下几句话,生动地勾勒出鲁迅的整体轮廓:

> 鲁迅是莱谟斯,是野兽的奶汁所喂养大的,是封建宗法社会的逆子,是绅士阶级的贰臣,而同时也是一些浪漫谛克的革命家的诤友! 他从他自己的道路回到了狼的怀抱。(瞿秋白 1998:3:97)

---

① 杨之华曾在《〈鲁迅杂感选集〉序言》是怎样产生的》里谈及,瞿秋白在写作这篇文章时,他和鲁迅之间的关系:"那时候,许多与我们熟悉的朋友、同学知道我们从事革命工作,都躲避我们,生怕与我们接近会给他们带来麻烦。可是以鲁迅为代表的一些朋友不但没躲避我们,而且关怀我们,掩护我们。〔……〕鲁迅几乎每天到日里来看我们,和秋白谈论政治、时事、文艺各方面的事情,乐而忘返。〔……〕秋白一见鲁迅,就立刻改变了不爱说话的性情,两人边说边笑,有时哈哈大笑,冲破了像牢笼似的小亭子间里不自由的空气。"(杨之华 1958:13)

这里，瞿秋白借用罗马城的神话传说，[①]回答了曹聚仁无法直接回答的问题："鲁迅是谁？"

那个神话是这样的：亚尔霸·龙迦（Alba Longa）的公主莱亚·西尔维亚（Rhea Silvia）被战神马尔斯（Mars）强奸后，诞下一胎双生儿：一个是罗谟鲁斯（Romulus），一个是莱谟斯（Remus）。这兄弟俩一出生便被遗弃在荒山里，如果不是一只母狼以自己的奶汁哺育他们，也许早就饿死了。后来，罗谟鲁斯居然创造了罗马城，并且乘着大雷雨飞上了天，做了军神；而莱谟斯却被他的兄弟罗谟鲁斯杀了，因为他胆敢蔑视那庄严的罗马城，一脚跨过那可笑的城墙。但故事说到这里，瞿秋白却引入了一个微妙的转折："莱谟斯的命运比鲁迅悲惨多了。这也许因为那时代还是虚伪统治的时代。而现在，吃过狼奶的罗谟鲁斯未必再去建筑那种可笑的像煞有介事的罗马城，更不愿意飞上天去高高的供在天神的宝座上，而完全忘记了自己的乳母是野兽。虽然现代的罗谟鲁斯也曾经做过这类的傻事情，可是，他终于屈服在'时代精神'的面前，而同著莱谟斯双双回到狼的怀抱里来。"（瞿秋白 1998：3：97）不少论者都会抽取寓言中意旨较为显明的部分，指瞿秋白是最早把鲁迅喻为狼族的文评家；（林贤治 2006：172）然而却鲜有论者理会，瞿氏为这个神话故事引入的微妙转折。

这大概是因为瞿秋白对现代的罗谟鲁斯的诠释所指不明罢。但我更希望指出，瞿氏对现代的罗谟鲁斯的诠释，实际上牵涉到他对整个时代乃至他自身身份认同的独特理解，亦即是说：他、鲁迅乃至辛亥革命前夕到五卅之间几辈中国知识分子，都是"被中国畸形的资本主义关系的发展过程所'挤出轨道'的孤儿"。[②]（瞿秋白 1998：3：113）而所谓现代的罗谟鲁斯，则可以从两个层面来加以理解：从整体时代变迁的层面入手，我们可以将之理解为辛亥革命前夕以来几代的中国现代知识分子，或用瞿秋白自己的话说来，即"现代式的小资产阶级的智识阶层"；从个人的层面入手，我们或许可以直接说，现代的罗谟鲁斯就是瞿秋白本人。本文将以上

[①] 瞿秋白是从赫尔岑（Alexander Herzen）致屠格涅夫（I. S. Turgenev）的书信集《终结与开端》（*Ends and Beginnings: Letters to I. S. Turgenev*, 1862–1863）那里，借来这个罗马城起源的神话的。见 Herzen 1968：1680–1682。

[②] 下画线乃引用者所加。

述两个层面作切入点,重读瞿秋白这篇著名的鲁迅论。

二、无法回去的"故乡"

要诉说这个被"挤出轨道"的孤儿的故事,是困难的;但在瞿秋白的一生里,这个难题却时时来袭。1920 年,他初次远赴苏联,面临人生的重大转折,他首次开腔诉说这个孤儿的故事。1933 年,他被逐步挤出共产党的领导核心,在国民党的侦查和搜捕中,过着流离失所的地下生活,他借着谈论鲁迅而旧事重提,再次讲述这个故事。1935 年,他在汀州狱中面临死亡的大限,这个故事又在他的临终告白里出现。换言之,这个孤儿的故事就像一个始终缠扰不去的幽灵,总在他人生的转折点现身显灵。

然而,在《〈鲁迅杂感选集〉序言》里,瞿秋白又是怎样重述这个故事的?配合之前讲述的有关罗马城的神话故事,瞿秋白这样讲道:

> 鲁迅也是士大夫阶级的子弟,也是早期的民权主义的革命党人。不过别人都有点儿惭愧自己是失节的公主的亲属。本来帝国主义的战神强奸了东方文明的公主,这是世界史上的大事变,谁还能够否认?这种强奸的结果,中国的旧社会急遽的崩溃解体,这样,出现了华侨式的商业资本,候补的国货实业家,出现了市侩化的绅董,也产生了现代式的小资产阶级的智识阶层。(瞿秋白 1998:3:98)

换言之,瞿秋白把欧美的帝国主义理解为神话故事中的战神马尔斯,把中国理解为莱亚·西尔维亚公主;而帝国主义入侵中国的历史过程,则被理解为战神强奸公主的强暴事件。至于在"中国畸形的资本主义关系的发展过程"中产生的"现代式的小资产阶级的智识阶层",则是强奸过后,公主诞下的私生儿。

在这个神话故事的脉络里,鲁迅在成长过程中跟农村野孩子之间的密切关系,便被理解为他的莱谟斯性格的来源。"他的士大夫家庭的败落,使他在儿童时代就混进了野孩子的群里,呼吸著小百姓的空气。这使得他真像吃了狼的奶汁似的,得到了那种'野兽性'。"这种"野兽性"使他"不惭愧自己是私生子",能够直面包含于自己思想中的士绅阶级的卑劣、

丑恶和虚伪,"真正斩去'过去'的葛藤"。(瞿秋白1998:3:99)

"士大夫家庭的败落"是鲁迅和瞿秋白成长中的决定性因素。正是这个共同的成长经历,使他们共同感受到一种被"挤出轨道"的孤独和被遗弃感。鲁迅在其中成长的周家,虽是一个日渐破落的仕宦家庭,但鲁迅儿时仍可算得上"在封建社会做少爷"。(鲁迅1981:13:196)他的祖父介孚公是进士,曾任知县、教官等职。父亲则屡考乡试未中,且不善营生。鲁迅十二岁时,祖父因科场案下狱,继而父亲患病连年,于是"从小康人家坠入困顿",因而"看见世人的真面目",(鲁迅1981:1:415)"感到所谓上流社会的虚伪和腐败"。(鲁迅1981:7:389)他的母亲鲁瑞的娘家在农村,鲁迅曾去暂住,故"能间或和许多农民相亲近,逐渐知道他们是毕生受著压迫,很多苦痛"。(鲁迅1981:7:389)诚如黄继持所言,这种种经历,使得鲁迅在十八岁离家远行前,已对中国社会与人生境况,有了"切身而痛楚的认识"。(黄继持编1994:2)

可以说,瞿秋白的成长经历是鲁迅成长故事的翻版。在《多余的话》里,他曾这样说道:"我虽然到了十三、四岁的时候就很贫苦了,可是我的家庭,世代是所谓'衣租食税'的绅士阶级,世代读书,也世代做官。我五、六岁的时候,我的叔祖瞿赓韶,还在湖北布政使任上。他死的时候,正署理湖北巡抚。因此,我家的田地房屋虽然在几十年前就已经完全卖尽,而我小的时候,却靠著叔父的官俸过了好几年十足的少爷生活。"(瞿秋白1987—1998:7:701)然而,瞿秋白十来岁时,他的家庭却彻底败落了,他不得不告别这种少爷生活,被残酷的现实粗暴地"挤出轨道"。

当时,瞿母金衡玉已侍候了瞿秋白那病瘫的祖母十六年,到1913年秋,因家里绝了经济来源,与瞿父世玮商量,把瞿秋白的祖母送到杭州的亲戚家里。瞿秋白的祖母不愿离开故土,对此事大表不满。而事有凑巧,瞿祖母到杭州后两年便去世了。1913年,瞿世玮因绝了生计而外出谋事,1915年,瞿祖母死后不久,瞿秋白也因家里缴不起学费而中途辍学。瞿母在重重困境下,还要受亲友的无端责难,说她"搬死了"婆婆,"逼走了"丈夫,"不给儿子中学毕业"。因此,1916年年初六,瞿母趁瞿秋白外出到无锡接洽执教的事宜,于家中服毒自尽。(刘福勤1995:44—45)当时,瞿秋白只有十七岁,母亲的突然离世,对他造成了极大的刺激,使他一下子被抛进残酷的现实世界里。

瞿秋白在《饿乡纪程》里曾多次谈及他母亲的死亡。在他的叙述里，母亲的死亡成了一个创伤的原点。从这一点起，瞿秋白开始踏入他至死都无法安定下来的漂泊生涯。他说：

> 从我母亲去世之后，一家星散，东飘西零〔……〕（瞿秋白 1998：1:7）①

> 母亲死后，一家星散，我只身由吴而鄂，由鄂而燕。（瞿秋白 1998：1:16）

> 后来我因母亲去世，家庭消灭，跳出去社会里营生，更发见了无量数的"？"。和我的好友都分散了。来一穷乡僻壤，无锡乡村里，当国民学校校长，精神上判了无期徒刑。（瞿秋白 1998：1:24）

正是为了解答这无量数的问号，瞿秋白才会"决然舍弃老父及兄弟姊妹亲友而西去"，在 1920 年远赴苏俄域外，探求诸般社会人生问题的答案。然而，何以"母亲之死"会牵扯到社会人生的问题呢？瞿秋白在《饿乡纪程》中说得很清楚，因为他以为自己的母亲是被"'穷'驱逐出宇宙之外"的，而归根究底，这一切都源自中国现代化过程中士绅阶级的破产这个社会问题。（瞿秋白 1998：1:14）

事实上，由"士大夫家庭的败落"所带来的种种创伤，也是鲁迅选择"走异路，逃异地"的原因所在。鲁迅在《〈呐喊〉自序》里，便写下了这段著名的话：

> 有谁从小康人家而坠入困顿的么，我以为在这途路中，大概可以看见世人的真面目；我要到 N 进 K 学堂去了，仿佛是想走异路，逃异地，去寻求别样的人们。我的母亲没有法，办了八元的川资，说是由我的自便；然而伊哭了，这正是情理中的事，因为那时读书应试是正

---

① 1982 年，瞿秋白的妹妹瞿轶群写了回忆文章《母亲之死》，文章最后一节，清楚交代了金衡玉之死如何为在生的家人留下不同程度的创伤，并决定各人日后的命运。瞿轶群的文章无疑是对瞿秋白这句话的最好的注解（瞿轶群 1990：315—316）。

路,所谓学洋务,社会上便以为是一种走投无路的人,只得将灵魂卖给鬼子,要加倍的奚落而且排斥的〔……〕(鲁迅 1981:1:415—416)

N 指的是南京,K 学堂指的是江南水师学堂。正是沿着这条"学洋务"的逃逸路线,鲁迅最终决定远走日本,到仙台学习医学。"将灵魂卖给鬼子",最初固然是奚落和嘲弄别人的无聊话,但安在鲁迅和瞿秋白的头上,却显得别具意义。因为这两个毅然把自己的灵魂抛向域外异地的孩子,最终都不约而同地发现,自己已无法回到他们童年时代的"故乡"。

在《〈朝花夕拾〉小引》中,鲁迅便曾表达类似的情绪和感受:"我有一时,曾经屡次忆起儿时在故乡所吃的蔬果:菱角,罗汉豆,茭白,香瓜。凡这些,都是极其鲜美可口的;都曾是使我思乡的蛊惑。后来,我在久别之后尝到了,也不过如此;惟独在记忆上,还有旧来的意味留存。他们也许要哄骗我一生,使我时时反顾。"(鲁迅 1981:2:229—230)正因为已无法回到童年时代的"故乡",正因为这个"故乡"只存留于记忆的领域里,因此,那些"极其鲜美可口的"故乡食物,才会是叫人思乡的蛊惑。

无法回去的"故乡",它同样是缠扰着瞿秋白的幽灵。在《饿乡纪程》中,我们不难发现跟上引《〈朝花夕拾〉小引》的段落极其类近的文字:"我幼时虽有慈母的扶育怜爱;虽有江南风物,清山秀水,松江的鲈鱼,西乡的莼菜,为我营养;虽有豆棚瓜架草虫的天籁,晓风残月诗人的新意,怡悦我的性情;虽亦有耳鬓厮磨哝哝情话,亦即亦离的恋爱,安慰我的心灵;良朋密友,有情意的亲戚,温情厚意的抚恤,——现在都成一梦。"(瞿秋白 1998:1:15)对于瞿秋白来说,慈母早已故逝,被"驱逐出宇宙之外";而故乡的风物和良朋密友,则随着时间而化成记忆中的梦境。而他身处的"惨酷的社会",则是造成"现在的我"和"过去的故乡"之间无法弥补的缝隙的原因所在。因此,瞿秋白紧接着上述的怀旧文字,这样写道:"虽然如此呵!惨酷的社会,好像严厉的算术教授给了我一极难的天文学算题,闷闷的不能解决;我牢锁在心灵的监狱里。"(瞿秋白 1998:1:15)

如此一来,我们才能明白,在《〈鲁迅杂感选集〉序言》里,瞿秋白何以要把"故乡"理解为"荒野"。他说道:

莱谟斯是永久没有忘记自己的乳母的,虽然他也很久的在"孤独的战斗"之中找寻著那回到"故乡"的道路。他憎恶著天神和公主的黑暗世界,他也不能够不轻蔑那虚伪的自欺的纸糊的罗马城,这样一直到他回到"故乡"的荒野,在这里找著了群众的野兽性,找著了扫除奴才式的家畜性的铁扫帚,找著了真实的光明的建筑,——这不是什么可笑的猥琐的城墙,而是伟大的簇新的星球。(瞿秋白 1998:3:97)

如果"天神和公主的黑暗世界"意味着帝国主义对中国封建宗法社会强行入侵所带来的混乱局面的话,那么,这个黑暗混乱局面所动摇的不是别的,正是瞿秋白在《饿乡纪程》里反复提到的"士的阶级"的地位。由于"旧的家族生产制快打破了。旧的'士的阶级',尤其不得不破产了"。(瞿秋白 1998:1:13—14)而这个在"颠危簸荡的社会组织中破产的'士的阶级'",实际上也是瞿秋白和鲁迅的"诞生地",是他们过了好几年封建"少爷"生活的"过去的故乡"。如果这个"过去的故乡"已随着黑暗混乱局面的到来而一去不复返的话,那么,瞿秋白和鲁迅便只能在一无所有的"荒野"和"群众的野兽性"中重新寻找别样的"故乡"了。或者再进一步说,这个别样的"故乡"与其说是寻回来的,倒不如说是在荒野的废墟上重新建立起来的新建筑。因此,瞿秋白才会说道:"在这里找著了群众的野兽性,〔……〕找著了真实的光明的建筑,——这不是什么可笑的猥琐的城墙,而是伟大的簇新的星球。"(瞿秋白 1998:3:97)

三、现代的罗谟鲁斯

正是基于上述的理解,我才会推断,那个陪同现代的莱谟斯双双回到狼的怀抱的现代罗谟鲁斯,指的很可能便是瞿秋白本人。当然,所谓现代的罗谟鲁斯,首先指的是辛亥革命前夕以来的"现代式的小资产阶级的智识阶层"。在《〈鲁迅杂感选集〉序言》里,瞿秋白花了不少篇幅,叙述了辛亥革命前夕以来中国知识分子群体的几次重大分化,并说明了鲁迅在这几次分化中的位置和立场。

辛亥革命前夕,随着帝国主义和资本主义的入侵,中国既产生了"文明商人"和"维新绅董",也产生了"现代式的小资产阶级的智识阶层"。虽然这两类人都产生自以往的士大夫阶层,但"文明商人"和"维新绅董"却希望用改良主义使清朝中兴,而像鲁迅这样的"现代式的小资产阶级的智识阶层",则"能够用对于科学文明的坚决信仰",来反对"文明商人"和"维新绅董"的复古和反动种子。换言之,在这段时间,随着士大夫阶层的现代转型,开始产生了鲁迅一类偏向革命的现代知识分子。(瞿秋白1998:3:98—102)

及至五四的前夜,这个"现代式的小资产阶级的智识阶层"发生了第一次大分裂,划分成国故派和欧化派。偏向欧化派的《新青年》作家群体,打着民主和科学的旗号,反对国故派。瞿秋白认为,《新青年》发动的新文化运动,是资产阶级民权革命的深入,也是现代知识阶层生长发展的结果。而"鲁迅的参加'思想革命'是在这时候开始的"。(瞿秋白1998:3:102—103)

五四到五卅前后,中国思想界又发生了第二次大分裂。这一次不再是国故和新文化的分别,而是新文化运动内部的分裂:"一方面是工农民众的阵营,别方面是依附封建残余的资产阶级。"瞿氏认为,新的分裂所产生的保守派已披上了欧化,或所谓五四化的新衣裳,以掩饰自己的保守倾向。而鲁迅当时创办的《语丝》杂志、当时的"革命的小资产阶级的文艺思想和批评",正是针对这些以新面孔示人的保守派的。在这个时期,五四一代的"父与子"斗争所包含的阶级斗争内核,随着历史的开展而逐渐明晰地展露出来。(瞿秋白1998:3:106—111)

1927年以后,随着社会主义运动的发展,中国的思想界出现了革命文学的实践和讨论。当时的革命文学作者实际上都出自小资产阶级的智识阶层。但他们之间又分成两类:一是像鲁迅一类的早期革命作家,他们因与中国农村和农民群众多少有点联系,因此看得见农民、小私有者群众的"驯服的奴隶性";可是,他们往往看不到这种群众的"革命可能性"。(瞿秋白1998:3:113)

另一类则是五四到五卅期间中国城市里迅速积聚起来的"薄海民"(Bohemian)。"薄海民"现译波希米亚人,瞿氏当时将之理解为"小资产阶级的流浪人的智识青年"。他认为,这些智识青年和鲁迅一类早期的士大夫阶级的"逆子贰臣",同样是中国封建宗法社会崩溃的结果,同样是帝国主义和军阀官僚的牺牲品,同样是被中国畸形的资本主义关系的发展过程所"挤出轨道"的孤儿。但是这些智识青年却欠缺了早期革命作家和农村的联系,没有前一辈黎明期作家的"清醒的现实主义";他们反而传染了欧洲的世纪末气质。这些新崛起的知识分子,因为他们的热情,往往首先卷进革命的怒潮里,但是,他们若克服不了自己的浪漫谛克主义,便会很快"落荒",或者"颓废",甚至"叛变"。(瞿秋白 1998:3:113—114)

在这个历史叙述的整体视野之中,我们才能明白,为何瞿秋白在讨论现代的罗谟鲁斯时会说,他终于屈服于"时代精神"面前,不再去"建筑那种可笑的像煞有介事的罗马城,更不愿意飞上天去高高的供在天神的宝座上",跟着莱谟斯双双的回到狼的怀抱里。(瞿秋白 1998:3:97)所谓"时代精神",指的便是阶级斗争这一历史发展的核心矛盾和社会主义运动的发展。而现代罗谟鲁斯的回心转意,指的实际是在上述几次知识分子的大分裂中,一部分批判性知识分子终于发现自己跟工农民众分享着共同的历史目标,不再"依附封建残余的资产阶级"。

在整个历史叙述中,鲁迅这个现代的莱谟斯,成了激进知识分子的价值指标,他成了判别其他知识分子(即罗谟鲁斯)的激进性的标准。当我们把时间的坐标调到 1930 年代时,当时跟鲁迅这个现代的莱谟斯相对的罗谟鲁斯,正是瞿秋白所谓的"薄海民"。因此,这些"薄海民"是否能够克服自己的浪漫谛克主义,回到莱谟斯的一边,便成了判别他们激进性的关键所在。

从这一点出发重新回顾《多余的话》,我们不难发现瞿秋白在文章里分析自己脆弱的二元性格时,其中的一面正是"没落的中国绅士阶级意识"和"城市的波希美亚"。在文章里,他狠狠地批评了自己这一面的倾向:

> 没落的中国绅士阶级意识之中,有些这样的成分:例如假惺惺的仁慈礼让,避免斗争……以至寄生虫式的隐士思想。完全破产的绅士往往变成城市的波希美亚——高等的游民,颓废的、脆弱的、浪漫的,甚至狂妄的人物。说得实在些,是废物。(瞿秋白 1987—1998:7:702)

这样说来,瞿秋白在1930年代初写下了《革命的浪漫谛克》《学阀万岁》等批评革命浪漫主义和波希米亚知识分子的文章,难道不正是他回心转意,重新认同鲁迅这个现代莱谟斯的明证吗?因此,我们不妨作出以下大胆的推测:当他说"薄海民"和士大夫阶级的逆子贰臣同样都是被"挤出轨道"的孤儿时,他心里想到的,除了鲁迅,大概还有自己罢。

四、"挤出轨道"的孤儿

1. 在"文人"与"文化人"之间

现代化的进程会生产出各种各样"挤出轨道"的孤儿。葛兰西(Antonio Gramsci)同样也意识到这个现代性的问题。1932年2月8日,葛兰西在狱中给他妻子的二姐塔吉娅娜·舒赫特(Tatiana Schucht)写了一封信。信中,葛兰西与塔吉娅娜讨论到他妻子朱莉娅·舒赫特(Giulia Schucht)的精神病问题,他并谈到自己对心理分析理论的意见。他认为,心理分析只对那些被陀思妥耶夫斯基(Dostoevsky)称作"被欺凌与被侮辱的"(the "insulted and injured")社会成员有益。这些人与现代生活水火不相容,他们无法用自己的手段与"过去"形成一种对立关系,以适应现代生活。换言之,他们无法适应现代与过去之间的对立,以达成集体的意志冲动与个人所追求的目标之间的平衡状态,葛兰西将这种状态称为"道德的新平静"(a new moral serenity and tranquility)。他说:"当环境狂热到极度紧张,当巨大的集体力量被煽动,压迫个人直至消逝,以便获得创造意志冲动的最大效率,那么,在一定历史时刻和一定环境中,形势就变成悲剧性。对于非常敏感和追求完美的气质的人来说,形势成为灾难性的。"(葛兰西 2007:405;Gramsci 1996:191-192)在葛兰西眼中,现代化是一个悉放庞大集体力量和创造意志冲动的历史过程。在这一历史进程中,"个人"必然会受到这股强大集体力量的挤压,以至彻底消散的境地。因此,某些具备"非常敏感和追求完美的气质的人"便会因为无法适应而陷入灾难性的心理冲突状态。

葛兰西反对借助心理分析来解决这些内心的冲突,因为他认为我们所有人都应该有能力成为"自身的医生",为自己重新寻求平衡的状态。(葛兰西 2007:414;Gramsci 1996:198)他说:"每人每天都在形成和分解自己的个性和性格,同本能、冲动、低劣的反社会倾向作斗争,保持同集体生活的高水平相一致。在这一切中没有任何例外和个人悲剧。每个人都向自己的邻人和同类学习,让与并获取、丧失并赢得、忘记并聚积观念、特征和习惯。"换言之,我们每个人都可以凭借自身的力量,与这股现代的集体力量重新达成妥协,从而摆脱内心的斗争。而一位文化人(a person of culture)、一位社会积极分子应该比其他人更能成为自己的医生,以达致"道德的新平静"。(葛兰西 2007:406;Gramsci 1996:192)

对于葛兰西来说,要达致"道德的新平静"显然并非什么无法跨越的障碍。但对于瞿秋白来说,这却是一等一的大难题,比最难的"天文学算题"还要难。但他也没有放弃要成为葛兰西所谓的"文化人"。面对社会主义运动所悉放出来的庞大集体力量,瞿秋白这位过时的"文人"没有选择逃避。恰恰相反,他在一生之中,不断调动起自己每一寸极度敏感的神经,像飞蛾扑火般[①]拥抱"无产阶级"这股庞大的现代集体力量,直到彻底将"自我"葬送于这个巨大的"心海"里,一无所有。这种行径已跟"自杀"没有什么两样。

2. 在"波希美亚"与"群众运动"之间

瞿秋白在《多余的话》供称,自己是从"破产的绅士"变成"城市的波希美亚",亦即"高等的游民",他并狠批自己是"颓废的、脆弱的、浪漫的,甚至狂妄的人物。说得实在些,是废物"。(瞿秋白 1987—1998:7:702)但翻查他的作品,我们却很难发现他有这方面的倾向。为何他会说自己是"城市的波希美亚"呢?为此,我们可以请教丁玲。

原来丁玲早年和瞿秋白的第一任妻子王剑虹是中学同学和密友。她

[①] "飞蛾扑火"是瞿秋白对丁玲性格的判语。丁玲曾回忆道:"秋白曾在什么地方写过,或是他对我说过。'冰之是飞蛾扑火,非死不止。'诚然,他指的是我在 1922 年去上海平民女校寻求真理之火,然而飞开了[……]。"(丁景唐、丁言模编 1997:141)

便曾在《我所认识的瞿秋白同志》一文中,将这些往事和盘托出。1918年夏天,丁玲考入桃源的第二女子师范预科学校,她便是在那里认识王剑虹的。起初,她们还没有太多来往交谊。不久,丁玲又转校到长沙周南女子中学和岳云中学继续学业。她们之间真正交谊的开始是在1921年。那年寒假,丁玲回常德,与母亲到舅舅家里住。王剑虹正好同她的堂姑王醒予到常德探望丁玲的母亲。因为她们二人的姐姐都是丁玲母亲的学生。她们代表姐姐来看望丁玲的母亲,同时动员丁玲去上海,入读陈独秀和李达等人创办的平民女子学校。丁玲当时因对岳云中学颇感失望,再加上王剑虹那条三寸不烂之舌,所以她便答应了王氏一起上路,到上海去"寻找真理"。自始以后,她们便成了挚友。(丁景唐、丁言模编 1997:113—114)

然而,事与愿违,她们在平民女子学校的遭遇不太如意。所以,她们最终还是决定离校到外面的世界去闯荡一番。丁玲便曾这样描述她们当时的心情:"我们决定自己学习,自己邀游世界,不管它是天堂或地狱。当我们把钱用光,我们可以去纱厂当女工、当家庭教师,或当佣人、当卖花人,但一定要按照自己的理想去读书、去生活,自己安排自己在世界上所占的位置。"(丁景唐、丁言模编 1997:115)她们这种想法,实际上已跟波希米亚人无异了。

后来,她们也确实开展了这种波希米亚式的游荡生活。1923年夏天,王剑虹和丁玲二人流浪到南京。她们在那里过着极度俭朴的生活。她们尽量节省日常生活的开支,减少物质的消费,但却"把省下的钱全买了书"。然而,她们却十分满意自己这种浪荡和知性的生活。(丁景唐、丁言模编 1997:115)也正好是在这年夏天,共青团在南京开"二大"。瞿秋白因此也来到了南京。会议期间,施存统硬拉着瞿秋白,要他一道去看望两位原来在平民女子学校念过书的女孩子。这两位女孩子便是王剑虹和丁玲二人。(陈铁健 1995:190—191)丁玲是这样描述她初会瞿秋白时的印象的:"这个朋友瘦长个儿,戴一副散光眼镜,说一口南方官话,见面时话不多,但很机警,当可以说一两句俏皮话时,就不动声色地渲染几句,惹人高兴,用不惊动人的眼光静静地飘过来,我和剑虹都认为他是一个出色的共产党员。"(丁景唐、丁言模编 1997:115—116)

后来，瞿秋白又再三到这两位女孩子的住处探望她们。当他知道她们读过托尔斯泰、普希金、高尔基等俄国文豪的著作时，他的话便更多了。丁玲后来追忆道："我们就像小时候听大人讲故事似地都听迷了。"然而，瞿秋白为何会被这两位女孩子吸引住了呢？丁玲在回忆里，总算露了一点口风。她说："他对我们这一年来的东流西荡的生活，对我们的不切实际的幻想，都抱着极大的兴趣听着、赞赏着。"（丁景唐、丁言模编 1997：116）换言之，瞿秋白之所以喜欢她们，正是因为她们身上流露了强烈的波希米亚气质。

瞿秋白并顺势邀请她们到他任教的上海大学听课。然而，丁玲和王剑虹不免怀疑，这是不是另一所平民女子学校，"是培养共产党员的讲习班"。以她们二人的波希米亚气质，当然受不了这种党员培训班了。于是，瞿秋白便向她们保证道，这是一所正式学校，她们参加文学系可以学到一些文学的基础知识，可以接触到一些文学上有修养的人，兼而学到一点社会主义。这所学校是国民党办的，共产党在学校里只负责社会科学系。他保证她们到那里"可以自由听课，自由选择"。（丁景唐、丁言模编 1997：116）

丁玲和王剑虹最终决定到上海大学听课。她们到了上海后，住进施存统夫妇间壁的亭子间里。那时，瞿秋白几乎每天下课后都到她们的亭子间，跟她们谈天说地。瞿秋白是上大的社会系主任，因此，他在课堂上只能谈社会学思想和哲学。然而，他跟王剑虹和丁玲二人聊天时，却不讲哲学，只讲文学和社会生活。"讲希腊、罗马，讲文艺复兴，也讲唐宋元明。"他还教她们直接以俄文读普希金的诗。（丁景唐、丁言模编 1997：116）而瞿秋白和王剑虹的爱情故事也从这里开始。事实上，丁玲的《韦护》便直接以他们三人在南京和上海的生活事迹作蓝本；而书中的女主角丽嘉，则是参照王剑虹的形象改写而成的。

五十多年以后，丁玲这样回忆她写作《韦护》时的心情："我想写秋白、写剑虹，已有许久了。他的矛盾究竟在哪里，我模模糊糊地感觉一些。但我却只写了他的革命工作与恋爱的矛盾。当时，我并不认为秋白就是这样，但要写得更深刻一些却是我力量所达不到的。"（丁景唐、丁言模编 1997：131）虽然无法"写得更深刻一些"，但丁玲毕竟掌握了瞿秋白思想中关键的难题:钟摆般的二元性格。在丁玲的眼里,钟摆的两端便是"革命工作"和"恋爱"。如果丁玲的小说无法透彻展示瞿秋白深刻的矛盾思想,那么,我们不妨请教一下瞿秋白本人。

1924年,正当瞿秋白和王剑虹热恋期间,瞿氏写了不少情书给王氏。这一束情书至今还未正式公开,我们只能在某些有门路的研究者的文章里窥其一二。然而,就只是这些摘录出来的片断,便已相当具震撼力了。在1924年1月26日的情书里,瞿氏谈到他"内部矛盾的人生观"。他说:"我内部矛盾的人生观虽然有时使我苦痛,然而假使缺少矛盾中的一方面,我便没有生命:没有'爱',我便没有生命的内容,没有'事',我便没有生命的物质。"(华言实编2003:161)这里,瞿氏讲得很清楚,爱情和工作构成了生命无法或缺的两面。爱情是"生命的内容",工作则是"生命的物质"。这两者的最基本的矛盾冲突,构成了他"内部矛盾的人生观"的基本形式。

爱情和工作是矛盾的最基本的形式。然而,在瞿秋白的情书中,他并没有止于这个层面的讨论。在写于1月28日的另一封信中,瞿氏进一步把这个基本问题转换成"恋爱和社会的调和"这个问题上来。他说:

> 恋爱和社会的调和——我不过抽象的说,——本是我一生的根本问题,我想他们本是调和的,我自己不敢信,要问我的"心","心"若给我一个承认,我可以壮壮气往这条路上走去。自己的"心"都不肯给我作主,谁又作得主呢?

> 我苦得很——我自己不得你的命令,实在不会解决我的人生问题。我自己承认是"爱之囚奴","爱之囚奴"!我算完全被征服了!
> (华言实编2003:161—162)

这里的"心",指的是王剑虹。因为他在1月12日和1日的信中称王氏为"梦可"。(华言实编2003:161,162)按丁玲的回忆,瞿氏当年经常称呼王氏为"梦可",而"梦可"则是法文"我的心"的译音。(丁景唐、丁言模编1997:127)在这一段文字中,瞿氏认为,唯有爱情的绝对律令,才能让他把恋爱和社会两端重新调和起来,并解决他自己内在矛盾的"人生问题"。因此,他甘愿为了获得这股调和的力量,而成为"爱之囚奴"。

此外，我们在1月13日的信中，则看到这个"恋爱和社会的调和"的问题，被置换成自由和社会之关系的问题。瞿氏这样写道：

> 我们要一个共同生活相亲相爱的社会，不是要一机器、楼房啊。这一点爱苗是人类将来的希望。……
>
> "要爱，我们大家都要爱——是不是？
> ——没有爱便没有生命；谁怕爱，
> 谁躲避爱，他不是自由人。"——他不是自由花魂。（华言实编2003:161）

在这里，矛盾的核心被完全显露出来。革命工作和爱情的矛盾、社会和恋爱之无法调和，它们共同指向的核心是"社会和自由"的两难式。因此，当社会依然等同于"机器"和"楼房"这些异化存在时，我们便无法落实"生命""爱"和"自由"。瞿秋白想得很清楚，唯有将外部的世界彻底转换成"一个共同相亲相爱的社会"，人类的"生命"和"自由"才得以落实，而"这一点爱苗是人类将来的希望"。对他来说，"爱"绝对不单单是"个人"的问题。所以，他认为，大家都应该敢于迎受"爱"。谁躲避"爱"，他/她便不是"自由花魂"。在写于1月5日的另一封信中，他甚至呼喊道："不要闲愁，不要……好生的……只有规律外的放浪是自由快意的；那单纯的放浪任意只能使神智空泛很难受……生命要享受，一切形式主义要摧折。"（华言实编2003:160）

显然，瞿秋白所追求的理想社会，其实是一个解除了一切规律、自由放浪、相亲相爱的波希米亚社会。这个社会的基本联结原则便是"爱"。然而，这个理想的社会和存在状态，却明显与他这一时期的革命理论——"历史工具论"相违背。于是，我们便得到了以下的两难公式：要成就革命和解放，革命者便得完全否定个人的自由，将自己彻底异化成"历史"和群众运动的工具；然而革命者参与革命的最终目的，却是为了实现自身波希米亚式的自由欲望。如此一来，我们便得到一个永远无法化解的悖论公式。这个公式所形成的钟摆运动，贯穿于瞿秋白的一生，使他永远无法摆脱内心的煎熬，获得葛兰西所谓的"道德的新平静"。

《新青年》创刊与中国近代的文化走向

郑大华

中国社会科学院近代史所研究员

100年前的9月15日,《青年杂志》在上海创刊,自第2卷起,改名为《新青年》。《新青年》的创刊既是中国近代文化走向的必然产物,同时又对中国近代文化走向产生过重要而深远的影响。概而言之,中国近代的文化走向主要表现在三个方面:一是从封闭走向开放;二是从一元走向多元;三是从传统走向现代。

一、从封闭走向开放

中国文化本来是开放型的文化,如汉唐时期的中外文化交流,佛教的传入及与中国文化的融合,明末清初西方传教士的来华,等等,这也是中国文化能长盛不衰、综合国力处于世界领先地位的一个重要原因。但自18世纪初清政府实行严格的闭关锁国政策后,中国文化断绝了与外来文化之间的一切联系,开始成为封闭的文化系统。当时的中国知识界对中

---

* 该文章已发表在《教学与研究》2015年第8期。

国周边以外的外部世界很少关心和了解,尤其是对远离中国上万里的"西方"更是知之甚少,那时谈世界,谈西方,颇有些"海客谈瀛洲"的味道,比如道光二年(1822)由当时最著名的学者阮元主持修撰的《广东通志》,就把英吉利当成"荷兰属国",说它"悬三岛于吝因、黄祁、荷兰、法兰西四国之间",又说法国是"初入佛教,后奉天主教"。① 道光十八年(1838)修的《粤海关志》卷二十三,因读音相近误把东南亚小国丁机宜(为爪哇属国,在今印度尼西亚苏门答腊岛英得腊其利一带)当成英吉利。就是到了鸦片战争爆发后,清廷上下虽"震于英吉利之名,而实不知其来历",道光皇帝不知英国的地理位置,有无陆路可通,以及是否与俄罗斯接壤。耆英说英人夜间目光昏暗,分不清东南西北。骆秉章奏称不能伤英兵的身体,但他们的腿不能弯曲,如果以长梃击其腿,必应声倒地。黄惠田认为英地黑暗,不敢燃火,船行半月始见天日。当时中国人对于外部世界的盲然无知由此可见一斑。

中国文化从封闭走向开放,肇始于第一次鸦片战争时期。1839年,林则徐以钦差大臣的身份到广州查禁鸦片。他到达广州不久,为了解"夷情",以便"知己知彼,百战不殆",便组织人翻译《四洲志》,成为"开眼看世界"的第一人。继林则徐之后,"开眼看世界"的还有魏源、姚莹、徐继畬等,他们著书立说,介绍世界历史地理知识,尤其是西方的物质文明、社会文化和政治制度,从而使长期生活在与世隔绝状况下的中国人对外部世界有了一定了解,知道了世界上有五大洲、四大洋,有一百多个国家,中国只是这一百多个国家中的一个,知道了欧美资本主义国家的历史和现状。

当然,鸦片战争前后中国文化从封闭走向开放的程度还十分有限,这不仅表现在当时"开眼看世界"者还凤毛麟角,人数很少,据统计,从1840年起到1861年止,写成的有关介绍世界历史地理的书籍只有22种,②而且还表现在当时的社会舆论对魏源、徐继畬等人"开眼看世界"的批评和

---

① 《广东通志》卷330《列传六十三》,转引自葛兆光:《中国思想史》第2卷,复旦大学出版社,2001年,第450页。

② 《剑桥中国晚清史》下卷,中国社会科学出版社,1985年,第172页。

攻讦。徐继畬的《瀛寰志略》"甫经付梓,即腾谤议"。① 史策先说《瀛寰志略》"张外夷之气焰,损中国之威灵",本想上章弹劾,旋知同事已捷足先登,方才罢休。② 李慈铭攻击《瀛寰志略》"轻信夷书,动辄铺张扬厉"。"于华盛顿赞其以三尺剑取国而不私有,直为环宇第一流人,于英吉利尤称其雄富强大,谓其版宇直接前后藏。似一意为泰西声势者,轻重失伦,尤伤国体。"③就连稍后的曾国藩在致左宗棠的信中都认为:"徐松龛中丞著书,颇张大英夷。"所以在很长一段时期内,《海国图志》《瀛寰志略》等"开眼看世界"的书籍并没有得到国人应有的关注,发挥它们应该发挥的作用。《海国图志》1852年出了百卷本后,到1867年之前,没有再重印过。《瀛寰志略》于1848年问世后,也只由红杏山房于1850年重印过一次,而且数量非常有限。

经过第二次鸦片战争的再次惨败,到了洋务运动时期,中国文化从封闭走向开放的程度有了扩大。以曾国藩、左宗棠、李鸿章为代表的洋务派在"制洋器""采西学""求强""求富"的同时,还先后开办了33所洋务学堂,官派8批196名留学生到美、德、英、法等国学习,并成立了江南制造总局翻译馆等译书机构,积极组织人翻译"西学"书籍,据英人傅兰雅《江南制造总局翻译西书事略》记载,从1871年到1880年的10年间,仅江南制造总局的翻译馆翻译的西书就有98种,235册,译成未刊之书45种,140余册,尚有13种未全部译完,其数量远超第一次鸦片战争后翻译西书之总和。随着"西学"传入的扩大,人们对世界尤其是西方世界有了进一步的了解。

与第一次鸦片战争前后相比,洋务运动时期中国文化从封闭走向开放的程度虽然有了扩大,但总的来看还是非常有限的。由于洋务派接纳"西学"的指导思想是"中体西用",因此洋务时期的文化开放主要限定于物质文明或科学技术方面,这可以从洋务时期出版"西书"的类别看出。据研究者统计,1860—1900年四十年间,共出版各种"西书"555种,其中

---

① 《松龛先生文集》卷3,转引自马廉颇《晚清帝国视野下的英国》,人民出版社,2003年,第192页。
② 史策先:《梦余偶钞》卷1,见《近代史资料》1980年第2期,第219页。
③ 李慈铭:《越缦堂日记》,咸丰丙辰一月十八日。见《越缦堂读书记》第480—481页。

自然科学162种,占总数的29%,应用科学225种,占总数的41%,两者合计387种,占总数的70%,而社会科学只有123种,占总数的22%,其他45种,占总数的8%。[1] 与此同时,尽管洋务时期的文化开放主要限定于物质文明或科学技术方面,根本没有触及封建专制的政治制度和社会制度,但在以大学士倭仁为代表的一些顽固派看来,这也有悖于"祖宗成法"和"圣人古训"。他们于是群起而攻之。第一任驻英公使郭嵩焘只不过在日记中如实地记下了自己在国外的所见所闻和感想,承认西方文明有超过中国的地方,便遭到顽固派的攻击,日记不仅被奉旨毁版,他死去数年之后,还有人要求朝廷下令将其"掘墓戮尸,以谢天下"。曾国藩的儿子曾纪泽,因为奔父丧归乡,乘坐了外国的小轮船,几乎被顽固派开除省籍。郑观应在谈到当时的社会风气时说:"今之自命正人者,动以不谈洋务为高,见有讲求西学者,则斥之曰名教罪人,士林败类。"[2]

当历史进入到19世纪末20世纪初,由于中国在中日甲午战争和八国联军侵华战争中的相继惨败,人们认识到,要改变中国落后挨打的局面,挽救空前严重的民族危机,就必须进一步改革开放,不仅要学习西方的物质文明或科学技术,而且还要学习西方的制度文明,变中国的封建主义专制制度为西方的资产阶级民主制度,于是中国文化从封闭走向开放的程度有了进一步的扩大。以"西书"的出版为例:除自然科学外,这一时期社会科学的书籍日益增多起来。从《译书经眼录》所收的书目可以看出。《译书经眼录》收1900年至1904年所译书目491部,其中自然科学164部,占总数的33.4%,社会科学327部,占总数的66.6%。另据《日本译中国书综合目录》一书的统计,从1868年至1895年,中译日文书8种,几乎全是自然科学,1896年至1911年中译日文书共958种,其中自然科学(含应用科学)172种,约占总数的18%,社会科学786种,约占总数的82%。这些社会科学著作虽然包括了哲学、历史、法学、文学、经济、政治、社会学等学科,但主要以政治和法学类为主。熊月之在研究了20世纪初"西学从东方涌来"后指出:当时中国人翻译来自日本的西书,"法学、政治

---

[1] 熊月之:《西学东渐与晚清社会》,上海人民出版社,1994年,第11—12页。
[2] 郑观应:《盛世危言·西学》,《郑观应集》上册,上海人民出版社,1982年,第272页。

学方面,译作最多,成效最大"。① 个中原因,可以从19世纪末的戊戌变法、20世纪初的预备立宪和辛亥革命的现实需要中去寻找。与此同时,和文化开放相关联的报刊业、新式教育、新知识分子群体等也得到了较快的发展。以报刊业为例,据徐松荣的研究,"1898年到1911年,国内先后创办的比较知名的报刊达200种以上。其中上海最多,达80种以上,杂志多于日报;其次是北京、广州、武汉、天津、长沙,北京、广州都在30种以上"。② 民国初年,全国的报刊有500多种,"仅1912年2月以后,到北京民政部进行登记,要求创办的报纸就达90多种"。③

《新青年》就是在这样的历史背景下创刊的。陈独秀在创刊号上所发表的《敬告青年》一文中,向青年提出了六条要求,其中第四条即是"世界的而非锁国的"。他在文中写道:"并吾国而存立于大地者,大小凡四十余国,强半与吾有通商往来之谊。加之海陆交通,朝夕千里。古之所谓绝国,今视之若在户庭。举凡一国之经济政治状态有所变更,其影响率领被于世界,不啻牵一发而动全身也。立国于今日之世,其兴废存亡,视其国之内政者半,影响于国外者恒亦半焉。以吾国近事证之:日本勃兴,以促吾革命维新之局;欧洲战起,日本乃有对我之要求。此非其彰彰者耶?投一国于世界潮流之中,笃旧者固速其危亡,善变者反因以竞进。"④因此,他号召中国青年要有世界知识,要认识到"居今日而言锁国闭关之策,匪独立所不能,亦且势所不利",从而推动中国文化的进一步开放。也正是以《新青年》的创刊为起点,中国文化加快了它的开放进程。以西学传播为例,如果说洋务运动时期传播的主要是西学中的自然科学,19世纪末20世纪初主要以"政学"亦即社会科学为主的话,那么,自《新青年》创刊以后,随着新文化运动的兴起,几乎所有的西学门类,如政治、经济、军事、法律、哲学、宗教、心理学、地理学、史学、文学、美学、语言、文字、艺术、科技、医学、教育,以及各种各样的主义、思潮、学说、观念、理论都先后传入到了中国。比如,西方哲学虽然自戊戌变法时期起就已开始传入我国,但

---

① 熊月之:《西学东渐与晚清社会》,上海人民出版社,1994年,第658页。
② 徐松荣:《维新派与近代报刊》,山西古籍出版社,1998年,第166页。
③ 方汉奇:《中国近代报刊史》上册,山西教育出版社,1991年,第676页。
④ 陈独秀:《敬告青年》,《独秀文存》,安徽人民出版社,1987年,第7页。

真正对西方哲学进行全面系统的介绍,则是在新文化运动及其之后。"这一时期学术界对西方哲学的输入,较之以前,有两个极为显著的特点。这就是:第一,规模宏大,西方哲学的所有流派,几乎于同一时期一并涌入中国;第二,全面系统,超出了以往零星稗贩式的介绍。"[1]艾思奇就曾指出:"在清政府崩溃以前,即有种种的自由思想之输入,严复的翻译,《新民丛报》等类出版物之介绍,虽然说不上哲学,至少可以作为资本主义新型思想之最初的具体表现。……但资本主义型思想之突飞猛进的成长及新哲学思潮的正式成立,是在民国三年以后五四运动中的事。"[2]

从鸦片战争时期非常有限度的开放,到洋务运动时期开放的扩大,再到19世纪末20世纪初开放的进一步扩大,最后到新文化运动时期的全面开放,这就是中国文化从封闭走向开放的全过程。《新青年》的创刊既是中国文化从封闭走向开放的必然产物,又对中国文化进一步走向开放产生了重要的推动作用。

二、从一元走向多元

近代以前的中国文化是一元的,而非多元的。因为近代以前,中国只存在着一种文化,即中国的本土文化,而没有其他性质的文化存在,虽然在汉、唐时期曾有外来的印度佛教的传入,但外来的印度佛教传入不久即与中国的本土文化实现了融合,而成为中国文化的一部分,这也是我们经常将儒(儒家)、释(佛教)、道(道家或道教)三家相提并论的重要原因。当然,我们说近代以前的中国文化是一元的文化,并不否认在中国文化内部存在着不同的文化派别和思想,如我们上面提到的儒、释、道,但在这些不同的文化派别和思想中,儒学处于独尊的地位,因而也就不构成多元文化存在的理由。

与从封闭走向开放一样,中国文化从一元走向多元也是从第一次鸦

---

[1] 赵德志:《"五四"后西方哲学东渐及其影响的再认识》,中国现代哲学史研究会编:《中国现代哲学与文化思潮》,求实出版社,1989年,第430页。

[2] 艾思奇:《二十二年来之中国哲学思潮》,《艾思奇文集》第1卷,人民出版社,1981年,第57页。

片战争时期开始的。但在第一次鸦片战争时期,传入的西方文化还十分有限,没有对中国文化的一元结构产生什么影响。真正影响到中国文化一元结构的是洋务运动时期西方文化的传入。但以曾国藩、左宗棠、李鸿章为代表的洋务派,并不认为西方文化的传入改变了中国文化的一元结构。因为在他们看来,当时所传入的西方文化,不是与中国文化异质的外来文化,而是中国古代文化传到西方之后的回归,换言之,西方文化源自中国。这就是在洋务运动时期颇为流行的"西学中源"说。同治四年(1865),李鸿章在有关设立江南制造局的上奏中写道:"无论中国制度文章,事事非海外人所能望见,即彼机器一事,亦以算术为主,而西术之借根方,本于中术之天元,彼西土目为东来法,亦不能昧其所自来。尤异者,中术四元之学,阐明于道光十年前后,而西人代数之新法,近日译出于上海,显然脱胎四元,竭其智慧不出中国之范围,已可概见。"两年后(1867),恭亲王奕訢奏请在同文馆内增设天文算学馆,招考正途出身人员入馆学习时,宣称西方的天文算学源自中国的古学,是"东来法",是中国的学问。先后出任过浙江、广东按察使和湖北布政使的王之春为提倡西学,推行洋务,在《广学校》一文中把西方的文字、天文、历算、化学、汽学、电学、机械等,都说成是在中国发其端,"泰西智士从而推衍其绪,而精理名言、奇技淫巧,本不能出中国载籍之外"。[①] 就是号称精通西学的王韬在《原学》中也认为,中国作为"天下之宗邦","不独为文字之始祖,即礼乐制度、天算器艺,无不由中国而流传及外"。他一一举出数学、乐器、船舰、指南针、霹雳炮、测开仪器、语言文学等,说这些都是"由东而西,渐被而然"的。郑观应引《周礼》《墨经》《亢仓子》《关尹子》《淮南子》等书的有关记载,证明西方的数学、化学、重学、光学、气学、电学均出自中国,皆"我所固有者也"。[②]

洋务派之所以认同"西学中源"说,否认西方文化的传入改变了中国文化的一元结构,其原因就在于这一学说能够解决洋务派所遇到的一个最大的思想或理论难题,即他们主张"制洋器""采西学",学习西方先进

[①] 《瀛海卮言五》,《小方壶斋舆地丛钞》第11帙,杭州古籍书店,1985年,第513页。
[②] 郑观应:《盛世危言·西学》,《郑观应集》上册,上海人民出版社,1982年,第275页。

的科学技术,是否是"以夷变夏"。众所周知,"夷夏之辨"是以儒家思想为核心的中国文化最基本的价值观念之一,它犹如恢恢法网,严重地束缚着绝大多数士人的思想。当时以倭仁为代表的顽固派反对洋务派"制洋器""采西学"的一个主要观点,就是认为西方文化是外来的"夷人"文化,中国学习西方文化是"以夷变夏",违背了"以夏变夷"这一以儒家思想为核心的中国文化最基本的价值观念。这也是他们之所以能够获得不少社会舆论的支持,从而给洋务运动造成极大阻力的一个重要原因。因此,洋务派要反驳顽固派,获得士人对洋务运动的理解和同情,就必须证明"制洋器""采西学",学习西方先进的科学技术,并不是"以夷变夏",而是中国的本来之学。王之春曾一针见血地指出:"西学者,非仅西人之学也。名为西学,则儒者以非类为耻;知其本出于中国之学,则儒者当以不知为耻。"[1]陈炽在《庸书·自强》中也写道:"知彼物之本属乎我,则无庸显立异同;知西法之本出乎中,则无俟概行拒绝。"[2]这就是当时士人的普遍心理。"西学中源"说则解决了洋务派所遇到的这一难题:学习西方文化不是"以夷变夏",而是"礼失而求诸野",是学习中土久已失传的中国古学,它并不会也不可能改变中国文化的一元结构。

尽管洋务派否认西方文化的传入改变了中国文化的一元结构,但西方文化的传入改变了中国文化的一元结构则是不以人们的意志为转移的客观事实。到了19世纪末20世纪初,随着西方文化的进一步传入,中国文化的一元结构发生了明显的变化:首先,是西方的思想观念的传入,如"自由""民主""民权""平等""博爱""社会契约""天赋人权"等,打破了中国传统的思想观念的一统天下,并对近代中国人的思想观念产生了重要影响。比如,19世纪末的维新派和20世纪初的革命派,就以"天赋人权"的思想为武器,批判过中国传统的思想观念所宣扬的"君权神授"论和纲常名教,指出"君为臣纲"是纲常名教的核心,是封建君主专制制度的护身符,用《三纲革命》作者的话说,"据强权而制服他人者,君也,恃君权之名义威权而制服他人者,臣(官)也,故曰君为臣纲,又曰官为民之父母"。对

---

[1] 《瀛海卮言五》,《小方壶斋舆地丛钞》第11帙,杭州古籍书店,1985年,第513页。
[2] 陈炽:《庸书·自强》,《陈炽集》,中华书局,1997年,第8页。

于这种"强权",该作者发出了愤怒的质问:"君亦人也,何彼独享特权特利?曰因其生而为君,是天子也。此乃迷信,有背科学。若因其有势力故然,此乃强权有背真理"。① 他们还积极宣传过西方的自由、平等思想,论述了实现自由、平等的天然合理性。严复在《论世变之亟》一文中写道:"夫自由一言,真中国历古圣贤之所深畏,而从未尝立以为教者也。彼西人之言曰:唯天生民,各具赋畀,得自由者,乃为全受,故人人各得自由,国国各得自由,第务令毋相侵损而已。侵人自由者,斯为逆天理,贼人道。"②在他看来,民主制度能否建立,关键是人民是否享有自由权力,能否正确地使用这些权力。其次,是部门文化发生了变化,新的学科体系初步建立起来。传统文化的部门分类较粗而简,比如,传统学术就只分为经、史、子、集四大类,著名的《四库全书》就是按此四类编辑而成的。但进入近代以后,尤其是进入19世纪末20世纪初后,受西方文化传入的影响,文化的部门分类出现了新变化。一方面,哲学(经学)、史学、文学、语言等一些传统学科或不能适应现代社会的需要而逐渐衰落,或接受西方近代文化的影响,变革原有学科内容和体系,从而向现代学科转化;另一方面,法学、政治学、社会学、经济学等从西方传入的一些新领域和新学科的兴起,极大地丰富了中国近代文化的体系,特别是儒学的衰落,使其他各门学科摆脱了附庸的地位而获得较大的发展,现代意义上的人文社会科学各门类和自然科学各门类在中国开始初步形成。1913年初,教育部公布的《大学令》《大学规程》,明确规定大学开设的学科门类,即:文科、理科、法科、商科、医科、农科、工科等七种,文科分为哲学、文学、历史学和地理学四门,法科分为法律学、政治学和经济学三门,商科分为银行学、保险学、外国贸易学、领事学、关税仓库学、交通学等六门,医科分为医学和药学等二门,农科分为农学、农艺化学、林学、兽医学等四门,工科分为土木工学、机械工学、船用机关学、造船学、造兵学、电气工学、建筑工学、应用化学、火药学、采矿学、冶金学等十一门。最后,受西方文化传入的影响,人们的日常生活和行为方式发生了变化,越来越具有"西式"色彩。比如,

---

① 真:《三纲革命》,《新世纪》第11期,1907年8月31日。
② 严复:《论世变之亟》,《严复集》第1册,中华书局,1986年,第2—3页。

过"洋"节,取"洋"名,用"洋"货,坐"洋"车,住"洋"房,尤其是在城市中,西装、西餐、洋酒、洋车已经成为城市居民追求的时尚;自主婚姻、征婚启事和西式婚礼也成为城市青年乐于接受的新生事物,1902年6月26日的《大公报》上的一则征婚广告也透露出人们择偶标准和对结婚礼仪的新要求:"一要天足。二要通晓中西学术门径。三聘嫁仪节悉照文明通例,尽除中国旧有之俗。"[①]这种新要求从一个侧面反映出西方新的生活方式对人们观念的深刻影响。

1915年《新青年》的创刊以及因此而兴起的五四新文化运动,则进一步改变了中国文化的一元结构,极大地推动了中国文化从一元走向多元的历史进程。一方面,西方文化在五四新文化运动期间有了进一步的传播,西方的各种主义、思想、学说、理论、思潮和流派纷至沓来,尤其是民主与科学开始成为中国文化的核心观念或基本价值。与此同时,中国现代意义上的人文社会科学各门类和自然科学各门类得到了进一步的完善和发展,新的学科体系在原有的基础上基本建立起来。以哲学为例:首先是西方哲学得到了进一步的传播,除马克思主义哲学外,这一时期传入的西方哲学,有杜威的实用主义哲学、罗素的新实在论哲学和柏格森的生命哲学,以及一些以前没有受到重视或新近才产生和流行的西方哲学,如黑格尔哲学、弗洛尹德学说,等等。而西方哲学的传播过程,实际上也是中国哲学的不断完善和发展的过程,因为西方哲学的输入,极大地开阔了中国哲学家的视野,他们在翻译介绍西方哲学的同时,逐渐形成了自己的哲学思想或观念,有的还建立起了自己的哲学体系,并开始用自己的哲学思想、观念和体系解释一些社会、人生问题。但由于他们所属的阶级、阶层、政治立场以及学术背景等诸多方面的不同,他们的哲学思想、观念以及所建立的哲学体系也是不同的,而不同的哲学思想、观念和体系,构成了不同的哲学派别。五四以后中国哲学大致可以分为三大派别,即:马克思主义哲学派别,科学的实证主义哲学派别,人本的形而上学哲学派别。而这三大派别都形成于五四新文化运动时期。

另一方面,马克思主义得到广泛传播,并成了中国多元文化中的重要

---

① 转引自孙燕京:《晚清社会风尚研究》,中国人民大学出版社,2002年,第57—58页。

一元。马克思主义及其学说开始传入中国是在清末民初,先是外国传教士,后是资产阶级改良派、资产阶级革命派和无政府主义者都对马克思主义学说作过介绍。但由于当时中国民族资本主义在帝国主义和封建主义的双重压迫束缚下发展缓慢,无产阶级力量还十分弱小,加上封建主义思想的禁锢,马克思主义的传播还非常有限,更没有形成思想运动。马克思主义在中国广泛传播是在《新青年》创刊后的五四新文化运动时期。五四新文化动的兴起,为马克思主义在中国的广泛传播创造了条件,而马克思主义的广泛传播,又"丰富了新文化运动的内涵,并使之具有了新的发展方向"。[①] 在马克思主义广泛传播以前,或者说在新文化运动的前期,新文化派所理解和要求建立的新文化是西方资产阶级的文化。但当李大钊、陈独秀等人接受了马克思主义,并成为中国早期的马克思主义者后,他们所理解和要求建立的新文化则已是与西方资产阶级文化性质不同的社会主义文化。早在1919年5月,李大钊在《我的马克思主义观》中就系统地阐述了马克思主义的三个组成部分,即科学社会主义、经济学特别是剩余价值学说和"唯物史观及其阶级斗争说",并明确指出:"马克思的唯物史观有二要点:其一是关于人类文化的经验的说明;其二即社会组织进化论。"所以,"我们主张以人道主义改造人类精神,同时以社会主义改造经济组织。不改造经济组织,单求改造人类精神,必致没有结果。不改造人类精神,单求改造经济组织也怕不能成功。我们主张心物两面的改造,灵肉一致的改造"。不仅仅以对社会的文化改造为己任,而主张经济改造、政治改造和文化改造同时进行,并且认为社会改造的最终目标不是资本主义,而是社会主义和共产主义,"很明显,这是当时兴盛的新文化运动发展的质的飞跃"。[②] 不久,陈独秀、瞿秋白等人也相继指出,中国的前途只能是社会主义,建设社会主义新文化才是现代中国文化发展的正确方向。1921年中国共产党成立后,又把实现社会主义社会和建设社会主义新文化作为自己的奋斗目标。

除了西方文化的进一步传播、马克思主义及其社会主义文化大规模

[①] 黄楠森、龚书铎、陈先达主编:《有中国特色社会主义文化研究》,山东人民出版社,1999年,第256页。

[②] 同上书,第284页。

传入中国并成为中国多元文化中的重要一元之外,《新青年》创刊对中国文化从一元走向多元的另一重大贡献,即是对儒家思想的批判,否定了自汉武帝"罢黜百家,独尊儒术"以来儒家或儒学的独尊地位,颠覆了延续二千余年的儒家文化的话语霸权,从而使人们从儒家思想的禁锢中解放了出来,促进了多元思想格局的出现。《新青年》创刊不久,即把批判的矛头对准了孔子及其儒学。《新青年》之所以要批判孔子及其儒学,原因很多,其中一个重要原因,就是儒学的独尊地位不利于人们的思想解放和文化的多元发展。陈独秀在回复俞颂华的信中指出:"孔教为吾国历史上有力之学说,为吾人精神上无形统一人心之具,鄙人皆绝对承认之,而不丝毫疑义。盖秦火以还,百家学绝,汉武独尊儒家,厥后支配中国人心而统一之名,惟孔子而已。以此原因,二千年来迄于今日,政治上、社会上、学术思想上。遂造成如斯之果。设全中国自秦、汉以来,或墨教不废,或百家并立而竞进,则晚周即当欧洲之希腊,吾国历史必与已成者不同。……及今不图根本之革新,仍欲以封建时代宗法社会之也孔教统一全国之人心,据已往之成绩推方来之效果,将何以适应生存二十世纪之世界乎?吾人爱国心倘不为爱孔心所排而去,正应以其为历史上有力之学说,正应以基为吾人精神是无形统一人心之具,而发愤废弃之也。"[①]正因为《新青年》和新文化运动对于孔子及其儒学的批判解放了人们的思想,否定了儒学的独尊地位,因而不仅带来了西方各种主义、思想、观念、学说、思潮和流派的纷至沓来,同时也使中国历史上被儒家视之为异端邪学而受到打压的各种主义、思想、观念、学说、思潮和流派又重新活跃于中国的思想文化舞台。这正如瞿秋白在《饿乡纪程》所描绘的:"久壅的水闸,一旦开放,旁流杂出,虽是喷沫鸣溅,究不曾自定出流的方向。"五四时期百家争鸣的出现,就是中国文化从一元走向多元的结果。

多元文化和思想格局的出现,是中国文化的一大历史进步。

[①] 陈独秀:《答俞颂华(宗教与孔子)》,《独秀文存》,安徽人民出版社,1987年,第674—675页。

三、从传统走向现代

进入近代以前的中国文化还是一种传统文化,而不是现代文化,因为它不具有现代文化的核心观念或基本价值。什么是现代文化的核心观念或基本价值呢?现代文化的核心观念或基本价值就是民主与科学。而近代以前中国的文化只有民本思想,而无民主思想;只有"格致之学",而无科学。虽然两千多年前的《尚书》《左传》等经籍中就已有"民主"一词的出现,如"简代夏作民主","天惟时求民主","其语偷,不似民主"等,但这里的"民主"意思是"民之主",与近代意义的"民主"之"人民作主"的含义恰恰相反。近代意义上的民主一词,源于希腊文,由"demos"(人民)和"kratia"(权力)两个词合成,意为"人民的权力"。近代意义上的"民主"一词最早在中文里出现是在1864年,那年传教士丁韪良翻译的《万国公法》出版,其中多次用到"民主"一词。以后,《西国近事汇编》《万国公报》等多次用到"民主"。1875年郑观应在《易言·论公法》中沿用了这一词汇,说"泰西有君主之国,有民主之国,有君民共主之国"。[①] 而科学一词,源出拉丁文 Scientia,意为学问、知识,是"关于自然、社会和思想的知识体系"(《辞海》第1746页,上海辞书出版社1980年版)。中国的"格致之学"虽然有穷理的认识论意义,如《礼记·大学》上说:"致知在于格物,格物而后致知",但更主要的是伦理学意义,是一种政治和道德范畴,与"科学"一词的意义是不同的。后来徐光启将西方传教士传入的天文学、物理学、化学、地质学、生物学和几何学等自然科学也称之为"格致之学"。中国的"科学"一词译自日本,最早引入"科学"一词的是康有为。甲午战争前后,康有为编了一本《日本书目志》,梁启超在1897年11月15日的《时务报》介绍说,该书的"一册,卷二,理学门"中列有"《科学入门》,普及舍译;《科学之原理》,本村骏吉著"。1898年6月,康有为在《请废八股试帖楷法试士改用策论折》中又多次使用"科学"一词。但在19世纪末,人们更多使

[①] 参见熊月之:《中国近代民主思想史》(修订本),上海社会科学院出版社,2002年版,第8页。

用的还是"格致之学"。到了 20 世纪初,"科学"一词被越来越多的人所接受,同时"格致之学"也在使用,新式学堂中的自然科学仍被称之为"格致科",直到民国元年教育体制改革时,格致科被改为理科,"格致之学"一词才最终被"科学"一词所取代。①

中国文化从传统走向现代同样肇始于第一次鸦片战争时期。作为近代中国第一批"开眼看世界"的先进人物,魏源、徐继畬等人在他们各自的著作中,以赞赏的态度介绍过西方的民主制度。如魏源就称赞"推择乡官理事,不立王侯"的瑞士,是"西土之桃花源"。② 徐继畬推许美国"合众国以为国,幅员万里,不设王侯之号,不循世及之规,公器付之公论"的民主制度,是"创古今未有之局,一何奇也!"③他尤其对美国第一任总统华盛顿赞赏有加,称华盛顿"气貌雄毅绝伦",是"人杰""异人"。因为华盛顿"起事勇于胜、广,割据雄于曹、刘。既已提三尺剑,开疆万里,乃不僭位号,不传子孙,而创为推举之法,几于天下为公,骎骎乎三代之遗意"。④魏源还在他的《海国图志》中将西方的"战舰""火器"这些科学技术称之为"夷之长技",主张中国学习,并且对那种视西方的科学技术为"奇技淫巧"的观点进行了批驳,他指出:"今西洋器械,借风力、水力、火力,夺造化,通神明,无非竭耳目心思之力,以前民用,因其所长而用之,即因其所长而制之。"⑤西方的科学技术,作为"有用之物",它利国利民,与"圣人之道"相符合。到了洋务运动期间,介绍西方议会政治、民主政治的著作逐渐增多起来,当时以王韬、郑观应为代表的早期维新思想家把西方国家的政治制度归结为三种形式,即"君主之制""民主之制"和"君民共主之制",认为,君主之制"权偏于上",君权过重,民主之制"权偏于下",民权过重,都不理想,只有君民共主之制"权得其平",才是中国应该采纳的、最理想的政治制度。⑥ 与此同时,人们也已认识到了学习西方声、光、电、化等科学技术的必要。郑观应在《盛世危言·西学》篇中就写道:"泰西之学,派别条分,

---

① 参见樊洪业:《从"格致"到"科学"》,《自然辩证法通讯》1988 年第 3 期。
② 魏源:《海国图志》卷 47,岳麓书社,1998 年,第 1316 页。
③ 徐继畬:《瀛寰志略》卷 9,上海书店出版社,2001 年,第 291 页。
④ 同上书,第 277 页。
⑤ 魏源:《海国图志》卷 2,岳麓书社,1998 年,第 30—31 页。
⑥ 郑观应:《盛世危言·议院上》,《郑观应集》上册,上海人民出版社,1982 年,第 314 页。

商政、兵法、造船、制器,以及农、渔、牧、矿诸务,实无一不精,而皆导其源于汽学、光学、化学、电学。"[1]进入19世纪末20世纪初后,受中日甲午战争和八国联军侵华战争的影响,中国人对西方民主与科学的认识和追求进入到一个新的时期。以康有为、梁启超为代表的维新派提出了"兴民权""设议院"实行"君主立宪"的主张,尤其是严复的"以自由为体,以民主为用"思想的提出,在中国文化从传统走向现代的历程中具有十分重要的意义。而以孙中山为代表的革命派则提出了"驱逐鞑虏,恢复中华,创立民国,平均地权"的十六字纲领,主张在推翻清王朝的君主专制统治后,建立起美国式的民主共和制度。与此同时,科学的重要性也为这一时期越来越多的人所认识。

中国文化从传统走向现代的历程虽然肇始于第一次鸦片战争时期,但在《新青年》创刊之前,民主与科学是作为一种实现国家富强和救亡图存的工具或手段,而非现代文化的核心观念或基本价值被人们所认识和追求的。如王韬、郑观应等早期维新思想家之所以要求变中国的"君主之制"为西方的"君民共主之制",是因为在他们看来,西方各国,国土不如中国之大,人口不如中国之众,"然而能横于天下者,在乎上下一心,君民共治";我中国国土之大,人口之多为世界之最,但却屡遭"强邻悍敌"的欺负和侵略,原因就在于"上下之交不通,君民之分不亲,一人秉权于上,而百姓不得参议于下"。[2] 因此,中国要抵御外侮,实现富强,其唯一之法,就是西方的"君民共主之制"。甲午战争后的康有为、梁启超等维新派之所以主张兴民权,是因为他们认识到,"民权兴则国权立,民权灭则国权亡",西方富强的原因,就在于西方实行的是民主制度,"人人有自主之权",中国所以贫弱,也就在于中国实行的是封建专制制度,"收人人自立之权,而归诸一人"。既然有无民权,是西方富强、中国贫弱的根源,那么,中国要救亡图存,实现富强,其不二法门自然是"兴民权","设议院",实行"君主立宪"。20世纪初以孙中山为代表的革命派主张建立美国式的资产阶级共和国的理由,同样是清朝的封建专制使中国贫弱,而美国式的资产阶级

---

[1] 《郑观应集》上册,上海人民出版社,1982年,第274页。
[2] 王韬:《与方铭山观察》,《弢园尺牍》,中华书局,1959年,第170页。

共和国能使中国实现富强。正因为追求民主和科学的目的是为了国家富强和救亡图存,人们在接受或宣传、介绍西方的民主理论和学说时,往往有所选择,而选择的标准则是看某一理论或学说是否对国家富强和救亡图存有利。这就影响了对西方民主思想的完整理解和系统接纳。如个性解放和个人自由,这是西方非常重要的民主思想,有人甚至说它们是民主政治的基石。但在《新青年》创刊、五四新文化运动兴起之前,它们则没有得到应有的重视,除严复、梁启超等个别人外,几乎没有其他思想家宣传、介绍过它们。因为这些思想家从国家富强和救亡图存这一目的出发,认为当时中国最需要的不是个性解放和个人自由,而是中华民族的解放和国家的独立自由,为了中华民族的解放和国家的独立自由,他们(如孙中山)甚至要求限制个人的自由。就是严复和梁启超,他们在宣传、介绍西方自由主义思想时,也往往从国家富强和救亡图存的需要出发,对其内容进行过修正。

真正将民主与科学作为现代文化的核心观念或基本价值加以追求和崇尚的,是《新青年》以及因《新青年》的创刊而兴起的五四新文化运动。陈独秀在《敬告青年》一文中就向国人疾呼:"国人而欲脱蒙昧时代,羞为浅化之民,则急起直追,当以科学与人权并重。"[1]不久,他在《〈新青年〉罪案之答辩书》中又生动地将民主与科学称之为"德先生"与"赛先生",并明确表示,"西洋人因为拥护德、赛两先生,闹了多少事,流了多少血,德、赛两先生才渐渐从黑暗中把他们救出来,引到光明世界。我们现在只认定只有这两位先生,可以救治中国政治上道德上学术上思想上一切的黑暗。若因为拥护这两位先生,一切政府的压迫,社会的攻击笑骂,就是断头流血,都不推辞。"[2]这样,民主与科学就成了五四新文化运动的两面旗帜。

五四新文化运动将民主与科学作为现代文化的核心观念或基本价值加以追求和崇尚,这不仅体现在它以民主与科学为自己的旗帜上,更体现在它对民主与科学的认识和理解上。就新文化运动对民主的认识和理解来看,首先,民主是一种个人独立自主的观念。陈独秀在《敬告青年》一文

---

[1] 陈独秀:《敬告青年》,《独秀文存》,安徽人民出版社,1987年,第9页。
[2] 陈独秀:《〈新青年〉罪案之答辩书》,安徽人民出版社,1987年,第243页。

中称欧洲历史为"解放历史",而所谓"解放云者,脱离夫奴隶之羁绊,以完其自主自由之人格之谓也"。那么,怎样才算"完其自主自由之人格"呢?据陈氏的解释,要有"人间百行,皆以自我为中心"的自我意识;"纵横一世,独立不羁"的自主精神;不迷信,不盲从,敢于怀疑的独立思考;勇于进取,敢担干系的负责态度。一句话,"我有手足,自谋温饱;我有口舌,自陈好恶;我有心思,自崇所信,绝不认他人之越俎","一切操行,一切权利,一切信仰,唯有听命个自固有之智能"。① 胡适又称这种个人独立自主的观念为"健全的个人主义"。其次,民主贯穿于社会各个方面,体现了平等自由的精神。李大钊在《劳动教育问题》一文中曾指出:"现代生活的种种方面都带有 Democracy 的颜色,都沿着 Democracy 的轨辙。政治上有他,经济上也有他;社会上有他,伦理上也有他;教育上有他,宗教上也有他;乃至文学上、艺术上,凡在人类生活中占一部位的东西,靡有不受他支配的。简单一句话,Democracy 就是现代唯一权威,现在的时代就是 Democracy 的时代。"② 至于五四新文化运动所认识和理解的科学,不仅仅是科学技术或科学思想,而更是一种广义上的世界观和方法论,一种与迷信、盲从、愚昧相对立的崇尚实证的理性精神。陈独秀在《敬告青年》中解释科学道:"科学者何?吾人对于事物之概念,综合客观之现象,诉之主观之理性,而不矛盾之谓也。"③ 1920 年,他又在《新文化运动是什么》一文中写道:"我们中国人向来不认识自然科学以外的学问……向来不认识中国底学问有应受科学洗礼的必要。我们要改去从前的错误,不但应该提倡自然科学,并且研究、说明一切学问(国故也包含在内),都应该严守科学方法,才免得昏天黑地乌烟瘴气的妄想、胡说。"④

正因为《新青年》以及因《新青年》的创刊而兴起的五四新文化运动是将民主与科学作为现代文化的核心观念或基本价值加以追求和崇尚的,再加上这种追求和崇尚又与对封建专制主义、迷信愚昧思想以及旧伦理、

---

① 陈独秀:《敬告青年》,《独秀文存》,安徽人民出版社,1987 年,第 4—5 页。
② 李大钊:《劳动教育问题》,《李大钊全集》(最新注释本)第 2 卷,人民出版社,2006 年,第 291 页。
③ 陈独秀:《敬告青年》,《独秀文存》,安徽人民出版社,1987 年,第 8 页。
④ 陈独秀:《新文化运动是什么》,《新青年》第 7 卷第 5 号,1920 年 4 月 1 日。

旧道德乃至整个传统文化的批判与反思联系在一起,它因而极大地促进了人们的思想解放,推动了中国文化从传统向现代的转变。自此以后,民主与科学逐渐深入人心,开始成为一种社会意识或价值观念。如果说在五四新文化运动之前,还时不时有个人或群体公开跳出来非难民主与科学的话,那么,五四新文化运动以后,则很少有个人或群体敢冒天下之大不韪公开的非难民主与科学了。

将民主与科学作为现代文化的核心观念或基本价值加以追求和崇尚,从而促进了中国文化从传统向现代的转变,这是《新青年》以及五四新文化运动最伟大的历史功绩。

民国学人"文艺复兴"路径上的"积极"与"消极"

沈卫威
南京大学中国新文学研究中心教授

一、积极与消极

"如今我们已回来,你们请看分晓罢!"①

胡适在1917年3月8日的日记中抄录了古希腊诗人荷马《伊利亚特》第十八章125行的这句诗,同时他又写道:"此亦可作吾辈留学生之先锋旗也。"②话语中显露出的是一种昂扬奋进的积极力量,一派领袖群伦的自信与大气。

正是这年1月,胡适借助《新青年》发表了《文学改良刍议》,并由此引领一场中国文学的变革。文学革命极大地推动了新文化运动豪迈的步伐,语言文字的变革,成为变革中国文化最有力的推波助澜的手段和最有效的传播新知识的工具。这一划时代的文学革命和文化运动,后来被胡

---

* 本文已发表于《南国学术》季刊2015年第4期。
① 胡适:《胡适全集》第28卷,安徽教育出版社,2003年,第529页。
② 同上。

适称之为"中国的文艺复兴"。也正是这突如其来的白话新文学运动,使胡适"暴的大名",最积极的响应者钱玄同也随之浮出中国思想文化界。这两位新文化领导人一个引领文学革命,一个领导国语运动,二者相辅相成,其言论颇有时代感,引起的讨论也最具时代性。

胡适1917年在美国写作博士论文时就明确指出:"如果对新文化的接受不是有组织的吸收的形式,而是采取突然替换的形式,因而引起旧文化的消亡,这确实是全人类的一个重大损失。因此,真正的问题可以这样说:我们应怎样才能以最有效的方式吸收现代文化,使它能同我们的固有文化相一致、协调和继续发展?"①这和五年之后即1922年吴宓为《学衡》所写的宗旨"昌明国粹,融化新知"基本一致。胡适进一步强调说,解决这个重大问题的办法,"唯有依靠新中国知识界领导人物的远见和历史连续性意识,依靠他们的机智和技巧,能够成功地把现代文化的精华与中国自己的文化精华联结起来"②。他顺应时势,登高而招,顺风而呼,自然成为"新中国知识界领导人物"。1934年陈寅恪为冯友兰《中国哲学史》上册写的审查报告中所说的这段话,与十七年前胡适之言所要表达意思也完全一致,可视为最心仪的回应。陈寅恪说:"其真能于思想上自成系统,有所创获者,必须一方面吸收输入外来之学说,一方面不忘本来民族之地位。此二种相反而适相成之态度,乃道教之真精神,新儒家之旧途径,而二千年吾民族与他民族思想接触史之所昭示者也。"③陈寅恪和汤用彤是"学衡派"成员中与胡适彼此敬重、信任、可以事相托付的朋友,在实证、考据的"道问学"上也颇为一致。

有着日本留学经历的章太炎门生,北京大学教授钱玄同在1917年1月1日的日记中写道:"往访尹默,与谈应用文字改革之法。余谓文学之文,当世哲人如陈仲甫、胡适之二君,均倡改良之论,二君遂于欧西文学,必能为中国文学界开新纪元。余则素乏文学知识,于此事全属门外汉,不能赞一辞。而应用文之改革,则二君所未措意。其实应用文之弊,始于

---

① 胡适:《胡适全集》第5卷,安徽教育出版社,2003年,第10页。我曾就此问题发表过相关论述,参见沈卫威:《现代中国的人文主义思潮导论》,载《文艺研究》2004年第1期。
② 胡适:《胡适全集》第5卷,安徽教育出版社,2003年,第11页。
③ 陈寅恪:《金明馆丛稿二编》,生活·读书·新知三联书店,2001年,第284—285页。

韩、柳……今日欲图改良,首须与文学之文划清,不可存丝毫美术之观念,而古人文字之疵病,虽见于六艺者,亦不当效。"①1月20日,他又明确指出:"大凡学术之事,非知识极丰富,立论必多拘墟,前此闭关时代,苦于无域外事可参照,识见拘墟,原非得已。今幸五洲交通,学子正宜多求域外智识,以与本国参照。域外智识愈丰富者,其对于本国学问之观察亦愈见精美。乃年老者深闭固拒,不肯虚心研求,此尚不足怪,独怪青年诸公,亦以保存国粹者自标,抱残守缺,不屑与域外智识相印证,岂非至可惜之事?其实欲昌明本国学术,当从积极着想,不当从消极着想。旁搜博采域外之智识,与本国学术相发明,此所谓积极着想也,抱残守缺,深闭固拒,此所谓消极着想也。"②这可以看做是钱玄同对"新中国知识界领导人物"的最好响应。一个熟悉中国文化底蕴,旧学功力深厚的语言学家,从旧学阵营里首先站出来,响应胡适、陈独秀的文学改良,引领国语运动,并旗帜鲜明地判分出"积极"与"消极"两大阵营。随之,他敲开"铁屋子",鼓动鲁迅为《新青年》写了《狂人日记》,自己也出来挑战"选学妖孽""桐城谬种",并将半数的章太炎门生拉到新文学阵营。

二、文艺复兴的不同路径

但五年之后,持续高涨的新文学运动却在南京东南大学遇到强大的抗拒性阻力。1922年1月《学衡》创刊,留学归来的学界新秀梅光迪、吴宓、胡先骕等公开反对新文化,反对白话新文学,坚守古体诗词创作,成为钱玄同五年前即感知到的"从消极着想"。梅光迪在《学衡》第1期刊出的《评提倡新文化者》一文说陈独秀、胡适等提倡新文化者"非思想家乃诡辩家""非创造家乃模仿家""非学问家乃功名之士""非教育家乃政客","其言教育哲理文学美术,号为'新文化运动'者,甫一启齿,而弊端丛生,恶果立现,为有识者所诟病"。③胡先骕在《学衡》第1、2期连载批评胡适的长

---

① 杨天石主编:《钱玄同日记》(整理本)上册,北京大学出版社,2014年,第296页。
② 同上书,第303页。
③ 梅铁山主编、梅杰执行主编:《梅光迪文存》,华中师范大学出版社,2011年,第132—137页。

文《评〈尝试集〉》,将其开新文学风气的作用一笔抹杀,认为"胡君之诗与胡君之诗论,皆有一种极大之缺点,即认定以白话为诗"。"《尝试集》之价值与效用为负性的。""胡君者,真正新诗人之前锋,亦犹创乱者为陈胜、吴广,而享其成者为汉高。此或《尝试集》真正价值之所在欤。"①梅光迪认为"提倡新文化者"为社会带来了"弊端""恶果",胡先骕将胡适的《尝试集》的价值和效用视为"负性"的。他们一叶遮目,正是钱玄同所说的"从消极着想",而没有看到新文化、新文学"积极"的一面。

　　写日记骂人,是多数文人的一个习惯。日记作为文人学者的私密写作文本,通常出现在身后文集或全集之中。当时能够公开见诸报刊文集的相关文字,对具体事态、人物的反应,多半淡化或文饰了原本要说的真话。作为浪漫诗人的吴宓,对新文学最为敌视,这首先表现在他的日记上。在美国留学期间,他看到北京大学的《新潮》杂志,便产生极端的敌视。他在日记中写道:"近见国中所出之《新潮》等杂志,无知狂徒,妖言煽惑,耸动听闻,淆乱人心,贻害邦家,日滋月盛,殊可惊忧。又其妄言'白话文学',少年学子,纷纷向风。于是文学益将堕落,黑白颠倒,良莠不别。弃珠玉而美粪土,流潮所趋,莫或能挽。"②这种强烈的反抗新文学的情绪,影响了吴宓本人对国内思想学术界的公正判断。吴宓偏至地把"学生风潮,女子解放"一概加以否定,把各种新思潮视为"邪说异行,横流弥漫"。把新文学视为"乱国之文学","其所主张,其所描摹,凡国之衰之时,皆必有之",是"土匪文学"。说"今中国之以土匪得志者多,故人人思为土匪"。他对新文学的基本看法是:"'新文学'之非是,不待词说。一言以蔽之,曰:凡读得几本中国书者,皆不赞成。西文有深造者,亦不赞成。兼通中西学者,最不赞成。惟中西文之书,皆未多读,不明世界实情,不顾国之兴亡,而只喜自己放纵邀名者,则趋附'新文学'焉。"③事实上,北京大学的学子傅斯年、顾颉刚、毛子水等读得的"中国书"绝对不是几本,他们不是"皆不赞成"新文学,而是由赞成变成了新文学运动的积极参与者;他们

---

　　① 张大为、胡德熙、胡德焜合编:《胡先骕文存》(上卷),江西高教出版社,1995年,第25—59页。
　　② 吴宓:《吴宓日记》第Ⅱ册,生活·读书·新知三联书店,2001年,第90—91页。
　　③ 吴宓:《吴宓日记》第Ⅱ册,生活·读书·新知三联书店,1998年,第114—115页。

作为黄侃、刘师培选好的仪征学统或太炎学派继承人移旗改帜,归到胡适门下,并挥举《新潮》,反戈一击。吴宓作为留美预备学校"清华学校"的毕业生,到美国学习西洋文学,倒是真的没有"读得几本中国书"。他一生读得最熟,讲得最多的是《红楼梦》。他甚至将自己比作多情的贾宝玉。他在1919年4月25日的日记中说陈寅恪中西学问皆甚渊博,而自己"中国学问,毫无根底"①。他把汪缉斋(敬熙)充当《新青年》《新潮》编辑、冯友兰赞成并竭力鼓吹新文学、吴芳吉(碧柳)亦趋附新文学看做是"倒行逆施",将中国白话文学及全国教育会,视为"倒行逆施,贻毒召乱"②。

面对国内新文学运动的汹汹大势,吴宓、梅光迪等相约学成回国后与胡适、陈独秀等相对为垒,大战一场。因此,当1920年3月杨伯钦邀请吴宓回国到四川任教时,他断然拒绝了。他表示回国后要就职于北京师范大学,居京师这所全国所瞻系的高校,好与新文学阵营交战。在3月4日的日记中,他写道:"宓归国后,必当符旧约,与梅君等,共办学报一种,以持正论而辟邪说。非居京,则不能与梅君等密迩,共相切磋;故不克追陪杨公,而径就北京之聘,至不得已也。"③

3月28日,吴宓在日记中写道:"幼涵来书,慨伤国中现况,劝宓等早归,捐钱自办一报,以树风声而遏横流。宓他年回国之日,必成此志。此间习文学诸君,学深而品粹者,均莫不痛恨胡、陈之流毒祸世。张君鑫海谓羽翼未成,不可轻飞。他年学问成,同志集,定必与若辈鏖战一番。盖胡、陈之学说,本不值识者一笑。凡稍读书者,均知其非。乃其势炙手可热,举世风靡,至于如此,实属怪异。然亦足见今日中国人心反常,诸凡破坏之情形。物必先腐,而后虫生。经若辈此一番混闹,中国一线生机,又为斩削。前途纷乱,益不可收拾矣。呜呼,始作俑者,其肉岂足食乎?"④要与胡、陈等"鏖战一番"的愿望的实现,即1922年1月在南京东南大学创刊的《学衡》。

同时他在日记中不断对新文学进行谩骂、诋毁:"我侪学问未成,而中

---

① 吴宓:《吴宓日记》第Ⅱ册,生活·读书·新知三联书店,1998年,第28页。
② 同上书,第129页。
③ 同上书,第134页。
④ 同上书,第144页。

国已亡不及待。又我侪以文学为专治之业,尚未升堂入室,而中国流毒已遍布。'白话文学'也,'写实主义'也,'易卜生'也,'解放'也,以及种种牛鬼蛇神,怪象毕呈。粪秽疮痂,视为美味,易牙伎俩,更何所施?"①在1920年4月19日的日记,吴宓写道:"今之倡'新文学'者,岂其有眼无珠,不能确察切视,乃取西洋之疮痂狗粪,以进于中国之人。且曰,此山珍海错,汝若不甘之,是汝无舌。呜呼,安得利剑,斩此妖魔,以拨云雾而见天日耶!"②

对新文学倡导者有食肉、剑斩之恨,这样的言论出现在吴宓的日记中,真堪比国内1919年林纾(琴南)欲将胡适、陈独秀等新文学倡导者"食肉寝皮"的短篇小说《荆生》《妖梦》。

在这种心态下,吴宓一度精神恍惚,情绪错乱。他说面对国内政治浪潮,文学混乱,自己"忧心如焚"。他担心自己回国之后,难挡邪说横流,也无处藏身。他对"解放""独立""自由恋爱"诸说盛行,难以接受,认为这些"邪说流传","必至人伦破灭,礼义廉耻均湮丧"。他感到前途黑暗,苦难重重。为此,他想到了自杀,并说"近来常有此想","诚不如自戕其生"③。在1920年4月19日夜,他便经历了一次自杀未遂的自我折腾。他甚至认为"沧海横流,豺狼当道。胡适、陈独秀之伦,盘踞京都,势焰熏天。专以推锄异己为事"④。因此,他害怕到北京任教,而选择了南京。

实事上,他回国后对"解放""独立""自由恋爱"诸说完全接受了。他为追求毛彦文而自毁家庭,重伤了一妻及三个女儿,在追逐新女性时,成了他从前所反对的"邪说流传","人伦破灭,礼义廉耻均湮丧"的最积极的实践者。梅光迪和他一样,抛妻弃子,选择和自己学生李今英结婚。吴、梅两人所不同的是,吴宓离婚后始终没有找到属于自己的爱情,没有再组成一个幸福的家庭,悲苦后半生;梅光迪为爱再婚后新建了一个幸福的家庭。

吴宓在《学衡》第4期刊出《论新文化运动》一文时,言辞有所收敛,漫

---

① 吴宓:《吴宓日记》第Ⅱ册,生活·读书·新知三联书店,1998年,第148页。
② 同上书,第152页。
③ 同上书,第154页。
④ 同上书,第161页。

骂之声隐去。他说中国的新文化简称之曰欧化。清末光绪以来,欧化则国粹亡,新学则灭国粹。"言新学者,于西洋文明之精要,鲜有贯通而彻悟者。""西洋正真之文化,与吾国之国粹,实多互相发明,互相裨益之处。甚可兼蓄并收,相得益彰。诚能保存国粹,而又昌明欧化,融会贯通,则学艺文章,必多奇光异采。"①《学衡》对新文化—新文学领导人的批评具有挑战性和颠覆性,只可惜,如同胡适所说的文学革命过了讨论期,进入收获期,反对党已经破产,作为"语体文"的白话新文学于1920年1月已经通过教育立法,进入小学一二年级的课本。白话新文学作家也在报刊媒体取得了文学话语的霸权。对此,钱玄同有清醒的认识,也是他特有的自信。他在1923年1月3日的日记记有:"宇众因谓教育界亦极可悲观:南开主张读经,东大有《学衡》和《文哲学报》。这都是反六七年来新文化运动的现象。我觉得这种现象并不足悲,而且有了这种现象,新文化更加了一重保障。你看,袁世凯称了一次皇帝,共和招牌就钉牢了一点;张勋干了一次复辟的事,中华民国的国基就加了一层巩固:这都是很好的先例。"②

我在此前的研究中,称这是文化保守主义者的语境错位。从诗学的基本概念和西方文学的发展演变来看,胡先骕、吴宓和稍后的梁实秋(《现代中国文学之浪漫的趋势》)直接拿白璧德反对浪漫派的东西来反对胡适现实派(写实派)的诗歌,思想方法的直接移植,与中国现实并不对接。他们是拿浪漫派的理论来批评现实派,而现实派是浪漫派之后的东西。吴宓所推崇、敬慕的浪漫派诗人拜伦、雪莱也讲格律,更是主情,张扬自我,美化中古。胡先骕、吴宓注重诗词格律,美化中国文化传统和文学精神的主张和诗词创作,这点也可见是他们身为浪漫派而又起身反对浪漫派。所以说胡先骕、吴宓本质上是属于浪漫派诗人,而胡适则是现实派。他们的斗法有"关公战秦琼"的荒诞性。陈寅恪对吴宓的看法是:"昔在美国初识宓时,即知宓本性浪漫,惟为旧礼教、旧道德之学说所拘系,感情不得发舒,积久而濒于破裂。犹壶水受热而沸腾,揭盖以出汽,比之任壶炸裂,殊

---

① 初刊《留美学生季报》第8卷第1号(1921年春季号),1922年4月《学衡》第4期转载。
② 杨天石主编:《钱玄同日记》(整理本)中册,北京大学出版社,2014年,第494页。

为胜过。"①吴宓本人在1936年3月1日《宇宙风》第12期发表的《徐志摩与雪莱》一文,明确承认"志摩与我中间的关键枢纽,也可以说介绍人,正是雪莱"②。"我那时沉酣于雪莱诗集中(虽然同时上着白璧德师的文学批评课),以此因缘,便造成我后来感情生活中许多波折。"③"我一生处处感觉 Love(所欲为)与 Duty(所当为)的冲突,使我十分痛苦。"④这一痛苦的根源即作为主观情感上的浪漫诗人和信念理性上的古典主义者之间的矛盾、分裂。

在阐释"积极自由"与"消极自由"两种看似对立的基本观念时,以赛亚·伯林强调:"在目的一致的地方,惟一有可能存在的问题是手段问题,它们不是政治的,而是技术的。"⑤新文化运动和新文学运动的高涨,得益于一个言论自由、新闻出版自由的年代,没有批评自由和被批评的时代只能是极权专制时代,自由批评、自由讨论是学人独立之精神、自由之思想的最好体现。不论积极或者消极,那时的学人都有这份充分的自由言说的权力。我在此前的研究中,曾明确指出过,北京大学"新青年派""新潮派"和南京东南大学"学衡派"都在为中国文化的发展寻求现代的转机,即中国文化的复兴。这时,他们不约而同地找到了可以借用的外来术语"文艺复兴"。"文艺复兴"是西学的外来词,原意是指示"希腊、罗马古典文化的再生",特指16世纪在欧洲兴起的一场思想文化运动,尤其用来昭示欧洲走出中古时代迈入近代的开始。

"文艺复兴"一词自民国以来在文化教育界被广泛使用,且在《新青年》杂志上⑥出现的频率很高。这与清朝满族统治中国 268 年有关。既是汉民族推翻异族统治重新君临天下后,统一多民族国家重建的文化需求(复古求新,重建文化秩序),也是应对西方外来文明冲击时,知识分子的文化回应。清末民初"国粹派"的"复兴"言论和稍后梁漱溟等"新儒家"

---

① 吴宓:《吴宓日记》第Ⅴ册,生活·读书·新知三联书店,1998年,第60页。
② 徐葆耕编:《会通派如是说:吴宓集》,上海文艺出版社,1998年,第265—266页。
③ 同上书,第266页。
④ 同上书,第270页。
⑤ 以赛亚·伯林:《自由论》(胡传胜译),译林出版社,2003年,第186页。
⑥ 金观涛、刘青峰:《观念史研究:中国现代重要政治术语的形成》,法律出版社,2009年,第408页。

的"复兴"论这里不讲,只看"学衡派"与"新青年派""新潮派"的复兴之说。我曾引用过下面两个有趣的实例来说明知识界如何借助西学来关注本土的文化变革①。吴宓在清华学校读书时把将来要创办的刊物的名字都想好了。他在日记中说他日所办之报的英文名 Renaissance(《文艺复兴》),意在"国粹复光"②。而 1919 年 1 月北京大学胡适的学生所办刊物《新潮》的英文译名也是 Renaissance。但"名同实异",呈现出"消极"与"积极"的极大差别。这种"消极"也就是梅光迪所说的"缺乏创造性"③。因为《新潮》的英文名称用了 Renaissance,所以《学衡》创刊时的英文名称为 The Critical Review,意在批评、制衡新文化运动。余英时强调傅斯年、罗家伦等将《新潮》的英文译名定为 Renaissance"乃源于胡适的启示"④。

梅光迪是在 1915—1917 年与胡适讨论文学时,把胡适"逼上梁山"的。胡适回国后立足北京大学,成为新文学革命的领袖,梅光迪却在南京大学纠集力量创办《学衡》,再次挑战胡适。胡适的成功,让梅光迪在失落中变得更加消极和保守。他在 1930 年所作的《人文主义和现代中国》一文中承认自己在《学衡》创办伊始的言论是因为"心中的逆反情绪"⑤。同时也"觉得所谓的'中国复兴'的领袖们引进并鼓吹的许多新思想十分幼稚且不可靠"⑥。胡适 1933 年在美国做了多场演讲,演讲内容结集为《中国的文艺复兴》。他把五四新文化运动比作"中国的文艺复兴",甚至更强调这一"复兴"并未完成,且是在进行之中的。随后他一直在讲"文艺复兴",一直讲到 1950 年代的台湾省。1958 年 5 月 4 日,胡适在台北"中国文艺学会"演讲的题目是《中国文艺复兴运动》⑦,重点强调五四新文化运动对中国社会现实及思想文化曾经产生的重大影响和仍在发挥的巨大作

---

① 沈卫威:《"学衡派"文化理念的坚守与转变》,载《文艺研究》2015 年第 9 期。
② 吴宓:《吴宓日记》第Ⅰ册,生活·读书·新知三联书店,1998 年,第 504 页。
③ 梅铁山主编、梅杰执行主编:《梅光迪文存》,华中师范大学出版社,2011 年,第 186 页。
④ 余英时:《重寻胡适历程》,广西师范大学出版社,2004 年,第 245 页。
⑤ 梅铁山主编、梅杰执行主编:《梅光迪文存》,华中师范大学出版社,2011 年,第 187 页。
⑥ 同上。
⑦ 此文收入《胡适作品集》第 24 册《胡适演讲集》(一),(台北)远流出版事业股份有限公司,1986 年。安徽教育出版社 2003 年版《胡适全集》未收录。

用。直到晚年,胡适仍然拒绝担任台湾省"全体大专院校校长集会"发起组织的"孔孟学会"的发起人。他在致梅贻琦的信中说:"我在四十多年前,就提倡思想自由,思想平等,就希望打破任何一个学派独尊的传统。我现在老了,不能改变四十多年的思想习惯,所以不能担任'孔孟学会'发起人之一。"①他认为"过于颂扬中国传统文化了,可能替反动思想助威"。事实上,历朝历代,过于颂扬中国传统文化的行为,基本上都是对体制有所期待的学人和伪装学人与当权者合谋,寻求奴役民众,扼杀个体自由,稳定人心,强化统治的手段。也就是鲁迅《在现代中国的孔夫子》一文中所言:"孔夫子之在中国,是权势者们捧起来的,是那些权势者或想做权势者们的圣人,和一般的民众并无什么关系。"②"成为权势者们的圣人,终于变成了'敲门砖'。"③

胡适在1930年代曾对曾琦(慕韩)说:"凡是极端国家主义的运动,总都含有守旧的成分,总不免在消极方面排斥外来文化,在积极方面拥护或辩护传统文化。所以我觉得,凡提倡狭义的国家主义或狭义的民族主义的朋友们,都得特别小心的戒律自己,偶一不小心,就会给顽固分子加添武器了。"④也就是说,胡适不担任"孔孟学会"的发起人,是早有心理基础的。他甚至更强调新文化的积极影响,在1940年1月3日的日记中他特意重复几年前《写在孔子诞辰纪念之后》一文时说过的话:"凡受过这个世界的新文化的震撼最大的人物,他们的人格,都可以上比一切时代的圣贤,不但没有愧色,往往超越前人。"⑤我在《"学衡派"谱系——历史与叙事》曾比较过北京大学的反孔与南京东南大学—中央大学的尊孔,指出其激进与保守不同的文化策略。在此我更强调这是胡适最为清醒的文化担当,是放眼世界,敢于开放吸纳西方先进文化的最积极的负责行为。

1935年10月,中央大学在南京举行"南京高等师范学校二十周年纪

---

① 胡适:《胡适全集》第26卷,安徽教育出版社,2003年,第415页。
② 鲁迅:《鲁迅全集》第6卷,人民文学出版社1981年版,第316页。
③ 同上书,第318页。
④ 胡适:《胡适全集》第34卷,安徽教育出版社,2003年,第744—745页。
⑤ 胡适:《胡适全集》第33卷,安徽教育出版社,2003年,第324页。

念"校友聚会。在《国风》第7卷第2号的《南京高等师范学校二十周年纪念刊上》有吴俊升的《纪念母校南高二十周年》。他说:"在文化的使命上,南高的成就,虽然在开创方面不能说首屈一指;可是在衡量和批判一切新思想,新制度,融和新旧文化,维持学术思想的继续性和平衡性这一方面,它有独特的贡献。在有些方面,诚然有人批评过南高的保守,可是保守和前进,在促进文化上,是同等的重要。而高等教育机关的文化使命,本是开创与保守,接受与批判缺一不可的。南高对于文化的贡献,如其不能说在开创与接受方面放过异彩,在保守与批评方面,却有不可磨灭的成就。"正是这种"保守"和"批判"才能"维持学术思想的继续性和平衡性"。

三、整理国故的分歧

新文化运动高潮到来后,胡适即发起"整理国故"。1921年7月31日,胡适应刘伯明主持的东南大学暑期学校的邀请,到南京演讲《研究国故的方法》。他的观点和东南大学教授的观点是截然不同的。他将《研究国故的方法》分为四个层面:

1. 历史的观念:"一切古书皆史也。"
2. 疑古:"宁可疑而过,不可信而过。"
3. 系统的研究:"要从乱七八糟里寻出个系统条理来。"
4. 整理:"要使从前只有专门学者能读的,现在初学亦能了解。"①

1923年1月,胡适在为北京大学《国学季刊》写的"发刊宣言"中指出了三个方向:"第一,用历史的眼光来扩大国学研究的范围。第二,用系统的整理来部勒国学研究的资料。第三,用比较的研究来帮助国学的材料的整理与解释。"②顾颉刚对胡适的"宣言"立即做出了积极的回应。他在

---

① 胡适:《胡适全集》第29卷,安徽教育出版社,2003年,第392—393页。
② 胡适:《胡适全集》第2卷,安徽教育出版社,2003年,第17页。

1923年1月10日《小说月报》第14卷第1号的"整理国故与新文学运动"①的讨论专栏上写了《我们对于国故应取的态度》,指出我们对于国故应取的态度是研究而不是实行。是要看出它们原有的地位,还给它们原有的价值。顾颉刚强调新文学运动与国故并不是冤仇对垒的两处军队,乃是一种学问上的两个阶段。因为在新文学作家和新文化运动的参与者看来,"整理国故"的目的是为了巩固新文化—新文学的成果。整理旧的是为了创作新的,即是为新文学寻求历史的依据和新的支撑点。同时,顾颉刚作为胡适的学生,他成了那个时代胡适最强音中重要的和声,并传承、光大胡适的思想、学术。其后展开的"古史辨"讨论成为"整理国故"的高地。

前面已经说到,1922年1月南京东南大学新创刊的《学衡》向北京大学胡适及新文化领导人发起了高调挑战。两年后,顾实等为应对北京大学的"整理国故"发起另一套整理国故的"计划书"。南北两所国立大学的文学观念、学术观念出现尖锐的对立。

1923年12月,南京东南大学的《国学丛刊》第1卷第4期,刊出顾实执笔("顾实起草国文系通过提出")的半文半白的《国立东南大学国学院整理国学计划书》。1924年3月15日、18日,《北京大学日刊》第1420、1422号作为"专件"分两期连载。

顾实认为,治学功效在于联心积智。旧分心理为智情意三部,不如分主观客观两面为简要。"其民族心理而主观客观俱强也,其学术必昌。""故本学院整理国学,根据心理,假定为两观三支如左[沈按:原文为竖排,"如左"即"如下"]。客观:以科学理董国故——科学部;以国故理董国故——典籍部。主观(客观化之主观)——诗文部。"他特别说明东南大学国学院特设"诗文部"的缘由和"衡量现代之作品"的两大主义:

> 今日虽非君主时代可比,而共和国民,居安思危,见危授命之精

---

① 此专栏有7篇文章,作者分别是西谛(《发端》)、郑振铎(《新文学建设与国故之新研究》)、顾颉刚(《我们对于国故应取的态度》)、王伯祥(《国故的地位》)、余祥森(《整理国故与新文学运动》)、严既澄(《韵文及诗歌之整理》)、玄珠(《心理上的障碍》)。这是上海商务印书馆中支持新文化—新文学的一派势力对北京大学"整理国故"的声援。因为他们多是新文学社团"文学研究会"的成员,此时的《小说月报》是他们的阵地。

神,又曷可少诸。大抵天地之间,无物为大,惟心为大,其民族心理之强弱,足以支配国家社会兴否,而影响及于兴衰存亡者,往往流露于诗歌文词之字里行间。强者必有毅然决然杀身成仁之概,弱者必有索然恹然贪生乞怜之状。是知强者重视精神,弱者重视躯壳也。此其所以悬殊也。语云:前事不忘,后事之师,历史公例,灼然不昧,风雅指归,万目共睹,故本学院特设诗文部。

诗文之设,非以理董往籍也,将欲以衡量现代之作品云尔。移风易俗,责无旁贷,效在潜默,渐而不顿。故揭櫫标的,略示宗尚。诗文之求美,由其本职,无间优美壮美,宜采两大主义:一、乐天主义。二、成仁主义。

若夫诗文之类目,总言之,则为韵文散文,分言之,则如小说戏曲之类皆是也。

清廷倒台后,中国出现幼稚、脆弱的宪政,社会政治生活中出现了民主选举、议会、法制、人权等现代国家的基本元素,也就是说现代政治体制有了雏形。但这些现代国家的基本元素很快被袁世凯的称帝和张勋复辟所摧毁。新文化运动的主攻方向和最大的作用是解放个体,鼓动年轻人追求个性解放,成为自由、独立、自主的个人。因为这正是几千年来一人一家之天下的专制政治最怕的事。顾实的文章表面上强调"今日虽非君主时代可比",人为"共和国民",但字里行间还在宣扬"杀身成仁"的"成仁主义"。正如同当时三妻四妾的长辈反对子孙自由恋爱、自由婚姻的怪诞行为。这份"计划书"一出现,便遭到北京大学多位学者的批评。相关的批评、讨论,我在前期的研究著作《"学衡派"谱系——历史与叙事》[①]已有论及。因为"诗文部"的主旨是保存古体诗文,是消极地抵抗白话新文学的举措。这已是新文学运动开始七年之后的新文学时代。同时又因"古史辨"的展开,南北新旧学术观念的对立越发清楚,即北京大学魏建功感受到的"我们的精神与他们不同的地方"[②]。这种由"精神上的不一致"所

---

① 沈卫威:《"学衡派"谱系——历史与叙事》,江西教育出版社,2007年,第317—322页。
② 魏建功:《新史料与旧心理》,刊《北京大学研究所国学门周刊》第15、16期合册。收入《古史辨》第1册,北京朴社,1926。

产生的群体"对立",表现为面对经史传统,北京大学师生的"疑"与东南大学师生"信"的分歧,也是"继承"与"突破"的关系问题。东南大学"国学院"在强烈的批评声中也没能成立。

当时,"国粹""国故""国学"的用词不一,但内涵基本相似。章太炎对"国粹"有明确的所指和目的揭示。他说:"为什么提倡国粹?不是要人尊信孔教,只是要人爱惜我们汉种的历史。这个历史,是就广义说的。其中可以分为三项:一、语言文字。二、典章制度。三、人物事迹。"[①]1905年科举废止后,现代意义上的大学兴起,效法西方大学而设置的文、理、工、法、商、医、农七大学科,取代了中国传统经、史、子、集四部之学。作为四部之学基础的"小学"(文字学、音韵学、训诂学)和清代姚鼐所提出的文章学(义理、词章、考据),也被整合到文科之内。1912年10月24日教育部《大学令》明确立了"七科"之学的分类;1913年1月12日,教育部颁布的《教育部令第一号》的《大学规程》第二章《学科与科目》,明确分出文、史、哲基础门类,同时又将文学门分为国文学(中国文学)、外国文学、言语学,中国文学系在文科建制中也日趋独立。这时,自晚清因反清排满革命需要而兴的所谓"国粹""国故""国学"被重建的统一的多民族国家的教育立法后,分解到文、史、哲三个基本学科之中。北京大学有了自身所设置的文学门(系)、历史门(系)、哲学门(系)。学科的细化,是出于与国际大学学制接轨的实际需要。大学体制之外坚守所谓的"国学"即被视为保守或消极,唐文治自南洋公学(上海交通大学前身)退回无锡创办"无锡国学专修学校"和章太炎晚年在苏州开设"章氏国学讲习会"只是现代大学之外少有的另类,无法改变和影响民国时期高等教育走向现代大学体制的路向。

鲁迅是北京大学"整理国故"的积极响应者,他反对"国粹"派的意见十分明确。他借用一位朋友的话说:"要我们保存国粹,也须国粹能保存我们。"[②]反对"国故"最激进的要数吴稚晖。他在1924年针对张君劢、丁文江"玄学与科学"的论争,写了《箴洋八股化之理学》一文说:"这国故的

---

① 章炳麟:《章太炎的白话文》,辽宁教育出版社,2003年,第72页。
② 鲁迅:《鲁迅全集》第1卷第306页。

臭东西,他本同小老婆吸鸦片相依为命。小老婆吸鸦片,又同升官发财相依为命。国学大盛,政治无不腐败。因为孔孟老墨便是春秋战国乱世的产物。非再把他丢在毛厕里三十年,现今鼓吹成一个干燥无味的物质文明,人家用机关枪打来,我也用机关枪对打。把中国站住了,再整理什么国故,毫不嫌迟。"①胡适说吴稚晖是反理学的思想家,认为他的思想主张在民国初年的思想界有巨大的影响力。以至于在1947—1948年选举第一届中央研究院院士时,胡适极力推荐吴稚晖当选,理由是"他是现存的思想界老前辈,他的思想比一般哲学教授透辟的多"②。吴稚晖所言"国学大盛,政治无不腐败"的论断尤其一针见血,警示后人。

在胡适提出"整理国故"后,关于"国故"名称本身的讨论也一直在展开。为此,1927年上海群学社还出版了许啸天编的三册《国故学讨论集》。尽管许啸天在编辑前言中嘲弄"国故学",说可以从"国故学"三个字"看出我中华大国民浪漫不羁的特性来。这一种国民性,适足以表示他粗陋、怠惰,缺乏科学精神,绝少进取观念的劣等气质"③,并表示:"反对中国人这浪漫的态度,紧接着便是反对这国故学浪漫的名词。"④许啸天在思想方法上与胡适同路,且个人私交也好,以至于他的文风都很接近胡适。

四、从"西洋文学系"到"东方语文系"

1949年以后的台湾省,文化教育界仍延续着"学衡派"("宣传部长""教育部长"张其昀)与"新青年派""新潮派"("台湾大学"校长傅斯年、"中央研究院"院长胡适、党史委员会主任罗家伦)为代表的两方势力的较量。1962年2月,胡适病逝台北。恰好这一年,"学衡派"主要成员张其昀在台北阳明山创办中国文化学院(中国文化大学前身),同时新出的校刊就取名《文艺复兴》。随后他又参与策划影印《学衡》《史地学报》两大杂志。

---

① 吴稚晖:《吴稚晖学术论著》,上海书店,1991(影印本),第124页。
② 胡适:《胡适全集》第25卷,安徽教育出版社,2003年,第253页。
③ 许啸天编:《国故学讨论集》(上),上海书店,1991(影印本),第1页。
④ 同上书,第10页。

1966年11月12日,相对于大陆爆发的"文化大革命",台湾省为纪念孙中山百年诞辰,由孙科、陈立夫、张其昀等发起"中华文化复兴运动",并将这一天定为"中华文化复兴节"。

1949年以后大陆学界全面接受苏联确立的"马恩列斯"思想模式,而当时台湾省知识界则全面接受来自美国的思想观念和文化观念,青年人尤其喜爱美国流行的时尚文化,出国留学也是首选美国。南京高等师范学校(东南大学)出身的"学衡派"成员张其昀1949年以后在台湾省兴学,以发扬中华文化为己任。他在谈到阳明山华冈创办中国文化大学时,还联系东南大学,说它是对中国正宗文化的继承。他说:"民国十年左右,南高与北大并称,有南北对峙的形势。北大是新文化运动的策源地,而南高则是人文主义的大本营,提倡正宗的文化。Classics一字,一般译为经典,南高大师们称之为正宗。从孔子、孟子、朱子、阳明,一直到三民主义,都是中国的正宗。本人在南高求学期间,正当新文化运动风靡一世,而南高师生,主张融贯新旧,综罗百代,承东西之道统,集中外之精神,俨然有砥柱中流的气概。南高北大成为民国初期大学教育的两大支柱,实非偶然。"①张其昀的文章实际上道出了"南北对峙"中新与旧,西学与中学,激进与保守,积极与消极的内在紧张关系,以及二者之间作为"两大支柱"的相互制衡。

1922年12月《学衡》出版第12期之后,梅光迪即不再为刊物写文章,实际上是退出"学衡社"。作为反对新文学,制衡、牵制新文学激进、霸权的"学衡派",在新文化运动后期是以一种反对力量存在的。梅光迪、吴宓都是西洋文学教授,在与新文学家争夺话语权失败后,试图在大学学科建设上有所作为,以另一种方式抗衡新文学。在梅光迪的积极倡言和努力下,东南大学在原有英语系基础上,新开设西洋文学系,并于1922年9月正式成立,梅光迪为系主任,吴宓为教授。据《吴宓自编年谱》1922年的时段所示:"今秋开学时,两系分立。学校命每一学生自抉自择:或转入西洋文学系或留在英语系(年级不变)。择定后,不许再改。——结果,四

---

① 张其昀:《华冈学园的萌芽》,《张其昀先生文集》第17册,(台北)中国文化大学出版部,1989年,第9038—9039页。

分之三皆愿转入西洋文学系。英语系益相形见绌矣。"①其中原南京高师英语科,现改制后的东南大学英语系七位女生李今英、吴淑贞、曹美思、陈美宝、张佩英、黄叔班、黄季马都转入西洋文学系。导致英语系主任张士一(谔)与西洋文学系主任梅光迪结怨。1923年9月,梅光迪、吴宓等新引进了留法的李思纯和留美的楼光来,正谋求势力壮大,大干一场时,学校内部出现的办学理念分歧和政治势力纷争,梅光迪、张士一同时下台,两系合并为新的外国语言文学系,要求新系须兼包英、法、德、日语言及文学。新从哈佛大学回来的楼光来为新系主任。中国大学出现的第一个"西洋文学系"仅仅存在了一年。吴宓说自己"辞却北京高师校'系主任'三年之聘约,舍弃每月300圆之厚薪,而到东南大学就任月薪160圆之'教授'"②,乃为"西洋文学系"而来的,这个系没有了,他便决定带着自己主编的《学衡》(原主编梅光迪自第12期后即不为刊物写文章。依照创刊之初的约定,不写文章即实际上退出"学衡社")杂志一起离开。已有妻儿的梅光迪因陷入与李今英的师生恋,也无法在东南大学立足,只好远走美国教汉语。这也就自然导致"学衡派"在南京东南大学的解散。

梅光迪后来的文化观念相对于《学衡》初期有重大的转变。1924年他离开东南大学后曾长期在美国讲授汉语,直到抗战前才回国任教。他1938年当选为国民参政会参议员,在1944年提交的《国民参政会提案二件》中,他明确反对国内教育界"固步自封",主张战后"请教育部通令国立各大学增设东方语文系","改国立各大学现有之外国语文学系为西方文学系",使得"吾人改变观念,重新估价,以弥过去之缺陷,以作未来之准备"③。这是梅光迪自1922年9月在东南大学创立中国第一个"西洋文学系"后,又一次为中国大学的学科建设留下的一项积极宝贵的建言。1945年12月27日,梅光迪在遵义病逝,他所倡议在中国各大学"增设东方语文系"的主张,首先在1946年胡适回国执掌北京大学时实现了。经由陈寅恪推荐,胡适聘请留学德国十年归来的原清华毕业生季羡林在北京大

---

① 吴宓:《吴宓自编年谱》,生活・读书・新知三联书店,1995年,第238—239页。
② 同上书,第253页。
③ 梅铁山主编、梅杰执行主编:《梅光迪文存》,华中师范大学出版社,2011年,第254页。

学创建了中国第一个"东方语文系"。季羡林在为2003年版《胡适全集》写的《序》中说:"由于我的恩师陈寅恪先生的推荐,当时北大校长正是胡适,代理校长是傅斯年,文学院长是汤用彤,他们接受了我,我才能到北大来任教。……我一进北大,只当了一两个星期的副教授——这是北大的规定,拿到外国学位的回国留学生只能担任副教授,为期数年——立即被提为正教授兼任东方语言文学系主任"①。梅光迪的建言在中央大学和浙江大学都没有反应,倒是在北京大学实现了。这可以看做是梅光迪"积极"建言的"结果"。和胡适相比,梅光迪确实是时运不佳,在美国和胡适讨论文学改良,把胡适"逼上梁山",胡适回国发动文学革命,取得空前的成功,他却落入"学衡派"的消极对抗,根本无力与新文化对决的狭小阵营。自创中国第一个"西洋文学系",却因自己和本系女学生谈恋爱,被本校的反对势力借机吞并掉了。首倡在中国大学设立"东方语文系",自己不争气的身体却垮掉了,又被胡适当校长的北京大学拔得头筹。"西洋文学系"是民国文学教育空间里自然生长,短暂绽放的一只奇葩。"东方语文系"却成为跨越民国、共和国两个时代,近七十年独立不倒的一棵大树。

据《吴宓日记》所示,1926年1月5日,他起草的《国学研究院明年发展计划及预算大纲》和《下届招生办法》在本日的校务会议上被否决。他又继续撰写《研究院发展计划意见书》。19日,其《研究院发展计划意见书》再次被校务会议否决。这其中的关键问题是吴宓主张研究院办普通国学。研究院内部只有梁启超一人支持他的意见,而王国维、李济二人都主张研究院应作专题研究,不授普通国学②。张彭春、陆懋德也反对讲授普通国学。后来的实践证明"专题研究"的路子走通了,在研究院也取得了成功。

梅光迪在国民参政会还反对设立专门的"国学"。他说:"谓今日焉有不识西文之国学家?焉有不治外国学问之国学家?"对此,当1940年国民党中央组织部长朱家骅牵头的"管理中英庚款董事会"(后改名为"中英文教基金董事会")要增设"国学"一科时,傅斯年又站出来把它砸了。

---

① 胡适:《胡适全集》第1卷,安徽教育出版社,2003年,第27—28页。
② 吴宓:《吴宓日记》第Ⅲ册,生活·读书·新知三联书店,1998年,第126页。

傅斯年早在北京大学读书时即关注北大的学科设置,他在1918年8月9日致校长蔡元培的信中,就明确表示"哲学门尤宜入之理科"[①]。据顾颉刚日记所示,蔡元培1928年任中央研究院院长后,以他原北京大学的三位弟子傅斯年、顾颉刚、杨振声为"历史语言研究所"[②]筹备人。傅斯年长期执掌"史语所",他在学术界说话的影响力仅次于胡适。他认为史学和语言学是科学,可以用科学的方法来研究,而文学和艺术同,哲学是个体进入心里"空虚之府"的门径,因人而异,评判的标准难以掌握,在中国容易落入经学的玄奥陷阱,不符合科学时代科学法则。因此,中央研究院一开始设有"历史语言研究所",而不设立"文学研究所"和"哲学研究所"。他的潜在影响力有六十多年,直到1989年,台湾省"中央研究院"才设立"中国文哲研究所筹备处",并且挂出的是带有"筹"字的招牌,这一"筹"就是十年。十年后才去掉"筹"字,正式挂牌。

傅斯年在1940年7月8日致信朱家骅,反对"管理中英庚款董事会"内增设"国学"一科时,就引用了梅光迪之说。傅斯年信中说:

> 民国元年严右陵到京师大学,即废经科改入文科,是时蔡孑(民)师在教部,废各地之存古学堂,皆有见于此也。以后文史之学大有进步,以质论,以量论,皆远胜于前,其所以致此者,即以学者颇受近代化,分科治之。上次参政会中有此提案,梅光迪痛驳之,谓今日焉有不识西文之国学家?焉有不治外国学问之国学家?国家何事奖励此等冬烘头脑之国学家?梅本国粹主义,而其言如此,实以彼有外国文学之基础,故与教育部莫名其妙者不同也。
>
> 今贵会已有历史、语言等科,如再设所谓国学,将何以划分乎?兄必不信冬烘头脑在今日可以治学问;然于史学,语学之外而有此,无异奖励此辈。教育部年来之开倒车,无足怪,乃兄亦谓必不可少,似亦颇受流俗之影响,今日之事,有近代训练者,于"国术""国学""国医"诸问题,皆宜有不可动摇之立场,所望于兄者,在主持反对此等

---

① 王汎森、潘光哲、吴政上主编:《傅斯年遗札》第1卷,社会科学文献出版社,2015年,第2页。
② 顾颉刚:《顾颉刚日记》第2卷,中华书局,2011年,第160页。

"废物复活"之运动,奈何贵会复徇流俗也。且十四年前,兄在中山大学时始办语言历史学研究所,弟亦躬与其役,一时于风气之转变,颇有影响,今设国学,无异反其道而行之矣。

且贵会已有历史、语言等科,则治所谓"国学"而有近代训练者,必不至见遗,何事多此一科,反为叠床架屋乎?且此辈治"国学"者,老幼不齐,要多反对近代化,贵会如办理此项补助,要求者必不可胜数,办理者无从下手,而自多事矣。故弟于兄"必不可少"之意见,转以为"必不可有"……①

在教育界和学术界,傅斯年是胡适最得意的门生,他的意见是可以直接影响胡适、朱家骅决策的。他发现了反新文化的梅光迪的这一转变,并顺势加以利用。

民国的文化教育已成往事,新文化运动也已过百年,科学、民主以及由此所确立的和平渐进式改革的基本路向已经明确,特别是白话新文学带来的语言工具的进步,极大地影响了每个中国人的实际社会生活。与之相伴的新式教育、妇女解放、自由恋爱、自由婚姻等"个性解放"号召力也极大地改变了传统中国人的人生观和价值观。积极也好,消极也罢,在文明进步的大方向上,胡适和"学衡派"的选择是一致的。胡适受杜威实验主义哲学的影响,以激进为路径,追求社会、文化的全面变革、创新,一系列自由主义的言论中有过多实用的成分;"学衡派"成员受美国白璧德新人文主义思想的影响,表现出20世纪初美国新保守主义的一些特质,其文化上的保守主义与政治上的自由主义的双重特性,使其成为激进、革命时代的一种制衡、牵制和批判力量。当然,在激进、革命的大潮中,"学衡派"是弱势群体,其历史价值也恰恰在于他们身处弱势的文化坚守,以及不得不承受变革的付出。回眸百年新文化和新文学,不必纠缠于谁是谁非,以开放的心态,"一方面吸收输入外来之学说,一方面不忘本来民族之地位",才能有所创获,这当是积极的建设性的文化策略。

---

① 王汎森、潘光哲、吴政上主编:《傅斯年遗札》第2卷,社会科学文献出版社,2015年,第821—822页。

新文化运动新诠

吴展良
台湾大学历史学系教授

为了重塑中国体系,首先必须将个体从以儒教为主的所谓"封建"体系解放出来,并寻求所以重生及自立之道。新文化运动的第一阶段的思想,乃以个体的解放、重生与自主为主轴,并发展出全盘反传统主义暨企图全面引进西方现代文明的特质。中国内外危机极其巨大,时人激而向往一种澎湃汹涌乃至与宇宙合一的生命力,以对抗庞大腐朽旧势力及世界帝国主义的压迫。从清末开始,这种需求便与天演论、与西方当时最先进的自由主义密切结合,在新文化运动时期更成为崇尚自主、为我、自由、自然、竞争与战斗的无限进步论。此思想又与国族主义结合,企图将个体的解放自由进化与国族的解放自由进化结合,并超越儒教家族主义以建立新的集体认同。新文化运动时期的个体主义、个性主义、自由民主主义与浪漫主义,均为此种解放、重生与自主思想的展现。企图规模西方个体独立自主、社会自由民主的新式大道,全面取代传统儒教体系。实质上则与庞大深厚的儒家传统,产生复杂的辩证关系。

体系革命的需求,同时使新文化运动推动者大力提倡科学理性,以求根本改变中国人的知识内涵与思维方式。此改变虽极重要,在实际历史上却只能从属于体系革命,并与传统学思方式产生复杂的辩证关系。学者当时推崇科学,大多基于从落后与贫穷中解放国家与个人的目的,是即所谓科学救国。然而科学理性及逻辑原本奠基于"个体性"与"超越性"原则,讲究客观地分析个别对象物之独特本质,并进而寻求超越永恒的原理与原素以解释一切。中国文明对整体性与变化性的重视一向大于个体性与超越性。新文化时期的科学及逻辑观,亦由强调"整体""变化"和"关系"的"实用主义"与辩证法所主导。此两者都与西方传统重视个体与超越原理的形式逻辑及理性主义对立,这更使得原本就缺乏文化根底的"启蒙理性主义",在中国被远为巨大的非启蒙传统所包覆。保守主义与马克思主义者均质疑奠基于"个体化"原理的启蒙理性、个人主义、自由主义、法治、功利主义与资本主义,将导致社会与人生彻底的物化与异化。这更使得新文化运动后期走上重视整体情感交融与互助互爱的社会主义道路。

新文化运动中期个体得到初步的解放与独立自主后,中国的群体生存与重组问题立刻浮出台面。此因整体若不能得到解放与自主,个体目标亦无从达成。读书人原以当时最先进的,由西方近代资产阶级所主导的个体自由暨民主思想之大道为依归。然而中国是人类历史上最大的社会,民初纷乱的历史事实上显示自由民主的道路实难以整合此巨大且充斥矛盾的社会。不仅如此,在五四运动之后,人们对自由资本主义与帝国主义大为失望,中国又日益陷入军阀割据的状态,年轻人乃迅速转而向往以提倡平等、博爱与群体福祉为主的社会主义、共产主义、国家主义与三民主义道路。其中共产主义因为在理论上同时提倡彻底的解放、重生、自主、民主、平等、博爱与受压迫者的群体福祉,自然最得到年轻人的青睐。新文化运动本因整体的国族危机而起,个体化的自由民主道路一旦受挫,自然走向各种集体性的主张。与此同时,从家族与儒家伦理解放出来的个体,本来必须面对如何重新组织的问题。中国国家社会的巨大危机以及重视群体福祉过于个人的儒家传统,使他们迅速走向新的"集体主义",从而有效建立新秩序,并重塑了新中国的政治社会与文化。

一、问题意识与研究回顾

本文试图从中国近现代史自身的脉络,尤其是中国在当时所面对的基本问题及内在需求,去重新理解新文化运动。中国若以人口论,可说是人类有史以来最巨大的社会、国家与文化。其时间绵延又最长,所以有坚固的自身发展脉络,企图以其他文明的模式全盘改造中国几近于不可能。激烈的新文化运动虽热烈崇拜西方,企图全盘西化,并主张把线装书抛到茅厕坑里,却仍然无法改变诸多传统要素,尤其是许多深层的心态与思维方式。[①] 广大而复杂的中国社会、政治、经济运作方式与文化至今仍深负传统性,遑论当时。中国所谓的"现代史"一再显示其发展过程与结果一直极富中国特色,与西方近现代之历史进程及内涵颇为不同。是以必须深入中国自身的体质及历史脉络,观察新文化运动反映何种时代需求,从而重探新文化运动的基本性质与主张。

20世纪学者往往横向移植西方的历史阶段或理论,来描述与定义新文化运动,却很少从中国史自身的脉络去研究其基本性质。这可能是因为20世纪的中国史学是以现代化或马克思的思想为主道,主要思考的都是为何中国不能顺利现代化或马克思主义化?与西方的差距为何始终巨大?等这类问题。关于新文化运动的基本性质,中国学界用得最多的首先是作为西方现代历史开端的"文艺复兴"或"启蒙运动"二词。"文艺复兴"是西方现代思想文化史的开端,最早由胡适等人用来形容企图开创中国新时代的新文化运动。然而文艺复兴在西方首先是"古典的复兴",移至中国形容一种新文化运动实在并不恰当。启蒙则是西方 Enlightenment

---

[①] 例如:林毓生《五四时代的激烈反传统思想与中国自由主义的前途》:"五四反传统思想的一个极重要因素,便是笔者所称谓的'借思想、文化以解决问题的方法'。……关于'借思想、文化以解决问题的方法'之形成的原因,我们可由对儒家思想模式(Confucian modes of thinking)的考察中加以探讨。"氏著《思想与人物》,台北:联经出版事业有限公司,1983年,第151页。另外则为其所强调继承传统的一元式,整体论式的思维方式。(Yü-sheng Lin, *The Crisis of Chinese Consciousness: Radical Antitraditionalism in the May Fourth Era* [Madison: Wisconsin UP, 1979])笔者所提出的"求道心态""变化的世界观"亦为其部分特质。参见吴展良,《中国现代学人的学术性格与思维方式论集》,台北:五南图书出版服务有限公司,2000年。

的翻译,有去除过去的蒙昧,引进西方现代文明内涵之意,相对比较适合,然而亦属横向移植,未曾深入考查两者之间从内涵到历史脉络的诸多根本差异。① 新文化运动虽有相当程度是启蒙的,但其中也一再显现极多"非启蒙"(non Enlightenment)或"反启蒙"(anti-Enlightenment)等源于中国传统或自身历史脉络的要素。② 一些西方学者,如耶鲁大学教授Vera Schwarcz,或多或少受中国学者影响,也以"中国的启蒙运动"(Chinese Enlightenment),论述新文化运动。③ 然而事实是,西方的启蒙运动明确地建立在科学革命及其深远厚重的科哲学基础之上。中国在之前没经过科学革命,当时提倡所谓启蒙的这些人也大多没受过良好的科学教育,所以他们的思维方式离西方"公理化""理性化"的世界其实非常远,其言行中含有大量"非启蒙"或"反启蒙"的因素。所以中国到底有无严格意义的启蒙运动实在大有问题。只能说当时的主流一心向往并企图拥抱西方现代文明,可惜结果是橘逾淮为枳,差之甚远,如何能够叫做启蒙运动?

与启蒙连带的一个论述,则是因"救亡"而受挫的启蒙。其基本思路是中国本应全面学习以启蒙运动为代表的西方现代文明,却因救亡的需求一再抑制或挫折此应然的方向,造成各种封建传统作祟,影响中国正向的发展。这种说法预设了启蒙与西方的现代化模式应为中国现代史应有的及未完成的趋势,可惜因为中国封建传统非常顽固,使中国一再未能走上现代化及马克思主义化的理想道路。④ 这种看法,固然有其一定的道理,然而既然中国自身的传统与历史如此坚固,就可见用启蒙无法充分说

---

① 从"启蒙"观点出发论新文化运动、五四运动及30年代"新启蒙运动"的论著极多,无法备举。较新的例如,顾昕:《中国启蒙的历史图景》、张宝明《启蒙与革命:五四激进派的两难》、萧延中《启蒙的价值与局限》,各有其贡献与得失,无法一概而论。

② 参见拙著:Wu Chan-liang, "Western Rationalism and the Chinese Mind: Counter-Enlightenment and Philosophy of Life in China, 1915–27", Yale University PhD Dissertation, Michigan University Microfilm, 1993.

③ Vera Schwarcz, *The Chinese Enlightenment*, Berkeley: University of California Press, 1986.

④ 例如,李泽厚:《启蒙与救亡的双重变奏》,《中国现代思想史论》,东方出版社,1987年。

明新文化运动以及中国现代史的真正内涵与发展趋势。[①] 不仅如此,五四及新文化运动确实是企图救亡的,但在救亡之中又显现出特殊的理想主义。包括马列主义和共产主义,都有高度理想性,仿佛要建立人类前所未有的乌托邦,纯粹救亡实在不需要提到那种高度。[②] 所以无论启蒙或救亡,都不能恰当地说明新文化及五四运动的基本性质。

其他有关名著,如周策纵的《五四运动史》介绍性质较多,分类、整理各种观念,简单分析,却未能真正区分新文化运动与五四运动,更未能讨论其基本性质的问题。[③] 林毓生先生所论最具深度,他的《中国意识的危机——"五四"时期激烈的反传统主义》[④],指出五四时期文化与政治运动的基本性质是激烈而全盘的反传统主义(radical and totalistic anti-traditionalism),很能抓住新文化运动意识形态之基本特质。然而此说虽能指出其批判反对的对象,却未说明新文化运动追求的是什么。余英时先生《五四新论:既非文艺复兴,亦非启蒙运动》明确指出五四既非文艺复兴与非启蒙运动,然而似乎亦未能指明其基本特性为何?[⑤]

本文企图指出新文化运动是"探索中国文明整体发展新方向的思想文化运动",其探索方式则延续了中国思想文化传统的"求道"特性。何谓求道?就是追求"可以指导人生家庭暨政治社会未来发展,合乎人性与自然而一以贯之的最佳与最适道理体系"。当时新派知识分子普遍觉得西方文化"有道",而中国原来的道路整个错了。不仅清朝、宋明与秦汉以降,整个中国文明从头的基本道路都有问题。民初读书人面对中国及其文化自开辟以来未有的全面根本性危机,继承了传统"士君子"求道暨以天下为己任的精神,要探索并指出中国文明未来理想的新道路之思想文化运动,就是新文化运动。

[①] 中国确实是在救亡的过程中,觉得需要全盘引进西方现代文明。然而选择的方式与内涵又非常中国,因此所引进的启蒙亦非西方人原来的启蒙,而以反传统、全面自我革新以及寻求新道路为主要倾向,并非如西方启蒙运动以理性化、公理化与自然主义化为主要内涵。

[②] 张灏,《五四与中共革命:中国现代思想史上的激化》,《"中央研究院"近代史研究所集刊》,第77期,2012年9月,第1—16页。

[③] 周策纵:《五四运动史》,岳麓书社,1999年。

[④] 林毓生:《中国意识的危机:五四时期激烈的反传统主义》,贵州人民出版社,1986年。

[⑤] 余英时:《五四新论:既非文艺复兴,亦非启蒙运动》,台北:联经出版事业有限公司,1999年。

在展开论证之前,先要说明五四运动跟新文化运动的分别及彼此关系。新文化运动大体起于1915年一批新知识分子所办,以改革文化为目标的刊物。五四运动则是1919年澎湃汹涌,从学生发轫,引爆了社会各阶层的爱国主义群众运动。① 五四运动与新文化运动的性质非常不同,基础也不同,所以胡适明白说这是两个不同的运动。然而新文化运动为五四做了很多思想准备,若无之前新思想文化的宣传,不会有如此大量的学生与平民参与五四运动。而五四运动亦使新文化运动迅速扩大,像各种报章杂志以及新事物的宣传流行,都在五四后激增。由此可见在全面危机下为国家与民族谋出路,是双方共同的基础。② 在五四运动之前,包括《新青年》跟《新潮》,发行的数量都很有限。大抵从1918年、1919年开始才较多些。另外,不光是新文化运动为五四运动做准备。从清末以来的立宪派、《申报》等新式报刊与思想也都为五四做了准备。更可见两者是不同的。③ 然而因为时间的接近与彼此密切的关系,新文化与五四运动迅速融汇。融汇到最后,一般觉得五四运动就是新文化运动,虽然其基本性质始终不同。一些学者认为新文化与五四运动分别表现了启蒙跟救亡,一定程度上也是对的,可惜未能直探根本。因为新文化运动的目标其实也不只于启蒙,而之后的五四运动一旦融入了新文化运动精神,要做的也不只是救亡。④

至于涵盖时间,1915年到1927年是新文化运动的高峰时期,也是本文探讨的重点。之后运动依然继续,但时代潮流变成以政治斗争为主,盖过之前的文化运动。大抵在1922年夏季之后,政治运动已转为激烈。⑤

---

① 郭廷以:《五四运动的扩大》,《近代中国史纲》,香港中文大学出版社,1980年,第517—519页。

② 郭廷以指出:"'五四'示威事件之前,鼓吹新文化的报刊仅有《新青年》及发行甫数月的《每周评论》、《新潮》、《国民》等。'五四'示威事件之后,自一九一九年六月起,年余之间,新出的周刊、旬刊、半月刊、季刊,多达四百种左右,大都为大学专科学校及中等学校学生所创办。"见氏著,《近代中国史纲》,香港中文大学出版社,1980年,页520。

③ 可参陈曾焘:《五四运动正名》,《五四与中国》,台北:时报出版公司,1979年,第387—406页。

④ 关于新文化运动跟五四运动发展的历史背景与过程,郭廷以先生的编年做法非常有用,可以清楚地看到彼此间的关系。

⑤ 可以少年中国学会1922年7月杭州年会后的大分裂,与同年7月《少年中国月刊》开始休刊7个月为标志。

然而关键在于 1927 年国共分裂。在此之后,国共之间的斗争变得异常激烈,影响也吸引了所有志士,成为新的时代主轴。

二、新的大道——个体的解放、重生与自主

为了改造与重塑中国,首先必须将个体从以儒教为主的"多层级锥形网路",或所谓"封建"体系中解放出来,并寻求所以重生及自立之道。① 新文化运动的第一阶段的思想,乃以个体的解放、重生与自主为主轴,并发展出全盘反传统主义的特征。中国内外危机极其巨大,时人激而向往一种澎湃汹涌乃至与宇宙合一的生命力,以对抗庞大腐朽旧势力及世界帝国主义的压迫。从清末开始,这种需求便与天演论与西方近代的自由主义密切结合,在新文化运动时期更成为崇尚自主、为我、自由、自然、竞争与战斗的无限进步论。此思想又与民族主义结合,企图将个体的解放自由进化与民族的解放自由进化结合,并超越儒教家族主义以建立新的集体认同。新文化运动时期的个体主义、个性主义、自由民主主义与浪漫主义,均为此种解放、重生与自主思想的展现。企图规模西方个体独立自主、社会自由民主的新式大道,全面取代传统儒教体系。实质上则与庞大深厚的儒家传统,产生复杂的辩证关系。以下将首先分析新文化运动的第一阶段核心思想的缘起、发展过程与主要内涵。

---

① "多层级锥形网路"系以三纲五常暨家族主义及传统礼教为原理贯串全社会的中国传统组织方式。宋以下中国社会基本上认为个体首先与家族,其次与乡里、国家、天下形成一体难分的关系。这个关系大体为锥形的,通常以男性家长为锥尖,所有人的存在意识均联系并从属至此一点。士人之家的规模一般较前代为小,上下尊卑的关系清楚,家内成员的份位与职责亦明确。此锥型网络是其安全、财产、各种生存需求及世界秩序的首要来源。家人一体难分的同体感一般颇为强烈。一般人在家外的社会关系,多为此种家内锥形网络关系的投射。在政治上,则以天子为锥形网络的最高点建立包覆所有人的关系。天子为万民之家长,其下设有各级理民之官吏,均当爱民如子。臣子之于天子,则当存"事父事君并无二义"之心。家国同体,齐家与治国之事理一贯。以父系亲属关系为基线的存在关系,扩大至乡里、国家,从而构成一个多层级的存在网络及意识。参见吴展良,《礼与中国人的"多层级锥形网络存在意识":以朱子学为中心》,"礼乐文明与中国社会"国际学术会议(福州,中华孔子学会主办,2013.12),新文化运动以降常将这类传统组织方式称为"封建",然而"封建"一词充满歧义与问题,难以厘清,在此尽量不取。

1. 中国近现代思想史与民初政局的基本挑战

中国传统政教及学术思想体系在甲午与辛亥之后迅速崩溃，人们对整个中华文明赖以存立数千年的政治、教化及其背后的学术思想体系，产生全面的信心危机，这应是新文化运动最重要的历史背景。[①] 甲午一战中国大败之后，一些先进的读书人开始对中国文明的诸多基本原理加以严厉的批判。如谭嗣同批判三纲五常，主张冲决网罗；康有为、严复、梁启超、章太炎、刘师培等人的许多论述，都从根本上对中国文明加以全面的反省与批评。几千年的文明，突然开始发现自己所拥有的一切可能都是错的，从根本上有严重的问题，之后该走何种道路，自然成为最重要的课题。这是清末以降中国先进的读书人，开始具有"求道"精神的根本原因。[②]

辛亥革命结束数千年的帝制，造成传统政治与社会的体系性崩溃。之后要建立新的共和国，实验共和民主的政治社会之组织与运作方式。民初没了皇帝，政局又一片纷乱。一般人民很难适应。国民党在民初国会里通过的议案像男女平权与新婚姻法等，让老百姓瞠目结舌。宋教仁案之后，随着革命派与国民党的失势，整个政治与社会回归数千年的传统。帝制、复辟，相继而起。之后的派阀政治与军阀割据亦令人厌恶。国民党固然不振亦不得人心，在上位的保守派人士更是祸国殃民。对外无能，又想恢复原来帝王将相坐拥江山的老套。现实政治既然让人极度失望，新派知识分子开始发动文化改革。其中袁世凯的帝制运动是重要的分水岭，一些最重要的新杂志都在袁世凯大力推行帝制的阶段，受其刺激而发刊。1914年5月在日本开办的《甲寅》杂志阐扬民主宪政，同年6月的《科学》杂志在美国开办。推动新文化运动最力的《新青年》则于1915年9月在中国最洋化的上海开办，其发行人也是后来新文化运动的领袖

[①] 关于清末读书人所开始面对的全面性危机，请参考：Chang, Hao. *Chinese Intellectuals in Crisis: Search for Order and Meaning*, 1890-1911. Berkeley: University of California Press, 1987.

[②] 参见吴展良:《清末学人的求道心态》,《近代中国》第145期,台北:2001年。

陈独秀,做过章士钊《甲寅》杂志的助手。① 换言之,新文化运动是由一群西化程度最高的人,受了守旧政教势力的刺激,开创于国外或中国最洋化的地区。之后的领导者,也多为留学生。他们的基本态度延续了清末先进的读书人,对中国传统发生整体性的怀疑,并全面转向西方寻求新的宇宙人生暨政治社会的大道。因为辛亥革命、帝制终结与民初乱象的刺激,他们向西方求道的心态更为强烈、彻底,影响所及也远为普遍。

2. 彻底反传统的修身治国之道

1915 年 9 月,陈独秀痛心于"国势陵夷",企图要探索中国文化与政治未来的发展道路。他于《青年杂志》(1916 年 9 月更名《新青年》)的发刊词劈头便说:

> 国势陵夷,道衰学弊,后来责任,端在青年。本志之作,盖欲与青年诸君商榷将来所以修身治国之道。

其关心重点是国人整体的命运与人民的生活,其追求的目标是未来的"修身治国之道",其思维方式继承了《大学》,以修齐治平同属一贯而不可分割的整体。其精神既非启蒙运动,更非文艺复兴。这表明传统如"修齐治平"模式所形成的生命重心与思维方式很难改变。民初之人虽然意图全面引进西方的思想与文化,然而当时人的思维方式、情感模式、人际关系与社会生活模式却大多还很传统,所以结果只能是"旧槽装新酒"。② 数千年积累所成的传统是其存在的基底,乃至各种动机与动力的源头,影响极为重大。努力引进的思想文化虽然是新的,但传统如酒槽对一切新事物产生重大的发酵作用,所以新文化运动只能称之为"旧槽装新酒"的一种思想文化运动。

陈独秀为商榷将来的"修身治国之道",提出要跟传统彻底决裂,全面

---

① 郭廷以:《近代中国史纲》,香港中文大学出版社,1980 年,第 504—505 页;沈松侨:《五四时期章士钊的保守思想》。

② 吴展良:《严复早期的求道之旅——兼论传统学术性格与思维方式的继承与转化》,《台大历史学报》第 23 期,第 239—278 页。

学习西方。他在《敬告青年》一文的六大主张为：

> 自主的而非奴隶的、进步的而非保守的、进取的而非退隐的、世界的而非锁国的、实利的而非虚文的、科学的而非想象的。

他强调西方是自主的，中国是奴隶的，唯有西方文明才能充分伸张个人的个性。西方是进步的，中国是保守的；西方是进取的，中国是退隐的；西方是面向全世界的，中国是锁国的等说法虽未必周延，却一针见血地直指中国文化当时的主要弱点，乃至中西文化对比之下所表现出的主要差异。这种透过与"他者"对比，将一个文化简化成几个基本特质的作法，显然不符合陈独秀文中所主张的"科学"，而更像传统的策论。在这种简单有力的二元对立论述下，他所主张中国文化的未来道路只能是与过去一刀两断，很有一举易帜的意思。

陈独秀在《东西民族根本思想之差异》一文中，第一条便指出西方是以战争为本位，中国则是以安息为本位。① 这种全面战斗性的主张，成为《新青年》最主要的态度。固然《新青年》中也有一些并不如此、甚至持保留态度，但这种思想确实是主流。与此战斗性相随的，就是突出中西文明的对立，指出东洋民族以安息为本位；西方以个人为本位，东方以家族为本位；西方以民族、实利为本位；东方以感情、虚文为本位；尤其西洋民族性恶汗辱、宁斗死；东洋民族性是恶斗死、宁忍辱。他说："民族而具如斯卑劣无耻之根性，尚有何等颜面，高谈礼教文明而不羞愧？"② 在面对存亡之际依然故我，等于用奴隶式的方式在活，缺乏竞争力，这是卑劣无耻，必须改变青年们的文化思想才能改变社会。

陈独秀既是急先锋，又是主将。顾昕追溯陈独秀思想发展过程，指出他早期是从爱国主义以及达尔文主义出发，主张平民主义民主（populistic democracy）与科学以救国救民，在新文化运动时期发而为社会文化批判，之后转向马克思主义。所以陈独秀思想的源头还是爱国主义。其社会达尔文主义关怀的是整个国家民族的兴亡问题。他提出科学

---

① 陈独秀：《东西民族根本思想之差异》，《青年杂志》第1卷第4号，1915年12月15日。
② 同上。

民主的根本目的是为了救中国,而不尽然是为了科学与民主自身。[①] 他的各种批判以及马克思主义的主张,也都是为了救中国。他努力探索每个人人格、生命方式与内涵的改变,高举独立、自由、自主与战斗性,其实也都是在追求"身家国天下"一以贯之的全新文明道路。他虽然主张"平民主义民主",很看重人民主权与政治平等,然而毕竟仍以整体的福祉为重,这最后的态度仍颇为儒家。

在实践上,陈独秀的核心做法其实也非常儒家,就是由知识领袖透过思想文化带头塑造新的"士"。陈独秀说十分之九的青年恐怕都难免腐朽,办《新青年》的目的就是希望至少能有十分之一的人清醒。当时的学生其实大多都是中国社会的精英,是少数能受这样教育的人。《新青年》企图陶铸新的"士",彻底改造青年的思想,从而领导整个文化走向。故新文化运动如林毓生所说,是以思想改造为中心的文化运动。当时这些读书人看到民初以来的政局不但不往前进,反而原地踏步甚至后退,从中央到地方整个社会秩序大乱。他们可说是先知先觉,对时代问题看得相当透彻,而且又出身旧社会,讲起旧社会的问题可说一针见血。

传统社会文化本有很多好处,但也具有并积累了许多问题。新文化运动的巨子直接从传统最根本、最要害之处下手,招招都可封喉毙命,其影响巨大实非偶然。文学革命也是个厉害的杀招,认为要有新思想就必须要有新的书写方式,一举断掉了几千年的文言文基础。先是胡适提倡温和的改良,要讨论这样做是否恰当,陈独秀则是不容许有任何异议,直接提出文学革命,提倡国民文学、写实文学、社会文学,所讨论的不只是文学形式而是其内容,主张将整个社会彻底掀翻。[②] 这些都不只从个人着眼,而是论述身家国天下一以贯之的新文明发展道路。对陈独秀而言,新的大道在于学习西方法国大革命后提出的自由、平等、博爱,加以启蒙运动以降的科学与民主。这是人类的新格局,西方人以前也做不到,但西方人现在有光明灿烂、伟大的新道路,所以中国也要迎上,全面拥抱。这是属于所有国民的改变,不是贵族独有。另一方面,他提出文学要能写实、

---

① 参顾昕《从意识形态的鼓吹者到社会的批判者》以及《无政府主义与中国马克思主义的起源》,《开放时代》,1999年2月,第30页。

② 郭廷以:《近代中国史纲》,香港中文大学出版社,1980年,第508页。

能描绘社会所有实况;要社会的,不是逃避于山林的,这些都直接批判了整个儒家传统。

1918年5月鲁迅在《新青年》发表"狂人日记"一文,以短篇小说的方式指出中国古书虽然表面上满纸仁义道德,但其实字里行间都是人吃人,压迫得厉害。当时的年轻人一看就叫好,因为中国社会从明清以降钳制已深,儒教体系扭曲愈来愈多,法家化、控制化的成分愈深,离原始儒家的精神日渐遥远。为了大一统暨君主政治的安定,做了种种的限制,包括宗族、三纲五常乃至贞节观念等等,对个人多方控制,以维持社会稳定。鲁迅中国社会人吃人的观点,就当时年轻人看来,自然觉得非常有力,也确实切中时弊。① 这种论点,也是要从根本上改变中国传统的立身处世与修身治国之道。

1918年6月胡适在《新青年》发表"易卜生主义"的长文,产生深远的影响。他说易卜生最后所作When We Dead Awaken这出戏里头,讲到"复活日"的雕像,雕了一片曲折爆裂的地面,从那地面的裂缝里钻出来无数模糊不分明、人身兽面的男男女女,正是他在世间亲自见过的男男女女。而这是易卜生主义的根本方法,不是空谈理想,而是深刻地认识人性的问题。用到中国来,明明是男盗女娼的社会,偏说是圣贤礼义之邦;明明是赃官污吏,偏要歌功颂德;明明是不可救药的大病,偏说是一点病都没有。要改良社会,需先知道这社会其实是男盗女娼的社会。易卜生的好处只在于他肯说实话,只在于他能够把社会种种腐败龌龊的情况写出来叫大家仔细看。他说我无论作什么诗,编什么戏,我的目的只是要我精神上得舒服清净,因为我们跟社会的罪恶都脱不了关系,脱不了关系所以不得不说实话。易卜生写的家庭是极为不堪的。家里面有四大恶德:自私自利;依赖性、奴隶性;假道德、装腔作戏;懦怯没有胆子。这种其实是比较走极端的。易卜生思想拿到中国来深受欢迎,因为当时的趋势就是要打破旧家庭与旧礼教的束缚。中国原来是个儒教化的社会,家族主义与礼教如天罗地网,所以当时以打破传统家庭为第一义。之前清末康有为、谭嗣同与无政府主义也都有唾弃家庭的想法。一言以蔽之,曰彻底地

---

① 郭廷以:《近代中国史纲》,香港中文大学出版社,1980年,第509页。

解放,要全面破除传统社会中各种自私自利、依赖、虚伪、装腔作势、怯懦的习惯。胡适的易卜生主义总结来说是以解放、自由、发挥每个人的个性与理想为中心,希望透过这些主张让社会能够不断地进步,同时也能够面对随时变迁的各种问题。易卜生主义与其说是具体的政治意见,不如说是一种解放与自由的思想。

3. 二元对立与推倒一切

核心问题是要从个体还是从整体出发?传统儒教更强调整体性,对个体有所压抑。第一阶段新文化运动的时代精神则是透过自由、个体主义以达成解放,对于旧政治与社会建立在家族主义基础上的各式集体行为,非常厌恶。民国初年民族存亡的主题依然凸显。辛亥革命原本盼望以民主共和的方式达成新秩序,却迅速失望。革命派遭镇压,原来较保守的立宪派也很快被卷入官僚体系与军阀权力的政治斗争中。在这个情况下发展出新的路线,就是陈独秀所说的民主与科学,指出新时代的新原理。要拥护德先生,就不得不反对孔教礼法、贞节、旧伦理;要拥护赛先生,就不能不反对国粹和旧文学。激烈地凸显新旧的对立,因此新文化运动带有一种求道及推倒并更新一切的性质。

李大钊早期还提倡东西文明融合论,认为东洋文明主静,西洋文明主动,各有各的长处,应融合;后来主张马列主义,事实上非常强调动静变化。而陈独秀早期讲自由、民主、法治、科学、人权,后来也转向马列,建立公有互助、彼此同情的大同社会,扬弃中国传统道德跟西方过去资本主义道德。这些主张带有很强烈的二元对立性质,是非斩截。李大钊早期还主张调和,后来也非常清楚地走向积极动静的马列主义与革命思想。这些情况其实都在于整个传统政教体系的崩溃,也就是整个政治、思想、教化体系都全盘崩溃,无所依凭。这种几乎面对真空,现实又高度失序的状态,使他们在传统和现代中做斩截的选择,中间很难留有余地,当然这也是中国近代激进化之因。在这个意义上,新文化运动的思想倾向就是整体崩溃后,希望全面重生的思想,这难免会有高度的择一性,也自然会有革命性。<u>将清末以来,本就在高度危机中产生的强烈重视演化、追求贯串</u>

一切根本生命力、创造力的思想,与西方近现代文明做结合,认为可借此找到最进步、最有力、可彻底改造一切、最符合理想、解决所有问题的新道路跟方向。

如此主张者也知道这不是一蹴可及,中间会经过无尽的奋斗,但大方向就是如此。之后的古史辨运动亦是其中一员。古史辨运动类似西方的High criticism。High criticism是源自对圣经的批判,是西方从十八到十九世纪逐渐发展出对圣经原初文本所做的实证性、历史性探讨。这颠覆了圣经很多部分的权威。与此类似,对儒教古史中的三代以及尧、舜、禹、汤、文、武、周公等中国政教源头做科学性、批判性的研究,也同样会颠覆整个中国政教体系的基础。古史辨运动从1923年开始,到1926年顾颉刚的《与钱玄同先生论古史书》第一册出版,可说是颠覆了整个中国文明的政教基础。这些工作当然是非常重要,但在时间上比陈独秀革命性的主张晚了八年。可以说是史学界的大解放与大批判。

以上种种强烈的二元对立,推倒一切的革命性思想,却为蔡元培等中国学术教育的领袖人物所优容。新文化运动主要成长于蔡元培主政后的北大以及北方数所新式大学之中。蔡元培于1916年12月26日出任北大校长,1917年1月11日便不惜为陈独秀假造学历,去函教育部聘请他到北大担任文科学长。蔡元培认为大学只应有文理两科,理科学长他沿用理科出身的前校长严复所聘的夏元瑮,而文科学长他一上任就立刻聘了既无学历,又未曾在大学教过书的陈独秀。这不仅表示蔡元培欣赏陈独秀,更表示他也认为中国积弊已深,必须要有强有力的读书人带领发动思想文化上的大变革,以期从根本上改变现有的政治社会与文化。蔡元培不仅重用了陈独秀,也一直不遗余力地扶持鲁迅。[1] 蔡元培本人儒学翰林出身,中西兼采,极重视道德伦理,他所撰写的《中国伦理学史》及《中学修身教科书》对于儒家建基于折中主义及家族制度上的伦理道德也颇多称许。[2] 然而他此时如此支持革命倾向浓厚的陈独秀与鲁迅,可见中

---

[1] 许广平说:"蔡先生文章道德,海内传诵,鲁迅先生一生,深蒙提掖。"其具体事实,另外可参见:丁石孙,萧超然,梁柱,《蔡元培研究集:纪念蔡元培先生诞辰130周年国际学术讨论会文集》,北京大学出版社,1999年,第328页。

[2] 欧阳哲生:《五四运动的历史诠释》,北京大学出版社,2012年,第50—51页。

国文化确实到了不能不大变的时候了。蔡元培不仅聘请了陈独秀,提携了鲁迅,还聘请或重用了胡适、李大钊、沈尹默、沈士远、沈兼士、钱玄同、马幼渔、刘半农、周作人、章士钊等新、旧学问俱优,且深具改革意识之人。① 这一批出身旧社会,儒学根底深厚的时代精英之投入或优容新文化运动,②可见时代不得不变,也表现出儒学仍有应变的能力。新文化运动由一群儒学出身的人,接触了西方学问后对于儒家展开根本性的批判。这使得新文化运动从本质上便与儒家产生了一种你中有我,我中有你的辩证关系。新与旧若能在较和平的环境中互相攻错,当可以产生非常优越而更上层楼的结果。然而实际的历史,却由更大的内外力量所推动。

4. 追求新的大道与使文明重生的生命力

从清末以来,中国一直在被逼得无路可走,旧体系全盘崩溃的情况下,急切地寻求文明的新出路。旧道危亡,新道何在?当时人认为儒家之道积弊甚深,已达崩溃之境;新的道路不仅需要包含具体指示,还须包含创生要素。当时人普遍追寻从个人到文化的重生,因此向往一种澎湃汹涌、无穷无尽,乃至与宇宙合一的生命力,认为必须如此才能对抗旧世界,并撑起整个文明的新出路。像郭沫若与其创造社同仁在一些文章中宣称"我就是神""我就是天地""我就是一切",实为后人所难以想象,也绝非启蒙运动或文艺复兴所有。这种希望自我与宇宙完全浑融的企盼,亦为清末康有为、章太炎、谭嗣同等人的核心思想。因为当时内外的压力太大、危机太深重,所以必须追溯到宇宙、人生的原生强大力道。张灏指出,清末的知识分子在全面性社会、政治、经济、文化、心理等各方面均感受到深刻的危机③,由此而迸发出全新的追求,核心企图在于探索人生与文明的新道路。西方启蒙思想是清末民初读书人所运用的武器,而其核心其实

---

① 张耀杰:《北大教授:政学两界的人和事》,文汇出版社,2008年。
② 例如沈尹默出身书香世家,学术与诗文深纯,数百年难遇的书法宗师。其书法早年曾遭陈独秀严厉批评过,两人却因此定交。民国后是沈向蔡元培推荐了陈独秀,他本人也是中国最早的新诗作者之一。(蔡晓滨:《巨流下的叛逆者:改变民初历史的九位革命家》,第193页)
③ Hao Chang, *Chinese Intellectual in Crisis*.

是反省。如谭嗣同在《仁学》中所言,以太、电、爱等就是打破一切分别界线,无所不包、无所不爱的混沌之力,那是宇宙、创生的原力,并非启蒙运动理性主义的产物。[①]

新文化运动若为一场启蒙运动,其基调应以理性主义为核心,在政治、社会、经济、文化各领域建构有秩序的制度与内涵。这种现象虽亦曾部分地出现,却显然不敌大革命的"浪漫"与推倒一切的特色。[②] 中共与国民党的革命运动,都可以反过来证明新文化运动的特质并非启蒙,更多的是非启蒙。这里所反映出的,其实是传统儒释道对道体与天地宇宙根源的看法与向往。

中国数千年儒道的传统,原本让古人相信自己已经掌握了宇宙、人生、政治、社会最原初的道理与生生不已的力量。然而这个信仰在清末开始破灭,因此必须重新寻找新的、最核心的创生源头,如康有为、谭嗣同、章太炎等人莫不如此。章太炎同时还企图找到民族创生之力,他从古代史与种性的源初去讲,探索民族生命力的源头,这基本上偏于非启蒙与浪漫思潮。[③]

5. 全盘反传统主义

从求道及追求解放与重生的角度,也可进一步解释林毓生先生所提出的"全盘反传统主义"意识形态。[④] 新文化运动诸君企图追求新的大道,认为古人的道路整体有严重问题,而西方人的道理自有其完整体系,与中国传统体系截然不同,所以自然走上全盘的反传统思潮。追求解放与重生,也使他们要尽去固有,全盘引入西方文化体系。然而这其中实蕴

---

① 吴展良:《晚清的生元思想及其非启蒙倾向初探》,"民族认同与历史意识:审视近现代日本与中国的历史学与现代性国际学术研讨会",上海:复旦大学,2009年12月16日。
② 张灏:《五四与中共革命:中国现代思想史上的激化》,《"中央研究院"近代史研究所集刊》第77期,2012年9月,第1—16页。
③ 例如,章太炎:《序种姓上》、《序种姓下》,收于徐复:《訄书详注》,上海古籍出版社,2000年。
④ 林毓生:《五四时代的激烈反传统思想与中国自由主义的前途》,收于氏著《思想与人物》(台北:联经出版公司,1983年);林毓生:《中国意识的危机:五四时期激烈的反传统主义》,贵州人民出版社,1986年。

含辩证的发展。中国底下任何的现代问题都很难跳脱正中有反、反中有正的因素。每样因素中,最被激烈反对的,往往就是渗透最深的。当时的人激烈、全盘地反传统,但受传统影响其实非常之深。

林先生主要是从辛亥革命后谈全盘反传统主义,认为是辛亥革命造成普世王权(universal kingship)崩溃。换言之,他认为中国文明最核心的要素是普世王权,是靠着普世王权维系一切。这话确实有甚深道理,然而全盘反传统主义倾向在甲午之后就已经产生。在严复、谭嗣同、章太炎的早期思想中,以及清末许多无政府主义者那里,都已经激烈地全盘批判了整个旧体系。康有为也以旧槽装新酒,明白提倡法国大革命后的自由、平等、博爱理念,并以之批判传统核心价值。康有为虽然未曾如新文化运动后明白且公开地反对孔子与儒家,可能不符合"全盘反传统主义"的意识形态定义,但已有其实质。因此,全盘批判与反传统的倾向,应该始于甲午之后。问题的关键在于是以道统还是以政统为主来看待此一问题。林先生事实上是以政统为中心,本文则认为,除政统之外还有道统问题,道统在甲午之后就已全盘动摇。当然,依照中国传统,政统与道统理论上是应合一的,二者有密切的相连性。辛亥革命也进一步让众人觉得传统的道统有问题,所以严格意义的"全盘反传统主义"确实发生在新文化运动之后,然而道统,或曰传统思想与价值体系,在甲午之后就已开始崩解。中国现代思想史的诸多基本议题,均起于甲午。当年所开始提出的诸多问题,至今仍未解决,中国依然有许多根本性的危机,且难以确定未来的道路。在这个意义上,从甲午到今日的中国思想史依然处在同一大断代之中。

6. 进化论与国族主义

清末以降,开始有立国之道跟整体文化的危机,还有西方现代思想的输入。其中天演论首先让国人更进一步认识到中国当时所面对的危机,感受到中国即将被淘汰,必需奋起并输入西方现代文明以自救。[①] 不仅

[①] 吴展良:《严复〈天演论〉作意与内涵新诠》,收于氏著,《中国现代学人的学术性格与思维方式论集》,台北:五南图书出版股份有限公司,2000年。

如此，天演论成功地塑造了新时代的世界观，并深刻地影响了中国现代的政治、学术与思想的走向。使中国之后无论变法与革命思潮、军国主义、无政府主义、马克思主义、自由主义、个人主义、功利主义、实用主义、启蒙与反启蒙思想，都在天演论式的世界观与学术观之基础上继续发展。社会达尔文主义对中国人的道德观另有根本性的影响，原来孝悌忠信、仁义礼智、温柔敦厚等儒教的道德全都崩溃。新时代必须要战争、奋斗，积极勇敢、具充沛的战斗力才能存活。从清末开始，到新文化运动时，这种倾向不断加强。与前述的解放、重生、自立思想，构成同一个观念群。

天演论的宇宙观蕴含了许多深刻的力量。史华慈先生曾从演化论谈到宇宙进化论的普遍力量，指出进化论对传统压抑性的谴责、反结构主义，以"能量和超越的无形力量连续统一体"去想象终极实体。[①] 此说跟前述的道论、解放与重生思想颇有关系。但本文所讲的线索与史华慈不同。史华慈从进化论的观点讲，而前文所论着重儒释道三家所构筑的原有世界被掏空后，如何从传统的源头重新开启出新的生命力。但这两种论述从不同角度都观察到了这个重要现象。

史华慈指出，清末当时有两个很重要的思想，一是进步思想，一是民族主义思想。[②] 在民族主义方面，当时的倾向是取国家民族而弃传统儒教体制。亦即，传统体制固然已延续数千年，但民族的存亡却更为重要。但这种民族主义又深受儒教传统影响，何以言之？其实清末以来的民族主义之所以能如此快速兴起，恰恰是在于儒教让整个汉族高度凝聚，并有文化上的统整；另一方面，会对亲人、朋友与同学们的献身革命有密切反响。在早期革命的历程中，基本上是沿着同学、亲朋好友的受难过程绵延扩大，这其实很受儒教传统影响。因此一方面抛弃儒教传统中的具体政教；另一方面，在情感、意识上却又很受儒家影响，就变成以儒教为根底生

---

① 费正清等编：《剑桥中华民国史·上卷》："不过发展进化观念本身还有超出这个目标的意义。严复在西方认识到的不仅仅是西方实现了人类难以想像的新的可能性这一事实，而且认识到中国也可以赶上前去。他所获得的是宇宙发展进化观念的新信仰。西方因顺应宇宙进化进程的无比能量而得到了发展，这是一普遍的进程，也必定以某种方式在中国起作用。"（第460页）

② 费正清等编：《进步和民族主义》，《剑桥中华民国史·上卷》，中国社会科学出版社，1994年，第459页。

长出来,难以名之的新形态民族主义。

新文化运动中的许多要素继承了清末,使其无法脱离演化论、民族主义,与一种深层的宇宙进化或演化观。其内涵不只是演化,而是对于宇宙人生创生能力的追寻。若要解放及追求宇宙创生的原初力量,以应付天演的挑战,则如严复所言,必须"为我自由",也就是提倡个体主义与自由主义。他认为,必须解放长期受上下尊卑、儒家伦理教训及受君主体制压抑的个人创造力、生命力,提升民智、民力、民德,国家整体才能进步。到了新文化运动时期,陈独秀继承这条道路,首先强调的就是个人的自主性,也就是个体性的觉醒。[1]

7. 解放、自由、个体化、战斗竞争的倾向与民主思维

新文化运动时期提出的论点极其丰富,而且随着时间变化发展,不只是简单的几个命题与线索。虽然如此,其中有两个必须首先研讨的关键主题:第一,是解放、自由、个体化、战斗竞争的倾向及民主思维;另外就是科学跟公理化问题。这两个主题,确实跟陈独秀说的德先生、赛先生有相应关系,但这里更扩大地说,由陈独秀的第一条"自由、解放、个体化"可见其聪明睿识,一眼看到最核心的问题就是自主跟奴隶的对比,他说:"等一人也,各有自主之权,绝无奴隶他人之权力,亦绝无以奴自处之义务。奴隶云者,古之昏弱对强暴之横夺,而失其自由权利者之称也。自人奴平等之说兴,奴隶之名,非血气所忍受。世称近世欧洲历史为'解放历史'——破坏君权,求政治之解放也;否认教权,求宗教之解放也;均产税兴,求经济之解放也;女子参政运动,求男奴之解放也。解放云者,脱离夫奴隶之羁绊,以完其自主自由之人格之谓也。"[2] 自由解放从清末以来就已经是最核心的问题,清末批评三纲五常、冲决网罗,严复的自由主义、康有为《大同书》欲打破一切分别相以及去一切压迫的无政府主义都是解放思想。

解放而后得到自主与自由,这也是清末以来中国近代史的重要思想。

---

[1] 康有为、梁启超有类似的说法,但内涵不同。谭嗣同的《仁学》还是较偏群体关系,梁启超则带有较多自由主义的因素。

[2] 陈独秀:《敬告青年》,《新青年》第1号,第1卷,1915年9月。

何以见得？因为这跟儒家的三纲五常正好是对立面,因当时会觉得传统束缚了全民族的生命力跟活力,所以解放才是第一要务。

其实最中心的原因,一言以蔽之曰:反儒教,反儒家。因此要彻底清算两千年的积弊,觉得儒家是奴役人的,《革命军》中也说中国历史是一部奴隶的历史。① 其中当然有言之过甚的地方,且中国还有士大夫政治等种种,和真正的奴隶社会差之远矣。但当时会这么讲实有其原因,儒教跟三纲五常确实长期构成了个人在自由、自主方面的限制,所以后来纷纷提倡走出家庭,如《易卜生主义》②里的娜拉,觉得自己像玩偶,被男权、夫权所抑制,没有自主、自由;胡适之写《李超传》,也是讲述年轻女性受到家庭的种种压抑、限制,无法自由读书,也无法使用父母的财产,最后抑郁而终。可说当时人的自由解放思想,是想要一下就到达全世界最先进的地步,首先最强大的动力是受到之前冲决网罗的影响,认为这样才能焕发全民族的生机。与此同时的是要求民主政治,要将政治公诸舆论,由所谓的优秀政党掌握政权,号称政党政治。陈独秀的民主思想是要让所有百姓都参与,当然同时也要改造百姓。既然是谈每个个人的解放,因此在政治上也要讲彻底的民主、立宪政治,所以当然会批三纲五常,认为"君为臣纲、父为子纲,夫为妻纲",以及君臣、父子、夫妇、兄弟、朋友的这五伦都是在限制个人的自由。但当时在五伦之中倒是提倡朋友,认为新的伦理最好是朋友的伦理,像西方人就是如此,如谭嗣同便期望众人都是朋友,彼此互相约束。另外。在经济上,个人独立是经济学生产的根本原则,影响就是其伦理学。故无论在经济或政治上个人都必须独立,不像以前靠家族赡养。

新时代的人生观一方面固然高谈自由、自主,但另一方面也认识到人

---

① 邹容《革命军》(上海:大同书局,1903年):"曰国民,曰奴隶,国民强,奴隶亡。国民独立,奴隶服从。中国黄龙旗之下,有一种若国民,非国民,若奴隶,非奴隶,杂糅不一,以组织成一大种。谓其为国民乎? 吾敢谓群四万万人而居者,即具有完全之奴颜妾面。国民乎何有! 尊之以国民,其污秽此优美之名词也孰甚! 若然,则以奴隶界之、吾敢拍手叫绝曰:'奴隶者,为中国人不雷同,不普通,独一无二之徽号。'印度之奴隶于英也,非英人欲奴隶之,印人自为奴隶也。安南之奴隶于法也,非法人奴隶之,安南人自乐为奴隶也。我中国人之奴隶于满洲、欧美人也,非满洲、欧美欲奴隶之,中国人自乐为奴隶耳。乐为奴隶,则请释奴隶之例。"(第五章)

② 郭廷以:《近代中国史纲》,香港中文大学出版社,1980年,第509页。

生在世，个人生灭无常，而社会是由个人集成的真实存在，除去个人便没有社会，社会是个人的总寿命。一切宗教、法律、道德、政治只是维持社会不得已的方法，非个人乐生的意愿，因此这些宗教、法律、道德等也应随时势改变。所以讲到底，一切虽然是为了个人，但社会是个人的总集成，个人生灭无常，也不能脱离社会，因此若要发达每个人的自主性，需造就良好社会，这是基本的讲法。

这种自由解放的思维非常强调个体化，也强调战斗竞争力和民主思想，但为何会一转而下，成为马列主义？这是因为就算个人解放后，生活问题仍无法解决，中国全民族、全社会仍受列强压迫。而列强基本上是抱持资本主义，不断扩充个人意愿，将个人的自主性、权利、意欲充分伸展，反过来压迫别人，因此当时的中国人会认为新的马列主义更好。尤其马克思主义也主张人道主义、主张每个人充分发展解放，而且恰恰是因为主张每个人都要充分发展解放，所以要批判资产阶级的压迫，而在过程中当然必须经过革命手段，才能获得全社会、全民的生存。因此解放思想跟马列主义不但不违背，就当时人看来，只有透过马列主义，才能真正获得从个人到全社会的解放。

鲁迅也非常强调这点，故强调张大个人，"培物质而张灵明，任个人而排众数"。个人的觉醒变成最核心要素，与胡适的《易卜生主义》持相同主张。而胡适在政治上主张的"好人政治"①就相对无力，好人政治难以解放个人，一群好人参与政治也没什么力量。在当时，若真按照自由解放的逻辑，会使人觉得只有马列主义才能让众人均得到自由解放。寄望好人政治或发展资产阶级、社会改良派能逐渐改进都不切实际或缓不济急。

8. 个性主义跟浪漫主义

另外很重要的一点是个性主义跟浪漫主义，这牵涉到当时的整个文学运动。简单说，因为强调个人而有个性主义，而这会跟浪漫主义结合。

---

① 胡适：《我们的政治主张》，《努力周报》第 2 期，1922 年 5 月 14 日。胡适与蔡元培、李大钊、陶行知、梁漱溟等联名发表。

浪漫主义最重要的根本原因是要追求、掌握到真正的 individualality。就是我的生命深处乃至灵魂深处，我之为我的那股力量到底为何？我到底是什么？高度的 idealism 会高度追求灵魂深处的本质力量。这表现在国家上，就如德意志民族的精神建构，透过民谣文化、传统文化、历史文化重建德意志民族的精神，这是浪漫主义的核心思想。

对"个性"（individualality）的重视当然会跟个性主义、自由解放结合，就变成此一时期文学运动的核心。尤其刚开始，革命文学以这种方式展现，要批判家庭、三纲五常与旧社会的一切，要展现出个人的想望、梦想、欲望甚至性方面的种种，所以会热烈崇拜西方浪漫派文学家，如酒神 Dionysus 跟 Prometheus 的精神。但结果却是当个人从社会、家庭中解放，却立刻产生漂泊、零余之感，因为这些人如此解放，当然会跟所有人相冲撞，所以立刻产生一连串的痛苦，[1]但一方面，又觉得这种英雄式的个人跟历史的大趋力结合，使得人可以改造命运。这两种心理非常矛盾，一方面觉得人好像变成神、变成天，变成可改造历史的英雄；另一方面又不断觉得自己孤单且漂泊。基本的路线从文学革命到革命，原是希望解放每个个人，解放后却发现不但无法解决社会问题，反而产生各种五光十色、光怪陆离的问题，于是不得不转向。这牵涉到新文化运动的基本性质，从爱国开始，最后仍将以爱国告终。个体的解放，终究不是当时最重要的目的。[2]

革命文学是非常左翼的，是为了社会、群众、国家，众人一起从事写实、奋斗、战斗的文学。因此也可以看到，如在中共的很多宣传画中，每个工农都是雄赳赳、气昂昂地瞭望远处，是要把个人英雄主义跟上扬的历史力量结合，把每个人都变成英雄、变成改造历史的力量，要批判资产阶级

---

[1] 费正清等编《剑桥中华民国史·上卷》："郁达夫是 20 年代早期最著名的作者之一。他的第一个集子里的短篇小说——《沉沦》《南迁》和《银灰色的死》——以它们对'性堕落'的前所未有的坦率描写而引人注目。但郁达夫早期短篇小说的另一个更为重要的特征，是他追求感情的满足，性欲的挫折不过是这种追求'忧郁症式的'表现。对这种自称'零余者'的孤独者来说，生活只不过是一次伤感的旅行，形影相吊的主人公漫无目的地浪游，寻找生活的意义。"（第 539 页）；李欧梵：《现代中国文学中的浪漫个人主义》，收入氏著《现代性的追求——李欧梵文化评论精选集》（台北：联经出版事业公司，1996 年）及《中国现代文学与现代性十讲》（复旦大学出版社，2002 年）。

[2] Lee, Leo Ou-fan. *The Romantic Generation of Modern Chinese Writers*. Cambridge, Mass.：Harvard University Press，1973.

的无病呻吟与自怜自艾。这虽是其中一个主要变化,中间还有很多关于自我跟本我的关注,关于这点李欧梵有较多论述,[①]因他是个标准资产阶级出身的学者,而且国民党方面继承的都是浪漫主义、资产阶级的面向,自我的、复杂的、本我的、情欲的各方面展现。大时代革命与对自我、本我的关注这二者同时进行,起初是个人的一切情欲想望、内心深处所有迸现,后来发现这样并不能解决从内到外,从个体到整体的各种问题,但这部分依然还在,而且是个很主要的面向。

另一方面,这时自我呈现、主观主义与大时代革命产生矛盾,个人主义与人道主义也冲突,个人化后难免疑惑,为何要这么人道?[②] 为何要管其他这么多人?另外也有自我怀疑——我的自我到底是怎么一回事?到最后会发现解放后的"我"其实仍充满困惑,最后产生自我跟社会的冲突、离家出走、自我实现等种种问题。这是人道主义和主观主义的论述。

其中,个人主义、主观主义跟人道主义间有很多复杂的问题,无法细讲。鲁迅具有所有这些因素,而又混成一团,使得他非常痛苦挣扎。鲁迅的厉害在于,他所具有的这种敏感跟聪慧,让他把所有启蒙的、非启蒙的、理性的、感性的、个人的、人道的、本我的、革命的、社会的所有因素全加总在一起,而他最不幸的又在于他是个爱好完美的人——如他小时买书或画册都不能容忍上面有任何污点——那拥有这所有矛盾痛不痛苦?既拥有一切矛盾,又追求绝对完美,就是痛苦不堪的一辈子。他具有所有痛苦敏感,感觉到一切矛盾,希望追求一切完美,但觉得现实实在苦,又充满挣扎。所以鲁迅可说是20世纪中国人受苦与挣扎的象征。他指责的这样尖刻、这样不留情面、又这样地狠,这就是当时时代的象征,因此鲁迅也成为了整个中国20世纪青年的偶像。他虽强调个人主义,以人为中心;但

[①] 李欧梵:《五四运动与浪漫主义》,收于张玉法主编:《中国现代史论集第六辑:五四运动》(台北:联经出版公司,1981年);李欧梵:《现代中国文学中的浪漫个人主义》,收入氏著《现代性的追求——李欧梵文化评论精选集》(台北:联经出版公司,1996年)。

[②] 李欧梵:《现代中国文学中的浪漫个人主义》:"惟有那些比较不具政治性的作家(如周作人),或是较有省思的作家(如鲁迅与郁达夫),才有意识或无意识地察觉到个人主义和人道主义之间的冲突。就如我先前所指出的,这个冲突,透过这些作家的作品中那位个人主义的主角与一个混乱的、难以接近的大环境搏斗而成形。换言之,他们的创作与创作中所包容的主观意见传达了某种矛盾的讯息。愈是成熟的作家,这个矛盾愈形复杂,也愈耐人寻味。"

另一方面,他一天也忘不了这社会,这中间有冲突,有时想抛弃而走掉,又走不掉,最后就困在绝望中挣扎。

三、科学、公理化与骨子里的非启蒙

1. 科学理性改造文明与救国

体系革命的需求,同时使新文化运动推动者大力提倡科学理性,以求根本改变中国人的知识内涵与思维方式。此改变虽极重要,亦有其长远而独立的价值,在实际历史上却只能从属于体系革命,并与传统学思方式产生复杂的辩证关系。有些学者认为,相较于自由民主,即所谓"德先生","赛先生"在新文化运动中可能更受重视。[①] 亦即科学化、公理化、理性化可能是中国现代一种更重要,更根本的追求乃至历史发展脉络。然而虽说科学的重要性及有效性在当时被普遍肯定,事实上中国当时所面对的最核心的问题依然是古老而巨大的中国文明之政治、社会与文化必须重新改造。如何开展出新的发展道路,才是关键问题。新文化运动一开始便如陈独秀所提倡,是以解放、自主、争取独立自由为主要思路。后来的历史也证明,无论就思想史还是一般史而言,科学化、公理化、理性化都不是中国现代史的主流道路。争取从个人到国家全面的解放与独立自主才是最重要的课题。从当时到现在,最迫切而核心的课题依然是政治社会与文化问题,科学只是能从属能解于前述的需要。科学救国号召的流行,正表示了科学的从属性。[②] 学者从事于科学,实大多基于从落后与贫穷中解放国家与个人,并助其自立的目的。

科学、理性及逻辑以探索"超越性"的原理原则为目标,太强调救国

[①] 这一时期讲科学的声音甚嚣尘上,如金观涛所言,讲科学的数字是讲民主的五倍。(参见金观涛、刘青峰:《观念史研究:中国现代重要政治术语的形成》,法律出版社,2010年。)但这个统计可能有问题,因为不能只量化民主,而应将前述的自由、解放、自我、个人、浪漫等内涵都加入量化。如此一来,讲科学的数字就不是讲自由民主的五倍。

[②] 任鸿隽:《科学救国之梦·任鸿隽文存》,上海科技教育出版社,2002年。

与实用,当然无法掌握科学的精义。然而当时人深具"求道"的热忱,对于科学还有进一步的信念与追求。新文化时期的科学信念,有两个关键层面需要检视。一是科学主义(scientism),认为科学万能,透过科学可以掌握到宇宙人生和社会的一切规律与道理,从而解决一切问题。这其实是一种非常不科学的态度与缺乏科学训练的表现。在这一方面,已有学者做了不少论述。① 另一个较深的层面则为企图改变中国传统的思维方式。从严复以降就批判中国传统的思维方式不够逻辑,甚至经常不合逻辑。严复指出西方学术思想的最要基础就在于逻辑,不了解这点就无法谈西方的学术思想。简要言之,逻辑分两层面,一是对所有名项(name)清楚定义其本质,定义就是透过逻辑直指事物的本质,这些本质都是用概念(concept)定义。第二,掌握其本质后,要进一步分析所有concept间的逻辑关系(logical relationship)。第一个层面是定义,第二则是定义后概念间的逻辑关系,这是西方一切学术运作的核心。中国传统并不重视事物的定义,既不重定义,其间精确的逻辑关系当然无从说起,故有各种复杂关系。所以当时人会从根本上怀疑整个中国的语言文字,很多人一再指出中文的思维不太逻辑,又很难学习书写,甚至有废弃中文之说。②

2. 骨子里的非启蒙:个体性与超越性的挫折

科学理性及逻辑原本奠基于"个体性"与"超越性"原则,讲究客观地分析个别对象物之独特本质,并进而寻求超越永恒的原理与原素以解释一切。中国文明对整体性与变化性的重视一向大于个体性与超越性。新文化时期的科学及逻辑观,亦由强调"整体""变化"与"关系"的"实用主义"与辩证法与所主导。此两者都与西方传统重视个体与超越原理的形式逻辑及理性主义对立,这更使得原本就缺乏文化根底的"启蒙理性主

---

① Kwok, D. W. Y. *Scientism in Chinese Thought*. New York: Biblo and Tannen, 1971.
② 比起英文、德文和拉丁文,中文的逻辑性似乎不够。然而不同语言各有其长短,中文特别丰富的整体性、关系性、喻象性思维,自有其长处。

义",在中国被远为巨大的非启蒙传统所包覆。①

此时期主流的科学观,以胡适所提倡的实用主义及实用主义逻辑为代表。亚里士多德逻辑的核心是形式逻辑(formal logic),而杜威批判性地提出实用主义逻辑(pragmatic logic),讨论宇宙－本体及认识论的根本性问题,批判了之前两千年来的形上传统及亚里士多德逻辑,并发明新的实用主义逻辑,成为西方哲学史上重要的革命性思想。实用主义及其逻辑认为所有事物都在变动当中,包括基本定义与事物的关系,乃至于对事物的解释,都会随时间演变,本质上是一种演化思想。中国人一般学形式逻辑往往莫名其妙,不知为何要如此讲究这些至为简单的规律。实用主义逻辑批判传统的形式逻辑,与中国读书人却是一拍即合。《易经》也说一切都在变动之中,因此如傅斯年、罗家伦等人都变成实用主义的信徒,大力反对形式逻辑。② 然而至今形式逻辑的教育也尚未完成,这跟西方人在希腊文、拉丁文、德、法思维的运作方式有根本性的差异。

新文化运动后期,更引进了所谓作为马克思主义一切基础的唯物辩证法及"动的逻辑"③。这使得中国人因而更丧失西方学术原有的逻辑精神。不通形式逻辑而学实用主义逻辑,很容易失掉逻辑的根本。不深入形式逻辑而直接讲唯物辩证法情况亦如是。黑格尔的辩证法本来是运用形式逻辑对"A 与非 A"的关系做一种最精密分析,从而了解一切 A 命题都不能离开非 A 而存在。因此,一切概念只能在正反合不断演化的认识过程中而存在,由此而进一步产生一切事物均在变动演化的辩证法。这种深刻的学理,本来不易了解。到了中国变成非常教条,并与《易经》的阴阳学说结合,使认识的情况更为恶化。本来希望学到西方最严正的科学理性逻辑思维,结果是颇为倒退。

中国文化传统中重视整体性与变化性的特质已使西方理性主义与科

---

① 吴展良:《从整体性与个体性的融合论中国文化的现代化》,《钱穆先生纪念馆馆刊》第 3 期(1995 年 8 月,台北);"Western Rationalism and the Chinese Mind: Counter-Enlightenment and Philosophy of Life in China, 1915 – 1927"(Yale University PhD Dissertation, Michigan University Microfilm, 1993)。

② 吴展良:《傅斯年学术观念中的反形式理则倾向》,《台大历史学报》第 20 期(1996 年,台北),第 163—230 页。

③ 瞿秋白:《马克思主义之概念》。

学不易在中国生根。清末以来,如本文第二节所说的,追求全新的创生与重生,回到宇宙人生根源性的力量,更使新文化运动中从深层带有非启蒙乃至反启蒙的倾向。以大力提倡科学的傅斯年为例,其学术观念就继承胡适的实用主义,而带有更强的"反形式理则"倾向。① 形式逻辑(formal logic)是西方科哲学与启蒙运动的心脏,但在新文化运时期,知识界流行的是反形式主义与反形式理则,这已经从根本上反对其本质,又如何能产生如西方的 enlightenment? 所以新文化运动虽然在表面上吸收了西方的思想观念,但本质上已经不是 enlightenment。由此可见,新文化运动时期所提倡的种种,实在不能表现出中国自身的体质或发展,而更应从反传统的脉络去理解。新文化运动绝不能简单看成其中所提倡的启蒙性事物,而必须从中国史自身的发展脉络去了解其意义。

3. 中国现代保守主义者的批评

从现象上看,新文化运动所介绍的,确实大致以启蒙运动与法国大革命呈现的自由、平等、博爱等思想为中心,并深受 19 世纪西方资本主义化的自由思想之影响。这些思想一旦输入具有数千年深厚传统的中国文明,不仅激起了许多同情传统者的批判,本身也因中华传统产生巨大的质变。一些优秀的中国现代保守主义者本于他们深厚的儒、释、道素养,对于以启蒙运动为主的西方现代性提出深刻的批评。这些批评不仅反映出中国文明对于西方现代文明的深入反思,也反映出中国体质对于启蒙与西方现代性的深层排斥。

中国现代的保守主义者对于西方文明,尤其是其现代阶段的问题,看得非常深刻。其批判的基本方向与内涵与西方当代顶尖思想家对于启蒙与现代性的自我批判若合符节。② 这种高超的敏感度与深度当然与中华文化本身深厚的儒、释、道与人文传统以及较偏重家庭、情感与文艺等倾

---

① 吴展良:《傅斯年学术观念中的反形式理则倾向》,收于氏著《中国现代学人的学术性格与思维方式论集》(台北:五南图书出版股份有限公司,2000 年)。

② 参见吴展良:《中国现代保守主义之起点:梁漱溟的生生思想及其对西方理性主义的批判(1915—1923)》,《当代儒学论集:传统与创新》,台北:"中研院"文哲所,1995 年。

向有关。从清末的王国维、鲁迅等人,都提出较倾向于浪漫主义的思想,他们喜欢尼采、叔本华等德国唯心论思维,强调人的心灵跟意志,认为人生的本质充满痛苦。另外像章太炎、梁启超、杜亚泉等人对西方现代资本主义的文明也有许多批判。还有像林纾、国故派、晚年的严复、《学衡》派等,也都对西方现代性的许多因素提出批评。他们虽然批判了以启蒙为中心的现代性,其思想却不必然是反启蒙,更多的是非启蒙。

从新文化运动时期开始,主流的中国思想文化界多视这些为不符合世界潮流的反动思想,他们在表象上也确实一直站在历史舞台的边缘。然而这些思想以数千年中国的传统为基底,对现代中国人其实有极深刻,乃至往往不自觉的重大影响。现代中国的新派知识分子一方面在意识与技术上运用了大量启蒙与现代化的事物,然而其人格形态、存在结构、思维、情感与行为模式,却又往往是非启蒙乃至反启蒙的。从这个角度,可以让我们较容易理解后来整个中国的现代史、革命运动,何以都带有高度非启蒙的倾向,却又不断用启蒙式的术语为号召。

4. 梁漱溟深刻批判启蒙理性与现代性

自清末以来,批判启蒙理性的声音其实一直不绝于耳。如早期的王国维、李石曾、柏格森、张君劢、杜亚泉等人都批判启蒙,他们一方面批判科学概念,另一方面也批判民主法治概念。尤其值得注意的是梁漱溟,他用佛教、道家跟儒家《易经》的概念,指出宇宙的根本就是在变动中,因此是不可能确定其性质与意义。事物的关系亦非简单的逻辑关系,而是复杂地互相渗透、变化袭染,因此梁漱溟对宇宙论跟认识论的本质都批判得非常深刻,这是当时对整个西方科学理性逻辑之本质所达到的最深刻批判。① 在这个意义下,梁漱溟提倡另一种人生观,主张不那样清楚地定义人跟人之间的权利义务,也并非只是个人主义、法治、只崇尚个人自由。他虽然也提倡解放,但认为所有事物都要互相融合、混沌,要照顾到整体性跟变化性。故他也在这个意义上替儒释道三家打抱不平,说将所有事

---

① 林毓生:《胡适与梁漱溟关于"东西文化及其哲学"的论辩及其历史涵义》。

都切开切碎、个体化、分析化的宇宙观,会强调个人的科学定义,将所有事物都变成个体化原则。而中国传统则重视事物的根本变化与所有事物整体互相袭染的性质,这两者就像中医跟西医的对立。这就变成对启蒙运动与西方 enlightenment 文明的批评,但这当然是少数派。另外,张君劢受到西方浪漫主义影响,强调非物质性的精神力量,但这只是西方新浪漫主义(Neo-Romanticism)的一支,其重要性远不如梁漱溟。因为梁漱溟是真正从中国历史的自身脉络或自身性质、儒释道的根源出发。

新文化运动的主要领导人认为全人类的历史发展都会走上类似西方的进化过程。然而梁漱溟却认为西方的许多事物固然必须学习,尤其西方确实能高度对付自然、运用科学、组织纪律、发展个性、个人、使人免于受压迫等种种,但人类演化却依然可能会有不同道路。譬如像中国文明这种重视家庭情感,对峙于现代的路径,甚至于后来会反过来说,中国是因为伦理太早熟,重视人与人之间的关系——梁漱溟反过来称之为"出于情感的理性"——将无法走上西方那种个人化、理智化的道路,而是用另外的方式走自己的道路。梁漱溟进一步说,当人类文化进化至物质与社会情感方面都大体得到安顿时,将难以避免终极的痛苦,因此印度出世的文明依然有其终极的价值。民国时期其实有许多人追求佛教、印度教与基督宗教的深刻意涵,这是新文化运动丰富的层面。

当时认为科学能找到人类演化的普遍公理,并认为世界本质是不断演化甚至进化的过程,其中有一定的公理,可透过科学的方法来认识。当然每一家对科学的诠释不同,其中又有许多复杂变化,如当时胡适之最看重的实用主义就偏重认为世上没有永远不变的道理,道理会随时变化,但即使如此,他们依然倾向于认为有普遍公理存在;另一支较偏向科学唯物论,认为世界的本质是唯物论,一定要彻底认识唯物主义才是科学,诸如此类。重点是对这种普遍公理化的思想也有不少批评,其中讲得最深刻的应当是梁漱溟,他直接对所谓的普遍公理、理性化的理则提出许多质疑,主要是从变化的观点,认为宇宙的本质是不断变化,并不能在这变化中找到一定不变的道理,因此会更强调心物交流、主客交融、对事物感受的状态,这尤其跟人的感情有关。进一步从这里讲到政治、社会组织,最后还是要重视到人的感情层面,认为西方人的组织固然有其力量,但儒家传统的组织能照顾到人的感情、家庭,这在未来仍有重要性。

进一步来说,梁漱溟认为,西方资本主义较偏物质、有效率,因此西方法制也将每样事物、权利义务用逻辑方式定义得清清楚楚,但这就会破坏人与人的感情。因此高度资本主义化的社会也会逐渐走向人与人之间情感的疏离,人会愈加变成原子化的个人,同时也会变得像物质一样,只为金钱、为资本所役使,造成人的高度异化跟物化状态。因此梁漱溟认为,西方这种理性化或理智化思维容易导向把每个人变成分割的个体,彼此缺乏情感的状态,故他倾向反对资本主义,要走社会主义的道路。这种思潮在当时其实是很重要的潜流,<u>新文化运动表面上看起来虽是启蒙运动,但骨子里其实是非启蒙的</u>。也就是说,表面上看似引进了大量西方所谓的启蒙式学说、制度、想法,但核心运作的情感仍是非启蒙的,事实上还更多偏向人的情感、解放,甚至带有很多浪漫性色彩,这事实上是后来革命运动的主流,并在这种情调下荷载了表面上的启蒙运动。

保守主义者与后来的马克思主义者均质疑奠基于"个体化"原理的启蒙理性、个人主义、自由主义、法治、功利主义与资本主义,将导致社会与人生彻底的物化与异化。这更使得新文化运动后期走上重视整体情感交融与互动的社会主义道路。除前述梁漱溟外,新文化运动最早的播种者章士钊的后期保守思想也是一个很好的例子。章士钊在"前《甲寅》时期",以提倡宪政民主等新式理想,主张调和主义,行文逻辑理性著名。然而后来他对民初的议会政治绝望,在 1921 年欧游之后,转而批判现代性,强调社会的整体性、有机性与历史的循环变化论,并强调工国跟农国的分别。认为农国是自给自足的国家,工国则会有不断扩张的倾向,这是他对工业化及资本主义式扩张的严厉批判。他希望拿礼、文来约束人类社会,虽接受时代变革,但主张"有不可变者,礼与农而已"。希望社会安定,人与人间有礼义、互相尊重,重视社会的自给自足。[①] 一些主张甚至近于所谓"敦诗说礼,孝弟力田"。[②] 这都是从中国传统的整体、变化与有机关系主义对于个体化、机械化的现代西方文明之本质性批判。

[①] 沈松桥:《五四时期章士钊的保守思想》,《"中央研究院"近代史研究所集刊》第 15 期下册(1986 年 12 月),第 163—250 页。

[②] 吴稚晖嘲章士钊语,转引自郭双林:《章士钊与〈甲寅月刊〉》。

四、回到中国的整体生存及政治社会如何重组的问题

个体一旦得到初步的解放与独立自主,中国的群体生存与政治社会重组问题立刻浮出台面。整体若不能解放与自主,个体目标亦无从达成。读书人原以当时最先进的,由西方近代资产阶级所主道的个体解放暨自由民主思想之大道为依归。然而中国是人类历史上最大的社会,民初纷乱的历史显示出自由民主的道路实难以整合如此巨大且充斥矛盾的社会。不仅如此,在五四运动之后,人们对自由资本主义与帝国主义大为失望,中国又日益陷入军阀割据的状态,年轻人乃迅速转而向往以提倡平等、博爱与群体福祉为主的社会主义、共产主义、国家主义与三民主义道路。其中共产主义因为在理论上同时提倡彻底的解放、重生、自主、民主、平等、博爱与受压迫者的群体福祉,自然最得到年轻人的青睐。

1. 透过政治落实解决中国问题的理想大道

中国乃一国家型文明,此文明中的一切无不环绕着其建国与立国形态而旋转。儒家与儒学传承了古代建国立国的各种核心要素,是以首重政教问题。陈独秀等新文化运动的发起者,继承了这个大传统,本就极为关心政治,只是因为政治问题一时无法解决,所以才先从"教",即所谓思想文化着手。《新青年》早期以人生、伦理、文化、学术思想的反省为主,提出全新的思想文化主张,主张文学革命、科学、民主与人权,全面批判传统儒家的伦理道德。这些主张所要求的新文化,若非对政治与社会加以彻底改革,事实上无法做到。反过来说,其实是因为陈独秀等人原本就企图全面改造中国,所以其文化主张背后,也都具有政治意涵。与此同时,军人割据揽权及帝国主义不断侵略的形势,更让新文化运动的领导人感受到不得不谈政治的压力。胡适之回国时原本立誓说"二十年不入政界,二十年不谈政治",陈独秀早先也主张先不谈政治,最后却都被逼得不得不谈。他们原本认为,从民初的政治经验来看,人们的思想若不改变,急着谈政治又有何用?必须先从根本上改变众人的思想,才可能有新的政治。

但结果缓不济急,他们追求理想文化道路的热情,迅速转化成追求理想的政治道路。

1918年陈独秀开始主张反对军阀、抛弃一党武力统一思想,主张一切"采用西洋的新法子"。他相信法国大革命后西方所成就的民主、自由、法治、平等,尊重庶民权利的政治社会,为人类的极则。所以全力提倡,对政治日渐积极。其文字充满理想性,一心要让中国走上民主自由的道路。陈独秀与李大钊在1918年12月创办《每周评论》,严厉谴责列强控制巴黎和会,指军阀、官僚、政客为三害,欲全面铲除之。他鼓励国民对三害举行示威运动,并认为社会中坚分子需组织新政党,《每周评论》的影响力一时凌驾《新青年》之上。[①]

2. 社会主义逐步取得"大道"的地位

惨烈的第一次世界大战使许多读书人对于西方原本以自由主义为主导的政治经济与社会文化产生了怀疑。陈独秀在1917年俄国十月革命后即与李大钊一起研究马克思主义。1918年10月,李大钊发起了"社会主义研究会",并连续在"新青年"发表了多篇鼓吹俄国革命与共产主义的文章。1919年5月,《新青年》出刊"马克思主义专号",之后并不断出版介绍马克思主义、列宁主义的文章。1920年3月,北大学生成立了"马克思主义研究会",5月《新青年》再刊出"劳动节纪念专号"。到了1919年年底,研究与宣传马克思主义和布尔什维克主义已形成一种风潮。

1918年11月蔡元培与李大钊在一战结束与苏联十月革命的周年,分别以"劳工神圣""庶民的胜利"为专题发表演说。蔡元培极力提倡靠自己的体力与脑力营生的价值,并大力批判怠惰、剥削、贪污的权贵阶层。[②]李大钊更进一步高倡:

---

① 郭廷以:《近代中国史纲》,香港中文大学出版社,1980年,第510页。
② 他说:"凡是用自己的劳力作成有益他人的事业,不管他用的是体力、是脑力,都是劳工。……我们要自己认识劳工的价值!劳工神圣!"并严词批判了"纨绔儿""卖国营私的官吏""克扣军饷的军官""操纵票价的商人""领干修的顾问谘议""出售选票的议员"。

> 欧洲的战争,是"大……主义"[各种民族与地域主义的简称,李以其为专制右派的代称]与民主主义的战争。我们国内的战争,也是"大……主义"与民主主义的战争。结果都是民主主义战胜,"大……主义"失败。民主主义战胜,就是庶民的胜利。社会的结果,是资本主义失败,劳工主义战胜……须知今后的世界,变成劳工的世界。①

认为第一次世界大战代表全世界庶民与民主主义的胜利与资本主义的失败。他虽然夸大地认定苏联革命与全世界的劳工在结束战争上起了关键作用,并高估了劳工、庶民与民主的胜利,然而俄国大革命对人类史与中国近现代史确实具有极重大的历史意义。西方近现代史上有三大革命,第一是美国革命,第二是法国大革命,第三则是苏联革命。美国革命是美国自己在新大陆独立,影响有限。影响最大的是后两者。法国大革命推翻了千余年封建、贵族与君主的传统,并将革命成果推展到整个旧世界、旧大陆,形造成现代世界的新文化。然而这主要是资产阶级的革命,只使资产阶级获得了自由平等的地位。苏联的革命将其更进一步推展到庶民与劳工,在中国立刻获得热烈回响。这是因为中国缺乏资产阶级,原有的士阶层从小读圣贤书,认知自己的职分在于"以天下为己任""为民父母""恫瘝在抱"。② 当传统的政教秩序崩坏后,有良心的新时代读书人关怀的主体自然转为占绝大多数的庶民阶层,也因而热烈拥抱与他们自己出身往往大为不同的农民与劳工。近现代人类的历史经验显示,主导大变革或革命一定需要某一阶层为主体,也必须认清他所服务的主要阶层。中国的社会以劳动的庶民占绝大多数,领导变革的知识分子同情庶民而不是资产阶级,实属当然。蔡元培与李大钊对劳动、劳工、与庶民民主的强烈肯定,指出中国政治文化未来发展的新方向。然而其高度的理想性格,亦可从"劳工神圣""民主主义战胜""劳工主义战胜"等字眼得之。

向政治转向,可以"少年中国学会"在1921年7月之后的分裂为代

---

① 《李大钊文集》。
② 《孟子·梁惠王上》:"为民父母行政,不免于率兽而食人,恶在其为民父母也?"《尚书·康诰》:"恫瘝乃身,敬哉!"蔡沈传:"恫,痛;瘝,病也。视民之不安,如疾痛之在乃身。"经典立训,影响极深。

表。"少年中国学会"创办于1918年6月,集聚了年轻一代的爱国菁英。①他们创办了《少年中国月刊》等多种杂志,积极引介新思想,并推动工读互助团、新村运动等组织,希望从改革中国的文化入手,是新文化运动中极重要的推手,也帮助推动了五四运动。然而工读互助团、新村运动等组织大多无以为继,许多人开始转向政治发展。在1921年7月南京年会以及十一年七月杭州年会就是否参与政治展开大辩论而无法产生共识后,学会分裂。正式分裂之前,许多重要的学会成员已分别加入共产党与青年党,部分会员继续从事文化与社会运动,有些人后来加入国民党,在这些领域都成为重要的领袖人物,然而学会就此衰败。②"少年中国学会"的兴衰变化,显示了新文化运动的重大转折,也表示中国政治社会与文化的新需求。

"少年中国学会"这批人是当时精英中的精英,在民国初年,士大夫思想还很重,认为读书人就是要以天下国家为己任,这还是儒家的旧传统。③ 学生虽年轻,却是推动时代发展方向的主力。当时受新式教育的机会稀少,费用巨大,这些新时代的读书人大多出身优渥。但他们虽然受了新式教育,在几千年士大夫传统的影响下,仍觉得自己是要领导民众的"士人"。因此,在一些重要知识分子的领导下,他们奋发踊跃地形成各种宣传与行动的团体。他们都从爱国与救国出发,却选择了不同的道路。或为国家主义,或为共产主义、社会主义,或为三民主义、社会文化运动。

---

① 1918年5月,三千日本留学生返国,刊行《救国日报》,两千余北京学生响应。六月"少年中国学会"成立,模仿意大利革命家马志尼当年所创办"少年意大利",以爱国、救国为宗旨,企图"振作少年精神,研究真实学问,发展社会事业,转移末世风俗"。

② 郭正昭、林瑞明:《王光祈的一生与少年中国学会》,环宇出版社,1974年。"中国最具理想的一群青年才俊都聚集在少年中国学会,国共两党的很多重要人物均出之于其中,如共产主义者李大钊、毛泽东、邓中夏、恽代英、蔡和森、李达、张闻天、赵世炎、沈泽民等;后来成为国家主义分子青年党的曾琦、左舜生、李璜、魏时珍、余家菊等也进了这个组织。"(韩三洲,王光祈:毛泽东加入"少年中国学会"的介绍人。)"主张社会运动者,如王光祈、方东美、田汉、康白情等,他们在学术、教育、文化各领域,亦独领风骚,贡献至大。另有加入国民党者,如周佛海、陈宝锷、吴保丰等。"(陈正茂《理想与现实的冲突——"少年中国学会"史》摘要)

③ 孙中山在黄埔军校开学典礼训词中的"兹尔多士,为民前锋",就表达了此意。歌词中"夙夜匪懈,主义是从",表示的则是这些新时代的士,要以新思想改造全民的思想文化,进一步改造国家社会。同时军阀彼此不断互相争战、争权,也使大家觉得以思想文化改造国家社会是唯一希望。

彼此之间曾产生激烈的争执乃至斗争,然而其基本性质都属于士阶层在新时代的救国救民与求道运动,所以莫不关心从个体到群体,从社会、伦理文化到政治的整体发展方向。至于其成败的关键,则在于他们所能唤醒与动员的群众的数量与组织领导的良窳。

工商业的发展与相应的社会变化也提供了新型政治发展的土壤。第一次世界大战期间,西方列强忙于内斗,使得中国的工商业得到发展的机会。1915年,二十一条后所产生的抵制日货运动,也使中国的纺织、面粉、水泥等轻工业得以大幅发展,重工业、交通运输业、银行业均颇有增长。① 但一战后,日本及西方列强重回中国市场,其强大的政经力量,使中国工商业受到严重打击。当时帝国主义对中国的欺凌可说是侵门踏户,无所不至。而中国自身也有严重问题:不断的内战、政府与军阀无意扶植乃至扰乱工商业亦为重要原因。② 发展工商业的挫折,更使年轻人致力于政治运动,并产生反资本主义与帝国主义的倾向。虽然如此,中国沿海大城市乃至内陆的重要通商口岸也产生了巨大改变:商人阶层大增,商会、工会都增加。罢工大增,女子亦觉醒,这是个新的社会现象。新的生产方式,对于自由、民主、解放、集会、群众路线等现代化的政治倾向之发展甚为重要。但变化主要还是在大城市尤其沿海,社会上绝大部分人仍很传统。因此中国未来的改革与革命路线,或以城市为基底,或以乡村为基底,也难免产生分裂及复杂的斗争。

3. 五四运动后的社会主义浪潮

在上述背景下,乃有五四运动及其扩大。首要因素当然是因为第一次世界大战告终,中国列名战胜国,国人以为可因此去除不平等地位而高度欣喜。结果却是依旧,列强仍是不顾公理正义,因而纷纷产生列强"欺凌我、压迫我、奴隶我"的强烈感受,自觉地位比殖民地还不如,对西方列强极度失望,因此号召"外争主权、内除国贼"。这是个可歌可泣的全民运

---

① 郭廷以:《近代中国史纲》,香港中文大学出版社,1980年,第512—514页。
② 同上书,第515页。

动,国家处于非常悲惨的状态,对列强的盼望又全告失败,当时人可说是不顾性命地进行五四运动。而政府竟然报以一波波压制,结果当然是推波助澜,最后是学生与全国工商业相继罢课、罢工、罢市,五四运动获得最后胜利。

五四运动是中国近现代的转捩点。此前是思想的预备,之后就变成各种的行动,所有新思想如野火燎原般烧到全国各地。在这中间还有很重要的转折——就是对西方列强的失望,很快就转移到对整个自由民主跟资本主义体系的西方旧体制的失望。因为中国人认识到西方列强最后还是自私自利。中国若跟着他们走,仍会被继续压迫。不仅如此,中国人原来对于西方"文明"的"信仰"也因而破灭,感觉到必须寻找新的大道。大战之时,列强忙于彼此的生死斗争,无暇他顾,但在战后,列强又开始从政治、经济、社会、文化全方面地压迫中国,使得社会主义成为五四之后主要的思想潮流。

社会主义从清末起就已经在中国内部流传,包括早期的无政府主义。无政府主义有很多家,清末的主流是共产主义式的无政府主义。孙中山在清末也提倡社会主义,故中国革命诚如史华慈所言:带有社会主义式共和国概念。无政府主义较激烈,革命党则相对温和,主要是以反对现有政府、旧传统及建立社会主义化新政府的方式呈现。[1] 五四之后,中国对巴黎和会乃至于对列强的失望更进一步膨胀,所以产生了希望拥抱所有人、互助互爱的社会主义,乃至于共产主义倾向。大体而言,当时有良心的知识分子所关心的主体自然是占人口绝大多数的农人与工人。国共两党均以照顾平民为号召,中国共产党最后更成为一个农工阶级政党。中国现代革命其实是由一群新形态的"士"领导的农工革命,商人、资产阶级力量仍不足够。这是中国历史与社会的自身体质与脉络使然。[2]

着重个体解放与独立自主的思路是新文化运动前期的主导思想,而

---

[1] 本杰明·史华慈(Benjamin I. Schwartz):《论五四及其以后新一代知识份子的崛起——〈剑桥中国史〉第十二卷第八章》,收于王跃、高力克编:《五四:文化的阐释与评价——西方学者论五四》,山西人民出版社,1989年。

[2] 莫里斯·迈斯纳:《知识分子对传统的反叛》,《毛泽东的中国及其后:中华人民共和国史》,香港中文大学出版社,2005年。

后才在其中选择不同的解放及民主道路。新文化运动开始时较倾向英、美式的议会民主。五四运动之后因为反帝国主义,也对当时以资产阶级主导的议会民主产生反感,迅速走上所谓群众民主路线。新文化运动本因国家整体的危机而起,个体化的自由民主道路一旦受挫,自然走向各种集体性的主张。与此同时,从家族与儒家伦理解放出来的个体,本来也必须面对如何重新组织的问题。中国国家社会的巨大危机以及重视群体福祉过于个人的儒家传统,使他们迅速走向新的"集体主义"的组织方式,从而有效建立新秩序,并重塑了新中国的政治社会与文化。

国际视野下的北京研究
——《古代北京与西方文明》导论

北京大学历史学系教授　欧阳哲生

北京作为元、明、清三朝古都,是中国政治、经济、文化、军事的中心,在中西关系特别是中西文化交流史上,她扮演着极其重要的角色,其历史地位堪与汉、唐之长安媲美。从元代以来,西方的旅行家、传教士、外交使节和商人源源不断地走向北京,他们将自己亲身经历的"北京经验"(The Beijing Experience)以笔记、日记、书信、回忆录等各种文体记录下来,带回到自己的故土,成为西方世界介绍北京、想象北京的经典题材,构成西方"北京形象"的源泉。从这些西方人士的"北京经验"中,我们可以窥见西方人士近千年中国观的演变过程——从极为倾慕,到逐步渗透。通过解析这一过程,我们将看到中西关系演变的一个侧面——西方视野里的北京形象。

一、选择"古代北京与西方文明"课题的缘由

确定以"古代北京与西方文明"作为自己的研究课题,有着文献的、历史的、学术的、现实的和个人的多重因素合力促成。

从文献材料看,元代以降,西方人士源源不断地走向北京,或游历,或传教,或经商,或奉使,北京是西方人士进入中国后的首要目的地,北京的城市文化、风土人情、建筑园林也成为他们考察、纪录的主要素材。围绕这座文明古城和享誉世界的大都市,来京的西方人士撰写了数量众多的不同体裁的纪实作品,包括日记、书信、游记、回忆录、考察报告、旅行札记、社会调查、绘画作品,它们具有纪实、写实的性质,这类作品可谓西方人士亲历北京的历史纪录,亦是西方人士留存的"北京经验"或"北京记忆"的历史文献。这些不同体裁的作品值得特别提到的有:反映元大都盛景的《马可波罗行记》《鄂多立克东游录》;反映晚明北京风情的意大利耶稣会士《利玛窦中国札记》及其书信、俄罗斯伊万·佩特林使团《关于中国、喇嘛国和其他国土、游牧地区与兀鲁思以及大鄂毕河和其他河流、道路等情况之报告》;反映清初改朝换代后的北京状况有葡萄牙传教士安文思著《中国新史》、荷兰使节约翰·尼霍夫著《荷使初访中国记》、俄罗斯使团《费·伊·巴伊科夫条陈文本对比》、斯帕法里《中国介绍》;反映康熙前期京师风貌的有法国耶稣会士李明著《中国近事报道》、白晋著《康熙传》、《张诚日记》,荷兰伊兹勃兰特·伊台斯与德国亚当·勃兰德合著《俄国使团使华笔记》;反映18世纪北京风俗政情的有法国传教士汉学名著《耶稣会士中国书简集》《中华帝国志》《中国丛刊》;反映18世纪末乾隆接待英国马戛尔尼使团的纪实作品《马戛尔尼勋爵私人日志》《巴罗中国行纪》、斯当东著《英使谒见乾隆纪实》和随团画家亚历山大的大量画作。1997年牛津大学出版社出版由新西兰驻华大使克里斯·埃尔德编纂的《老北京:世界统治者之城》文集,该书搜集了从1300年至1993年七百年间出版的142种有关北京的英文书籍(部分作品为英译著作),从中摘选了400多处精彩片断,按十六个专题,分门别类,编选成书,浓缩了西方人士对北京的评价和印象。该书被列为"中国城市旧闻丛书"首卷出版,足见西方人士对北京历史文化的浓厚兴趣和强烈爱好。[①] 据我个人不完整的统计,迄今仅使用英、法、德、俄、葡、荷等欧美语种写作的以北京为题材或

---

① Chris Elder, *Old Peking: City of the Ruler of the World*, Hong Kong: Oxford University Press, 1997.

为研究对象的著作,至少在五百种以上,这是值得我们重视的一笔学术、文化资源,其所蕴含的丰富的历史文献价值和学术研究价值,理应为我们所重视和取鉴。

从历史地位看,北京是继长安之后中国历史上又一中外文化交流的中心。长安作为汉唐时期的中国政治、经济、文化中心,她曾在公元前1—前2世纪到公元8—9世纪这一时段是中外文化交流的中心,她对沟通中原与西域、中亚、印度、波斯等地的文化交流产生了关键的作用。北京作为元、明、清三朝古都,是这一时期中国政治、经济、文化、军事的中心,也是同期中外文化交流的中心。在中西关系(特别是中西文化交流)史上,她扮演着极其重要的角色,其历史地位堪与汉、唐长安媲美。在中国古代历史上,长安(西安)、北京若如两颗前后并峙、交互辉映的双城星座,北京在中外文化交流史上的重要地位由此可见一斑。

从现有的学术研究来看,相对于北京这一历史地位而言,我们现今对北京与外来文化之间关系的研究,显得相对薄弱。对北京与中西文化交流的研究更是缺乏深度的研究。

当然,之所以选择这一研究课题,与个人的研究兴趣亦有很大关系。在京二十余年,从最初的向往,到长年浸泡在北京文化所产生的陶醉,对这座城市的感情可谓与日俱增,因而对这座城市也产生了从学术上探究的兴趣。平时闲逛书店,留意搜购北京历史的研究专著和古籍文献。出国访学,探寻国际汉学,寻访收集西方有关北京学的文献材料、研究著作,日积月累,这方面的材料逐渐增多。以自己长期从事研究中国近现代史的工作感受,以为中西关系是近代以来最为关键、也是最为复杂、最难处理的一对关系。把握好这一关系,对中国的发展、对中华民族的伟大复兴可以说极为重要。因此,产生了对研究中西关系史,特别是中西文化交流史研究的兴趣。而以"北京与西方文明"作为切入点,具有天时(时代的急迫需要)、地利(身处北京的地缘)、人和(京城近年国际汉学研究的热烈气氛)的优势,可谓是再合适不过的课题。加上北京大学本身具有研究中外文化交流史与北京学的学术传统,前辈学者如向达先生的《长安与西域文明》即为研究长安与西域关系的经典之作。季羡林先生以研究中印文化交流史与敦煌学见长,在地域上实为以汉唐长安与外来文明的关系为中心。周一良先生在 1980 年代组织北京大学相关专业教师,撰写了《中外文化交流史》(河南人民出版社,1987 年),再次确认了北大在这一领域的领先地位。侯仁之先生在英国利物浦大学留学时即撰写以北京为题材的博士论文《北平历史地理》,[①]从此将其身心投入北京历史地理的研究,他是大家所仰慕的北京历史地理研究的宗师。他们的长处是具有国际视野,他们的研究从一开始就建立在广阔的国际视野基础之上,因为他们的研究成就,国际学术界才对中国在这些领域表现出应有的尊重。我从事《北京与西方文明》这一课题研究,实际上是承传北大老一辈学者开创的这一学术传统。这多重因素的结合将我引入到对"北京与西方文明"这一课题中来,这项课题实际上是我多重兴趣点的结合或贯通。

二、国内有关古代北京与西方关系的研究成果概述

围绕北京与西方文明关系探讨的论著可从直接论述与相关论述两方面来把握。直接论述是指以探讨北京与西方文明关系为主题的论著,这方面的论著多以研究西方传教士在北京为主,如余三乐的《早期西方传教士与北京》(北京:北京出版社,2001 年)、《中西文化交流的历史见证——明末清初北京天主教堂》(广州:广东人民出版社,2006 年)两书,前书围绕"17—18 世纪的北京——中西文化交流的中心"这一论点展开论述,对这一时期来京较为重要的西方传教士,如利玛窦、邓玉函、罗雅各、龙华民、汤若望、利类思、安文思、南怀仁、安多、白晋、张诚、巴多明、宋君荣、庞嘉宾、纪理安、戴进贤、刘松龄、徐日升、张诚一一作了介绍,对传教士所涉历史的几个亮点,如传教士与钦天监、传教士与中俄《尼布楚条约》的签订、传教士与《皇舆全览图》、传教士与中学西传等问题作了重点讨论,对传教士在京的两处墓地——栅栏、正福寺墓地的历史变迁也作了介绍,堪称中文文献第一部系统讨论西方传教士与北京关系的论著。后书则主要以 17—18 世纪天主教在京的南堂、东堂、北堂的历史演变为讨论对象,内

[①] Hou, Renzhi, *An historical geography of Peiping*, Thesis note: Thesis (doctoral)—University of Liverpool, 1949. 中译本有侯仁之著,邓辉、申雨平、毛怡译《北平历史地理》,外语教学与研究出版社,2014 年。

容较前书更为深入、细化。其中对清代文人学士们所写的与中西文化交流史相关的诗文收集,对南怀仁在清初担任清朝与俄罗斯谈判的翻译工作所作的细致爬梳,都可见作者的独到功力。

北京天主教墓地是明清中西文化交流的重要历史遗迹,学界对这些历史遗迹非常关注,其中围绕栅栏墓地的图册有林华、余三乐、钟志勇、高智瑜编《历史遗痕——利玛窦及明清西方传教士墓地》(中国人民大学出版社,1994年)、高智瑜、马爱德主编《虽逝若存——栅栏:北京最古老的天主教墓地》(澳门特别行政区政府文化局、美国旧金山大学利玛窦研究所,2001年)、北京行政学院编《青石存史——"利玛窦与外国传教士墓地"的四百年沧桑》(北京出版社,2011年)。这些书籍图文并茂,保留了大量栅栏墓地和石刻的珍贵历史照片。明晓燕、魏扬波主编《历史遗踪——正福寺天主教墓地》(文物出版社,2007年4月)叙述了在京法国耶稣会、遣使会的历史演变,对正福寺墓地、墓碑拓片录文作了详细注释。吴梦麟、熊鹰著《北京地区基督教史迹研究》(文物出版社,2010年)从文物发掘的视角,对北京地区基督教史迹专门做了研究,内容涉及北京景教史迹文物、元明清基督教史迹文物、东正教史迹文物及其相关研究成果的述评,内容独特,具有一定学术价值。此外,陈东风著《耶稣会士墓碑人物志考》(中国文联出版社,1999年)对在京耶稣会士墓碑的碑文翻译和分析、人物考证、欧洲来华船只、墓碑人物在华时间表等,亦有一定参考价值。

通论性的北京天主教史、基督教史研究著作值得一提的有:陈月清、刘明翰著《北京基督教发展述略》(首都师范大学出版社,1998年),该书为北京市哲学社会科学"八五"规划的研究项目,将上起元代,下至1949年的北京基督教史分为"基督教的传入中国与元代汗八里的'也里可温'""明末清初天主教在北京的传播和发展""近代北京基督教的发展""传教士在北京教会的文教活动""东正教在北京""北京基督教的教皇及教徒生活习俗"六章叙述,内容简略,粗线条的勾勒了基督教在北京的传播和发展史。佟洵主编《基督教与北京教堂文化》(中央民族大学出版社,1999年),该书为北京学研究所、燕京研究院所立课题。绪论综论"一、源远流长的北京教堂文化。二、北京教堂文化的特点。三、北京教堂文化对北京传统文化的影响"。《基督教在北京的传播与发展》一节分别论述天主教、东正教、新教在北京的传播始末。《著名的传教士与信徒在北京地区的活动》一篇介绍了元代第一位来京大主教约翰·蒙特·科维诺、明末来京传教士利玛窦、清初第一位钦天监监正汤若望、康熙至乾隆年间在京的传教士南怀仁、张诚、白晋、戴进贤、刘松龄、郎世宁等。《北京地区的教堂和传教士墓地》一篇对北京主要基督教教堂、东、南、西、北四大天主教教堂及栅栏、正福寺两处墓地做了介绍。相对过去同类书籍,该书内容较为详尽,但编排混乱、错舛不少,如目录中将蒋友仁列为"康熙年间的法国传教士",将邓玉函、罗雅谷与龙华民列为"在清朝历局任职的传教士"等。杨靖筠著《北京天主教史》(宗教文化出版社,2009年)和《北京基督教史》(宗教文化出版社,2014年),前书为北京市哲学社会科学"十一五"规划重点项目,全书五章,分别讨论"天主教传入北京""明清时期的北京天主教""近代时期的北京天主教""新中国成立后的北京天主教""北京天主教"诸题。后书共四章,分别讨论"基督教概述""基督教传入北京""近代时期的北京基督教""北京基督教的文化事业"诸题。两书的线索清晰、内容较前此各书有一定扩充,但征引文献材料基本上局限于通论性或介绍性的中文文献,几乎没有发掘相关档案材料,反映了作者视野的局限。

此外,姜立勋、富丽、罗志发的《北京的宗教》(天津古籍出版社,1995年)第五篇《北京的基督教》讨论涉及北京的天主教、基督教、东正教,该书为北京市哲学社会科学规划办公室组织的科研项目,内容仍较简略,论述下迄1949年以后北京天主教、基督教、东正教的情形,因作者姜立勋担任北京市民族事务委员会主任,使用了一些官方的材料,此点常成为后来论者回避讨论1949年以后北京天主教、基督教的理由,但究其内容实际拓展的深度却有限。佟洵等编著《北京宗教文物古迹》(光明日报出版社,2004年),该书第一章《北京的天主教及其教堂》、第二章《北京的东正教》、第三章《北京的基督教》,在编排体例上较作者原所主编《基督教与北京教堂文化》一书有很大进步,新增"北京天主教若瑟修女会""北京基督教青年会与女青年会"等内容,为同类书籍所无。上述两种编著大体平铺直叙天主教、基督教在北京的发展过程,内容比较通俗,属于一般性的介绍文字。

左芙蓉的《北京对外文化交流史》(成都：巴蜀书社，2008年)和《古近代北京对外文化关系史》(光明日报出版社，2011年)是研究北京对外文化交流史的代表性作品。前著主要考察北京与外国之间的文化交流，包括在北京发生的文化交流活动，北京或北京人与外国或外国人之间的文化交流，外国人在北京的相关活动等。上起元朝，下迄近代，其中上编内容为元、明、清(1840年以前)，共五章，分别讨论"元与亚非诸国的交流""元与欧洲的往来""明清之际与亚洲的交往""西学东渐与中学西传"(此节涉及天主教在北京的传播)、"中西交流与冲突"(包括礼仪之争、英国使团入京、中西方贸易、从会同馆到四译馆)。后著为"北京市哲学社会科学'十五'规划项目"，在《元明清初编》，分别以专题"使节往来""科技交流与贸易往来""中外旅行家""宗教文化交流""涉外机构与语言学校""外国人看古代北京"六章的篇幅讨论古代北京对外文化关系史，两著框架设计大体完备，且不重复，内容仍较为简略。

从现有的北京与西方文明关系研究状况来看，绝大部分论著尚停留在一般性介绍的水平。对相关外文研究论著或外文文献征引很少，与国际学术界同行对话尚谈不上；对中文档案材料的发掘和利用亦明显不够。总的来看，这一课题确为北京史研究中的薄弱环节。

间接研究或相关研究论著大都是以中西文化交流史、中国天主教史等为主要内容或研究对象，其中部分内容或篇章与北京相关。这方面与本课题相关的国内研究论著较多，主要涉及以下八个方面：

一、《马可波罗行记》研究。《马可波罗行记》是一部奇书，是第一部向西方详细介绍元大都的经典游记，对其内容的真实性在西方一直争议不断，从它被译介到中国后，国内学者对它的研究一直比较重视，相关的研究论文、著作持续出现。一般来说，中文世界偏向认为该书为西人游历中国一部内容比较真实的游记，将之与中国文献相互印证。较为重要的著作有：(1)余士雄主编《马可波罗介绍与研究》(书目文献出版社，1983年)，该书选辑了从1874年(清同治十三年)映堂居士在《中西闻见录》发表的第一篇介绍马可·波罗的文章《元代西人入中国述》到余士雄在《中国建设》1982年第4期发表的《马可波罗在中国》这一百多年间，国内报刊发表的有关马可·波罗介绍文字和研究论文，共38篇，作者包括名家向达、岑仲勉、邵循正、杨志玖、张维华等人,其中所收张宁《〈马可波罗行记〉中的元大都》(原载《人民日报》1980年4月10日)一文与本课题直接相关。(2)中国国际文化书院编《中西文化交流先驱——马可·波罗》(商务印书馆,1995年),1991年10月6—9日中国国际文化书院、意中文化交流协会、北京对外文化交流协会等联合主办了马可·波罗国际学术研讨会,作为马可·波罗离开中国、回到意大利700周年之纪念,这是一次高质量的国际学术研讨会。该书是这次研讨会的论文结集,共收中外学者论文30篇,分五章分别讨论马可·波罗到过中国的考证、马可·波罗在中国的文化见证、马可·波罗与宗教、《马可·波罗游记》对西方文化的影响、马可·波罗在中国等主题,在第二章收有张宁《〈马可·波罗游记〉中的大都文明》一文。(3)杨志玖著《马可波罗在中国》(南开大学出版社,1999年),该书可谓杨先生研究马可·波罗成果的汇集,它针对国外学者提出的马可·波罗到过中国的疑问,从中国史籍搜寻材料与《行记》印证马可·波罗到过中国,《马可波罗行记》并非伪书,这是中国学者研究马可·波罗最具功力的著作。其中第六篇《马可波罗只到中国北方吗?——与海格尔先生商榷》开首提到海格尔(John W Haeger)《马可波罗在中国吗?问题与内证》(*Marco Polo in China? Problem with Internal Evidence*),该文认为马可·波罗只到过元大都,他有关中国其他各地的记载,都是在北京听来的。(4)彭海著《马可波罗来华史实》(中国社会科学出版社,2010年版),探究马可·波罗和他叔父离乡返乡二十六年间(1270—1295),特别是在元廷任职外放十七年间(1274—1290)在华游历的史实。它从三个方面探讨马可·波罗在华史事:一是对屠寄1921年前成书的《蒙兀儿史记》中《马可波罗传》的相关指认进行辨析、补充。二是考证马可·波罗来华存世物证。三是辨析马可·波罗对于他在华期间出仕、出使的亲身记述,其中对《马可波罗行记》中对襄阳炮战、扬州为官两大疑案作了重点探讨。此外,余士雄的《中世纪大旅行家马可·波罗》(中国旅游出版社,1988年7月)对马可·波罗来华历史背景、《马可波罗行记》记述的元初中国状况和各地城市情况、《马可波罗行记》的外国版本和中文译本、马可·波罗对后世的影响等问题作了探讨,其中有不少作者独到的研究所获。党宝海著《马可波罗眼中的中国》(中华书局,

2010年3月),行文流畅、文画并茂,对马可·波罗来华路线、元代的北京与杭州、忽必烈、马可·波罗的真实性诸题做了生动的描述。

二、明末清初传教士在北京活动研究。明末清初来京传教士利玛窦、庞迪我、汤若望、南怀仁的个案研究,历来是中国天主教史研究的重点,而对利玛窦又尤为重视。1983年9月11—13日在台北、2010年12月9—11日在肇庆先后两次召开学术研讨会,会后将与会者提交的论文分别结集为《纪念利玛窦来华四百周年、中西文化交流国际学术会议》(辅仁大学出版社,1983年)、《利玛窦与中西文化交流——第二届利玛窦与中西文化交流学术研讨会论文集》(香港出版社2012年),前书收入论文44篇,后书收入论文23篇,两书以利玛窦为中心,对明末清初以来的中西文化交流史做了诸多新的探讨。研究利玛窦值得推介的专著有:罗光著《利玛窦传》(台北:光启出版社,1960年)是较早的利玛窦传记作品,行文通俗,引征中、外文文献材料丰富,对利玛窦在北京的叙述占全书篇幅的一半。张奉箴著《利玛窦在中国》(台南:闻道出版社,1983年)对利氏的著述与影响、利氏与中国士人、利氏与在华西洋同工、利氏与中国耶稣会士等问题的探讨有一定深度,著述与交友是利氏在北京活动的主要内容,可视为利氏的"北京经验"。林金水著《利玛窦与中国》(中国社科出版社,1996年),该著对利氏所受的科学教育、利氏与中国士大夫的交往、利氏对中国天文学、数学、地理学、思想、语言、美术、音乐、中外学术的影响这些专题,做了较为深入的探讨,引征中外文相关文献资料丰富,是一本具有较高学术水准的著作。宋黎明著《神父的新装——利玛窦在中国(1582—1610)》(南京大学出版社,2011年)充分利用了德礼贤编辑整理的原版《利玛窦资料》,对相关的中文翻译作品所存误译做了订正,对利氏的"北京岁月"、利氏的遗产之论述下力较大,学术质量在已有研究基础上有新的超越。

张铠的《庞迪我与中国——耶稣会"适应策略"研究》(北京图书馆出版社,1997年),过去人们将焦点投注在利玛窦身上,几乎无人顾及他的助手庞迪我,张铠的这本著作具有填补空白之用。该著在纵向展示庞氏的生平活动,又横向考察了耶稣会"适应"策略的形成与发展、庞氏与利玛窦、龙华民之间的关系、庞氏在中西文化交流中的先驱作用等问题,对西文资料的发掘不遗余力,该著在中文世界第一次叙述了庞迪我1602年3月9日致西班牙托莱多主教路易斯·德古斯曼的长信,即《一些耶稣会士进入中国的记实及他们在这一国度看到的特殊情况及该国固有的引人注目的事物》,该信详细报告了庞迪我与利玛窦历尽艰辛到达北京的历程,他俩如何通过向万历皇帝贡献礼品,获得在北京的居留权;中国的地理概貌、行政区划;中国政治、经济、军事、风俗、各个阶层和妇女等,可以说是中国国情的汇报提纲,[1]极具文献价值。张著是一本具有开拓性意义研究著作。

黄正谦著《西学东渐之序章——明末清初耶稣会史新论》(香港:中华书局,2010年),主要探讨耶稣会士东来之政治背景、在华耶稣会之适应政策及礼仪之争、在华耶稣会士之上层传教策略、在华耶稣会士所传播之宗教文化等问题,对西文资料的发掘甚为用力,梳理材料条分缕析,是近年来中文世界少见的以明末清初耶稣会士为主题的功力之作。

现有对来华的西方传教士研究著作几乎都集中在耶稣会这一教派,对其它教派的研究鲜有人问津。崔维孝著《明清之际西班牙方济会在华传教研究(1579—1732)》(中华书局,2006年),是国内第一部系统探讨方济会在华早期传教史著作,该著在第二章《西班牙方济会传教士艰难的中国之行》第三节《西班牙传教士北京之行与福建教难(1637)》介绍了雅连达、马方济两位西班牙方济会士于1637年8月14日到达北京,并经汤若望帮助安置,在京居留了半个多月。这是对明末方济各会士第一次来京之情形之记载。[2]

三、西方使节来京访问及中西关系史研究。17、18世纪中西关系史研究的成果相对较多,其中研究教廷与中国关系史的有:罗光著《教廷与中国使节史》(台北:传记文学出版社,1983年),该著分上、下两册,与本

---

[1] 张铠:《庞迪我与中国——耶稣会"适应策略"研究》,北京图书馆出版社,1997年,第110—141页。

[2] 崔维孝:《明清之际西班牙方济会在华传教研究(1579—1732)》,中华书局,2006年,第92—98页。雅连达、马方济之译名可能有误,应译为艾文德(Francisco de la Madre de Dios)、艾肋德(Gaspar Alenda),参见[意]柯毅霖(Gianni Criveller)著、王志成等译:《晚明基督论》,四川人民出版社,1999年,第168页。[美]邓恩著、余三乐、石蓉译:《从利玛窦到汤若望:晚明的耶稣会会传教士》,上海古籍出版社,2008年,第246、248页。

课题相关的内容有"教廷与元朝的往返使节""多罗宗主教出使中国""嘉乐宗主教出使中国"诸节,内容占全书篇幅的一半以上。该著引征西文资料相当丰富,方豪虽在《中国天主教人物传》中对该著有所补正,但该著在研究罗马教廷与中国关系史方面仍不失为扛鼎之作。研究罗马教廷与中国关系史的著作还有:顾卫民的《中国与罗马教廷关系史略》(东方出版社,2000年),该著第一章《罗马教廷与蒙古帝国》、第二章《明清之际中国的天主教》、第三章《中国"礼仪之争"》与本课题相关。在材料上这三章内容较罗光一著并无新的增加,因题为"史略",该书的基本构架略当大纲性质。陈方中、江国雄的《中梵外交关系史》(台北:台湾商务印书馆,2003年12月),该著只有第二章《未建立外交关系时期》所研究的"蒙古时期"、"葡萄牙保教权时期"、"法国保教权时期"属于本课题的研究范围,该著内容侧重于20世纪以后中国与罗马教廷的关系。《中梵外交关系史国际学术研讨会论文集》(台北:辅仁大学历史学系,2002年),是2002年12月5—6日"中梵外交关系史国际学术研讨会"的论文结集,其中查时杰《从蚕池口到西什库——天主教北京北堂的历史》、冯明珠《坚持与容忍——档案中所见康熙皇帝对中梵关系生变的因应》两文与本课题相关,冯文利用《康熙朝汉文珠批奏折汇编》《康熙朝满文奏折全译》研究罗马教廷多罗、嘉乐使华过程,在材料上有新的拓展。

以1999年澳门回归祖国为契机,国内学术界对澳门史、中葡关系史研究及其相关历史文献的整理有了重大进展。过去研究中国与葡萄牙关系仅有周景濂编著《中葡外交史》(商务印书馆1931年)这本小册子。近期研究中葡关系史的重要著作有:1、万明著《中葡早期关系史》(社会科学文献出版社,2001年)。该著广泛采用了近半个世纪出版的中文明清史籍、档案、地方志、文集和各种相关外文文献,在材料上较周景濂编著《中葡外交史》大有扩充,在研究视角上,该书围绕澳门探讨中葡早期关系史,对中葡早期关系史设置问题加以探讨,是一部具有一定深度的专题研究著作。其中第二章《中葡两国的第一次正式交往》、第九章《外交往来与交锋》与本课题关联密切。2、黄庆华著《中葡关系史》(3卷,黄山书社,2006年)。该著列入中国社会科学院重大课题,煌煌三大卷,上百万言。其中上册探讨的范围是从明朝到鸦片战争前的中葡关系史,在材料上广搜中文、葡文相关历史文献,在内容上不局限于从澳门史的角度,而是从更为广阔的视野来把握中葡关系史,是迄今最具功力、也是最大篇幅的中葡关系史著作。

研究中俄关系史著作较早的代表性著作有陈复光著《有清一代中俄关系》(云南大学法学院1947年),该书前两章对17、18世纪俄罗斯遣华使节巴依阔夫、伊兹勃兰德、义杰斯、伊兹玛依洛夫、萨瓦,对俄国东正教传教团随团来京留学生有简略评述。"文革"时期,鉴于在意识形态上反对苏联修正主义和新沙皇的需要,中国史学界曾大张旗鼓地研究沙俄侵华史,一方面组织力量翻译《十七世纪俄中关系》等一批与中俄关系有关的俄文历史文献,一方面研究、编撰《沙俄侵华史》,其中中国社会科学院近代史研究所编著《沙俄侵华史》(4卷,人民出版社,1976—1990年)为同类著作之翘楚,该书第1卷"叙述十七、十八卷沙俄对中国的侵略",第2卷第一章《〈尼布楚条约〉后一百五十年间沙俄侵略黑龙江的野心》叙述十九世纪前期沙俄的侵华活动,对同时期俄罗斯来华使团经历、俄国东正教会的侵略活动有均有论述。以"侵华史"概括17、18世纪俄罗斯对华关系史似有失全面,同时期俄罗斯与中国的关系毕竟属于平等交往的范畴,故双方来往还包含正常的文化交流、贸易往来的一面。1980年代,对17、18世纪中俄关系的叙述逐渐从"沙俄侵华史"回归到"中俄关系史"研究。张维华、孙西著《清前期中俄关系》(山东教育出版社,1997年)是这一转向的一个标志,该书以早期中俄关系史为研究对象,内容涉及中俄军事冲突、外交谈判、贸易往来和俄罗斯东正教来华传教团等问题,是一部较为系统研究早期中俄关系史的专著。与此同时,对中俄关系史的各个方面研究逐渐拉开,孟宪章主编的《中苏贸易史资料》(中国对外经贸出版社,1991年)和《中苏经济贸易史》(黑龙江人民出版社,1992年),李明滨著《中国与俄苏文化交流志》(上海人民出版社,1998年),宿丰林著《早期中俄关系史研究》(黑龙江人民出版社,1999年)等书,从经贸关系、文化交流等方面拓展中俄关系史研究。叶柏川著《俄国来华使团研究(1618—1807)》(社会科学文献出版社,2010年),该书"第一次对俄国来华使团进行了全方位剖析与解读。作者"抓住了俄国来华使团集'陪臣'与'商贾'于一身的特点,从政治、经济、文化三方面交叉研究,分别论述了俄国使团的自身构成及其中俄礼仪之争、中俄边界交涉、中俄贸易、北京俄国传教团等等的关系"。① 在发掘中、俄文材料、比较同时期俄国与西方赴华使团与鸦片战争前后俄国来华使团方面,作者均一展其长。

中国与西班牙的关系史是鲜见人涉足的一个领域,张铠著《中国与西班牙关系史》(大象出版社,2003年)可谓填补空白之作。由于西班牙与中国的关系是片断的,该著设置相关专题,从古代丝绸之路延伸至西班牙(1—5世纪)、海上丝绸之路时代的中国与西班牙(6—15世纪)直到20世纪的中国与西班牙,其中所设"西班牙来华传教士在促进中国与西方文化交流中的先驱作用"一题,讨论了来京的耶稣会士庞迪我、因1664年教案被押送北京的多明我会士利安当、闵明我,并第一次对闵明我的《中华帝国历史、政治、伦理及宗教论集》做了系统介绍。② 李向玉、李长森主编《明清时期中国与西班牙国际学术研讨会论文集》(澳门理工学院,2009年10月),收集了2007年10月30日至11月2日在澳门理工学院举行的这次会议论文,共20篇,内中涉及来京传教士的有赵殿红《西班牙多明我会士闵明我在华活动述论》、黄鸿雁《从清朝中期两宗教案看嘉庆帝的中西文化观》、汤开建、刘清华《康熙时期艾若瑟出使罗马始末考》、张西平、骆洁《柏应理与中国儒学的西传》等文。

研究清代外交及中外关系史的专著有:王开玺著《清代外交礼仪的交涉与论争》(人民出版社,2009年)、曹雯著《清朝对外体制研究》(社会科学文献出版社,2010年)、何新华著《威仪天下——清代外交礼仪及其变革》(上海社会科学院出版社,2011年)。三著均从外交礼仪的角度对清代外交制度做了系统探讨。王著是研究清代外交礼仪的交涉与论争的专著,《绪论》对外交的定义、中国古代外交的萌动、传统外交与近代外交、中国的重礼传统、中国传统外交礼仪的异同作一概说。第一章《明清天朝大国与东方国家的秩序》、第二章《清朝初期中俄两国外交使团的交往礼仪》、第三章《中英外交礼仪冲突的初起》涉及清朝前期中西关系。曹著专题性较强,第一部分《清朝藩封体制的建立与运作》第一章《藩封体制框架

---

① 宿丰林:《早期中俄关系史研究的最新力作——〈俄国来华使团研究〉(1608—1807)》,载《西伯利亚研究》2011年第2期。

② 参见张铠:《中国与西班牙关系史》,大象出版社,2003年,第208—255页。

下的清朝与周边国家、地域的关系》、第二章《清前中期的中俄关系》、第四章《在华传教士的影响》、第五章《嘉庆朝对天主教的取缔》诸章与本课题相关。何著为探讨清代外交制度与外交礼仪的专著,首先总论"清代属国来华朝贡的一般性规定",如关于贡期、贡道等规定;次论清代属国来朝礼仪、册封礼仪、颁诏礼仪;再论清代与中荷、中葡、中俄、中英外交礼仪交涉;是书前七章内容与本课题相关。吴建雍著《18世纪的中国与世界(对外关系卷)》(辽海出版社 1999 年)内容侧重清代前期中外经济贸易关系,其中"北京中俄贸易"一节与本课题有关。

四、俄罗斯东正教传教团在北京的活动研究。由于俄罗斯东正教传教团长驻北京,研究它的历史实际上也是研究东正教在北京的历史。这方面的中文著作有:吴克明著《俄国东正教侵华史略》(甘肃人民出版社,1985 年)、蔡鸿生著《俄罗斯馆纪事(增订本)》(中华书局,2006 年)、肖玉秋著《俄国传教团与清代中俄文化交流》(天津人民出版社,2009 年)、张雪峰著《清朝前期俄国驻华宗教传道团研究》(新北:花木兰出版社,2012 年)等。蔡著对"俄罗斯馆的起源和沿革""俄罗斯与汉学""中俄贸易与俄罗斯馆"等问题作了深入探讨,在发掘中文文献和中俄文文献相互印证方面做了相当细致的工作。肖著从俄国东正教驻北京传教团的宗教活动、研究活动、教育活动和其他文化交流活动(图书、医学、美术)等方面做了比较系统的评述,在发掘相关俄文文献材料下力较大。此外,张绥著《东正教和东正教在中国》(学林出版社,1985 年)的第三编《东正教在中国的历史》第一章《俄罗斯正教传入中国》、第二章《1860 年以前的俄罗斯正教驻北京传道团》也涉及俄国传教团在北京的历史。

五、英国马戛尔尼使团访华研究。朱杰勤著《中外关系史论文集》(河南人民出版社,1984 年 6 月版)收入作者的三篇论文:《英国第一次使臣来华记》(1936 年)、《英国东印度公司之起源及对华贸易之回顾》(1940 年)、《英国第一次使团来华的目的和要求》(1980 年),是为这一课题研究的开拓之作。朱雍著《不愿打开的中国大门——18 世纪的外交与中国命运》(江西人民出版社,1989 年),是第一部系统探讨 18 世纪(实际上主要是乾隆时期)清朝外交与中国历史命运之间的关系博士论文,该著对清朝外交政策走向封闭的原因、英国为打开与中国通商大门所作的努力、马戛尔尼使团访华及其遇挫作了通盘性的考察,作者对这段历史的反思性结论令人深省。张芝联主编《中英通使二百周年学术讨论会论文集》(中国社会科学出版社,1996年),是1993年9月中旬在承德召开的中英通使二百周年学术讨论会的论文结集,共收中外学者论文22篇,其中秦国经《从清宫档案看英使马戛尔尼访华历史事实》、[法]戴廷杰《马戛尔尼使团的外表与内幕》、[德]达素彬《第三者的观点:赫脱南关于马戛尔尼使团的描述》等文对马戛尔尼使团研究在材料上有新的发掘。秦国经、高换婷著《乾隆皇帝与马戛尔尼》(紫禁城出版社,1998年)通过发掘清宫档案和中文文献,还原了马戛尔尼使团在北京、承德的访问过程。叶向阳著《英国17、18世纪旅华游记研究》(外语教学与研究出版社,2013年)通过对马戛尔尼使团成员提供的报告、游记和日志的研究,发掘了大量相关英文文献材料,从一个侧面充实了对马戛尔尼使团的研究。这些论著反映了1989年以后国内学术界在该领域的新近进展。

六、早期汉学研究。西方早期汉学主要是由游记汉学、传教士汉学和专业汉学三部分组成,它们(特别是前二者)均与北京有着密切的关系。20世纪80年代随着对外开放的进行,中国学术界翻译、介绍外国学术著作蔚然成风,以《海外中国研究丛书》为代表的系列丛书拉开了大规模译介海外中国历史文化研究成果的阵势。90年代以后,国内学术界兴起一股研究国际汉学的热潮,任继愈主编《国际汉学》、阎纯德主编《汉学研究》、刘梦溪主编《世界汉学》等刊相继问世,这些刊物刊登了不少与本课题相关的中外学者的论文。

《国际汉学》刊登的相关论文有:[德]孙志文《汤若望的教育基础及当时之学术思潮》(2辑),[荷]许理和《十七、十八世纪耶稣会研究》、黄一农《明末清初天主教传华史研究的回顾与展望》、[比]钟鸣旦《基督教在华传播史研究的新趋势》(4辑),[美]孟德卫《中国礼仪之争研究概述》、余三乐《利玛窦中国遗址考察初记》(5辑),高倩《一个葡萄牙冒险家的传奇——平托和他的〈游记〉》、许光华《16至18世纪传教士与汉语研究》(6辑),[美]魏若望《晚明时期利玛窦在中国的传教策略》(7辑),[法]雅夫－西尔韦斯特·德·萨西《与北京的文学通信(至1793年前)》(9辑),[英]A.明甘那《基督教在中亚和远东的早期传播》、耿升《法国对入华耶稣会士与中西文化交流的研究》(10辑)、[美]魏若望《汤若望和明清之际的变迁》、[德]柯蓝妮《纪理安——维尔茨堡与中国的使者》(11辑)、吴梓明《西方中国基督教史研究述评》(12辑),[丹]龙伯格《韩国英——中国最后的索隐派》(13辑),[波]爱德华·卡伊丹斯基《波兰人17—20世纪在向欧洲介绍中国和中国文化中的贡献》(14辑),柳若梅《18世纪俄罗斯汉学概说》(15辑),龙云《法国专业汉学的兴起》(16辑),[德]柯蓝妮《白晋的索隐派思想体系》、[俄]米亚斯尼科夫《俄罗斯档案总局主办的"清代俄罗斯与中国"展览》(17辑),辛岩译《张诚书信选译》、[德]柯蓝妮《颜珰在中国礼仪之争中的角色》(19辑),[比]南怀仁《康熙朝欧洲天文学的回归》(20辑),《纪念利玛窦逝世400周年》专栏(四篇)、[美]魏若望《消除误解:薄贤士和他的〈中国礼仪之争问题的说明〉》(21辑),[德]埃利希·蔡特尔《邓玉函,一位德国的科学家、传教士》、李晟文《从沙勿略到利玛窦:早期来华耶稣会士遣使赴京传教策略的酝酿、演变与实施》(22辑),汤开建《清宫画家法国耶稣会修士王致诚在华活动考述》(23辑),[德]李文潮《龙华民及其〈论中国宗教的几个问题〉》(25辑),[美]斯坦尼斯拉夫《耶稣会士与北京的数学与科学》(26辑)等。

《汉学研究》刊登的相关论文有:[意]史兴善《利玛窦入华的行程路线》(1辑),[法]皮埃·于阿尔、明翁《法国入华耶稣会士对中国科技的调查》(2辑),[法]詹嘉玲《18世纪中国和法国的科学触撞》、佚名《中国在早期西方的形象》(3辑),耿升《意大利入华画家修士事迹钩沉》《从法国安菲特利特号船远航中国看17—18世纪的海上丝绸之路》、余三乐《北京正福寺法国传教士墓地的历史变迁》(4辑),[法]米桓夫人《从〈中国通史〉看法国18世纪的"中国热"》、康志杰《明清之际在华耶稣会士为何抵制荷兰染指中国》(5辑),余三乐《17、18世纪北京成为中西文化交流的中心探因》(6辑),阎国栋《俄国汉籍收藏家斯卡奇科夫》、肖玉秋《18世纪俄国来华留学生及其汉学研究》、[美]John W. Witek, S. J.《汤若望与明清社会变迁》(7辑),耿升《16—18世纪的入华耶稣会士与中西文化交流》、肖玉秋《俄国东正教驻北京传教士团的儒学研究》、张西平《明末清初天主教入华史中文文献研究回顾与展望》(8辑),[俄]A. H. 霍赫洛夫《卡法罗夫:生活与科学活动》(8、9辑),金国平、吴志良《伊比利亚文献对长城早期记载》(9辑)、陈开科《巴拉第·卡法罗夫对中国基督教史的研究》、曹青《法国耶稣会士白晋事迹综述》、[德]Claudia Von Collani《耶稣会士纪理安的〈北京文书〉》(10辑),李伟丽译《俄国汉学家 H. Я. 比丘林著作自序三题》、[意]马西尼《意大利传教士汉学研究评述》、余三乐《论南怀仁的〈欧洲天文学〉》(11辑),张雪峰《清朝初期中俄两国官方媒介语言的确立》(12辑),姜西良《晚明西人入华方式比较及历史背景分析》、《利玛窦研究》专栏(13辑),[比]高华士《关于南怀仁的〈欧洲天文学〉》、[法]尼奈特·布思罗伊特《西方中国游记散论》(14辑),张永奋《意大利汉学概说》(15辑),王硕丰《贺清泰与〈古新圣经〉》(16辑),钱林森《16世纪法国对亚洲和中国的发现与描述》、耿升《路易九世遣使元蒙帝国,中法关系的肇始》(17辑)等。这些论文或译文,对所探讨问题相对比较深入,可谓学术界研究元明清时期中西文化关系的最新成果。

进入新世纪后,系统研究欧美汉学的专著持续推出,这方面的研究著作有:吴孟雪、曾丽雅著《明代欧洲汉学史》(东方出版社,2000年)、张国刚等著《明清传教士与欧洲汉学》(中国社会科学出版社,2001年)、计翔翔著《十七世纪中期汉学著作研究——以曾德昭〈大中国志〉、安文思〈中国新史〉为中心》(上海古籍出版社,2002年)、张西平著《欧洲早期汉学史》(中华书局,2009年)等。阎纯德主编《列国汉学史书系》(学苑出版社)第一辑所出熊文华《英国汉学史》和《荷兰汉学史》、阎国栋《俄罗斯汉学三百年》、陈开科《巴拉第的汉学研究》、赵春梅《瓦西里耶夫与中国》、李伟丽《尼·雅·比丘林及其汉学研究》、许光华《法国汉学史》、胡优静《英国19世纪的汉学史研究》,第二辑所出耿升《法国汉学史论》等著均与本课题相关。对西方早期汉学的研究,有助于"古代北京与西方文明"课题研究的深化。

七、明清时期中西文化交流史研究。明清时期中西关系的主要内容是文化交流,故学界历来重视对中西文化交流史的研究。前辈学者在这一课题做出开拓性贡献的著作有:张星烺著《欧化东渐史》(商务印书馆,1934年)、向达著《中外交通小史》(商务印书馆,1933年)和《中西交通史》(中华书局,1934年)、张维华著《明史佛郎机吕宋和兰意大利亚四国注释》(燕京大学哈佛燕京学社,1934年)、[1]陈受颐著《中欧文化交流史事论丛》(台北:商务印书馆,1970年)、方豪著《中西交通史》(台北:中华文化出版事业委员会,1953年)、《方豪六十自定稿》(台北:台湾学生书局,1969年)、《方豪六十至六十四自选待定稿》(台北:台湾学生书局,1974年)与《方豪晚年论文辑》(台北:辅仁大学出版社,2010年)、朱谦之著《中国哲学对于欧洲的影响》(福州:福建人民出版社,1985年)、范存忠著《中国文化在启蒙时期的英国》(上海外语教育出版社,1991年)等,这些著作奠定了中文世界研究中西文化交流史的基本格局。张星烺编注《中西交通史料汇编》(北平:辅仁大学图书馆,1930年),其中第一编《古代中国与欧洲之交通》编译两汉到明代中国与欧洲交通史料,则为研究古代中国与欧洲文化交流史提供了可资利用的基本文献。冯承钧翻译了上百种西方汉学家有关东南亚史地、西北史地、中西宗教交流史的著作,为研治中西交通史做出了重要贡献。

1990年代以后,研究中西文化交流史的风气再起,出现了大批这方面的研究论著。其中研究明清时期中西文化交流史的专著有:许明龙主编《中西文化交流先驱》(东方出版社,1993年)和所著《欧洲十八世纪中国热》(外语教学与研究出版社,2007年)、马肇椿著《中欧文化交流史略》(辽宁教育出版社,1993年)、林仁川、徐晓望著《明末清初中西文化冲突》(上海:华东师范大学出版社,1999年)、何兆武著《中西文化交流史论》(中国青年出版社,2001年)、沈定平著《明清之际中西文化交流史》(商务印书馆2001年初版、2012年增订版)、张西平著《中国与欧洲早期宗教和哲学交流史》(东方出版社,2001年)、吴伯娅著《康雍干三帝与西学东渐》(宗教文化出版社2002年)、张国刚著《从中西初识到礼仪之争——明清传教士与中西文化交流》(人民出版社,2003年)、卓新平主编《相遇与对话——明末清初中西文化交流国际学术研讨会文集》(宗教文化出版社,2003年)、朱雁冰著《耶稣会与明清之际中西文化交流》(浙江大学出版社,2014年)、吴莉苇著《天理与上帝——诠释学视角下的中西文化交流》(宗教文化出版社,2014年)等。研究中西科技交流史的有:樊洪业著《耶

---

[1] 张维华此著后又修订,改题《明史欧洲四国传注释》(上海古籍出版社,1982年)。

稣会士与中国科学》(中国人民大学出版社,1992年)、潘吉星著《中外科学之交流》(香港:香港中文大学出版社,1993年)与《中外科学技术交流史论》(中国社科出版社,2012年)、韩琦著《中国科学技术的西传及其影响》(河北人民出版社,1999年)、张承友、张普、王淑华著《明末清初中外科技交流研究》(学苑出版社,2000年)、王冰著《中外物理交流史》(湖南教育出版社,2001年)、刘潞主编《清宫西洋仪器》(上海科学技术出版社,1999年)、郭福祥著《时间的历史映像——中国钟表史论集》(紫禁城出版社,2013年)。研究中西音乐交流史的有:陶亚兵著《中西音乐交流史稿》(中国大百科全书出版社,1994年)和《明清间的中西音乐交流》(东方出版社,2001年)。研究中西美术交流史的有:莫小也著《十七、十八世纪传教士与西画东渐》(中国美术学院出版社,2002年)、严建强著《十八世纪中国文化在西欧的传播及其反应》(中国美术学院出版社,2002年)、聂崇正著《清宫绘画与"西画东渐"》(紫禁城出版社,2008年)。此外,中华文化通志编委会编《中华文化通志》第九典《宗教与民俗典》中的卓新平著《基督教犹太教志》,第十典《中外文化交流》中的李明滨著《中国与俄苏文化交流志》、朱学勤、王丽娜著《中国与欧洲文化交流志》。季羡林主编《中外文化交流史丛书》(湖南教育出版社,1998年。按照学科分文学、哲学、医学、美术、音乐、宗教、教育、图书八种)、李喜所主编《五千年中外文化交流史》第一、二卷(世界知识出版社,2002年)、张国刚、吴莉苇著《中西文化关系史》(高等教育出版社,2006年)、何芳川主编《中外文化交流史》(上、下册,国际文化出版公司,2008年)、张国刚著《文明的对话:中西关系史论》(北京师范大学出版社,2013年)、耿升著《中法文化交流史》(云南人民出版社,2013年),多有涉及元明清三朝中西文化交流史方面的内容和篇章。众多这一方面论著的问世,带来了中西文化交流史研究新的繁荣。

澳门文化司署出版的《文化杂志》(1989年创办至今)是一家以东西文化交流史为主题的杂志,它为在这一领域研究的中外学者提供了新的园地。该刊刊登与本课题有关的论文有:诺奥·巴斯多《十七世纪葡国为建造北京两座最早的耶稣会教堂所做的贡献》(1989年,第2期)、Joel Camhao《徐日升神父——十七世纪在中国皇宫的葡萄牙乐师》(1992年,第11期)、《一幅送给雍正皇帝的里贝拉宫壁画》(1993年,第15、16期)、E. 布拉章《葡萄牙和中国外交关系史的几点补充:马努埃尔·迪·萨尔达尼亚出使中国(1667—1670)》、亚卡西澳·费尔南都·德·索萨《18—19世纪葡萄牙传教士在中国北京教区》(1994,第18期)、陈占山、黄定平《十六、十七世纪入华葡籍耶稣会士述考》、阿布雷沃《北京主教汤士选与马戛尔尼勋爵使团》(1997年,第32期)、姚京明:《平托〈远游记〉里的中国想象》(2004年,第52期)、余三乐《北京天主教南堂在中西文化交流中的文化功能》(2007年,第65期)、吴艳玲《使命与生命:17—18世纪宫廷葡萄牙传教士的教务活动》(2012年,第83期)、吴艳玲《北京天主教东堂与中葡文化交流》(2013年,第88期)等。

八、文化形象与都市想象研究。西方的中国观或中国形象是近年来跨文化研究中的主要课题,投入这一课题研究的多为历史学、比较文学等专业的学者,吴孟雪著《明清时期欧洲人眼中的中国》(中华书局,2000年)、张国刚、吴莉苇著《启蒙时代欧洲的中国观——一个历史的巡礼与反思》(上海古籍出版社,2006年)、周宁著《天朝遥远——西方的中国形象研究》(2册,北京大学出版社,2006年)可谓这方面的代表作。周宁主编《世界之中国——域外中国形象研究》(南京大学出版社,2007年)、《世界的中国形象丛书》(人民出版社,2010年),其中李勇著《西欧的中国形象》、孙芳、陈金鹏等著《俄罗斯的中国形象》两书的部分章节与本课题相关。

从现有的国内研究成果来看,主要集中在传教士与中西文化交流、西方外交使节与明清两朝的接触(特别是交往中的礼仪之争)等问题研究。不过,有关明清档案和历史文献的整理、出版取得了重大进展,为从事明清时期的中西文化交流史和中西关系史研究提供了比较便利的条件。有关清代天主教档案史料,最早发掘这方面历史档案文献的是陈垣编辑《康熙与罗马使节关系文书影印本》(北平故宫博物院,1932年),公布相关档案14件。[1] 从20世纪60、70年代起,吴相湘先生主编、台湾学生书局影

---

[1] 此书后有李天纲整理本,收入[意大利]马国贤著、李天纲译:《清廷十三年——马国贤在华回忆录》,上海古籍出版社,2004年,第141—171页。

印出版《天学初函》(明末李之藻编刊于 1626 年,1965 年)、《天主教东传文献》(1966 年)、《天主教东传文献续编》(3 册,1966 年)、《天主教东传文献三编》(6 册,1972 年)。从 1990 年代起,新的一波整理中国天主教史文献浪潮再起,由比利时钟鸣旦教授与荷兰杜鼎克教授联合发起,台湾学者祝平一、黄一农教授等收集和整理的《徐家汇藏书楼明清天主教文献》(5 册,台北:辅仁大学神学院,1996 年)出版,将原藏于上海徐家汇藏书楼,1949 年被耶稣会士带到菲律宾后,又辗转收藏于台湾的一批汉文文献公诸于世。接着,钟鸣旦、杜鼎克主编了《耶稣会罗马档案馆明清天主教文献》(12 册,台北:利氏学社,2002 年)。他俩还与蒙曦一起主编了《法国国家图书馆明清天主教文献》(26 册,台北:利氏学社 2009 年)。这三大文献为研究明清天主教史提供了大量新的历史材料。此外,辅仁大学天主教史研究中心编辑《中国天主教史籍汇编》(台北:辅仁大学出版社,2003 年)收入《天主教传行中国考》《燕京开教略》《正教奉褒》三种,是研究中国天主教早期历史的重要史料。

与此同时,中国大陆对天主教文献的整理也开始启动,复旦大学教授朱维铮先生编辑《利玛窦中文著译集》(香港:香港城市大学出版社、复旦大学出版社 2001 年)。叶农教授整理《艾儒略汉文著述全集》(2 册,广西师范大学出版社,2011 年 2 月)。周方駬先生编校《明末清初天主教史文献丛编》(5 册,北京图书馆出版社 2001 年)收入了明万历年间至清康熙朝有关天主教史文献七种:《辩学遗牍》《代疑篇》《三山论学纪》《天学传概》《破邪集》《辟邪集》《不得已》。韩国学者郑安德博士在北京大学进修期间编辑、整理《明末清初耶稣会思想文献汇编》(5 卷,北京大学宗教研究所,2003 年)。中国第一历史档案馆编《清中前期西洋天主教在华活动档案史料》(4 册,中华书局,2003 年)。中国第一历史档案馆、中国海外汉学研究中心合编、安庆成编译《清初西洋传教士满文档案译本》(大象出版社,2015 年)。黄兴涛、王国荣编《明清之际西学文本:50 种重要文献汇编》(4 册,中华书局,2013 年)。张西平主编《梵蒂冈图书馆藏明清中西文化交流史文献丛刊》(第一辑 44 册、177 种,大象出版社,2014 年)。此外,中国第一历史档案馆《康熙朝汉文朱批奏折汇编》(3 册,档案出版社,1985 年)、中国第一历史档案馆《康熙朝满文朱批奏折全译》(中国社会科学出版社,1996年)也保存了不少与传教士在北京活动相关的档案材料。① 由于这些档案材料新近出版,现有的中国天主教史研究实际利用率较低,收藏在欧洲罗马教廷、巴黎图书馆等处的大量教会档案和中文档案尚待整理出版。

中西关系史专题档案整理成为这时期明清档案整理的一大亮点。有关清代中俄关系的有:中国第一历史档案馆编《清代中俄关系档案史料选编》(第一编,中华书局,1981年),第一编所收档案文献的时间范围从顺治十年三月至雍正十二年十二月。原定乾隆、嘉庆、道光为第二编,可惜尚未编成出版。有关中英关系档案文献有:中国第一历史档案馆编《英使马戛尔尼访华档案史料汇编》(国际文化出版公司,1996年8月)。有关中葡关系档案文献有:第一历史档案馆编《中葡关系档案史料汇编》(2册,中国档案出版社,2000年)、中国社会科学院近代史研究所张海鹏主编《中葡关系史资料集》(上、下卷,四川人民出版社,1999年)、中国第一历史档案馆,澳门基金会,暨南大学古籍研究所合编《明清时期澳门问题档案文献汇编》(6册,人民出版社,1999年)。由于上世纪90年代香港、澳门先后回归祖国,学界对中英、中葡关系的研究比较重视,故加大了对相关档案的发掘力度,对其利用率也相对较高。

三、西方相关研究及其值得注意的动向

西方汉学兴起之初,即对中西关系史研究比较重视,可谓其强项,这当然与其谋求向中国殖民开拓的战略相关,西方早期汉学研究在相当长时期具有服务或服从于其对华政策的需要,表现出强烈的"西方中心主义"色彩,这是不讳的事实。

北京作为地理名称出现在西文文献中可追溯到元代。在《马可波罗行记》中被称为"汗八里"(Cambaluc,Khan-baligh),此名可能出自突厥语"皇城"(han-baliq)。《鄂多立克东游录》亦称"汗八里"(Cambalech),此语

---

① 有关这方面的情形,参见冯明珠:《坚持与容忍——档案中所见康熙皇帝对中梵关系生变的因应》,收入《中梵外交关系史国际学术研讨会论文集》,台北:辅仁大学历史学系印行,2002年,第145—182页。

可能出自中亚对元大都的称呼，Can = Khan，Balech = Baliq，意为汗之城。① 明代，西班牙人门多萨编撰的《中华大帝国史》称北京为 Paguia，其意为皇帝的驻地，或"北方的宫廷"。② 葡萄牙使节多默·皮列士于1512—1515 年间撰著的《东方志——从红海到中国》首次将"汗八里"称为北京 Peqim。③ 参加多默·皮列士使团的克利斯多弗·维埃拉在 1524年从广东发出的信中将北京拼写成 Piquim。④ 葡萄牙籍耶稣会士费尔南·门德斯·平托（Ferāo Mendes Pinto，1514-1583）成稿于 1576 年的《远游记》称北京为"八京"或"巴京"（Paquim），一般认为是粤语 Pequim 的谐音。⑤ 第一位访问明朝的西班牙天主教传教士马丁·德·拉达（Martin de Rada）在他撰写的《记大明的中国事情》（1576 年）称北京为 Pacquiaa，⑥ 这是极少见的一种拼读，可能是北京拼读的西班牙语转化。波兰耶稣会士卜弥格编辑的《中国地图集》，北京用拉丁文标为 PEKIM。⑦ 清代，法语文献中称呼北京的名称有 Pékin、Pekin、Peking、Pé-kin，如法国皇家科学院主席多尔图·德梅朗《致北京耶稣会传教士巴多明神父关于中国各种问题的通信》用的是 Pékin。⑧ 法国耶稣会士钱德明等编著《中国丛刊（北京传教士关于中国历史、科学、艺术、风俗、习惯

---

① 何高济译：《海屯行纪、鄂多立克东游录、沙哈鲁遣使中国记》，中华书局，2002 年，第 79 页。

② 参见［西班牙］门多萨撰、何高济译：《中华大帝国志》，中华书局，2004 年，第 21 页。

③ ［葡］多默·皮列士著、何高济译：《东方志——从红海到中国》，江苏教育出版社，2005 年 8 月，第 97 页。

④ 《广州葡囚书简·克利斯多弗·维埃拉的信》，收入［葡萄牙］巴洛斯、［西班牙］文斯加兰蒂等著、何高济译：《十六世纪葡萄牙文学中的中国、中华帝国概述》，中华书局，2013 年，第 82 页。

⑤ 参见费尔南·门德尔·平托著、金国平译：《远游记》，澳门：澳门基金会，1999 年，第 307 页。又参见费尔南·门德斯·平托著、王锁英译：《葡萄牙人在华见闻录》，澳门：澳门文化司署、东方葡萄牙学会、海南出版社、三环出版社，1998 年，第 199 页。

⑥ Martin de Rada, *Relation of the things of China which is properly called Taybin*, Chris Elder, *Old Peking: City of the Ruler of the World*, Hong kong: Oxford University Press, 1997, p.55.

⑦ 参见［波兰］卜弥格著、张振辉、张西平译：《卜弥格文集》，华东师范大学出版社，2013 年，第 196—197 页。

⑧ Dortous de Mairan, *Lettres au R. P. Parrenin, Jésuite, missionnaire Á Pékin: contenant diverses questions sur la Chine / Par M. Dortous de Mairan*. Paris: Imprimerie Royale, 1770.

录)》则用 Pekin。① 荷兰德胜使团法籍翻译小德经(1759—1845)著《北京、马尼拉、毛里西亚岛游记》使用 Peking。② 第二次鸦片战争后法国特使团专员克鲁雷著《北京之旅,远征中国的回忆》用的是较少见的 Pé-kin。③ 英语文献中出现北京的名称有 Pe-king,Pekin,Peking,如荷兰使团成员约翰·尼霍夫《荷使初访中国记》一书的最初英文译本(1669)和法文译本(1665)用的都是 Peking。④ 荷兰使节范罢览《荷兰东印度公司使节访华纪实》一书的英译本用的是 Pe-king。⑤ 英国马戛尔尼使团礼品总管约翰·巴罗著《中国游记:从北京到广州》用的是 Pekin。⑥ 可见,在欧洲早期文献中,北京并无一个确定、统一、规范的名称,上述各名称应是拉丁文的转化。晚清以降,汉字的拉丁文转写先后使用威妥玛式拼音和邮政式拼音,这两种拼音系统都将北京拼写为"Peking"。威妥玛式拼音由

---

① Joseph Marie Amiot, *Memoires concernant l'histoire, les sciences, les arts, les moeurs, les usages, &c. des Chinois / par les missionnaires de Pekin*. 17 vol, Paris: Nyon, 1776-1814.

② Chrétien-Louis-Joseph de Guignes, *Voyages a Peking, Manille et l'ile de France : faits dans l'intervalle des annees 1784 a 1801. Atlas / par M. de Guignes*. 3 vol. Paris: Imprimerie imperiale, 1808.

③ Georges de Keroutee, *Un voyage a Pé-kin / par Georges de Keroulee*. Paris: P. Brunet, 1861.

④ Johan Nieuhof, *Het gezantschap der Neêrlandtsche Oost-Indische Compagnie, aan den grooten Tartarischen Cham, den tegenwoordigen keizer van China : waar in de gedenkwaerdighste geschiedenissen, die onder het reizen door de Sineesche landtschappen, Quantung, Kiangsi, Nanking, Xantung en Peking, en aan het keizerlijke hof te Peking, sedert den jare 1655 tot 1657 zijn voorgevallen, op het bondigste verhandelt worden : be f ef fens een naukeurige Beschryving der Sineesche steden, dorpen, regeering, wetenschappen, hantwerken, zeden, godsdiensten, , gebouwen, drachten, schepen, bergen, gewassen, dieren, &c. en oorlogen tegen de Tarters : verçiert men over de 150 afbeeltsels, na't leven in Sina getekent*. Amsterdam: Jacob van Meurs, 1665.

⑤ A. E. van Braam Houckgeest, *An authentic account of the embassy of the Dutch East-India company to the court of the emperor of China in the years 1794 and 1795 : (subsequent to that of the Earl of Macartney.), containing a description of several parts of the Chinese empire, unknown to Europeans / taken from the journal of Andre Everard van Braam ; translated from the original of M. L. E. Moreau de Saint-Mery*. 2 vol, London: Printed for R. Phillips, 1798.

⑥ John Barrow, *Travels in China: containing descriptions, observations, and comparisons, made and collected in the course of a short residence at the imperial palace of Yuen-min-yuen, and on a subsequent journey through the country from Pekin to Canton*, London: T. Cadell and W. Davies, 1806.

英国人威妥玛(Thomas Francis Wade,1818-1895 年)所创,1867 年开始使用。邮政式拼音是一个以拉丁字母拼写中国地名的系统,为 1906 年春季在上海举行的帝国邮电联席会议通过将其作为拼写中国地名标准的方案。中华民国成立以后继续沿用这两种拼音。20 世纪上半期各种英文书籍基本上都将北京拼读成 Peking,如喜仁龙(Osvald Sirén)的《北京的城门和城墙》(*The Walls and Gates of Peking*)、裴丽珠(Juliet Bredon)的《北京纪胜》(*Peking: A Historical and Intimated Description of its Chief Places of Interest*)、立德夫人(Mrs. Archibald Little)的《我的北京花园》(*Round About My Peking Garden*)、安妮·布里奇(Anne Bridge)的《北京郊游》(*Peking Picnic*)、甘博(Sidney David Gamble)的《北京社会调查》(*Peking: a Social Survey*)、燕瑞博(Robert William Swallow)的《北京生活侧影》(*Sidelight on Peking Life*)等,显然这是威妥玛式拼音和邮政式拼音普及的结果。中华人民共和国成立以后,1958 年在中国大陆地区威妥玛式拼音和邮政式拼音被汉语拼音所取代,北京的汉语拼音为 Beijing。Peking 只使用于某些特定的专有名称,如 Peking Opera,Peking Duck,Peking University 等。

欧美对古代北京与西方文明的关系大致是从以下四个方面来展开:

一、基督教入华史研究。教会研究机构在这一研究领域扮演关键角色。利玛窦、汤若望、南怀仁是十七世纪耶稣会在北京的核心人物,也是国际学术界最为重视研究的来华传教士主要代表。

《华裔学志》社是较早成立的中国天主教研究机构,1935 年创办于北平,1949 年转到东京,1963 年搬到美国加州大学洛杉矶分校(UCLA),1972 年迁到德国圣奥古斯丁至今。该社定期出版刊物《华裔学志》,迄至 2015 年已出 63 卷。内中不少与本课题相关的论文,如:第 1 卷 Fachs,Walter《清朝(1644—1911)地图绘制之相关资料》。第 3 卷 Bernard,Henri,S.J《汤若望有关天文历法的著作(〈崇祯历书〉、〈西洋新法历书〉)》。第 4 卷《北京(天主教)北堂的图书馆小史》《遣使会 1862 年北平北堂图书目录》《北堂图书馆中文书目》。第 5 卷 Bernard,Henri,S.J《南怀仁为汤若望的科学工作继承者》。第 23 卷 Mish,John L《艾儒略(1582—1649)介绍给中国的一个欧洲的伟大形象——〈西方答问〉(导论、译文、注释)》。第 25 卷 Harris,George L《利玛窦(1552—1610)在 16 世纪引导文化改变的努力之实例研究》。第 41 卷 Collani,Claudia von《〈明史〉中的利玛窦(1552—1610):1707 年出自耶稣会士白晋(1656—1730)给耶稣会士安多(1644—1709)的报导》。第 42 卷 Collani,Claudia von《耶稣会士闵明我(1638—1712)对教宗特使多罗(1668—1710)抵达中国的报导》。第 43 卷 Nesterova,Elena《俄国画家 Anton Legašov 在中国》《俄国"北京传教士团"的历史略谈》。第 53 卷 Liam Mathew Brockey《耶稣会"葡萄牙"教会在十七世纪的北京》。第 54 卷 劳悦强(Yuet Kueng Lo)《第二我:利玛窦在中国结交之友谊》,Josef Kolmaš《耶稣会神父严嘉乐(Karel Slavićek)第一位波西米亚汉学家》。第 55 卷 Claudia von Collani《西方与〈易经〉的首次相遇——18 世纪法国耶稣会士的书信、拉丁文本及其译文的介绍与编辑出版》,Eugenio Menegon《耶稣会的象征在中国。〈口铎日抄〉所描述的佛兰德版画及其欧洲寓意在中国的运用》。第 58 卷高华士(Noël Golvers)《清代耶稣会士傅圣泽在北京北堂私人收藏的西文书籍以及耶稣会士在中国的矛盾交织状态》。第 60 卷 Stanislav Južnič《架设圣彼得堡与北京天文台之间的一座桥梁:斯洛文尼亚传教士刘松龄研究》等文。

《华裔学志》社出版的专书有:Shu-Jyuan Deiwiks,Bernhard Führer,Therese Geuen 编《欧洲与中国互见:17 世纪欧中科学交流》(*Europe meets China China meets Europe The Beginnings of European-Chinese Scientific Exchange in the 17th Century*,2014),该书是 2012 年 6 月 12—13 日在波恩东亚学社举行的一次会议论文结集,这次会议以探讨 17 世纪中欧之间早期科技交流为主题,收文 7 篇,主要涉及徐光启、汤若望、康熙与中欧科技交流史事。Christian Stücken 著《来自天上的官员:戴进贤(1680—1746)及其生平与事业》(*Der Mandarin des Himmels Zeit und Leben des China missionars Ignaz Kögler SJ*,1680-1746)(2003 年),该书主要评述来华德国传教士戴进贤在清廷钦天监的工作。Roman Malek and Gianni Criveller 编《烛颂,与中国相会时的友谊》(*Light a Candle. Encounters and Friendship with China. Festschrift in Honour of Angelo S. Lazzarotto P. I. M.* 2010),内收多篇论文涉及中欧早期文化

交流。该社出版的《华裔学志丛书》(Monumenta Serica Monograph Series),其中有数种与本课题相关,如评述汤若望在北京传教及在清廷任职的活动有 Alfons Väth S. J 著《耶稣会神父汤若望(1592—1666):中国传教士、皇帝的天文学家以及朝廷的顾问》(Johann Adam Schall von Bell SJ. Missionar in China, kaiserlicher Astronom und Ratgeber am Hofe von Peking 1592-1666. Ein Lebens-und Zeitbild,1991)。Roman Malek,S. V. D. 编《西学与基督教在中国:汤若望(1592—1666)的贡献与影响》(Western Learning and Christianity in China. The Contribution and Impact of Johann Adam Schall von Bell, S. J. (1592-1666), vol 2,1998 年),为纪念汤若望诞辰 400 周年,1992 年 5 月在德国圣奥古斯丁举行了盛大的国际学术研讨会,该书为提交这次国际会议的论文结集,收文 54 篇。按内容分为八部分:一、汤若望:其人与背景。二、汤若望与同时代的中国人。三、汤若望:占星术、天文学与历法。四、西学在中国:汤若望的贡献。五、汤若望的宗教写作与活动。六、在文字与插图中的汤若望。七、汤若望:接受与影响。八、中欧相遇:其他案例。评介南怀仁天文学成就及在京活动的有:高华士(Noël Golvers)著《南怀仁的欧洲天文学,Dillingen,1687:原文、翻译本、注脚以及注释》(The Astronomia Europaea Of Ferdinand Verbiest, S. J. (Dillingen, 1687) Text, Translation, Notes and Commentaries,1993)。魏若望(John W. Witek,S. J.)编《南怀仁(1623—1688):耶稣会传教士、自然科学家、工程师以及外交官》(Ferdinand Verbiest, S. J., 1623-1688) Jesuit Missionary, Scientist, Engineer and Diplomat,1993),为纪念南怀仁逝世三百周年,1988 年在比利时鲁汶大学召开了"南怀仁国际学术研讨会",该书是这次会议的论文结集,共收与会中西学者论文 31 篇,按内容分六部分:一、南怀仁的欧洲背景。二、科学家:南怀仁。三、工程师:南怀仁。四、外交家:南怀仁。五、传教士:南怀仁。六、南怀仁对中国和欧洲的影响。社会科学文献出版社 2011 年出版了该书中文简体字译本。探讨柏应理生平及其来华传教活动的有 Jerome Heyndrickx, C. I. C. M 编《柏应理(1623—1693):将中国带到欧洲的人》(Phillippe Couplet, S. J.,1623-1693) The Man Who Brought China to Europe,1990),该书是 1986 年在鲁汶大学召开的"柏应理国际学术研讨会"会议论文的结集,收文 12 篇。探讨明末清初教廷与中国礼仪之争的有 D. E. Mungello 编《中国礼仪之争:它的历史与意义》(The Chinese Rites Controversy. Its History and Meaning,1994 年),该书是 1992 年 10 月 16—18 日利氏学社在旧金山召开的"中国礼仪之争在中西历史中的意义"国际学术研讨会论文的结集,收文 15 篇,按内容分六部分:一、介绍。二、礼仪之争的中国观点。三、多明我派与未来主义者。四、神学的、政治的争论。五、过去、现在与未来的礼仪之争。六、评论。探讨中国基督教发展史的有,Roman Malek 编《耶稣基督的中国面相》(The Chinese Face of Jesus Christ)(2002),该书共 5 卷(现已出 4 卷),收录研究在华耶稣会最新成果,前 4 卷内容涉及从唐朝到当代关于基督教的中国面相的讨论,西文、中文有关耶稣基督在华的著作详解目录和总索引、词汇表。第 5 卷拟定为西方传教士和中国人尝试用艺术的方式所刻画的耶稣肖像。值得一提的是,该社还出版了三种研究北京风俗、宗教的研究专著:Anne Swann Goodrich 著《北京东岭庙》(The Peking Temple of the Eastern Peak. The Tung-yüeh Miao of Peking and Its Lore with 20 Plates. 1964)和《中国地狱:北京寺庙的 18 种地狱与中国的地狱概念》(Chinese Hells. The Peking Temple of Eighteen Hells and Chinese Conceptions of Hell,1981),Anne S. Goodrich 著《北京纸神:家庭崇拜的观点》(Peking Paper Gods. A Look at Home Worship,1991),显示了该社对北京民俗研究的特殊兴趣。

利氏学社是致力推动中国天主教史研究的又一机构。台北利氏学社 1966 年创立,巴黎利氏学社(Institut Ricci de Paris) 1972 年创立,旧金山大学利玛窦中西文化历史研究所(Ricci Institute for Chinese-Western Cultural History, University of San Francisco) 1984 年创立,在此基础上 1989 年成立国际利氏学社。1999 年又在澳门设立利氏学社。[①]

澳门利氏学社出版与本课题相关的著作有:(1)《〈北京大事记:康熙时期西方历史资料〉学术研讨会论文集》。德国耶稣会士纪理安(1655—

---

① 意大利马切拉塔利氏中心(istituto matio ricci per le relazioni con l'oriente, Macerata)成立时间较早,与利氏学社无组织隶属关系。

1720)留下一部《北京大事记》手稿,主要记述了1705—1710年间发生在北京的重要事件,内容涉及教廷使节多罗访华与中国礼仪之争。这本论文集围绕这部手稿的史料价值做了富有深度的探讨,共收文16篇,书前有Paul Rule长文评介《〈北京大事记〉的历史意义》(*The Historical Significance of the Acta Pekinensia*)。正文将所收论文分为三部分:一、《北京大事记》工程。二、《北京大事记》与礼仪问题的背景。三、《北京大事记》与中欧关系的演变。[①](2)万德化、萨安东编辑论文集《在一个皇帝的光与影下:徐日升(1645—1708),康熙帝与在华耶稣会士》。为纪念徐日升逝世三百周年,2008年11月10—12日在里斯本、11月27—29日在澳门举行了"在一个皇帝的光与影下:徐日升(1645—1708),康熙帝与在华耶稣会士"学术研讨会,提交论文的作者共22位。论文按内容分为六部分:一、传教与人。二、宫廷与中国文化。三、康熙皇帝时期的中国传教士。四、欧洲科学与知识在中国的披露。五、中俄谈判在尼布楚。六、西方音乐传入中国。[②]

比利时鲁汶大学南怀仁研究中心是中国天主教史研究、出版的又一个重要机构。其前身为南怀仁协会(Verbiest Foundation),1982年由比利时圣母圣心会和鲁汶大学共同创立,2007年易名为南怀仁研究中心(Verbiest Institute),该机构致力于中国天主教史研究,并谋求与中国学者的合作,迄今已举办十二次学术会议(每三年举办一次),出版了31种外文著作、14种中文著作。其出版品中与本课题相关者有:韩德力(Ed. By Jeroom Heyndrickx)编著《把中国带到欧洲的柏应理神父》(*Philippe Couplet,S. J. [1623-1693]—The Man Who Brought China to Europe*),比利时耶稣会士柏应理最先将中国哲学及孔子介绍到欧洲,对西方影响极大;他还带了一位中国教徒沈福宗返回欧洲,一起会见法国国王路易十四;柏应理在晋见教皇述职时,为耶稣会在华的传教立场作了解

[①] The Macau Ricci Institute, *Acta Pekinensia* Western Historical Sources for the Kangxi Reign, International Symposium Organised by the Macao Ricci Institute)(Macao, 5th–7th October 2010. The Macau Ricci Institute, 2013.

[②] Artur K. Wardega s. j. and António Vasconcelos de Saldanha, *In the Light and Shadow of an Emperor Tomás Pereira, S. J. (1645-1708), the Kangxi Emperor and the Jesuit Mission in China*, The Macau Ricci Institute, 2012.

释。该著对柏应理在中国与欧洲及教廷的关系上所扮演的重要角色做了系统阐述。高华士著(Noël Golvers)《南怀仁的欧洲天文学》(*The Astronomia Europaea of Ferdinand Verbiest, S. J.*(Dillingen, 1687)),该书搜集了南怀仁的天文学著作,反映了清初耶稣会士在清廷传输欧洲天文学的情形。魏若望编著(Ed. by John. W. Witek)《南怀仁:耶稣会传教士、科学家、工程师及外交家(1623—1688)》(*Ferdinand Verbiest, S. J.—Jesuit Missionary, Scientist, Engineer and Diplomat* (1623 - 1688)[1]。该书为1988年在鲁汶大学召开的南怀仁国际学术研讨会论文集,收入论文16篇,分别从南怀仁的欧洲背景,作为科学家、工程师、外交家、传教士的南怀仁,对中国和欧洲的影响等视角探讨南怀仁的一生,是全面论述南怀仁的一部论著。伊夫斯·德·托玛斯·博西耶尔夫人著(Mme Yves de Thomaz de Bossierre)《耶稣会士张诚神父传(1654—1707):法王路易十四的数学家,法国来华使节团长》(*Jean-François Gerbillon, S. J.* (1654 - 1707). *Mathématicien de Louis XIV. Premier Supérieur Général de la Mission Française de Chine*)[2],该书发掘了耶稣会罗马档案馆、巴黎外方传教会收藏的有关张诚的档案和书信,对张诚从暹罗到中国的旅行、张诚伴随康熙的第三到第八次鞑靼旅行,张诚在宫廷的生活,张诚与欧洲的关系做了具有原创性的还原叙述,是迄今唯一的张诚传记。高华士著(Noël Golvers)《南怀仁的中文天际》(*Ferdinand Verbiest, S. J.* [1623 - 1688] *and the Chinese Heaven*),该书汇集了现在欧洲收藏的南怀仁天文学著作约220篇,并从天文、汉学、历史、语言、藏书学等视角进行讨论,书中插入大量图解(60个图片、6个图表、4个地图),对了解西方天文学在中国的传输、耶稣会遗存在欧洲的出版物颇有助益。高华士等编(Noël Golvers and Efthymios Nicolaidis)《南怀仁与十七世纪在中国的耶稣会科学》(*Ferdinand Verbiest and Jesuit Science in 17th century China*),该书发掘了南怀仁1676年写于北京的两部未刊手

---

[1] 中译本有魏若望编《南怀仁(1963—1988)——鲁汶国际学术研讨会论文集》,社会科学文献出版社,1994年。

[2] 中译本有[法]伊夫斯·德·托玛斯·德·博西耶尔夫人著、辛岩译《耶稣会士张诚——路易十四派往中国的五位数学家之一》,大象出版社,2009年。

稿,它们曾通过俄国使节斯帕法里带回莫斯科,呈献给俄国沙皇。译者将拉丁文本重新编排、译成英文,并详加注释。高华士著《为中国而设的西学图书馆:欧洲与中华耶稣会传教站间的西书流通(大约 1650 到 1750 年间)》(Libraries of Western Learning for China. Circulation of Western Books between Europe and China in the Jesuit Mission (ca. 1650 - ca. 1750),全书分三部:第一部《书籍的取得与流通机制》(1. Logistics of book acquisition and circulation)、第二部《耶稣会图书馆的设立》(2. Formation of Jesuit libraries)、第三部《图书与读者》(3. of books and Readers)。该书主要探讨"西学东渐"中"书路"(Book Road)如何取代此前的"丝路"在中西文化交流中所扮演的角色。解答那些传教士想引进什么书? 为何他们认为这些书应该引进? 书籍如何取得以及如何流通? 中国人如何才能参考这些图书? 有无阅读流通网的建立? 以及这些书籍最后的落脚处等鲜为人知的问题。第一部介绍耶稣会在华传教站取得西方新书的过程,第二部叙述在华耶稣会的学校及会院怎样配置西方图书,第三部介绍引进这些西书的内容。其中在第二部对北京天主教东、南、西、北四堂的图书馆创建和收藏西书情形作了介绍,特别提到龙华民于 1610 年前后所定下的开馆策略以及金尼阁与邓玉函在 1616—1619 年间执行情况。并对耶稣会图书馆的特色,以及其与当时欧洲耶稣会图书馆作了比较。方豪先生早在 20 世纪 40 年代就注意西书在中土的收藏、流布这一问题,他撰写《明季西书七千部流入中国考》《北堂图书馆藏书志》等文,[①]发掘了相关中文文献材料和当时北堂的收藏。高华士此著在材料发掘方和历史还原方面,下力甚大,覆盖了前此相关成果,体现了其深厚的功力,是一部探讨"西学东渐"具有里程碑意义的巨著。

其他还值得提到的中国基督教史研究著作,探讨元代蒙古与教廷关系有:[法]伯希和撰、冯承钧译《蒙古与教廷》(中华书局,2001 年版),澳大利亚学者罗依果著《出使大汗的教皇使节》。[②] 探讨明末清初来华耶稣会士的专著有:[法]裴化行著、管震湖译《利玛窦神父传》(商务印书馆,

---

① 参见《方豪六十自定稿》上、下册,台北:学生书局,1970 年,第 39—54、1833—1848 页。
② Igor de Rachewiltz, Papal Envoys to the Great Khans, Stanford: Stanford University Press, 1971.

1993年)、[美]邓恩著《从利玛窦到汤若望——晚明的耶稣会传教士》(上海古籍出版社,2008年5月版),①[美]柏里安著《东游记——耶稣会在华传教史1579—1724》(澳门大学,2014)、②C. W. Allan著《耶稣会士在北京宫廷》、③Arnold Rowbotham著《传教士与满大人:耶稣会士在清廷》、④魏特著、杨丙辰译《汤若望传》(上、下册,商务印书馆,1949年版)。探讨法国耶稣会士的论著有:[法]卫青心著、黄庆华译《法国对华传教政策》(2册,中国社会科学出版社,1991年)、[德]柯兰霓、李岩译《耶稣会士白晋的生平与著作》(大象出版社,2009年)、[美]魏若望、吴莉苇译《耶稣会士傅圣泽神甫传:索隐派思想在中国及欧洲》(大象出版社,2006年)等,这些著作在其从事的专题研究上对本课题均有参考价值。此外,公认的权威性的中国基督教通史著作、工具书,如赖德烈著《基督教在华传教史》、⑤[英]阿·克·穆尔著《一五五〇年前的中国基督教史》、⑥[法]沙百里著、耿升译《中国基督徒史》(中国社会科学出版社,1998年)、[法]谢和耐著、耿升译《中国与基督教》(上海古籍出版社,2003年)、[法]费赖之著(Louis Pfister)、冯承钧译《在华耶稣会士列传及书目》(2册,中华书局,1995年)、[法]荣振华著、耿升译《在华耶稣会士列传及书目补编》(2册,中华书局,1995年),亦是本课题研究常备的参考书。

二、中西文化交流史。在近代以前的欧洲各国中,法国是与中国文化交流较为频繁的国家。法国汉学界因此对中法文化交流史研究相对也最为重视。提到法国汉学研究,人们自然会想到《通报》(*Tong Pao*),该

---

① George Dunne Harold, *Generation of giants : the story of the Jesuits in China in the last decades of the Ming Dynasty*, University of Notre Dame Press, 1962.

② Liam Matthew. Brockey, *Journey to the East : the Jesuit mission to China*, 1579-1724, Cambridge, Mass. : Belknap Press of Harvard University Press, 2007.

③ C. W. Allan *Jesuits at the Court of Peking*, Shanghai: Kelly and Walsh Limited, 1935.

④ Arnold Rowbotham, *Missionary and Mandarin*: *The Jesuits at the Court of China*, New York Russell & Russell, 1966.

⑤ Kenneth Scott Latourette, *A History of Christian Missions in China*, New York, The Macmillan Company, 1929. 中译本有赖德烈著、雷立柏、静也、瞿旭彤、成静译《基督教在华传教史》,香港:道风书社,2009年。

⑥ A. C. Moule, *Christians in China before the year* 1550, London : Society for Promoting Christian Knowledge ; New York ; Toronto : The Macmillan Co., 1930. 中译本[英]阿·克·穆尔著、郝镇华译《一五五〇年前的中国基督教史》,中华书局,1984年。

刊创于 1890 年,迄今已出 101 卷,它对中西文化交流史、中西关系史颇为重视,在这一领域刊登了不少力作或史料。与本课题相关的论文有:1890 年第 1 卷 2 期载 Girard De Rialle《十七世纪赴威尼斯的中国使团》(Une mission chinoise à Venise au XVIIe siècle),1891 年第 2 卷 4 期载 Henri Cordier《约翰·曼德维尔》(John Mandeville),1893 年第 4 卷 1 期载 A. Gaubil, Henri Cordier《鞑靼地区霍林人的现状:宋君荣神父未发表的手稿,发表于此并附序言及评注》(Situation de Ho-lin en Tartarie, Manuscrit inédit du Père A. Gaubil, S. J., publié avec une introduction et des notes),1906 年第 7 卷 4 期载 Henri Cordier《张诚神父未发表的五封信》(Cinq lettres inédites du, Père Gerbillon, S. J.),1908 年第 9 卷 1 期载 Henri Cordier《十八世纪法国驻广州领事馆》(Le Consulat de France a Canton au XVIIIe siècle),1911 年第 12 卷 4 期载 Henri Cordier《葡萄牙人来到中国》(L'arrivée des Portugais en Chine),1915 年第 16 卷 4 期载 Henri Cordier《地理及历史集:宋君荣神父的未刊手稿》(Mélanges géographiques et historiques. Manuscrit inédit du Père A. Gaubil S. J.),1916 年第 17 卷 3 期载 Henri Cordier《对耶稣会的取缔及北京传教团》(La suppression de la Compagnie de Jésus et la mission de Peking),1922 年第 21 卷 5 期载 A. C. Moule[穆勒]《关于鄂多立克的书目札记》(Bibliographical Notes on Odoric),1934 年第 31 卷 1/2 期载 E. H. Pritchard《驻北京的传教士与马戛尔尼使团有关的书信(1793—1803 年)》(Letters from Missionaries at Peking Relating to the Macartney Embassy [1793-1803])、Paul Pelliot《关于澳门早期的一部著作张天泽〈中葡 1514—1644 年间的贸易:葡中文献综合〉》(又译《中葡早期通商史》《中葡通商研究》,Un ouvrage sur les premiers temps de Macao),1936 年第 32 卷 5 期载 J. J. L. Duyvendak《荷兰早期的中国研究》(Early Chinese Studies in Holland)。1938 年第 34 卷 1/2 期载 J. J. L. Duyvendak《派驻中国宫廷的最后的荷兰使团(1794—1795)》(The Last Dutch Embassy to the Chinese Court 1794-1795)1938 年第 34 卷 3 期载 Kenneth Ch'en[陈观胜]《利玛窦对中国周边地区所作笔记的可能来源》(A Possible Source for Ricci's Notices on Regions near China)、

Paul Pelliot《十六、十七世纪中国的方济会》(Les Franciscains en Chine au XVIe et au XVIIe siecle)、J. J. L. Duyvendak《〈实录〉中最后的荷兰使团》(The Last Dutch Embassy in the "Veritable Records"), 1940 年第 35 卷 5 期载 J. J. L. Duyvendak《关于荷兰最后驻中国宫廷的使团的补充文件》(Supplementary Documents on the Last Dutch Embassy to the Chinese Court)。1944 年第 39 卷增刊载 Albert Kammerer《十六世纪葡萄牙人对中国的发现以及海图的绘制》(La Découverte de la Chine par les Portugais au XVIème Siècle et la Cartographie des Portulans)。1954 年第 43 卷 1/2 期载 Fu, Lo-Shu［傅乐淑］《康熙年间两个葡萄牙赴华使团》(The Two Portuguese Embassies To China During the K'Ang-Hsi Period)。1956 年第 44 卷 1/3 期载 Petech, Luciano《关于康熙年间葡萄牙赴华使团的评价》(Some Remarks On the Portuguese Embassies To China in the K'Ang-Hsi Period)。1992 年第 78 卷第 4/5 期载 Liu, Cary Y.［刘怡玮］《元首都，大都：帝国大厦计划和官僚》(The Yüan Dynasty Capital, Ta-Tu: Imperial Building Program and Bureaucracy)。在研究中西关系方面，《通报》应是最值得我们关注的西方刊物。

法国汉学界研究中欧文化交流史（特别是中法文化交流史）的专著有：［法］谢和耐、戴密微著、耿升译《明清间耶稣会士入华与中西汇通》（东方出版社，2011 年）、艾田蒲著，许钧、钱林森译《中国之欧洲》（2 册，广西师范大学出版社，2008 年）、［法］维吉尔·毕诺著，耿升译《中国对法国哲学思想形成的影响》（商务印书馆，2000 年）、［法］陈艳霞著《华乐西传法兰西》（商务印书馆，1998 年）、［法］贝尔纳·布里赛著，王峘、丽泉、赵丽莎译《法兰西在中国 300 年——从路易十四到戴高乐》（上海远东出版社，2014 年）、［法］蓝莉著，许明龙译《请中国作证——杜赫德的〈中华帝国全志〉》（商务印书馆，2015 年）[①]等。此外，Thomas H. C. Lee 编辑《中国与欧洲：16 至 18 世纪的想象与影响》一书，是从 1987 年 3 月在香港中文大

---

① Isabelle Landry-Deron, La preuve par la Chine : la "Description" de J.-B. Du Halde, Jésuite, 1735, Paris : Editions de l'Ecole des hautes études en sciences sociales, 2002.

学主办的一次同题学术研讨会上提交的 26 篇论文中选择 13 篇而成,论文多为讨论这一时期中欧之间的思想、科技、艺术交流和交互影响。① 法国学者在西方汉学界研究中西文化关系史方面发挥了举足轻重的作用。

三、国际汉学中的北京研究。早在元代,北京已进入西方的视野,并在《马可波罗行记》中留下了对元大都的大篇幅记载。但对北京进行研究,而不是停留在一般简单描述的基础上,应是在 17 世纪以后。葡萄牙耶稣会士安文思积其在京二十年生活经验撰写的《中国新史》,用数章篇幅对其所推崇的"北京之宏伟"作了详细描述,其内容可以说具有研究的成分。18 世纪以后,法国来京的耶稣会士与巴黎出版商合作编辑出版的《中华帝国全志》《中国丛刊》(或译作《中国杂纂》),涉及大量有关北京的政情、风俗、建筑、园林的介绍和研究。俄国东正教第九届传教团大司祭比丘林编译的《北京志》可谓第一部以俄文系统介绍北京的著作。近代以后,随着西方殖民者侵入北京,以北京为专题的研究著作随之也大量出现。1876 年上海美华书馆出版贝勒撰著《北京及周围的考古和历史研究》,介绍了北京及其周围的文物和历史。② 顾路柏(Wilhelm Grube,1855－1908)是德语世界最早关注北京学的汉学家,他于 1898 年在北京北堂出版的《北京东方学会杂志》(*Journal Of The Peking Oriental Society*)第 4 卷发表《北京人对死之利用》(*Pekinger Todtengebrauche*),1901 年出版《北京民俗学》(*Zur Pekinger Volkskunde*)③,比较系统的介绍北京风土人情和社会习俗。1902 年法国出版樊国梁著《北京:历史与描述》,对北京的风土人情、人文景观、政治机构作了全面介绍,并详叙西方(特别是传教士)与北京的关系,是近代西人评述北京的一部巨著。④

---

① Thomas H. C. Lee ed, *China and Europe: Images and Influences in Sixteenth to Eighteenth C. enturies*, Hong Kong: The Chinese University Press, 2014.

② E. Bretchneider, *Archaeological and Historical Researches on Peking and its Environs*. Shanghai, 1876.

③ Wilhelm Grube, Zur Pekinger Volkskunde, *Veroffentlichungen aus dem Koniglichen Museum fur Volkerkunde* (Konigliche Museen zu Berlin; Bd. 7, Heft. 1-4), Berlin: W. Spemann, 1901.

④ Pierre-Marie-Alphonse Favier, *Peking, histoire et description*. Peking: Impr. Lazaristes, 1897. reed. 1898; Lille: Societe de Saint Augustin, 1900; Lille: Desclee de Brouwer, 1902.

1922年上海别发洋行出版英国女作家裴丽珠著《北京：主要景点历史和本质的描述》，主要介绍北京的城市风貌、风俗节气与重要建筑。[1] 1924年伦敦John Lane出版社出版喜仁龙著《北京的城墙和城门》，对北京的内外城墙、内外城门做了实地考察和描述，并配以大量相关图片，在北京城门、城墙尽遭拆毁的背景下，该书具有历史文献价值。[2] 1932年伦敦出版斯文赫定著《热河：帝王之城》，介绍了热河的寺庙建筑和历史，并备一章述及马戛尔尼使团在热河觐见乾隆的情形。[3] 1934年美国伊利诺伊大学出版社出版麻伦著《清代北京圆明园和颐和园的历史》，详介康熙到乾隆时期圆明园的建造，在第二次鸦片战争时期被劫以及衰落的情形。这是较早系统介绍清朝皇家园林的一部专著。[4] 1935年北平魏智初版阿灵顿的《寻找老北京》，对北京内、外城的重要景观及其传说故事做了翔实介绍。[5] 南希·斯坦哈特著《中国帝都规划》（Chinese Imperial City Planing），其中第八章对明清时期的北京城市规划作了探讨。2000年美国加州大学出版社出版韩书瑞的巨著《北京寺庙与城市生活：1400—1900》，以寺庙为中心展示了明清时期的北京城市生活和社会风貌。[6] 此外，[俄罗斯]斯卡奇科夫著、柳若梅译《俄罗斯汉学史》（社会科学文献出版社，2011年）前六章相当一部分内容评述俄国传教团传教士在北京的汉学研究。[英]傅熊著、王艳、[德]儒丹墨译《奥地利汉学史》（华东师范大学出版社，2011年）在"起始时期"一篇介绍了卫匡国、白乃心、恩理格、刘松龄、魏继晋等来京传教士的汉学成就。可以说，北京作为西方汉学经久不衰的题材，其历史文化、风土人情和城市建筑，是西方汉学家、外交使

---

[1] Juliet Bredon, *Peking: A Historical and Intimate Description of its Chief Places of Interest*, Shanghai: Kelly & Welsh, 1931.

[2] Osvald Sirén, *The Walls and Gates of Peking*, London: John Lane press, 1924.

[3] Hedin SvenNash E G., *Jehol, City of Emperors*, translated from the Swedish by E. G. Nash. London: Kegan Paul, Trench, Trübner and Co., Ltd., 1932.

[4] Carroll Brown Malone, *History of the Peking Summer under the Ching Dynasty*, Urbana: The University of Illinois Urbana, 1934.

[5] L. C. Arlington and William Lewisohn, *In Search of Old Peking*, Peking: Henri Vetch, 1935.

[6] Susan Naquin, *Peking: Temples and City Life*, 1400–1900, Berkeley: University of California Press, 2000.

节和旅行家们津津乐道的话题。

四、中西关系史。中西关系构成元、明、清时期北京与西方文化交流的大背景。有关中西关系史的通论性著作有：[美]马士著、张汇文等译《中华帝国对外关系史》(上海书店出版社,2000年)，[英]赫德逊著、李申、王遵仲、张毅译《欧洲与中国》(中华书局,2004年)，[美]孟德卫著、江文君等译《1500—1800中西方的伟大相遇》(新星出版社,2007年2月)，探讨中意关系的有：[意]白佐良、马西尼著《意大利与中国》(商务印书馆,2001年版)。探讨中荷关系史有[荷]包乐文著《中荷交往史》(阿姆斯特丹：路口店出版社1989年,1999年修订版)。探讨中英关系的有：普理查德著《早期中英关系的关键年代》[1]《十七、十八世纪中英关系》[2]，(法)佩雷菲特著、王国卿、毛凤支等译《停滞的帝国——两个世界的撞击》(三联书店,1993年)，[英]斯林堡著、康成译《鸦片战争前中英通商史》，(商务印书馆,1961年)，[美]何伟亚著、邓常春译《怀柔远人：马嘎尔尼使华的中英礼仪冲突》(社会科学文献出版社,2002年)等。研究中俄关系史的论著有：[法]加斯东·加恩著、江载华、郑永泰译《彼得大帝时期的俄中关系史(1689—1730年)》(商务印书馆,1980年)，[俄]特鲁谢维奇著、徐东辉、谭萍译《十九世纪前的俄中外交及贸易关系》(岳麓书社,2010年)，[俄]阿·科尔萨克著、米镇波译《俄中商贸关系史述》(社会科学文献出版社,2010年)，[苏]米·约·斯拉德科夫斯基著、宿丰林译《俄国各民族与中国贸易经济关系史(1907年以前)》(社会科学文献出版社,2008年)，[英]约·弗·巴德利著、吴持哲、吴有刚译《俄国·蒙古·中国》(上、下卷,商务印书馆,1981年)等。从历史的角度考察,俄国、英国是在近代以后才真正对中国产生更大影响的欧洲国家,历史学者因为后来的重要,往往因此将眼光回溯到前近代。比较而言,西方学者在研究中俄关系史、中英关系史方面积累的成果相对更有分量。

20世纪70、80年代以来,西方研究中西关系史或中西文化交流史呈

---

[1] Earl H. Pritchard, *The Crucial Years of Early Anglo-Chinese Relaton*, 1750－1800 Washington：Research Studies of the State College of Washington,1936.

[2] Earl H. Pritchard, *Anglo-Chinese Relation during Seventeenth and Eighteenth Centuries*, Urban：University of Illinois,1930.

现出某些新的特点或新的趋向,值得我们关注:

第一,研究呈现整体视野。西方学者在研究西方与东方、西方与中国的历史关系方面不乏体系庞大、叙事宏阔的巨著,如唐纳德·F. 拉赫著《欧洲形成中的亚洲》,全书三卷,从1965年出版第一卷,到1970年、1977年出版第二卷,再到1993年出版第三卷,前后耗时近三十年,这是一部叙事宏大、取材丰富的巨著。[1] 作者的关注点在"发现"亚洲对欧洲形成的影响因素,这是一个全新的主题。第一卷《发现的世纪》叙述地理大发现时代欧洲与亚洲的"新信息渠道"(香料贸易、印刷文献、基督教传教团),以及来自葡萄牙人、耶稣会士、意大利、英国、荷兰人的印度观、东南亚观、日本观、中国观。第二卷《奇迹的世纪》的视觉艺术篇叙述欧洲各国的亚洲珍宝收藏、各类艺术品收藏和亚洲动物绘画;文学艺术篇则展示了16世纪进入欧洲的亚洲图书对欧洲各国文学的影响;学术研究篇则探讨了技术与自然科学、制图和地理学、引入欧洲语言中的亚洲语汇。第三卷《发展的世纪》先从欧洲各国对亚洲的贸易、葡萄牙保教权下的在亚洲传教活动、欧洲各国文献中的亚洲三方面探讨欧亚之间的关系,然后分别论述欧洲人在南亚、东南亚、东亚的活动。全书表现了作者的整体视野,将欧洲与亚洲的互相关联全面地展现出来。

无独有偶,另一部以亚洲为研究对象的莫菲特著《亚洲基督教史》(*A History Christianity in China*,香港:基督教文艺出版社,2000年),同样是一本"资料丰富,视野广阔,治学严谨却能深入浅出"的好书,作者在序中自称:"着手进行这本早期亚洲基督教研究,是希望提醒大家:教会始自亚洲,教会最早的历史是亚洲教会史。其首个中心亦在亚洲。"该书对从古代到1900年亚洲基督教史做了全景式的描述。

上述两书的叙述方式,可能因受研究主题所限,涉及的是亚洲与欧洲的关系,但作者处处留意亚洲与欧洲之关联,不是从局部,而是从整体把握欧亚之间的关系,注重发掘亚洲在与欧洲交往中的影响因素,这一研究取向可能与全球史的兴起和全球史观念的风行有一定关系。

---

[1] Donald F. Lach, *Asia in the Making of Europe*, 3 vol, Chicago: University of Chicago Press, 1965-1993. 中译本有唐纳德·F. 拉赫著、周宁总译校:《欧洲形成中的亚洲》(3卷,9册),东方出版社,2013年。

第二,研究视角逐渐调整到以研究中国对欧洲的影响为主,改变了殖民统治时代或帝国主义时代强调西方对东方影响的偏向。如法国学者艾田蒲(René Etiemble)所著《中国之欧洲》(L'Europe Chinoise),这部作者花时五年撰写的两卷本巨著,① 上卷《从罗马帝国到莱布尼茨》,论述从罗马帝国时代与中国的早期交流到阿拉伯游记、《马可波罗游记》描述的中国,再到明末清初耶稣会士从中国带来的消息及在欧洲产生的反应;下卷《西方对中国的仰慕到排斥》,内涉罗马教廷否认耶稣会士眼中的中国之欧洲、17—18世纪欧洲戏剧中的几个中国侧面、仰慕中国的伏尔泰、仰慕中国者与排斥者之间的争论。作者从前言《欧洲中心论招摇撞骗的杰作:谷登堡为印刷术发明家》开宗明义就高举反对欧洲中心主义的大旗,表现了其超越欧洲本土文化的情怀。诚如中译本译者许钧所评价的那样:"他不像以往以某些崇尚中国的思想家,对中国文化隔雾看花,盲目崇拜,而是刻意寻求真切的了解;也不像当代一些平庸的文化史家,只满足于对既成的文化事实作一般性的考察和描述,而是力图对所描绘的事实作当有的思考和评价,他高于前人和同辈的地方,似乎正在于他对自己的研究对象,既充满一种激情、一种真情实感,又具有深刻的理性认识。换言之,他能把自己对中国文化的热爱、迷恋建立在理性的科学基础之上,切忌以个人感情好恶来代替理性评判。他在这部著作中尖锐地批评了西方某些哲学家凭借对中国的一知半解和个人好恶,滥用自己的感情,或'捧',或'骂',爱走极端的倾向。"②

又如法国学者维吉尔·毕诺的《中国对法国哲学思想形成的影响》一书,耿升认为,"作者从宏观上论述了17—18世纪中国对法国哲学思想形成的影响,尤其是以儒家思想为代表的中国文化与以基督教为代表的西方文化的冲撞、影响及造成的后果。他对法国人自西东来的过程,以及由此而引起的西学东渐和东学西渐的许多问题,都有独到的见解,观点也比较公正客观"。"他立足于法国哲学思想史,从中揭示出受中国哲学思想

---

① 中译本有[法]艾田蒲著、许钧、钱林森译:《中国之欧洲》(2册),广西师范大学出版社,2008年。
② [法]艾、许钧、钱林森译:《中国之欧洲》上卷,广西师范大学出版社,2008年,第4—5页。

和文化影响并且汲取了中国文化营养的成分,巧妙地将中国文化史与法国文化史有机地结合起来,全面论述,深入分析,从整体上得出了概括性的结论。这种做法在外国的中国学研究领域中还未曾有过先例。因为西方的汉学家,往往懂得中国史而不精通本国史,精通本国史的学者对于中国史又不甚了解,这两个领域之间似乎总有一条鸿沟相阻隔。毕诺的这部书可以说打破了这种阻隔,为研究中西文化交流开辟了新的蹊径"。①

文化交流的深入之处在于价值交流。两书作者倾注的主题是中国文化(特别是中国哲学)对欧洲的影响,表现了他们对欧洲与中国文化交流的深度关切,实际上也是承认了中国文明的合理性及其存在价值,这可以说是后殖民时代西方学术界出现的新的文化转向。

第三,注重发掘相关档案文献。发现新的材料是推动历史研进步的主要途径,中西关系史研究自然也不例外,最近二三十年来西方有关中西关系史方面比较有分量的论著在这方面都有出色的表现。如法国学者维吉尔·毕诺的《中国对法国哲学思想形成的影响》一书,该书第一编《有关法国认识中国的资料》,即着力介绍17、18世纪法国耶稣会士有关中国的材料,篇幅占全书的三分之一。第二卷《有关法国认识中国的未刊文献》,收入傅圣泽致罗特兰修道院长、弗雷烈致入华耶稣会士等书简,共41件,这些书简在杜赫德编辑的《耶稣会士中国书简集》均未见收。有关探讨法国"国王的数学家"赴华的两本论著:[法]伊夫斯·德·托玛斯·德·博西耶尔夫人著《耶稣会士张诚——路易十四派往中国的五位数学家之一》(大象出版社,2009年)、[德]柯兰霓、李岩译:《耶稣会士白晋的生平与著作》(大象出版社,2009年)也从法国国家图书馆、耶稣会罗马档案馆、伦敦公共档案部、巴黎外方传教会等处发掘了大量未刊的法文手稿、拉丁文手稿文献材料。探讨马戛尔尼使团访华两本最有分量的著作:[法]佩雷菲特著《停滞的帝国》几乎利用了英国、法国、中国三方收藏的档案文献材料,[美]何伟亚著《怀柔远人》从英国印度事务部发掘了马戛尔尼、阿美士

---

① [法]维吉尔·毕诺著、耿升译:《中国对法国哲学思想形成的影响》,《译者的话》,商务印书馆,2000年,第2页。

德使团的档案材料。

第四,注重关键"地方知识"的发掘与研究。在中国广大的区域中,究竟哪些地方对西方来说更为重要?当然是那些与西方利益关联度较高的地方。西方的中国地方研究主要集中在三个区域:少数民族边疆地区、北京、沿海通商口岸。其中对北京的关注和研究,可谓西方持续千年、不断积累的核心"地方知识"。西方对中国的研究从其初始即关注中国的少数民族与边疆地区的研究,与汉唐史、元史、清史相关的西域学、敦煌学、蒙古学、藏学、满学这些学问的兴起,表现了西方对中国少数民族和边疆地区的高度关注,即反映了西方的这一价值取向。汉唐时期的长安为中外文化交流的中心,西人经中亚、西域、沿丝绸之路万里迢迢来到长安,但在西方历史文献中对这方面的记载相对匮乏。在近代以前,北京无疑是西方最为重视的中国城市,人们几乎找不到第二个像北京这样更能对西方产生持久吸引力并留下诸多历史纪录的城市。对于其他区域只能说有些零星的观察纪录,没有系统的研究。近代以后,随着一批沿海通商口岸的开埠,西方逐渐将注意力转移到经营他们获取特权和租界的通商口岸城市。

中西文化关系史研究是欧美汉学研究的强项。在长期的研究过程中,他们形成了自己的学术传统,占有了支撑其优势地位的学术资源。相对来说,我们的中西文化关系史研究仍是一个比较薄弱的环节。要迎头赶上欧美在这方面的学术水准,尚需下大力气,不断进取,做出艰苦的努力。

四、研究"古代北京与西方文明"
课题的主要内容、基本思路

研究"古代北京与西方文明"这一课题,主要是探讨古代北京与西方文明之间关系,它主要包括两方面内容:一方面探讨西方人士在北京的活动及其相关历史记载,西方有关北京的历史文献及其所形成的北京形象,西方人士的"北京经验"对西方文化、历史的影响;一方面探讨嵌入北京的"西方元素"(如天主教、基督教、东正教)对北京城市文化及中国文化历的影响。具体探讨的问题主要为：一、元朝中西交通的新形势及西人在"汗八里"的活动与相关历史记载。二、明末清初西方耶稣会士在北京的活动与相关历史文献。三、明末清初俄国使团的"北京经验"。四、18世纪法国耶稣会士的"北京经验"。五、俄罗斯东正教传教团的"北京经验"。六、西方外交使节（主要是罗马教廷、荷兰、葡萄牙）的"北京经验"。七、英国马戛尔尼使团的"北京经验"。这是一项跨元明清史、中西关系史、国际汉学、北京史等领域的研究。

研究"古代北京与西方文明"课题，旨在通过发掘鸦片战争以前北京与西方交往的历史文献材料，主要是传教士、外交使节、旅行者来京访问、旅行、工作或居住的历史文献，勾勒鸦片战争以前西方人士的"北京经验"，评介西方与北京相关重要历史人物及其代表作，从而梳理"西方北京学"的历史沿革，构筑"西方北京学"的基本框架，将"西方北京学"内含的丰富性、复杂性呈现出来；对鸦片战争以前西方人士来京的诸多历史作用、鸦片战争以前西方与中国文明及实力重新做出评估，为中西关系史、国际汉学、北京史研究拓展一片新的天地。

在文献材料上，本课题主要以研究鸦片战争以前来京西方人士撰写的游记、回忆录、书信、日记、调查报告和美术作品等纪实、写实的作品为主，同时参考西文相关研究著作和中文历史文献材料（特别是档案文献），做到中、西结合，中西文献相互印证。应当承认，西方文献材料具有不同于中文历史文献材料的自身特点，来华西人初来乍到，他们的观察和活动常常带有"田野考察"的性质。他们观察的视角和留意的地方，常有中文文献所不涉及，或语焉不详或避讳之处。来京的西方遣使或传教士多受到清朝皇帝的召见，他们对觐见清皇时的宫廷场景、皇帝相貌的描写，对接受的外交礼仪之重视，在中文文献中常常鲜见道及；他们因条件限制，多只与接待的官员发生关系，对接触的满汉官吏差异的敏锐洞察，是极好的政治史材料；早期西方来华遣使、传教士和旅行者几乎为清一色的男性，他们对中国妇女装束审美趣味的品头论足，可谓当时妇女生活的写生素描。日本学者矢泽利彦发掘、利用这方面的材料，撰写过《西人所见16—18世纪的中国妇女》《西人所见的中国皇帝》《西人所见16—18世纪的中国官僚》三著,显示出西文文献材料的特殊性。[①]

在结构布局上,本课题将全面介绍与重点研究相结合,即先以概略性的文字评述某一时期或某一专题西方人士的"北京经验",然后以代表人物或重要文献为案例作重点解析。在已有研究的基础上,采取详人所略,略人所详的做法,尽量争取详略得当。

在问题设置上,本课题既与传统的中外文化交流史重视中外之间科技、艺术交流有别,也与一般意义上的中国外交史关注双方订立的条约制度不同,它以研究元、明、清(鸦片战争以前)来京的西方传教士和遣使的"北京经验"为主,着重探讨西人来京的路线、途径,在京居住、生活、活动和通信手段,与元、明、清三朝和北京士人的交往,对北京建筑、风俗、历史、地理的观察和研究,在北京对中国政治、经济、文化和军事情报的搜集和研究等问题。这些问题大多不在传统的中西关系史、中西文化交流史的视野之内。

开展"古代北京与西方文明"的课题研究,具有重要的学术价值:第一,西方人士的"北京经验"既是中西关系(特别是中西文化交流)的核心内容,是我们了解中西关系的主要线索,又是西方世界想象北京的重要历史素材,构成西方视野里"北京形象"的源泉。开展本课题研究,有助于我们了解西方视野里的北京形象及其演变,有助于深化中西关系史的研究。第二,"鸦片战争以前西方人士的'北京经验'"构成国际汉学研究(特别是传教士汉学)的重要组成部分。西方来京人士留下的历史文献,如《马可波罗行记》、利玛窦著《耶稣会与天主教进入中国史》、《耶稣会士中国书简集》、《马戛尔尼勋爵私人日志》等,既是西方人士有关其"北京经验"的历史记录,又是西方汉学的经典。研究这些名著所包含的西人"北京经验",将大大拓展、充实现有的国际汉学研究,有助对西方北京学知识谱系的掌握。第三,北京与外来文明之间的关系,是北京史研究中的薄弱环节,开展本课题研究,意在充实这一领域的研究,从一个侧面深入拓展北京史研究。第四,随着北京的国际化程度越来越高,北京的国际地

---

① 参见[日]矢沢利彦著:《西洋人の見た十六〜十八世紀の中国女性》,东京:东方书店,1990年。[日]矢沢利彦:《西洋人の見た中国皇帝》,东京:东方书店,1992年。[日]矢沢利彦著:《西洋人の見た十六〜十八世紀中国官僚》,东京:东方书店,1993年。

位日益提升,今天在人们呼唤把北京建设成为第一流国际大都市的时刻,我们务必对北京作为历史文化名城的外来文化因素做一系统清理,从而使北京建设国际化大都市的构想建立在扎实、可靠、稳固的历史基础之上。

第三单元

自由与秩序
——个人发展与社会进步

个体主义与家庭主义:新文化运动百年再反思

孙向晨

复旦大学哲学学院教授

自 1915 年《青年杂志》出版以来,在标举的新文化运动的旗号中,人们更多的记忆是"民主与科学""问题与主义""科玄论战"这些大纲目,其实在 1919 年著名的"问题与主义"辩论之前,那时更直接,更触动人心的却是关于"个体"与"家庭"的论述,个性解放与个体主义一时成为时代的主旋律。新文化运动的主将们普遍看到对于现代社会来说,个体的独立平等自主之于新文化的重要价值;另一方面他们也深知家庭之于中国文化传统的核心地位,要破除旧的文化价值就必须对"家庭"来一个彻底批判。"个体"与"家庭"的问题不只是新文化运动诸多论题之一,"个体"问题牢牢抓住了现代性的要害,而"家庭"问题则是中国文化传统的核心价值,新文化运动一上手就触及到了现代文明与中国传统的根基之处。在新文化运动早期就形成了一整套关于"个体"与"家庭"的叙事,形成正反两个命题:关于"个体主义"的正命题与关于"家庭主义"的反命题。但是"个体"与"家庭"在现代中国的命运多舛,让我们有必要再次检视一下关

---

* 该文已经发表于《复旦学报》(哲学社会科学版)2015 年第 4 期。

于"个体"与"家庭"这两个命题在中国的百年历程。令人悲哀的是,一百年过去了,对于独立自由之个体的追求我们依然在路上,"家庭"伦理价值观的颠覆却让我们饱受其害,重新检视这两个命题的合理性显得尤为必要。

一、个体主义与家庭主义的正反命题

在新文化运动早期,个体主义一直是思想界的主流话语形态,这一话题甚至可以追溯得更早,从谭嗣同的"仁学"到梁启超的"新民说",对此都有涉及,梁启超的西学学案对此有着更为系统的论述。到新文化运动时期,特别是透过陈独秀的论述,"个体"与"家庭"问题的对峙产生了更为广泛的社会影响。陈独秀在《新青年》上推动了新一轮对个体本位主义的颂扬,并以此对中国文化传统的家庭宗法思想进行了激烈的批判,在社会掀起巨大波澜,影响至深。1915年底他在《青年杂志》首卷总结"东西民族根本思想之差异"时,标举的就是西洋之以个体为本位,东洋之以家庭为本位。1916年初,他又号召青年人"自负为一九一六年之男女青年,其各奋斗以脱离此附属品之地位,以恢复独立自主之人格";以"尊重个体独立自主之人格,勿为他人之附属品"标示新时代的开始。[①] 个体主义一时成为新文化运动诸多思想者的支柱性观念。这意味着中国传统社会在价值形态上开始向现代社会转化。"个体主义"一度作为个性解放的代名词,成为反对传统礼教的利器,也是反抗传统宗法压迫的武器。

陈独秀关于个体本位与家庭本位对峙的经典论述是这样的:"西洋民族以个人为本位,东洋民族以家族为本位。西洋民族,自古迄今,彻头彻尾个人主义之民族也。……举一切伦理、道德、政治、法律,社会之所向往,国家之祈求,拥护个人之自由权利与幸福而已。思想言论之自由,谋个性之发展也。法律之前,个人平等也,个人之自由权利,载诸宪章,国法不得而剥夺之,所谓人权是也。人权者,成人以往,自非奴隶悉享此权,无有差别,此纯粹个人主义之大精神也。……所谓性灵,所谓意思,所谓权

[①] 陈独秀:《一九一六年》,《社会改革的思潮》,台湾:唐山出版社,2001年,第6页。

利,皆非个人以外之物,国家利益,社会利益,名与个人主义相冲突,实以巩固个人利益为本因也。……宗法社会以家庭为本位,而个人无权利,一家之人,听命家长。宗法制度恶果盖有四焉:一曰损坏个人独立自尊之人格,一曰窒息个人意思之自由,一曰剥夺个人法律上平等之权利(如尊长卑幼,同罪异罚之类),一曰养成依赖性,戕贼个人之生产力……欲转善因,是在以个人本位主义,易家族本位主义。"①

陈独秀在这里特别强调了现代社会中个体本位的思想,尽管他在这里论述的对象是西洋民族,以揭示东西民族根本思想的差异为目的,但他认为西洋民族代表了"近世文明",②因此东西民族思想的差异也就是近世与古代文明的差异。此时,在个体与国家的谱系中,陈独秀的论述明确透露出个体本位的价值取向:个人平等自由的权利,是国法所不可剥夺的;国家祈求的不过是个人的权利与福祉,国家利益和社会利益并不与个体主义冲突,反而是以巩固个人利益为目的,社会文明应该为个人所享受。在此前提下,陈独秀强调了对于人权的肯定,"晓然于人权之可贵",③强调思想自由的可贵,并以之为"吾人最后之觉悟",与之相反的则是对家族本位主义对于个人荼毒的批判。

新文化运动的另一个主将胡适也提出了"健全的个人主义"的口号,他以"易卜生主义"论述家庭之不堪与个体的挣扎,更深入地论述了发展个性的条件,"第一须使个人有自由意志;第二,须使个人担干系,负责任",只有锻造出这样独立自主的人,才能无惧于社会多数意见的打压;他借易卜生剧中铎曼医生之口,呼喊道:"世上最强有力的人就是那个最孤立的人。"④只有确立了自由独立的人格,社会的发展才是有动力的,才是有意义的,"社会国家没有自由独立的人格,如同酒里少了酒曲,面包里少了酵,人身上少了脑筋;那种社会国家绝没有改良进步的希望"。⑤ 独立自由的个体之于国家乃是其神魄。

---

① 陈独秀:《东西民族根本思想之差异》,《文化的道路》,台湾:唐山出版社,2001年,第70—71页。
② 陈独秀:《法兰西人与近世文明》,《文化的道路》,第63页。
③ 同上书,第64页。
④ 胡适:《易卜生主义》,《社会改革的思潮》,第28页。
⑤ 同上书,第28页。

新文化运动领袖们在讴歌个体主义这个正面命题时,"家庭"作为一个反面例证则处处立于个体本位的对立面,因而新文化运动的口号是要以个体主义"替代"家庭主义。这似乎是现代社会的必经之路,近代西方的政治哲学似乎也做过相同工作,通过消解"家"在伦理学中的独立地位,使之归于个体本位的叙事话语。从霍布斯、洛克乃至黑格尔,有着一系列解构"家庭"的论述。霍布斯和洛克把家庭关系还原为个体的契约关系,休谟和亚当·斯密把家庭亲情还原为个体的同情心,康德更是只在法律和契约的层面上来理解婚姻关系。只有黑格尔理解"家庭"作为现代社会伦理生活形式的意义,但他看到更为强劲有力的市民社会逻辑会对家庭产生强烈冲击,使家庭趋于瓦解。确实,在对现代社会的研究中,"家庭"作为一种特定的社会结构处于严重地被削弱的地位。[①]

如果说,在近代西方确立"个体本位"时,其传统中关于"家"的论述是默默地被消解掉的话,那么在中国,由于传统价值观念特别重视家庭的伦理地位、作用与功能,所以新文化运动对于家庭主义进行了大张旗鼓地批判,家庭作用似乎与个体本位大相抵牾,成为个体成长、个性解放的最大桎梏,必须先除之而后快,只有破除基于家庭的纲常名教,才能有所谓现代个体的确立。

陈独秀有感于中国"家族本位主义"的根深蒂固,故对之进行了激烈批判,他总结了"家庭本位"的四大弊端:一是破坏个体的独立人格,二是窒息个体的意志自由,三是剥夺个体的平等权利,四是戕害个体的创造力。"家庭"俨然成了阻碍中国社会进入"近世文明"的最大障碍。胡适的"易卜生主义"在倡导独立自由之个体的同时,借助易卜生所描画的家庭,亦列数了家庭的四大恶德:自私自利、依赖性、假道德、怯懦。[②] "家庭"的形象极端不堪,这样的论述几乎成了新文化运动批判"家庭"的总纲领。

那时以一篇"家族制度为专制主义之根据论"而爆得大名的吴虞更是批判"家庭本位"的主要旗手,他以"孝"来分析家族制度,以《孝经》为例,开宗明义即提出:夫孝,德之本也,教之所由生也。他认为孔子的学说认

[①] 参见拙文《"家"在近代伦理话语中的缺失及其缘由》,《神圣的家:在中西文明的比较视野下》,宗教文化出版社,2014年。

[②] 吴虞:《家族制度为专制主义之根据论》,《社会改革的思潮》,第329页。

为孝为百行之本,故其立教莫不以孝为起点。但孝并不只是在家事亲,而且事君不忠,莅官不敬,朋友无信,都算是"非孝"。"孝"固然为家庭之首要德性,但家族制度之于社会有着广泛的影响,因此"孝"有广泛的社会作用,吴虞由此得出"家族制度之与专制政治遂胶固而不可分析"。他更以有子所言"其为人也孝弟,而好犯上者鲜"为依据,说明儒家就是以"孝弟"来为二千年的家族制度和政治专制制度相连接的,认为其流毒不亚于洪水猛兽。共和确立之后,儒家的尊卑、贵贱等不平等思想属于落后思想,应该被时代所淘汰。他还特别引用孟德斯鸠对于中国立法的分析,指出:中国的礼教"其资若甚重者,则莫如谓孝弟为不犯上作乱之本是已。盖其治天下也,所取法者,原无异于一家"①。由此,吴虞推断说:夫孝之不立,则忠之说无所附;家庭之专制既解,君主之压力亦散。这也道出了吴虞激烈批判家庭主义的目的所在,目的在于瓦解专制政治的基础。最后他呼吁,共和国的国民不能囿于传统风俗形成的道德观念,而与现代共和国的原则背道而驰,这犹如螳臂挡车,自不量力。这些关于家族制度的批判,每每批判态度猛烈,批判立场尖锐,但立论性内涵却相当单薄。既然要破除"孝弟",那么用什么来替代呢?吴虞给出的回答是:"老子有言,六亲不和有孝慈。然则六亲苟和,孝慈无用,余将以和字代之。既无分别只见,尤合平等之规,虽蒙离经叛道之讥,所不恤矣。"②只可惜,传统文化的核心价值一经推倒,"和"的观念也就无从立起。

之后关于家庭的负面论述更是排江倒海,傅斯年以"万恶之原"论中国之家庭,以之为破坏个性的最大势力,而个性正是善的来源。傅斯年的文章也正是以"个性"与"家庭"相对立,在傅斯年看来,中国的家庭从来就是"教人如何舍自从人,怎样做你爷娘的儿子,绝不肯教他做自己的自己"。③ 现代社会最为本根的个性,就这样淹没在父母的权威之下。不仅如此,中国道德文化中,家庭负担的拖累,也使人不能有丝毫自由,所有的事业追求完全化为乌有。因此,在傅斯年看来,尽管大学上说"修身然后齐家"。事实上,修身的人必不能齐家;齐家的人必不能修身。因为修身

---

① 吴虞:《家族制度为专制主义之根据论》,《社会改革的思潮》,第329页。
② 同上。
③ 傅斯年:《万恶之原》,《社会改革的思潮》,第341页。

必须要"率性",而齐家则必要"枉己"。两者根本上不能相共容。这种对"个性"的摧残,就是"名教杀人",就是"万恶之源"。

顾颉刚也有一系列关于"家"的负面论述,试图全面检讨"家"在中国文化中的地位。顾颉刚看到所谓"家庭革命"若只是去反对那一班老人,无非是在他们的痛苦之外,更加一层"新发生的苦痛",顾颉刚的立意在于"家庭的坏处乃是坏在制造家庭的模型",因此要同"制造家庭的模型"革命。在这一家庭的模样中,最主要的是名分主义,所谓"名分"就是他要定"家庭"的礼仪,形成"名分"的观念,这一传统在中国源远流长,最终在儒家手里完成了"名分"系统。"中国人的名分观念,总说是受了儒家的教育了。"①但是名分主义的只有尊卑,没有是非心;只强调亲亲,对人世故相待;最关键是没有独立人格存在,把自己看作长辈的所有物,把子孙看作自己的所有物。于是中国人都只是祖宗的子孙,而不是社会中的独立分子。于是家庭组织越顽强,社会组织也就越薄弱。顾颉刚得出的结论是"为家庭拆了社会"。更关键的是,在名分主义中,妇女在家庭中地位低下,在夫妇中,男子不认女子人格,女子自己也不要人格,顾颉刚更引班昭的《女诫》来说明,在传统社会中女子如何为了事夫而到了不能分判是非曲直的地步,由此女子不得离开家庭,不得接近社会。这都是家庭主义对于中国社会的戕害。

新文化运动时期,对于家庭的批判不胜枚举,鲁迅以"吃人"形容传统礼教,周建人则以"中国的旧家庭制度是君主专制政治的雏形"来说明之,等等,不一而足。对于家庭的批判是新文化运动中最为主要的一个题材,其间的种种批判不可备述。经过新文化运动的狂飙突进,以新文化运动的巨大影响力,"家庭"在某种意义上成了中国传统文化负面价值的载体,"家庭"在现代中国始终缺乏正面的理论阐述,失去了它应有的价值。

我们看到在新文化运动之初,最为鲜明激烈的论题是关于"个体主义"与"家庭主义"这两个正反命题的:倡导独立自由之个体,批判桎梏依附之家庭。这两个问题相互依存。新文化运动以来的思想家们在认识到个体本位的逻辑之后,清醒地感受到中国文化传统的要害,都紧紧抓住了

---

① 顾颉刚:《对于旧家庭的感想》,《社会改革的思潮》,第351页。

"家"这个至关重要的问题进行批判。他们批判的缺失在于,他们只抓住中国文化传统核心观念"家"在历史上衍生的种种机制化制度,以及扩而言之的社会影响,而罔顾"家"的生存论基础和伦理价值观念之于中国文化传统的重要意义。事实上,在他们的论述中也特别指明他们所批判的是"家族制度",是"宗法社会",是"纲常名教",是"家族本位主义",可是他们并没有深刻反思何以这种基于家庭观念的基本价值历千年而不坠,何以其价值观念依然是维系中国文化传统的要害所在。这里的秘密就在于"家"体现的是"生生不息"的生存论意蕴,①而宗法制度对于个体自由的窒息主要是其僵化的机制化的制度和措施。新文化运动的主将们对于家庭的批判对此完全没有做出区隔,因而会出现洗澡水与婴儿一起被倒掉的现象。

二、个体的沉沦与家庭的没落

从《新青年》前期的内容上可以看出,新文化运动一开始就提出了"个体"与"家庭"这双重命题,通过正反两个向度的深入推进试图为建立新文化做好准备。这两个命题百年来的命运却非常值得我们深思。

就个体主义在中国的发展而言,其好运并不长久,至1919年陈独秀的思想就开始发生变化,革命和阶级的叙事逐渐替代了"个体主义"的声张,之后发展出来的集体主义对于个体本位思想的压制更成为现代中国的一种常态。在胡适看来,大概自1923年起,党国体制,思想一统的趋势开始慢慢压制起了个体主义的流行,他甚至称之为"新名教"。百年来,新文化运动明确起来的"个体主义"原则似乎从来没有真正在现实中建立起来,反之集体主义、革命主义以及民族主义的叙事更是现代中国社会的主要思想取向。

关于"个体"的沉沦,林毓生教授曾有过一段精辟的分析,他说,"中国知识分子所以接受西方个人主义的思想与价值,主要是借它来支援并辩解反传统运动",但是"个人应当做目的,不可当作手段;个人的自主和独

---

① 参见拙文《生生不息:一种生存论的分析》,《中国哲学与文化》,广西师范大学出版社。

立,源自个人本身价值的体认——便遭到了曲解"[①]。这一点非常关键,新文化运动以来,尽管时时有对个体主义的讴歌,但个体主义的价值只是被当作冲决某种桎梏的"手段",始终没有真正认清"个体"在现代社会自身的真正价值,始终没有达到康德所说的"人是目的"的高度。

由此可见,个体主义的正面价值,即现代社会对个体自由、权利和尊严的重视始终没有得到真正实现,既没有在中国语境中得到理论梳理,也没有在社会生活中通过机制化形态而渗入生活的毛细血管。于是,个体主义在历史中释放出来的消极后果亦没有办法得到真正的正视。由市场经济培育出来的强烈"占有型个体主义"在现代社会越来越充分地显现了它的消极后果:利己主义横流,相对主义流行,虚无主义蔓延。确实,从逻辑上讲,个体本位以自我为中心的情感和行为倾向,在其后的发展中有消极后果:在精神层面则会带来心灵的孤独,个体作为价值选择的唯一支撑力量难以持续;其在道德问题上有自私自利的利己主义倾向,在价值取向上有虚无主义的面向,在文化观念上相对主义盛行,在群体认同上则趋于消解,这对于现代社会的凝聚力和平稳发展构成了某种破坏性影响。现代社会的个体本位对道德认同、价值认同、文化认同、国家认同都提出了极大挑战。我们看到当个体主义得不到正确对待时,个体在现实中就不断地处于沉沦状态,其积极价值也难以实现。

事实上,"个体主义"之于现代社会具有双重性,既有现代社会基础性地位的一面,又有内含的消极因素。要真正确立起个体本位的现代价值,必须在社会层面上建立起制衡个体本位的价值观念。单纯形式化、教条化地理解个体权利则非常危险,这会导致社会生活全面无根化、松散化,现代自由主义政治制度之所以在很多后发现代化国家遭遇失败,这是很大原因。因此现代哲学对于消极的个体主义非常警惕,从左翼的社会主义运动到现代的社群主义思潮,从保守主义到古典价值观的回归,都可以在批判个体本位的消极性上找到它们的共同点。对于一个成熟的现代社会来说,真正的挑战在于,既要确立起个体本位的现代思想,又要有超越个体主义消极后果的价值维度,明确个体主义的双重性是现代性成熟的

[①] 林毓生:《中国传统的创造性转化》,生活·读书·新知三联书店,1988年,第162页。

标志。

　　从西方历史经验来看,一方面个体主义的积极作用是思考现代价值形态的起点,另一方面个体主义的消极面向也在西方内部的文化传统中得到某种制衡。这是个体主义存在的一个相对健康的状态。在近代,基督教经过宗教改革以后,很好地完成了自身转型,一方面确立了个体自身的价值,另一方面基督教内在的社群性格很好地抵御了世俗个体主义所带来的负面效应,多层次地因应了个体性的价值诉求。从某种角度讲,基于"家庭"的价值观念亦是抵御"个体"消极因素的重要路径,这也是黑格尔何以在抽象的个体权利和内在的道德自律之外,还要在伦理层面讨论"家庭"的重要原因。可是,新文化运动的批判使我们彻底放弃了"家庭"这一有着积极伦理作用的面向。

　　新文化运动对于"家庭"的污名化,使"家庭"的正面价值在百年的现代中国思想史中始终没有得到正确对待。究其根本,在新文化运动的思想家们对家庭的批判中始终没有做好两种区分:首先是从来没有把"家庭"背后中国文化的生存论结构与"家庭"在历史中沉积下来的机制化表达作出清晰区隔;其次没有把家庭的伦理意味与家庭的泛社会化理解作出清晰的区隔。这一混淆导致了"家庭"的沉重面目,一如巴金所显示给我们的。于是百年来,"家"在中国现代思想的历程中不断趋于没落。

　　"家庭"作为一种礼法和宗法的制度受到了新文化运动主将们的激烈批判,但他们没有看到在"家庭"背后更有着深层的生存论基础。在中国文化传统中,"家"乃"承世之辞","承世"表达了"生命"的世代相续,它是无限"生命延续"的承载者。这一有着形而上学基础的论述,自周代以来慢慢得到加强。中国文化传统中特别强调"亲亲尊尊"即落实于此。最能体现中国文化传统下生存论结构的莫过于"生生不息"的概念,只有从"生生不息"的道理中,才能把握中国文化传统的生存论结构。就是在"生生不息"的生命运动中孕育出"孝",这一"接续生命"的德性之源。但新文化运动在论述"孝"的时候并不深入其背后的生存论基础,而常常拘泥于过去的具体做法,也就是这种德性观念在历史上的机制化形态,如生养、死葬、祭祀、等级等礼制方面的具体规定,历千年之久,这方面的论述难免迂腐不堪,从而被新文化运动的主将们视之为"万恶之源",成为了新文化运动批判的主要对象。举例来说,新文化运动时期的易家钺曾对"孝"的观念做了"全面"总结,在他看来:"孝"是奴隶性的,"孝"是迷信,"孝"是丧失人格,他将"孝"完全与"人格"对立,于是他大胆预言:"社会愈文明,世界愈进化,'孝'是一定会消灭于无形的。"[①]确实,"孝"在漫长的历史中有其机制化的制度习俗,更有支撑传统政治体制的巨大的作用,其中若干要素与现代追求的自由独立之个体大相扞格;但从生存论上来看,子女对于父母的"孝"体现的是对生命诞生的感恩,是对父母生养的回馈,是对天地间"生生不息"之德的高度敬拜。人们通过"孝"的机制,以最切己的方式把人从自我中心和自私自利中超拔出来,以对生命感恩的方式来超越自我而热爱自己最亲近的他人——父母,这是对个体主义的最大制衡。

其次,新文化运动把家庭作为一种伦理生活与对家庭的泛社会化理解混为一谈。在吴虞、傅斯年、顾颉刚和易家钺等人的批判中,所着眼的已经不仅仅是家庭和个人的关系,更是家庭与社会的关联;确实从《孝经》中,我们就可以看到,孝可以做狭义和广义的理解,狭义而言,孝是一种家庭伦理的德性,是对于父母的敬从,关涉到后代的延续。但是"孝"在中国传统社会从来不仅仅是一种私德,"孝"这种源于家庭的代际感恩关系,在传统社会扩展成一种泛化的社会品德,"居处不庄,非孝也。事君不忠,非孝也。莅官不敬,非孝也。朋友不信,非孝也。战陈无用,非孝也"。[②] 正因为这种延展,"孝"的等级、顺从等观念在社会生活中发酵,并通过制度化的表达,形成传统的宗法社会,这也是最为新文化运动诟病的地方。在传统社会中制度化宗法主义败坏了作为最基本德性的"孝"的观念。

正因为没有区分出"家"的生存论基础与历史上机制化的表达,没有区分出"孝"作为家庭的德性与"孝"之被泛化为社会品德,连带着使"家庭"在新文化运动时期遭受污名化。尽管对于家庭生活的重视在中国文化中根深蒂固,但由于上述的这些混淆,使家庭在现代中国缺乏理论上的叙述和表达,造成了"家庭"在现代生活中的没落,家庭伦理得不到哲学上的阐发和现实中的培养。

[①] 易家钺:《我对于'孝'的观念》,《文化的道路》,第 451—456 页。
[②] 《礼记·祭义》。

可见,新文化运动最初的命题:个体主义与家庭主义,事实上都没有得到清晰梳理;于是健康的个体主义并没有在现代中国真正建立起来,其负面的影响却流传甚广;反之家庭主义在中国文化中的地位受到真正地冲击,其应有的抵御消极个体主义影响的作用也无从发挥。

三、现代中国文化运动需要双重命题

从新文化运动百年来的中国历史来看,"个体"与"家庭"实在应该是现代中国文化运动不可或缺的双重命题。

"个体主义"是一种现代文明的价值取向:它是一种以尊重"个体"意志为标志的"个体主义"观念,是现代性思想的基础。在个体与整体之间何者本位,并不只是一种价值选择。无论传统的东方社会还是西方社会,个体皆淹没于整体之中,无论那个整体是城邦、是国家,还是家族。亚里士多德曾说过,个体要么是城邦之上的神,要么是城邦之外的野兽。就人而言则天生是城邦的动物。只有到了现代社会,"个体"才真正具有独立价值。现代社会的这个特点,按亨利·梅因的看法是"在以前,'人'的一切关系都是被概括在'家族'关系中的,把这种社会状态作为历史上的一个起点,从这个起点开始,我们似乎是在不断地向着一种新的社会秩序状态移动,在这种新的社会秩序中,所有关系都是因'个人'的自由同意而产生的"。[1] 也就是说,在传统社会中,每个人的义务都取决于其在共同体中的位置和角色,而非其自身独立的价值,梅因称之为人的"身份"。在这个意义上,从传统社会到现代社会的变迁,也就是个人从"身份"到"自由个体"的变迁。所以"个体"的价值和地位并不是不同文明所作出的价值选择,或者不同文明独特的喜好,而是现代性的价值基础。在价值层面上,是否尊重"个体"是衡量一个社会是否达到现代文明的试金石:表现在文明化程度上是对每一个生命的珍惜,表现在经济生活中是对欲望合理性的肯定,表现在政治上是对个体权利的保护,表现在社会生活中是个体自由的追求。现代文明的诸多价值观念都是以此为基础的:自由、平等、

---

[1] 亨利·梅因:《古代法》,商务印书馆,第111页。

人权。我们看到,对于个体意志的尊重是人类对于自身尊重的极限单位,西方自近代以来兴起的人本主义或人道主义(humanism)强调人的解放,其终极单位便是要体现在对于每一"个体"自由的尊重上。贡斯当以此区分了古代人的自由和现代人的自由,即便像黑格尔这样被视为保守主义的哲学家,在他看来,个体最终表现为一种"普遍的人"的概念,而不是德国人,法国人,这是现代社会的进步。马克思也认为:每个人的自由发展是一切人自由发展的条件。① 尽管个体观念的产生可以在西方文化传统中找到很多源起,但现代社会"个体主义"的观念已经脱离了西方文化传统的支撑,在理性层面获得了自洽的界定。因此,"个体主义"的确立已经成了现代社会的灵魂,是建构现代社会制度的基础。一旦确立了"个体主义"的命题,就会建立起相应的法律体系、经济体系、政治体系等一系列以个体为本的体系,现代社会与此有着结构性的密切关系;因此"现代文明"的核心价值决不是保守人士认为的那样是"外学"或者是"应世事"之学,而有着"本体"的地位。

"家庭主义"则是中国文化传统的核心价值,具体体现为中国文化传统对于"家"的守护和重视。近代自谭嗣同以来,尤其是自新文化运动以来,激进主义者们对"家"进行了激烈批判,他们来自传统,但对传统反戈一击,往往最为致命。这从反面印证了"家"之于中国文化的重要性。王国维认为:中国政治与文化的巨大变革,莫过于殷周之际。故他作《殷周制度论》,特别指出周代以来的"诸制,皆由尊尊、亲亲二义出。然尊尊、亲亲、贤贤,此三者治天下之通义也。周人以尊尊、亲亲二义,上治祖祢,下治子孙,旁治昆弟,而以贤贤之义治官"。② 这里的"亲亲与尊尊"体现为一种传统的家庭主义,但这遭到来自近现代思想的猛烈抨击,在"家庭伦理"上,亲其所亲,尊其所尊的伦理秩序被认为是专制社会的基础,必先除之而后快。正如我们一再强调的任何一种核心价值观念的理念化理解与其历史上机制化的存在都必须有所区隔,不能因为历史上机制化存在的落伍,而忽视理念自身的合理性。中国文化传统自殷周转化之际,确立了

---

① 马克思:《马克思恩格斯选集》第1卷,人民出版社,1995年,第294页。
② 王国维:《观堂集林》第二册,中华书局,1961年,第451、472页。

"家庭主义"的价值观念,"亲亲、尊尊"是人性中最直接、最自然的爱的情感。"家庭主义"的情感作为一种观念的确立显示了中国文化传统对于生存世代连续性的强烈体认,在中国文化传统下,人的生存论结构的基本取向不是"向死而在"的结构,一如海德格尔所刻画的;而是一种面向"生生不息"的生存论结构。"孝"作为连接世代的核心德性,体现了"亲亲人伦"的价值观念,也是中国文化传统中伦理体系的基础所在,传统的仁义礼智莫不以此为基础,孟子说:"仁之实,事亲是也。义之实,从兄是也。智之实,知斯二者弗去是也。礼之实,节文斯二者是也。"① 由此可见,在"家庭主义"的基础上,中国文化传统建立了一整套有关家庭的、伦理的、国家的、历史的、天下的价值观念。这种传统的价值观念具有强烈的合理性内容,彻底否定中国文化传统中这一支柱性的价值观念,这等于把整个中华文明安身立命的根基给抽除了,整个社会价值系统亦随之崩塌。其实"个体"的张扬正需要"家庭"的制约,一如"个体"观念在西方有着拯救性宗教的精神制约。今天中国社会出现一些道德沦丧,价值失序的现象,这一切正是自食否定自身传统的恶果。

　　个体主义与家庭主义在现代中国各有其价值,体现现代性价值观的"个体主义"的到来有其不可避免的趋势,但单纯的个体性价值观念并不足以支撑起一个完整的"现代"社会,西方的个体性观念背后有着西方文化传统的支撑。只是强调现代文明的这一重"命题"是远远不够的,还必须诉诸自身的文化传统来加以制衡。个体主义起源于西方,其在西方社会的发展有着种种问题与危机,但它依然可以依靠西方自身的文化传统,诸如救赎宗教,公民共和等传统来加以平衡和补救,黑格尔也通过诉诸希腊的伦理传统来补救现代个体的抽象性。西方近代历史就是各种文化充分运用自身传统价值观念来应对和补救抽象现代性的历史,他们各有自己的选择,在历经磨合的艰难之后,各自形成自己"完整的现代性"。对于现代中国的价值形态而言,我们也需要在确立"个体主义"的基础上,来建构一个稳健的、完整的现代社会。这也是我们为什么必须重视中国文化传统的"家"的核心价值的原因所在,因此我们需要另一命题"家庭主义"

---

① 《孟子·离娄篇》。

以使个体性的危害降低到最低限度。新文化运动以后,"个体"曾经张扬,却没有真正确立其这个现代性的原则;放弃了"家庭"的价值观念后,却没有其他真正可以补救的价值观念。这直接导致了现代中国社会的一系列的价值失范。是时候正视"个体"与"家庭"这双重命题了,这样新文化运动的百年纪念才真正有其意义。

中国礼教与现代秩序

——兼论创建新型礼教文明的意见

司马云杰

中国社会科学院社会学研究所研究员

  天下怎样治？现代社会怎样治？怎样建立现代秩序？这不仅是政治家的事，也是哲学社会科学家的事，是当代哲学社会科学所面临的最为重要的课题；特别是面临着整个世界的混乱无序，是当代经世致用哲学社会思想家不能不考虑的问题。

  自古以来，从根本上说，中国文化哲学就是为建立人类法则秩序发展起来的。"语道而非其序者，非其道也"[①]；"鸿荒之世，圣人恶之，是以法始乎伏羲而成乎尧舜"[②]。怎么治理？怎么建立秩序？几千年来的盛衰治乱，西方从来没离开过宗教，中国从来没离开过礼教；礼教兴，则天下治；礼教废，则天下乱；无礼教，则无以为治。因此，中国要建立现代秩序，就要恢复礼教精神，重建新的礼教文明。我今天讲的题目，就是《中国礼教与现代秩序——重建新礼教文明的意见》。

---

* 该文章已收录于《司马云杰著作集成13卷》第七卷中，河南人民出版社，2016年。
① 《庄子·天道篇》。
② 《法言·问道》。

重建新的礼教文明,并不是恢复俯仰腾挪、叩头礼拜的礼仪形式,而是以礼教的根本精神,为建立现代秩序提供大法则、大哲理、大思想,提供天下大治的根本原理。治国平天下,不能靠小知小识,靠碎片化的知识,靠支离破碎、孤立断绝的知识,只能靠大法则、大哲理、大思想,靠根本原理。礼教所提供的正是这样的大法则、大哲理、大思想与根本原理。

什么是宗教?什么是礼教?宗教者,以宗为教者也。礼教者,以理为教者也。与西方以神性形而上学的宗设不同,中国礼教乃是以天道义理所设之教。故曰"礼者,理也"[1]。以天道义理设教,就是以宇宙法则秩序设教,从宇宙结构秩序的均衡、对称、和谐、美好,意识到人类社会应有的真理、正义、至善、大美、神圣、崇高,及国家、自然法存在。中国从四千多年前的唐虞时代,就已经从天的存在,从宇宙法则秩序存在,建立起礼教了。故曰"天叙有典""天秩有礼"[2]。典,即常也,即父义、母慈、兄友、弟恭、子孝的五常之教。礼,即理也,即以天理设教,教化天下者也。因此,归宗礼教本义,并不是近现代以来所说的"吃人"之教,而是以道所设之教,以宇宙法则秩序所设之教,是古华夏民族于宇宙浩浩大化中所获得知觉主宰处与性命之理,所置安身立命之教,是仁义礼智之教,是圣人以《诗》《书》《礼》《乐》教化天下的人性教典,是一套完备的政治礼义制度。

以理为教,以天道义理为教,就是以天道乾元本体为最高教理,以此统摄一切、会通一切、贯通一切、旁通一切、贞正一切,建立人类社会法则秩序。现在讲多元社会,不讲一元之理。实际上,人类社会历史存在,只讲多元,不讲一元,不讲乾元本体与贞一之理,是建立不起法则秩序的。这在任何时候都是一样的。中国文化不仅讲"资始""资生"之道,讲大化流衍、生生不息的宇宙生命精神,更讲"大哉乾元!万物资始,乃统于天"[3];讲"统之有宗,会之有元"[4]。惟讲乾元本体统御之道,讲贞一之理,讲"统之有宗,会之有元"存在,人与万物存在,才有性命之理,其为万象纷

---

[1] 《礼记·经解》。
[2] 《尚书·皋陶谟》。
[3] 《周易·彖上传》。
[4] 王弼《周易注》卷10。

纭,才有统摄处、会通处,而治理天下,才能"观万化之原,明安危之机"①,才能"虚一而静,谓之大清明",才能"坐于室而见四海,处于今而论久远,疏观万物而知其情,经纬天地,制割大理,而宇宙里(理)"②,其为治也,才能"保合太和,乃利贞"③,建立起法则秩序。这就是中国礼教的大法则、大哲理、大思想,就是礼教的最高原理与根本精神。中国五千多年历史,正是从伏羲到唐虞时期建立起了礼教,有了礼教大法则、大哲理、大思想,其统御盛衰治乱,才有夏朝四百年、商朝六百年、周朝八百年圣治;其后,秦、汉、魏、晋、隋、唐、宋、元、明、清,凡礼教兴,则大治;礼教废,则大乱。由此可知礼教对中国五千年盛衰治乱之大用矣。

不论是宗教,还是礼教,皆是有所宗、有所本的存在,皆是以最高形而上学本体论所发展起来的教化形式,不过是宗教以神性形而上学为宗,礼教以天道形而上学设教而已。中国远古早期文明时期,也是存在宗教,经过宗教文明发展阶段的。《诗》《书》讲"昊天上帝"④;"皇矣上帝"⑤;或"皇天上帝"⑥等等,就是《诗》《书》所保留下来的远古宗教文明阶段神性形而上学信仰。但中国文化是早熟的,在其他国家民族尚处于蒙昧野蛮阶段时,中国文化就已经隐退"上帝",代之以形上之"道"的信仰,并以此建立起了一套礼义教典与文化制度。因此,礼教文明较之宗教文明,乃是高级阶段的文明。

西方从来没有发展出礼教文明。它乃是度过中世纪以后,到18、19世纪逐渐发展出了科教文明,即孔德所说实证科学阶段的文明。科教文明无疑促进了科学发展与开物成务的进步,但科教文明本身在知识论与价值论上存在着两大坎陷:一是实证科学所讲的一大堆话,都是关于生物物理世界的,而在"人生意义"这一根本性问题上,一句话都没讲。因此,虽然科教文明创造了庞大物质世界,但却造成了人的精神危机;二是实证科学的知识,都是在封闭条件下获得的,就像高能物理在封闭装置撞击电

---

① 《汉书·徐乐传》。
② 《荀子·解蔽》。
③ 《周易·彖上传》。
④ 《诗经·大雅·云汉》。
⑤ 《诗经·大雅·皇矣》。
⑥ 《尚书·诏诰》。

子所获得知识那样。中国文化讲,天地若洪炉,往者过,来者化,没有化不了的。但现在实证科学以封闭知识所制造出大量物质元素,则是不能生、不能化或化不了的;将这不能生、不能化或化不了的元素抛向自然界,打破了元素平衡,造成了生态危机。坎陷,即失落,即塌陷,即过失,即陷入困难险阻。现在人类社会所面临精神危机和生态危机,实乃是科教文明的两大坎陷造成的。中国现代所出现的精神危机与生态危机,从某种意义上说,也主要是接受西方科教文明坎陷造成的。这就是说,中国现代化抛弃礼教文明,靠西方科教文明,并没有真正建立起中华现代文明,也没有建立起中国现代法则秩序;相反,由于它并没有解决人生意义问题,只是向生物物理世界生杀掠夺,不仅打破自然界平衡,造成生态危机,而且造成人的物欲极度膨胀,情欲性欲野蛮复归,使人性的恶像魔鬼一样,挡住了中国通向现代文明的历史道路。

西方进入科教文明阶段后,也发生过生态破坏与精神危机。但西方并没有完全抛弃宗教,而是进行宗教改革,发展出新的宗教伦理精神,以适应现代科教文明;即使尼采狂人杀死了"上帝",西方也很快恢复了宗教,并对上帝存在给予了新的哲学或神学解释。所以,西方虽然是"脱魅"建立"理性文明"的,但至今仍然保持着宗教信仰与信念,而没有真正造成精神危机。西方发展了科学技术,但他们的现代化并没有在本土进行大规模地开发,因而也没造成严重的生态危机。中国就不同了。近现代以来,中国不仅"只手打倒孔家店",长期大规模地批判诅咒"吃人"礼教,将之抛弃,使国家民族丧失了性命之理与精神家园,而且从根本上忘却礼教的"德本财末"[①]之训,调动人的一切物欲情欲,急功近利,粗糙地运用西方科学技术,不顾一切地进行掠夺性开发,不仁者以身发财,造成了现在的精神危机和生态危机!

西方科教文明的坎陷,已经造成了精神与生态两大危机,中国再也不能迷信西方科学,用以建立现代秩序;中国文化早熟,已经隐退"上帝",也不可能退回到宗教文明阶段,或用西方犹太教—基督教的价值观,建立中华民族的信仰与精神世界,引出现代秩序。一个国家民族的文化,虽然可

[①] 《礼记·大学》。

以吸收融合其他国家民族文化,但就文化形而上学存在及其根本精神而言,则是没法用其他文化代替的。怎么办?一个有效可行的办法,就是恢复礼教精神,创建新礼教文明,即适应现代社会生活、文化生活与精神生活的新型礼教。这种新的礼教文明,不是回到俯仰腾挪、叩头礼拜的时代,而是用礼教的根本精神及其大法则、大哲理、大思想,创建适应现代生活的新型文明,建立现代法则秩序。

如何创建新礼教文明,建立现代秩序呢?这首先是重新认识以道设教形上之理的永恒性。中华民族是本于天的。这个"天",不是苍苍耳的存在,而是"理"的存在、"道"的存在、法则秩序的存在,而且此道此理,至刚至健、至正至和、至精至变、至妙至神。故曰"刚中而应,大亨以正"[1];故曰"会其有极,归其有极"[2];故曰"大哉乾元!万物资始""至哉坤元!万物资生"[3]。因此,礼教之道乃是刚健中正之理,是永恒普遍法则与无妄之理的存在。唯此,"以神道设教而天下服"[4]。中国文化以此至极之道立教,"定之以中正仁义而主静立人极"[5],才能使国家民族于宇宙浩浩大化中,获得性命之理与信仰信念,有个知觉主宰处与精神家园,安身立命,从今而后,不再为大化所驱使,有个停泊处。以此建立的信仰,是诚明的、真实无妄的。唯其诚明无妄,故"能经纶天下之大经,立天下之大本,知天地之化育";故"能尽人之性,则能尽物之性;能尽物之性,可以赞天地之化育"[6],建立法则秩序。远在唐虞时代,帝尧已以至极存在"克明俊德,平章百姓,协和万邦"[7]。其后,夏、商、周三代无不以此治理天下,建立法则秩序。秦汉之后,虽然有齐学、鲁学、楚学、燕赵之学等,但上古三代、春秋战国诸子,无不是讲天下之学的,无不以天道至理而为天下之治理的。文化历史,虽"三皇不同礼,五帝不同俗",然其形上至真至正之道与根本精神,则是永恒不变的。今天实现现代化,虽然社会历史、政治经

---

[1] 《周易·彖上传》。
[2] 《尚书·洪范》。
[3] 《周易·彖上传》。
[4] 同上。
[5] 《太极图说》。
[6] 《礼记·中庸》。
[7] 《尚书·尧典》。

济、科学技术及风俗习惯等发生了很大变化,但人心人性和天道根本精神,并未发生变化。唯此,中国现代化才可以恢复重建礼教,以其根本精神建立法则秩序!

正因为人心人性未变,天道的根本精神未变,所以,其二,创建新的礼教文明,建立现代秩序,当务之急就是以《诗》《书》《礼》《乐》精神教化天下,重建仁义礼智的人性教典。人本于天,以纯粹天理为性,具有先天道德本性,但其不与气相结合,也不能成为人的生命。然气是有阴阳、清浊、刚柔、善恶的,人的生命一旦与气相结合,作为气质之性,也就包含了阴阳、清浊、刚柔、善恶。人持此性,感物而动,无穷追求而不能节制自己的欲望,就会走向非理性,而且"心中斯须不和不乐,而鄙诈之心入之矣"[1]。因此,圣人治天下,为控制人的非理性,乃以《诗》《书》《礼》《乐》,制定人性教典,消除其悖逆诈伪之心,淫泆作乱之事。此即孔子讲"礼者,因人之情而为之节文,以为民之坊者也"[2],亦礼教高于宗教,圣人"脱魅"所建理性文明社会者也。但人与动物不同的地方,人与动物的根本差别,就在于人有先天道德本性,有《诗经》所说的"民之秉彝,好是懿德"[3]本性,孟子所讲仁义礼智"固有"[4]本性。因此,礼教的人性教典,不仅以礼义之节制人之非理性行为,以道德之堤防控制人的感情洪水,使人回归理性,更在于加强道德修养,以天道义理涵养、扩充、大化人的道德本性,使其获得天理良知。陈白沙讲"静中样出端倪"[5],就是养出天理良知的境界。人之道德本性,乃天之所予,人与天之间,并无隔阂,加强道德修养,获得天理良知,乃本然之事,只有失却教化,人心才病的。现在所以乱,所以是非不分、好坏不辨,所以倒者不敢扶,危者不敢救,乃社会失却天理良知所致也。因此,唯以《诗》《书》《礼》《乐》教化天下,重建天理良知的人性教典,加强道德修养,以天道义理贞正人心,人心正,天下定,人人懂得做人的道理,才能真正建立起现代社会秩序。

---

[1] 《礼记·祭义》。
[2] 《礼记·坊记》。
[3] 《诗经·大雅·烝民》。
[4] 《孟子·告子上》。
[5] 《与贺克恭黄门》,《陈献章集》卷2。

因此，其三，恢复礼教，创建新的礼教文明，应以父义、母慈、兄友、弟恭、子孝的五常之教或"纲常"伦理绝对精神，重建现代伦理道德体系。社会秩序终究是人的秩序；人的关系，最为根本的是伦理关系。抛弃人的存在，抛弃伦理关系，其他一切关系，如经济关系、政治关系等，皆是旋起旋灭者。因此，国家如何治理，天下能否太平，社会是否有序，最终决定于人伦关系如何。正是因为这样，周武王伐纣灭殷之后，天下乱糟糟的，不知该如何治理，去请教箕子，箕子告之以《洪范》九畴，其中一个根本道理，就是使天下彝伦攸叙；否则，天下则陷入彝伦攸斁①。彝，常也。彝伦，即常道伦理。斁，即坏也，败也。中国已经超越了宗教文明阶段，不可能以西方宗教伦理及其绝对精神，贞正天下之心，建立现代秩序，只能依靠礼教"纲常"伦理及其绝对精神。因此，现代社会，不管经济怎么发展，科学怎么进步，开物成务具何成就，都不能破坏最根本的人伦关系，抛弃五常之教，毁灭"纲常"的绝对精神。中国几千年治理靠的什么，就是靠的五常之教与"纲常"绝对精神。此天下所以不能乱者也。建立现代秩序，自然要完成礼教现代性改革与转换，赋予它新的内涵与精神，就像西方宗教改革赋予新的宗教伦理精神一样，但礼教的"五常"教理与"纲常"绝对精神，是不能改变的。有人不喜欢"纲常"的绝对精神。其实，西方基督教讲上帝的"永有"，讲个人自由"服从上帝的意志"，也是讲绝对精神的，不过它是在上帝神性形而上学意义上讲的，中国文化是在真实无妄天道义理之永恒存在意义上讲的。不管在哪个意义上讲，一个国家民族文化，若只有相对的东西，没有绝对精神；只有旋起旋灭的东西，没有永恒的存在，是非常危险的，是不能永恒存在的！

礼教是一套制度。古代礼教制度，《经礼》三百，《曲礼》三千，优优大哉！大则班朝治军，莅官行法，小则乡饮乡射、民间细行，从车、服、冠、冕之制，到冠、昏、丧、祭之礼，为讲信修睦，建立礼教文明，制定了一套完整礼仪制度。特别是一部《周礼》，即《周官书》，法象天道，昭明精义，为天地立心，为生民立命，建立了一套包括国家政治体制在内的完备政治、法律、礼仪制度，其后成了万世开太平的礼制教典。它发展到后世，更是礼、乐、

---

① 《尚书·洪范》。

兵、农、漕、屯、选举、历数、士卒、典籍,无不条晰详备。这些礼教制度,是世界任何国家民族都没有的,是建立现代法则秩序不能忽视的。因此,其四,欲建立现代秩序,就要将礼仪制度转换成现代文明制度。今天重建新型礼教,不是再实行三公九卿的制度,也不是再行三拜九叩之礼,但礼教法于天,以天的法则、宇宙的法则秩序,意识到人类社会应有的自然法、国家政治制度,"体国经野,设官分职,以为民极"①,还是比之法于师、法于所学、法于权力意志,而更有合理性的。这些礼教制度,虽然有控制或抑制人、非理性的一面,但从根本上说,皆是保护人的生存、维护人之生命存在的。《尚书》讲"德惟善政,政在养民"②;讲"民之所欲,天必从之"③等,就是这样。不管谁当政,谁治天下,离开天德王道、仁爱天下,不养民,不保护人民,都是不行的,都是要倒台的。故曰"不敬厥德,早坠天命"④。有些礼仪制度,虽然可以置换成新的概念,赋予新的内容,但从根本精神上说,是不能废除的。如《礼记》所说"昏姻之礼废,则夫妇之道苦,淫辟之罪多矣";"则君臣之位失,诸侯之行恶,而倍畔侵陵之败起矣"⑤,就是这样。这只要看一看历史上诸侯侵凌、腐败淫乱,是不难理解的。建立现代社会制度,无疑要向西方学习好多东西,但《经礼》三百,《曲礼》三千,仍是今人尊德性而道学问,致广大而尽精微,温故知新,建设现代政治法律制度不可或缺的。有些朋友,忽视中国五千多年文化发展积累下来的政治经验与德法礼仪制度及其根本精神,对已有《通典》《通志》不读,对一部《文献通考》不读,却大谈西方某种制度多么高明美好,请问是否有点轻率疏忽啊?唯以几千年的礼教制度与根本精神为基础,因革损益,开出新的文明,建立现代制度,才能为天地立心,为生民立命,教平好恶,以反人道之正。

最后我要说的是,要开出新的文明,建立现代法则秩序,必须把西方科教文明的知识,纳入中国礼教文明广大悉备的知识体系。这个体系乃是一个由包括天道阴阳、地道柔刚、人道仁义在内,兼三才而两之的广大

---

① 《周礼·天官冢宰》。
② 《尚书·大禹谟》。
③ 《尚书·泰誓上》。
④ 《尚书·诏诰》。
⑤ 《礼记·经解》。

悉备之道，一个洞天地之变，察万化之原，穷天下之理，尽万物之性，统摄一切生生化化的宇宙原理，一个"范围天地之化而不过，曲成万物而不遗"的体系，一个由强大的知识论、本体论、价值论构成的广大悉备、浑然一体的知识体系，而不是支离破碎的知识。《易传》讲"《易》之为书也，广大悉备：有天道焉，有人道焉，有地道焉，兼三才而两之"①；讲"昔者圣人之作《易》也，将以顺性命之理，是以立天之道，曰阴与阳；立地之道，曰柔与刚；立人之道，曰仁与义，兼三才而两之，故《易》六位而成章"②，就是讲的这个广大悉备的知识体系。这个知识体系，体用一源，显微无间，先天后天、形上形下，浑然一体，毫无分割，本体论、价值论与知识论是完全统一的，自然科学与人文科学是融为一体，而不是割裂为条条块块的。现在西方科教文明的实证知识，特别是发展为网络的碎片化知识，是不足于建立国家民族信仰信念，支撑中国现代文明，建立法则秩序的。但开出新的礼教文明，也不是排除科教文明实证知识，而是要将它纳入中国礼教广大悉备的知识体系。它既然是封闭条件下获得的知识，那就将它封闭起来，锁在笼子里，让它老老实实地为人类服务，为新的礼教文明服务，就像核电站将核裂变严密封闭起来用以发电那样。将科教文明的知识纳入新礼教广大悉备的知识体系，不仅可增加原有知识体系的析物之精，加强开物成务能力，也可为现代礼教秩序增加新的文明因素。

  礼教较之宗教文明，是高级阶段的文明，但它尚不能适应现代生活。中国的现代化，它在文化方面与西方之不同，就在于西方经过了宗教改革，中国没有经过礼教改革；西方恢复并重建了宗教，中国并没有恢复重建礼教。虽然现在科学技术进步及网络发展，给社会历史领域带来许多新情况、新问题，但追求天理良知与精神生活，仍是人的道德本性需要。因此，中国恢复礼教精神，创建新的礼教文明，是极为必要的。唯有创建新礼教文明，遵守《礼记》所说"自天子至于庶人，一是皆以修身为本"③，才能建立发展起新的社会生活、文化生活与精神生活，纯洁心性，清明政治，建立起现代社会法则秩序。

---

① 《周易·系辞下传》。
② 《周易·说卦传》。
③ 《礼记·大学》。

地方行政机关的公民参与和绩效管理：
审议民主的观点

孙 炜

台湾"中央大学"法律与政府研究所

一、前言

  近半世纪以来，全球的民主化历程跌宕起伏，虽然在新兴民主体制的建立上取得了傲人的成绩，但是也沾染了传统民主政治之中的若干糟粕，有待有识之士的自觉与省思。第三波民主（third wave democracy）的起点是 1970 年代中期，至 1990 年代初期达到高潮，其时西方学术界普遍对于民主体制的未来有高度期待，甚至认为人类正在走向历史演进的终点，也就是文明的极致（Fukuyama，1993）。然而，之后的发展却是全球进入了民主的萧条时期（democratic recession），不但新兴民主国家的民主形成各种形态的劣质治理，甚至西方老牌民主国家（如美国）的民主内涵也遭遇严重的变形与退化（Diamond，2008；朱云汉，2015）。民主体制的核心原则诸如政治平等、大众的参与、审议、避免多数暴政等（Fishkin，2014：27-28）逐渐地崩解，连带社会秩序也造成一定的混乱与重组。

  当代民主体制的失序与转型的原因众多，但是西方民主国家采行的代议民主政体(representative democracy)产生了运作上的缺陷,已成为政治与公共行政的学术界与实务界的共识。在代议民主政体之下,民众选举议员、组织议会来讨论公共事务、决定公共政策,再授权文官体系来执行公共政策。因此,代议民主政体的精神乃是经由普遍性选举,使民众间接地参与了政策制定。就本质而言,代议民主政体乃是一种加总式的民主(aggregative democracy),自然无法避免加总式民主在理论上的瑕疵,诸如:多数专制、问题解决的局限、选项过度简化、多数决结果与公共利益的落差,以及不利公民德性培养等问题(Young, 2000)。至于代议民主政体在实务上所衍生的弊病,还包括未经深思熟虑的粗糙决策品质;文官有意创造的低度公民参与;政府正当性的逐渐衰退;资讯及权力不对称所造成的无知民众;议员形象重于实质政策议题主张的肤浅政治;向金权控拢的政商代议政治;失去话语权而消音的民众等等(李衍儒,2014:22)。另一方面,随着现代网路社会的形成以及青年世代的出现,西方民主国家采行之传统的间接政治参与机制如投票、政党等,也出现明显地衰退,投票率与政党参与率的逐年下降便是明证。反之,各种以新议题为导向的政治行动却同时蓬勃兴起,蔚为风潮(Dalton, 2008, 2009)。此一政治潮流激发了各种提高政策制定回应民意的民主制度创新(democratic innovation),其中公民参与(citizen participation)便是其中最受瞩目的议题。

Archon Fung(2015)主张公民参与揭橥了当代民主治理的三项核心价值:社会公平、正当性与效能。详言之,当社会中特定团体利用优势的政治、经济与社会地位来影响公共政策与行动,民主体制往往产生不公平的结果,则公民参与被视为矫正平衡此种支配性团体主导政府施政不公平现象的途径。此外,近年来审议民主(deliberative democracy)从学术讨论扩散到社会实践,形成一股风潮。审议民主理论主张受到政策影响的民众或他们的代表,应该在决策形成过程中,表达其关切和主张,聆听不同的观点,衡量各种论点的合理性。透过这种审议过程所形成的政策,将产生足以服人的立论根据(林国明,2013:139)。因此,公民参与也是强化行政机关之正当性的途径。

然而,公民参与是否能够提升行政机关的绩效?可能并不如同以上两项核心价值具有共识,此因民主的价值与公共行政的价值是否能够兼顾并存,长久以来一直是公共行政学界争论不休的议题(Neshkova and Guo,2012:267)。Irvin和Stansbury(2004:55)主张如果民众能够成为民主体制之中的积极参与者,则行政机关的决策不但将可以更加民主,还可以提升效率。但是,Denhardt(2006)却认为民主强调参与、平等以及由下而上的决策过程,行政机关却重视效率、层级以及由上而下的决策过程,两者似乎无法相容。然而,当代公民参与的呼声高涨,行政机关必须设计纳入利害关系人之利益与价值的咨询与协商机制,让民众意见得以表达,以化解社会矛盾,并形成对于文官的制衡,也就是借由公民参与来落实民主课责。

近年来,行政机关绩效管理最新发展是倡议在绩效管理过程中纳入公民参与之新兴概念。其核心理念乃在于,行政机关之施政系对民众之需求做出回应,而行政机关施政之良窳亦须向人民负责。在此逻辑下,作为引导行政机关工作计划的绩效评估指标的设定,应能反映民众的偏好和需求;更理想的状态是,邀请民众涉入行政机关绩效指标之拟定,甚而将绩效评核与资料搜集、分析之权授予民众,以强化行政机关施政与民主课责间之联结。但就其实行经验观之,此种民众涉入行政机关的绩效管理,因为需要民众长时间的涉入和关注,大多施行于与民众日常生活脉动较为接近、感受较深的地方行政机关层次(张四明等,2013:6)。

当前台湾地方行政机关大都采用咨询委员会、说明会、座谈会等公民参与机制,所讨论之议题大多与契约委外(contracting out)标案有关,参与者也以地方性非营利组织、社区发展协会等地方性基层公民团体为主,此种机制的优点在于参与成员对于地方性民生议题较为熟悉。但是,通常参与者的人数有限,也有参与者之代表性是否周延的问题,而且从时间与资源来考量,此种机制的成本也较高(Irvin and Stansbury,2004)。最值得注意的是,这些公民参与机制并未与地方行政机关之绩效管理的制度设计相互联结扣合。而且,在公民参与之中是否符合审议民主的精神与操作,也值得深入探讨。因此,当前地方行政机关之公民参与的制度性安排,容有相当可资重新设计、调整以及改善的空间。

本文的研究目的是采用审议民主的观点,厘清与建构结合地方行政机关的公民参与和绩效管理的概念架构以及制度设计。为了达成研究目的,本文的结构如下:第二节厘清公民参与、绩效管理、审议民主的概念,并分析联结三者的枢纽;第三节设计一个审议式民众涉入绩效管理的操作模型,探讨地方行政机关绩效管理的参与者进行审议的阶段、指标以及项目;第四节为结语。

二、概念意涵

本文的研究脉络涉及公民参与、审议民主以及绩效管理三个学术概念,以下将厘清它们的意涵,并进一步探讨联结三者的枢纽。

1. 公民参与

公民参与兴起于1960年代的美国公共行政领域,乃是一种民众直接涉入(public involvement)公共事务决策的概念(Marini,1971)。在当代民主体制中,各种形式的民众涉入公共事务决策,已蔚为民主实践的风潮。相关概念部分重叠但底蕴与重心并不相同,诸如公共参与(public participation)具有较为宽广的意涵,可区分为四个层面:民众与政府之间的互动与行动,如请愿与抗议;在地方参与中的民众涉入,如参加公听会以及满意度/民意调查;选举性质的参与,如参加政党活动与投票;义务性质的参与,如纳税(Langton,1978)。与上述概念类似者,还有政治参与(political participation)系指形塑、影响和介入政治领域的各种行动及其机制的总称,如投票、参与群众大会、签属请愿书,或是写信给民意代表(纪俊臣,2015)。此外,近年随着数码科技与网络媒介的高度发展,民众特别是青年世代更倾向使用APP、Twitter、facebook等"新媒体",发表个人对于公共事务的观念主张。

相对上述概念较倾向民众自发性地涉入公共事务,公民参与则是指"政府推动民众涉入行政决策与管理过程的集体性活动"(Yang and Challahan,2005:193),主导者是政府的行政机关,其推动公民参与有各种目的,主要是在公共资源分配的决策过程中进行公民参与,试图透过公共论述(public discourse),使民众有机会了解行政机关的决策以及地方社区的需求,并经由预算的决定来回应民众的要求,以增进其福祉

(Franklin et al. 2009：52-53；Thomas，2012)。不同于上述公共参与、政治参与或个人性的志愿参与，公民参与主要发生在行政机关与民众之间的制度化或形式化的互动介面。此外，根据公民参与的传统理论，公民参与原本的动机在于激发地方社区内的基层民众协助基层政治组织，推动公共事务的处理，如参加邻里街坊和大楼的活动、担任地方社区组织的志愿服务、了解邻里协会的功能等，其目标是针对地方社区事务作出决策。然而，行政机关的决策区分为"专业的决策"和"民主的决策"，前者涉及专业事务与知识，专家意见应予尊重；后者系一般公共事务，民众的意见不仅需要尊重，更应积极征询，并且鼓励民众参与，甚至直接设计机制做成决策(Arnstein，1969)。因此，公民参与较适合"民主的决策"而非"专业的决策"。

当民众参与行政决策之时，行政机关是否能够提升绩效？就民主理论的角度而言，其答案自然是正向的，因为公民参与能够促进行政机关的资源配置更能反映民众的偏好，而且被公共政策影响的民众也应该有平等的机会与管道来影响政策结果(Dahl，1989)。然而，就公共行政的角度而言，因为精确评估政策在解决公共问题的影响相当困难，而且也缺乏行政机关推动公民参与的个案(Neshkova and Guo，2012：273)，迄今公共行政学术界在公民参与和组织绩效关系的经验研究相当有限，甚至对于公民参与和组织绩效的关系形成两种截然相反的论点。主张反向论者认为文官决策与民主决策的本质不同，其理由如下：一、公共行政与政策执行需要高度专业，而文官本身的正当性就来自于其是专业的政策制定者；二、民众缺乏政策专业知识，也不愿花费时间与精力涉入复杂的公共议题；三、行政机关的决策乃是基于权威的集中，较适合在层级节制的组织中进行，但民众不仅不熟悉文官的规则，而且较易感情用事，理性程度较低；四、促使民众知悉公共议题的来龙去脉往往旷日费时，因而公民参与的行政成本相当高；五、积极参与特定公共议题的民众，可能追求私利而非公共利益(Ebdon and Franklin，2004；Neshkova and Guo，2012)等等。因此，公民参与和组织绩效之间是负面的关系。

另一方面，主张正向论的基本假定是民众是理性的，并具备理解决策资讯的能力，且以公共利益与价值的观点来参与公共事务；每个民众对于政策的影响力均相同,决策者依民意作为决策的基础。因此,公民参与将导致较佳之制定与执行的决策,并较易达成计划目标。其理由如下:一、公民参与可提升民众对于公共事务与政策的知识,并取得民众的理解与合作;二、在公民参与过程之中,民众将可提供有关达成政策目标的实际方法与日常经验,以扩展文官的视野;三、民众可以超越文官的传统思维,提出解决公共问题的创新解决方案;四、公民参与可以增加行政机关的代表性与回应性,也可提升民众的士气和政治义务感;五、公民参与可以增进民众对行政机关功能运作的了解,也可提供人民对于政治环境控制的感觉,减少疏离感;六、公民参与可以提升行政机关的合法性,民众参与政策制定和执行,更能倾向于顺应这些决策(陈金贵,1992;Irvin and Stansbury,2004;Beierle and Cayford,2002;Moynihan,2003)等等。因此,公民参与和组织绩效之间是正面的关系。

行政机关推动公民参与可以采用不同机制,如公众集会(public meeting)、焦点座谈(focus group)、公听会(public hearing)、公民咨询委员会(citizen advisory committee)、开放性论坛(open forum),甚至在特定的政策领域如参与式预算还可运用意见调查(citizen survey)、预算模拟(budget simulation)、电话调查(telephone hotline)等较特别的机制(Ebdon and Franklin,2006:440;Neshkova and Guo,2012:274)。其中以公众集会与公听会最为普遍,但公众集会与公听会通常是开放民众自由参加,参与者具有自我选择的(self-selected)性质,因而参与者可能对于特定议题具有较高的兴趣,而且其社会经济地位较一般民众为高。此外,公众集会与公听会大多是由行政人员或被邀请的来宾主导会议的议程,大多数参与者只是扮演"倾听者"的角色,对于决策的影响力以及参与者自我能力的提升相当有限(Fung,2015:514-515)。

2. 绩效管理

绩效管理是指将"对的事情"运用有效途径达到预期的水准,亦即根据选定的目标方向,建立关键的成效评估重点和核心的行动措施,再将评估资讯与结果提供组织和个人作为工作重点调整之参考,以及采取必要之组织与员工的奖惩激励措施。在这些概念下,完整的绩效管理过程涉及三个层次,首先是运用策略规划理论确立什么是对的事情;其次是运用绩效衡量理论决定应该采用哪些有效度之工作计划的绩效评估指标，并就每一指标设定合宜的预期目标水准；最后是运用知识基础理论找出实践策略目标和绩效评估指标的有效途径。也就是说，绩效管理不仅是监测将事情做好，更重要是确保做对的事情，以及找到做好事情的因果途径（张四明等，2013：23）。

当代学术界探讨的公私部门绩效管理，包括了绩效评估、绩效评量与绩效追踪三种功能性活动（丘昌泰，2000），其中核心工作便是绩效评量（performance measurement）。相较于私部门主要是以利润作为主要的绩效评量标准，行政机关的绩效目标多元、绩效评量指标难以建立以及绩效奖惩回馈薄弱等原因，使得绩效管理的推行相当艰巨。行政机关绩效评量研究的具体步骤，大致上是先依据行政机关的特性与现状，设计出一组绩效构面（dimension），再由各个绩效构面中规划出一套绩效指标（indicator），而后由各绩效指标中发展出量化的绩效评量方法予以加总，并借此判断行政机关的绩效高低。

本文尝试采用组织系统论的观点，并参酌民主国家行政机关的性质，设计一个多层面、整合性的分析模式，作为探讨台湾地方行政机关之绩效管理的基础。根据组织系统论，组织乃是一个开放的、社会技术的以及整合性的系统（彭文贤，1980：71）。组织内部各部门（次级系统）之间，不但存在着相互依赖关系，而且与外在的客观环境之间，也经常处于交互影响的状态之中。典型的系统研究法是由四个核心项目——输入（inputs）、转换（conversion）、输出（outputs）、反馈（feedback）——所构成，将此四个核心项目分析行政机关的绩效如下：

（一）"输入"是指行政机关用来达成其目标的任何东西，可将输入视为行政机关所使用之有形的资源与资讯（如预算、人力、设施、设备、现有问题等等），以及无形的形象与观感。

（二）"转换"是指行政机关将输入转化为输出的实际处理或服务输送的过程，可将转换视为行政机关内部之资源与资讯管理与沟通的程序与结构（如管理能力、治理结构、资源网络、自我评估等等）。

（三）"输出"是指行政机关所生产的服务。行政机关的输出可从三个层面予以分析。首先，它可以指行政机关提供之具体服务数量，也就是输出的初级资讯。其次,输出也可以指行政机关后来达成的影响力,也就是有关达成预期工作计划目标程度的资讯。最后,输出还可以指行政机关提供服务的品质。由于对于品质认定的观点不同,需要最终的判定者(final arbiter)(Martin and Kettener,1996:42)。因此,品质是由行政机关之利害关系人的主观评价与态度而定。

(四)"反馈"是指有关于行政机关的绩效资讯,当作输入重新回到行政机关中的形式。若是将组织系统论中的核心项目之间单向的反馈,引申扩大为双向的比较,则根据行政机关绩效评量的途径,发展出可以反映绩效资讯的四个绩效评估指标:效率(efficiency)指标反映行政机关所提供具体的服务数量与输入之间的比较;品质(quality)指标反映行政机关之利害关系人的主观评价与态度与输入之间的比较;效能(effectiveness)指标反映行政机关达成目标的影响与输入之间的比较;能力(capability)指标反映行政机关内部的管理程序与结构与输入之间的比较。图一显示行政机关绩效评量的效能、品质、效率与能力四种指标的多层面、整合性的分析模式:

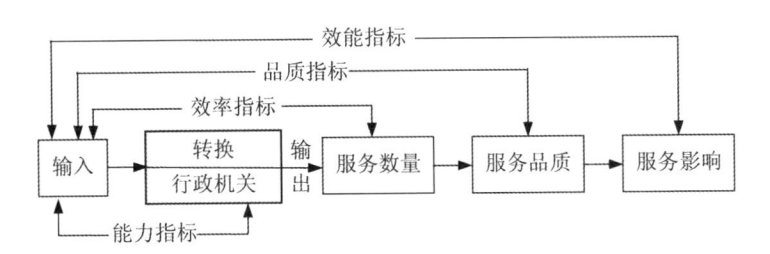

图一　行政机关的绩效评量模式

资料来源:作者自绘

这个基于系统组织论的行政机关绩效评量的分析模式具有以下四种特征:一、在绩效评量的对象方面,包含了行政机关本身的管理层面,以及行政机关推动的工作计划层面。二、在绩效评量的指标方面,兼顾了主观的认知层面以及客观的量化层面。三、在绩效产出的分类方面,涵盖了绩效产出的服务数量、服务品质与服务影响等层面。在三者之中以服务数量层面较直接且具体,可在行政机关行动后即可评量,服务品质其次,至于服务影响层面可能在行政机关行动之后较长时期方可评量。四、在绩效标准的设定方面,考虑了系统输入项与其他系统项目之间的关系,亦即是以组织输入与系统项目之间的比例作为判断组织绩效的标准。各个系统项目与输入之间有双向的比较关系,例如在输入不变的条件之下,行政机关提供的服务数量愈多,效率就愈高;行政机关之利害关系人的主观评价与态度愈好,品质程度就愈高;行政机关提供的服务影响愈大,效能程度就愈高;行政机关内部的资源与资讯转换愈佳,能力程度就愈高。

3. 审议民主

审议民主是 1980 年代以来一股重要的民主思想,也是政治理论发展的重大转折。审议民主是公民赋权(enpowerment)、社会解决利益冲突、政府强化民主正当性以及决策理性的良方。所谓审议是指"参与讨论的众人真实诚恳地重视对方言论之价值或优点的过程"。详言之,判断审议的品质有以下条件:一、讯息性:参与者获得与讨论议题相关之真实资讯的程度。二、平衡性:特定观点的参与者的言论,得到其他观点的参与者回应的程度。三、多样性:不同立场的参与者在讨论中被代表的程度。四、诚恳性(conscientiousness):参与者诚恳地重视对方言论价值或优点的程度。五、公平性:不论参与者的背景,所有参与者言论的价值均可被考虑的程度(Fishkin,2014:31-32)。

欲达成上述条件,充分知情(well-informed)与说理(reasoning)非常重要,亦即透过公共沟通与理性辩论,使参与者搜集资讯、分享各自观点、交换理由成为审议民主的核心工作(林国明等,2007:8)。所谓"充分知情"系指民众对政策议题不应流于空泛的讨论,而必须借着事先阅读可以读懂的资料(readable material)、专家对于公共议题的背景介绍,和与专家对谈的过程,使民众获得对于公共议题充分的背景资讯,也才可以期待民众在相同的资讯基础上,进行说理和互动。所谓"说理"则是指希望民众提出对公共议题的主张及背后的理由,在民众置身于这许多正反面论述交互陈述的过程里,可以了解为何其他人不同意他们的论点,并在这些理由的基础上进行对话(黄东益等,2007:44)。

深入言之,审议民主的学理探讨重心在于审议过程以及审议制度两者,前者如 Gutmann 和 Thompson(2004)侧重审议的说服与给予理由的过程,亦即参与者借由一种持续开放性对话的过程,运用可以相互接受、了解的方式,提出彼此各自的理由;借由审议所达成的结果,拥有一段时间的约束力,但在未来也保持开放性并接受各种挑战。后者如 Joshua Cohen(1998:186-187)认为公开说理(open reasoning)与政治权力的行使间应有制度的安排,使得政治权力能够对民众的审议有所回应,亦即强调审议民主的目的应是要将政治权力的行使与公开说理紧密联系起来,透过各种沟通条件的建构,促使民众的意志得以形成有系统的意见与论述,对于政治权力行使产生制度化的影响(institutionalized impact),也就是借由各种机制将来自民众的意见"制度化"为决策权力,进入政治体系转化为具体政策。

总之,审议民主强调以民众为主体,知情与开放的参与,透过深入地沟通讨论和彼此对不同意见的聆听,发展出公共利益取向的价值,进而建立对于有争议性公共议题可能的共识,乃是一种相当有特色的直接民主模式(郑丽君主编,2015:18)。虽然审议民主在实践上一般民众尚未能力所及,但在当前民主国家却逐渐形成趋势(李仲彬、黄东益,2011:55)。近年来,审议民主已逐渐成为落实公民参与的学理基础与具体实践,强调民众在具有充分资讯之下审慎思考、理性讨论后所做的集体决策制度。其中"审议式微型公共领域"(deliberative mini-publics)是近年最为公民参与的研究者以及实践者重视的民主制度设计,它是一种由政策制定者所组成的论坛,包含代表不同意见的小型公民团体,针对特定议题进行审议(Ryan and Smith, 2014)。"审议式微型公共领域"的具体机制如公民会议(citizen consensus conference)、愿景工作坊(scenario workshop)、公民陪审团(citizens jury)、审议式民调(deliberative polls)、国家议题论坛(national issues forums)、学习圈、法人/公民论坛、一般民调等(林国明、黄东益,2004;林子伦,2008)。

当前台湾最受瞩目之审议民主的主题便是参与式预算(participatory budgeting),亦即民众透过协商、讨论机制与过程,直接或间接地参与公共资源分配使用的决策。目前全世界包括欧、亚、非、北美、拉丁美洲地区,已有超过 1500 个都市的财政编列采行参与式预算。在将近十几年的努力下,台湾是全世界办理审议民主参与活动最积极的地区之一,对于参与式预算的涉入亦是不遗余力,特别是相较于审议民主,对于民众来说是比较抽象,而且让民众感受的参与之后对公共政策影响的效能感是间接的。参与式预算则是针对预算编列或是经费分配,非常具体明确,参与的结果从资源分配的数量变化就可以直接感受到民众的影响(郑丽君主编,2015:19)。现今台湾地区已有公民团体如财团法人青平台基金会致力于参与式预算的推动,并在台北市有数个地方基层单位已具实验性作法;其他地方行政机关也在不同的政策领域具体规划。

4. 小结

本文试图采用审议民主的观点,建构结合地方行政机关之公民参与和绩效管理的制度设计。此一制度的设计理念是参与者在公民参与的不同阶段之中,针对地方行政机关的工作计划的绩效评估指标进行审议。因此,结合公民参与、绩效管理与审议民主的枢纽应是民众与行政人员基于绩效评估指标进行包容开放的对话。由于公民参与是由地方行政机关所推动,行政人员对于公民参与的态度及回应是机制发挥功能的关键。一般而言,地方行政机关较少向民众公开报告绩效资讯,所举办的说明会、座谈会等公民参与机制中的参与者,大多是申请行政机关经费补助的地方民间社团,或受工作计划直接影响的利害关系人,表现的形式经常为参与者"倾听"行政机关的说明或指示,通常参与者会抱持礼貌地沉默,即使有提问或疑义,行政机关也回应地相当自卫保守(defensive),很少有对话(dialogue)的机会(Berman,2008:3-4)。

因此,如果公民参与的目标是经由审议民主式的民众参与来提升行政机关的组织绩效,那么包容开放的对话便不可或缺。民众与行政人员对话的重心乃是彼此倾听对方的言论,并内化对方的观点,以提升相互的了解。因此,理想的对话必须符合三个条件:一、对话的参与者地位平等而不具强制性,并建立相互尊重及信任;二、对话的参与者以同理心彼此倾听与回应,特别是对方的意见不同于己时更需如此;三、对话的参与者探求对方的基本假定、立场价值以及世界观,经由共同学习来发展分享的认同(Roberts,2002:660-661)。因此,民众涉入地方行政机关绩效管理的原则就是公民代表与地方行政人员在平等而非层级的地位上,彼此就工作计划的绩效评估指标表达各自的意见与看法,并在彼此的倾听、讨论、谈辩、诘问的过程之中,理解对方的意见看法,并尽可能地达成关于地方行政机关绩效的共识。

较理想之民众与行政人员对话的先决条件,是行政人员必须肯认(recognize)民众是提升地方行政机关绩效的助力而非阻力,并愿意与公民代表进行对话;行政人员应体认参与者不仅是公共政策与服务的消费者或利害关系人,他们也是支持行政首长及其施政的选民,或是已尽国家基本义务的纳税者(Berman,2008:10)。其次,此对话应具有包容性(inclusion)以及开放性(openness)。Rossmann和Shanahan(2012)指出包容性的思考问题是参与行政机关决策之人士或团体的代表性以及机制如何?开放性的思考问题则是行政机关决策资讯的可接近程度以及决策过程的透明程度如何?地方行政机关要推动民众与行政人员之间包容开放的对话以提升绩效,需要在一个审议民主的过程与制度之中予以操作。以下本文详述此一操作模型的要件与动态。

三、操作模型

大多数公共政策的制定与决策,是由行政官员、民意代表与专家学者所决定。在特定的议题有一些公民团体能够表达他们的意见,一般民众很少有机会参与政策制定的讨论,公民参与的机会与管道显然是不足的。此外,由于当代公共事务的复杂性,促使公共政策制定与决策受到专家知识所影响,过度依赖专业的技术性知识,限制公共讨论的空间,也降低了不具专业知识的一般民众参与政策之机会与能力。不过,对于公共政策所牵涉到的价值或规范的基本冲突,专家并无法借由客观的科学知识来判断,而是必须透过公共讨论寻求共同的道德基础,以获得正当性(林东升,2004:3—5)。因此,地方行政机关推动民众涉入绩效管理的首要之务,便是选择何种政策领域较适合一般民众直接参与?

在地方行政机关之中,较为适合民众涉入绩效管理的政策领域,可区分为以下类型:一、具有"合产"(coproduction)性质的公共服务:此类公共服务的效果是由服务提供者与受益民众双方共同达成的,因而服务提供者的专业知识与技巧以及受益民众的感受与经验,一起决定了公共服务的价值。此外,此类公共服务的生产与消费是同时进行,因而服务提供者与受益民众必须在同一时间、面对面地不断直接互动以完成服务,例如警政服务、消防服务、托育服务等(Van Slyke,2007:159;Osborne et al.,2013:138-140)。二、与地方社区住民生活密切相关,但不过度涉及专业的公共服务:此类服务具备"公共财"(public goods)性质,其分配或处置关系着地方社区住民的公共生活品质,例如基础建设维护、公园管理、水源供应、紧急服务、公共图书馆等。三、标的人口相当明确,且具有社会正当性的公共服务:此类公共服务的公民代表较易组成,且服务绩效与受益民众的主观感受密切相关,例如残障团体的社会福利服务、少数族群的补助等。以上政策领域大致上属于上述之"民主的决策",亦即所涉乃专业程度较低的一般性公共事务,被公共服务影响之受益民众,甚至一般民众对于相关服务绩效的意见,地方行政机关应该予以尊重并积极征询。

本文提出审议式民众涉入绩效管理的操作模型,以整合公民参与的阶段、绩效管理的指标以及民主审议的项目三个面向如图二,其中民众与行政人员进行对话的主要议题如下:

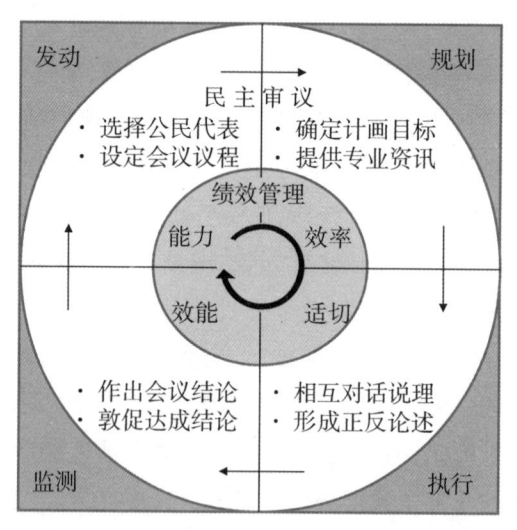

图二 审议式民众涉入绩效管理的操作模型
资料来源:作者自绘

1. 公民参与的阶段与议题

早期的公民参与多集中在政策执行阶段,亦即开放公共政策的受益民众在执行工作计划之时表达意见、陈述利害。但是批评者认为民众参与政策执行的时机已经太晚,较理想的公民参与应落实在政策过程的各阶段之中(Roberts,2004:330-331)。本文将公民参与的过程划分为四个阶段,由发动阶段、规划阶段、实践阶段乃至监测阶段,而后再继续各阶段的循环过程。此一公民参与的阶段论受到政策决策模型的影响很深,重视参与过程的可控制性,步骤发展的必然性以及各阶段的次序性(丘昌泰,2008:55—56)。

在各个阶段之中行政人员与民众的对话,应依序聚焦于以下议题:在发动阶段,公民参与的对话议题是:谁是参与者?在规划阶段,公民参与的对话议题是:参与者如何获得相关资讯?在实践阶段,公民参与的对话议题是:参与者如何进行沟通并达成决策?在监测阶段,公民参与的对话议题是:参与者的决策是否影响行政机关的公共政策与行动?(Fung,2006)公民参与得以发挥功能的主要原因是发动阶段、规划阶段、实践阶段、监测阶段之中的各个议题,能够反馈在未来公民参与的过程之中。也就是说,包容且开放的公民参与过程的各个阶段,将形成一个周而复始的回馈循环(feedback loop)。

2. 绩效管理的指标与议题

民众涉入行政机关绩效管理的主要任务是依据行政机关的输入、服务数量、服务品质、服务影响的绩效资讯,判断行政机关达成各种工作计划的绩效评估指标的程度。行政人员不但可以应用绩效资讯来确立行政机关内部的目标与策略,还可以经由与民众、上级行政机关甚至立法机关共同分享绩效资讯,以获得外部支持(Heikkila and Isett,2007:239)。行政机关的绩效评估指标所提供之绩效资讯可能并不如上述清晰分明,由于外在环境与内在条件中复杂因素形成的行政机关的使命目标的模糊现象,而且行政机关的资源分配功能也将形塑不同立场利害角色的民众。这些民众会基于立场、利害、角色,对于绩效评估指标提出各种甚至对立的认知判断。因此,即使行政机关能够对于系统输入项与服务数量、服务品质、服务影响提出具体且可以量化的绩效资讯,民众还是可能在主观上无法形成对于行政机关绩效的共识。因此,行政机关的绩效资讯必须经由民众之间以及民众与行政人员、专家等相互对话之后,方有可能建立较为周延的理解(Moynihan,2006)。

地方行政机关的绩效则可由能力、效率、品质、效能等四项指标来予以检视。详言之,能力是度量"成本输入"的标准,"以较低成本的输入来提供相同水准或数量的公共服务"者,即可称之为能力性的作为;效率是度量"输入产出比例"的标准,"输入成本与产出的公共服务间的比例较大"者,即可称之为高效率的作为;品质是度量"满意程度"的标准,"受益民众的满意程度较高"者,即可称之为高品质的作为;效能是度量"目标达成"的标准,"以固定成本的输入,达成较高程度的目标"者,即可称之为高效能的作为(张四明等,2012;詹镇荣,2014:72)。因此,在能力指标层面,公民参与的对话议题是:地方行政机关能否以较低的成本(人力、经费、设施等)来提供公共服务? 在效率指标层面,公民参与的对话议题是:地方行政机关能否增加输入公共服务的成本与产出之间的比例? 在品质指标层面,公民参与的对话议题是:地方行政机关能否提高受益民众的满意程度? 在效能指标层面,公民参与的对话议题是:地方行政机关能否提高公共服务政策目标的实现程度?

3. 民主审议的项目与议题

本文综合整理当代上述西方与中国台湾有关审议民主的学术文献(Edbon and Franklin, 2006; Yang and Callahan, 2007; Neshkova and Guo, 2012; Yang and Pandey, 2011;黄东益,2008;林国明,2013),发展出以下由地方行政机关推动包容性与开放性,且具有审议民主意涵之公民参与机制:首先,地方行政机关需要选择多元背景(社区、族群、性别、年龄、教育程度等)的公民代表们反映各种利益与价值,并负责方案的讨论与决策。地方行政机关在代表们集会之前,需设定相关方案,并排定代表们讨论的优先顺序作为议程;代表们也必须在集会之前详尽阅读与方案相关的基本资料,以了解方案所预期达成的目标。地方行政机关在必要时,还需邀请具备方案相关专业知识与学养的专家学者作为代表们的咨询对象。在代表们充分理解方案的目标与意义之后,开始就所涉及的立场争议、资源配置、执行时机、价值偏好等议题相互讲理、彼此聆听、反复诘辩,并且在审议过程之中,形成对于方案的同意或反对的正反论述;在知悉代表们的意见之后,力求从审议中寻求共识,并作成具体结论,但对于代表们无法达成共识的差异意见,也需充分反映在结论之中,向地方行政机关报告公民参与的成果作为决策依据。地方行政机关对于公民参与的结果必须明确处理,在政策制定与执行中予以回应。

本文根据上述包容开放的审议民主意涵之公民参与机制,发展出地方行政机关推动民众涉入工作计划绩效管理之审议项目的议题:一、选择公民代表:哪些民众能够较全面地反映与理解地方行政机关工作计划的绩效评估指标的价值与意义?二、设定参与议程:哪些绩效评估指标及其排序能够公平地表现地方计划的重要性?三、确定计划目标:哪些地方计划的目标可以确实转变为绩效评估指标?四、提供专业资讯:哪些资料能够较平衡地展现地方计划的正面与负面的影响?哪些专家能够客观地向民众解释分析绩效评估指标的资讯?五、相互对话说理:民众如何针对地方公共事务相互讲理、彼此聆听,在进行审议之中知悉各方对于绩效评估指标的意见?六、形成正反论述:民众如何针对绩效评估指标的意见,达成各种判断的论述?七、作成参与结论:民众如何对于有争议的绩效评估指标达成共识作成集体判断或作出无法达成共识的结论?八、促成影响政策:地方行政机关如何回应民众对于绩效评估指标的意见,并影响其后的政策制定?

4. 小结

随着当代民主体制的失序与转型,公民参与成为沛然莫之能御的全球化潮流,鼓励民众涉入行政机关的绩效管理,监督工作计划的绩效评估指标,同时也使绩效资讯与行政机关施政之间产生民意上的联结,强化民主课责的落实力道(张四明等,2013)。因此,民众不仅是治理的对象,也是达成良善民主治理的知识来源。透过审议式民主的公民参与,民众的民主素养得以提升,政策的品质得以强化,民主政治也得以优化(林子伦,2008)。行政机关实施绩效管理来落实课责观念,并运用绩效为基础,以授权取代法规管制,以成果评量取代过程监督,其最终目的是希望透过绩效资讯的回馈,引导行政机关实施作为的调整,来提升行政机关的能力、效率、品质与效能(孙本初,2000)。

经由上述的分析可知公民参与、民主审议以及绩效管理三种概念的联立,并设计相应的创新制度,乃是民主政治中公共行政发展的前瞻趋势。在实践层面上,此一运作民主制度创新的核心动力就是地方行政机关的行政人员、民众、专家等参与者持续地针对各项工作计划的绩效评估指标进行审议式的对话,特别是在地方行政机关能够因应各种社区计划,民众的特性而选择相应的公民参与机制,适宜的绩效评估指标,以及关键的民主审议项目,周而复始地推动,以期在地方性工作计划的制定、执行与评估的过程之中形成"参与治理"(participatory governance)的制度性安排与氛围,来落实由"政策评估引导政策制定与执行"的理念。

四、结语:"参与治理"的挑战与期许

在代议民主体制失灵以及传统政治参与式微的全球化趋势中,地方行政机关试图借由审议式民众参与来进行绩效管理,以建立"参与治理"的制度与文化,乃是提升社会公平、正当性与效能等民主治理核心价值的最适途径。然而,除了需顾及公民参与机制本身的制度局限之外,在具体实践上,仍需考虑特定区域中政治、经济、社会、文化等环境因素带来的各种挑战。详言之,虽然代议民主政体具备若干缺陷,甚至跟不上现代网路社会的快速步调,但还没有任何一个民主国家能轻易地放弃这个历经百年的成熟政体(朱云汉,2014),主要是因为代议民主体制已经建立了核心制度运作的共识,但反观无论是公民参与的代表产生方式、审议民主的理性对话原则,甚至是绩效评估指标的选择认定等等,迄今并没有形成适当的角色共识;甚至朝野双方对于公民参与的认知与成效也有疑虑。

另一方面,相较于代议民主体制主导了权威性公共资源的配置,"参与治理"的实际影响力甚微(triviality),例如参与者能否影响工作计划的执行过程与结果、参与者审议决定的拘束力可否落实、参与者能否左右参与的议程与专家的选择等问题,皆会降低参与者的意愿与热忱,甚至怀疑公民参与的可行性(Fung,2015)。此外,近年台湾地方行政机关在精简人事员额、社区发展等施政方针下,已将重要的政策领域如社会服务、职业训练等,与非营利组织建立了契约委外关系。在公私协力的理念下,两方名义上是伙伴关系,实际上却是非营利组织依赖地方行政机关提供公共资源,接受其权威领导的依赖关系。在此种制度环境之中,欲建立"参与治理"的机制与文化谈何容易。

然而，自2014年以来，台湾历经了多起中产阶级、青年、学生等诉求"政治更民主、决策更透明"公民运动的挑战。台湾社会对于此公民运动的起因与影响容有争议，但是青年世代对于公民参与的强烈诉求却是不容置疑的。不仅在台湾，海峡两岸人民对于公共事务的社会关怀，并亲身涉入的参与需求也同样有增无减。作为代议民主政体第一线的地方行政机关，如何积极回应公民参与的期待、如何强化地方民主治理的能力以及如何实践公益价值，已是刻不容缓的课题。本文主张将民众的社会关怀与参与需求导向包容开放的作法，就是运用公民参与机制，将民主审议的精神实践在地方行政人员与民众对于工作计划的绩效评估指标的对话之中。

成功的关键在于地方行政机关在心态上摆脱对于公民参与的排斥抗拒，体认提升民众福祉才是行政机关施政的极终目标，因而民众本身才是行政机关绩效的最终判断者。地方行政机关试图实践落实民主审议的精神，也应理解民众在公民参与中，对于工作计划之绩效资讯的观感与反应，例如民众将特定行政机关的整体表现与首长形象作为判断工作计划绩效的基础，而较不关心机关之间的协调过程；民众也多以亲身感受的即时印象来判断工作计划的绩效，而较忽视具体的绩效数据；民众往往以工作计划对自身利害的影响来判断其绩效，而较不考量行政机关施政的公共目标与价值；民众重视在参与过程之中受到行政人员礼遇、尊重与同理对待的感觉，但对自身的参与能否真正影响工作计划的决策却较不关心等等（Berman，2008；Myhre，2008）。以上种种民众的观感与反应是地方行政机关在推动公民参与时不可或缺的基本认知。行政人员也应体认在公民参与过程中凝聚出民众对于地方行政机关表现的肯定，才是其争取公共资源以及提高正当性的基石。

回顾半世纪以来的全球民主化历程，代议民主体制以及传统政治参与已走到了变革的极限。如何在维系民主体制的核心原则、强化政府的治理能力、回应高涨的参与需求以及建立合理可行的课责机制等诸多趋势之间寻求恰如其分的平衡点，乃是以民主治理为特色的当代行政机关所必须面对的重大课题。本文认为立基于民主审议的公民参与，是在代议民主体制的经验之下，开辟了另外一条取得民主正当性的途径；将此特色的公民参与落实于工作计划的绩效评估指标的对话,并持续地影响未来的决策,更是提升地方行政机关治理能力以及课责机制的方式。如何将上述理念转化为"参与治理"的制度设计与文化仍有赖公共行政学术界与实务界的共同努力。

参考文献

一、中文部分

丘昌泰,2000,《以人力资源管理再造文官体制的生机》,《人事月刊》,第31卷第6期,页14—24。

丘昌泰,2008,《公共政策:基础篇》,台北:巨流。

朱云汉,2014,《台湾离民主崩坏还有多远?》,天下杂志第544期网页,http://www.cw.com.tw/article/article.action?id=5057056,2014/07/29。

朱云汉,2015,《高思在云:一个知识份子对二十一世纪的思考》,台北:天下文化。

李仲彬、黄东益,2011,《审议式民主在台湾的定位与价值》,《竞争力评论》,第14期,页51—71。

李衍儒,2014,《后代议民主之参与制度设计:以我国观光赌场博弈公投为例》,台北:"国立"台湾大学社会科学院政治学系博士论文。

林子伦,2008,《审议民主在社区:台湾地区的经验》发表于《"海峡两岸参与式地方治理"学术研讨会》(9月22—23日),台北:"国立"台湾大学。

林东升,2004,《全民健保的公民参与》,赖美淑主编,《公民参与:审议民主的实践与全民健康保险政策》,台北:"行政院"卫生署,页1—10。

林国明,2013,《多元的公民审议如何可能?程序主义与公民社会观点》,《台湾民主季刊》,第10卷第4期,页137—183。

林国明、林子伦、杨志彬,2007,《行政民主的实践:社区型议题审议民主公民参与》,台北:"行政院"研究发展考核委员会。

林国明、黄东益,2004,《公民参与模式及其运用》,赖美淑主编,《公民参与:审议民主的实践与全民健康保险政策》,台北:"行政院"卫生署,页215—239。

林国明等,2005,《审议民主公民会议操作手册》,台北:"行政院"青年辅导委员会。

施能杰,2012,《地方行政机关组织评鉴计画之研究》,台北:"内政部"委托研究报告。

纪俊臣,2015,《议会政治与公民参与:台湾经验的检视与展望》,发表于《"全球地方议员国际论坛"学术研讨会》(8月28—29日),台北:台北市议会国际会议厅。

孙本初,2000,《美国政府绩效评估制度之研析:以政府绩效与成果法案(GPRA)为例》,《研考双月刊》,第24卷第2期,页27—35。

孙炜,2014,《台湾地方政府社会福利服务的契约治理》,载于苏彩足主编《地方治理之趋势与挑战:台湾经验》,台北:台湾民主基金会,页271—319。

张四明、施能杰、胡龙腾,2013,《我国政府绩效管理制度检讨与创新之研究》,台北:"行政院"研究发展考核委员会。

陈金贵,1992,《公民参与的研究》,《行政学报》,第24期,页95—128。

彭文贤,1980,《系统研究法的组织理论之分析》,台北:联经。

黄东益,2008,《审议过后:从行政部门观点探讨公民会议的政策连结》,《东吴政治学报》,第26卷第4期,页59—96。

黄东益、李翰林、施佳良,2007,《"搏感情"或"讲道理"? 公共审议中参与者自我转化机制之探讨》,《东吴政治学报》,第25卷第1期,页39—71。

詹镇荣,2014,《公私协力与行政合作法》,台北:新学林。

郑丽君主编,2015,《参与式预算:咱的预算咱来决定》,台北:财团法人青平台基金会。

二、英文部分

Arnstein, Sherry R. 1969. "A Ladder of Citizen Participation." *Journal of the American Institute of Planners* 35(4): 216-224.

Beierle, Thomas C. and Jerry Cayford. 2002. *Democracy in Practice: Public Participation in Environmental Decisions*. Washington, D.C.: Resources for the Future.

Berman, Barbara J. Cohn. 2008. "Involving the Public in Measuring and Reporting Local Government Performance." *National Civic Review* 97(1): 3-10.

Cohen, Joshua. 1998. "Democracy and Liberty." In Jon Eleten (ed.) *Deliberative Democracy*. New York: Cambridge University Prerss. pp. 185-231.

Dahl, A. Robert. 1989. *Democracy and its Critics*. New Haven, C.T.: Yale University Press.

Dalton, Russell J. 2008. *Citizen Politics: Public Opinion and Political Parties in Advanced Industrial Democracies*. Washington, D.C.: CQ Press.

Dalton, Russell J. 2009. *The Good Citizen: How A Younger Generation is Reshaping*

American Politics. Washington, D. C. : CQ Press.

Denhardt, B. Robert and Janet V. Denhardt. 2006. *Public Administration: An Action Orientation*. Belmont, C. A. : Thomson/Wadsworth.

Diamond, Larry. 2008. "The Democratic Rollback: The Resurgence of the Predatory State." *Foreign Affairs* 87(2): 36-48.

Ebdon, Carol and Aimee L. Franklin. 2004. "Searching for a Role for Citizens in the Budget Process." *Public Budgeting and Finance* 24: 32-49.

Ebdon, Carol and Aimee L. Franklin. 2006. "Citizen Participation in Budgeting Theory." *Public Administration Review* 66(3): 437-447.

Fishkin, James S. 2014. "Deliberative Democracy in Context: Reflections on Theory and Practice." InKimmo Grönlund, André Bächtiger and Maija Setälä (eds.) *Deliberative Mini-Publics: Involving Citizens in the Democratic Process*. Colchester: ECPR Press. pp. 27-39.

Franklin, Aimee L., Alfred Tat-Kei Ho and Carol Ebdon. 2009. "Participatory Budgeting in Midwestern States: Democratic Connection or Citizen Disconnection." *Public Budgeting and Finance* 29(3): 52-73.

Fukuyama, Francis. 1993. *The End of History and the Last Man*. New York: Harper Perennial.

Fung, Archon. 2006. "Varieties of Participation in Complex Governance." *Public Administration Review* 66(special issue): 66-75.

Fung, Archon. 2015. "Putting the Public Back into Governance: The Challenges of Citizen Participation and Its Future." *Public Administration Review* 75(4): 513-522.

Gutmann Amy and Dennis Thompson. 2004. *Why Deliberative Democracy?* Princeton: Princeton University Press.

Heikkila, Tanya and Kimberley Roussin Isett. 1997. "Citizen Involvement and Performance Management in Special-Purpose Governments." *Public Administration Review* 67(2): 238-248.

Irvin, A Renée and John Stansbury. 2004. "Citizens Participation in Decision Making: Is It Worth the Effort?" *Public Administration Review* 64: 55-65.

Langton, Stuart. 1978. "What is Citizen Participation?" In Stuart (ed.) *Citizen Participation in America*. Lexington, M. A. : Lexington Books. pp. 13-24.

Marini, Frank. 1971. *Toward a New Public Administration: the Minnowbrook*

Perspective. Scranton: Chandler Pub. Co.

Martin, Lawrence L. and Peter M. Kettner. 1996. *Measuring the Performance of Human Service Programs*. London: Sage.

Moynihan, Donald P. 2003. "Normative and Instrumental Perspectives on Public Participation." *American Review of Public Administration* 33(2): 164-88.

Moynihan, Donald P. 2006. "What do we talk about when we talk about performance? Dialogue theory and performance budgeting." *Journal of Public Administration Research and Theory* 16: 151-168.

Myhre, Brooke A. 2008. "Public Employees as Partners in Performance: Lessons from the Field." *National Civic Review* 97(1): 29-34.

Neshkova, I. Milena and Hai D. Guo. 2012. "Public Participation and Organizational Performance: Evidence From State Agencies." *Journal of Public Administration Research and Theory* 22: 267-288.

Osborne, Stephen P, Zoe Radnor, and Greta Nasi. 2013. "A New Theory for Public Service Management? Toward a (Public) Service-Dominant Approach." *The American Review of Public Administration* 43(2) 135-158.

Roberts, Nancy C. 2002. "Keeping Public Officials Accountable through Dialogue: Resolving the Accountability Paradox." *Public Administration Review* 62(6): 658-669.

Roberts, Nancy C. 2004. "Public Deliberation in An Age of Direct Citizen Participation." *American Review of Public Administration* 34(4): 315-353.

Rossmann, Doralyn and Elizabeth A. Shanahan. 2012. "Defining and Achieving Normative Democratic Values in Participatory Budgeting Processes." *Public Administration Review* 72(1): 56-66.

Ryan, Matthew and Graham Smith. 2014. "Defining Mini-Publics." InKimmo Grönlund, André Bächtiger and Maija Setälä (eds.) *Deliberative Mini-Publics: Involving Citizens in the Democratic Process*. Colchester: ECPR Press. pp. 9-40.

Van Slyke, David M. 2007. "Agents or Stewards: Using Theory to Understand the Government-Nonprofit Social Service Contracting Relationship." *Journal of Public Administration Research and Theory* 17: 157-187.

Yang, Kaifeng and Kathe Callahan. 2005. "Assessing Citizen Involvement Efforts by Local Government." *Public Performance and Management Review* 29

(2): 191-216.

Yang, Kaifeng and Kathe Callahan. 2007. "Citizen Involvement Efforts and Bureaucratic Responsiveness: Participatory Values, Stakeholder Pressures, and Administrative Practicality."*Public Administration Review* 67(2): 249-264.

Yang, Kaifeng and Sanjay K. Pandey. 2011. "Further Dissecting the Black Box of Citizen Participation: When Does Citizen Involvement Lead to Good Outcomes?" *Public Administration Review* 71(6): 880-892.

Young, Iris Marion. 2000. *Inclusion and Democracy*. Oxford: Oxford University Press.

从私人关系到村级福利：
当代中国乡村的社区建设研究

戴海静

香港中文大学社会工作学系教授

Introduction

As China grows as a leading economy in the world, the processes of urbanization and industrialization fundamentally reshape the village communities in the countryside. Millions of rural laborers joined the floating army of migrant workers, occupied various positions in different cities, and assimilated into the urban life style (Chang, 2009). Since the 1990s, the more massive projects of urbanization have featured requisition of villagers' farm land to build industrial zones, public facilities, infrastructures, or apartment complexes (O'Brien and Li, 2006). As compensation, local governments or real estate developers often build clusters of housing units in new neighborhoods to relocate

---

* 本研究受到了香港研究资助局青年创业计划基金的资助，文章已发表于 *Community Development Journal*, 51(4), 517-533.

the villagers, help them find jobs through reemployment programs, and offer financial and service assistance to facilitate their transformation as new residents of the expanded cities, although they still keep their rural household registrations (hukou). These villager communities, known as villages-within-cities (cheng zhong cun) in the literature (Zhang, 2011), evince not only the geographic reconfiguration of urban and rural in contemporary China, but also drastic changes in the mechanisms of identification, patterns of socialization, and organization of welfare entitlement in the urbanizing villages.

Scholars in and outside of China continually claim that village communities in the Chinese countryside are bonded through intimate personal networks, which are practiced in the everyday interactions of the villagers (Fei, 1998; King, 1985). Villagers' Committee, serving both as a grassroots social association and an apparatus of state governance, is embedded in these personal ties and organizes the villagers in their own rural communities. Despite the policy efforts to democratize such rural institutions since the 1990s, Villagers' Committee continues to adopt the mechanisms of personal networks to carry out political surveillance, social management, local resource mobilization, and provide limited social welfare programs (Dai, 2013).

Although personal ties in villages are hierarchical, they often shape the solidarity of village communities and offer some protection to the marginalized rural population in China (Oi, 1989). During the urbanization projects, the personalities and solidarity of the villagers' communities formulate collective negotiation power, which in many cases helps the villagers to obtain reasonable compensations in the bargaining process (Mertha, 2010). After the re-settlement, however, these communities cease to take on the role of resistance organizers, and face the new reality that the members work in different places in the cities and the collective life diminishes in the villages.

How do the villages-within-cities reconstruct community bonding? In south Zhejiang Province, where villagers experience a booming market economy and massive urbanization, such communities often design grassroots welfare programs to share the prosperity among members and maintain the cohesiveness of the villages. In these villages, local welfare projects are community-based organized social support to increase the wellbeing of individuals and families. They may be drastically different from the formally institutionalized and large-scaled programs that offer benefits in the welfare state, but are important to the life quality of the members of the rural communities. Using ethnographic data gathered in one of these villages, this article inquires the processes to create community identity, define membership and responsibility, and articulate welfare rights and exclusion through the village welfare projects. Knowledge of the changing mechanisms of community bonding in the urbanizing villages of China contributes to the scholarly understanding of politics and welfare development in grassroots communities, and offers important reflection on the organization of community-based welfare programs in contemporary China.

Theoretical background: Multi-dimensional construction of the meaning of community

Community was once depicted as cohesive, undifferentiated, and apolitical spaces to which one retreats to escape the pressure of modern life (Turner, 1969). Villages in China, furthermore, often existed in the western imagination as purely egalitarian, protective, and alternative entities. In the modern society, as some scholars argued, such communities can still play important roles in restraining individualism, cultivating responsible citizenship, and producing better systems of resource allocation and public welfare (Dwyer, 2004).

Following this argument, community-based service programs ought to be able to shape members' perceptions of equality, re-construct moral discourses, and promote social justice (Wong, Chau and Wong, 2002).

However, the single-dimensional understanding of community is called into doubts, challenges, and interrogation in the recent scholarship. The new politics of community reveal the concept as a relational and elastic idea that allows diverse and even contradictory meaning constructions (Collins, 2010). Although with power hierarchies, it can still serve as a source of security and protection (Rouse, 2004); but meanwhile it may also be a site of disagreement and contestation (Stoetzler and Yuval-Davis, 2002), a place to conform and make sacrifices for the common good (Bloustien, 2007), or a forum to debate and interrogate citizenship (Slevin, 2005). The various dimensions of the meaning of community can simultaneously co-exist in one community or appear at different time stages in the same community, the complexity of which may provide new perspectives to examine rights and inequality.

The multi-dimensional meanings of the concept of community are demonstrated in varied mechanisms of community bonding in contemporary China. As a source of protection for the marginalized, villages could mobilize personal ties among villagers and organize them to collectively negotiate with the local governments or developers. The re-settled villages-within-cities, meanwhile, use grassroots welfare projects to cultivate conformity, define membership boundaries, and articulate entitlement and exclusion, so as to maintain the order of governance and rescue the vanishing cohesiveness of the villages. The relational and elastic political construction of community, while gaining in popularity in the theoretical literature, has not been fully applied to understand community-based welfare and service programs. This study, via the discussion of the changing understanding of community and mechanisms of community bonding in a village within the city of Taizhou of Zhejiang Province, adopts this approach to investigate the articulation of welfare rights, inequality, exclusion, and social justice in the urbanizing Chinese countryside.

Methods

Taizhou, a mid-size prefecture-level city in south Zhejiang Province of China, locates in an area well-known for cohesive village communities and a prosperous market economy. Zhang Village of L Township was a typical rural community in the local area, with villagers participating chiefly in agricultural production and some small-scale collective enterprises, till the year of 2001, when the city government of Taizhou decided to include the township in the blueprint of a new industrial park. Villagers' negotiation with the government was well planned and organized under the leadership of the village Party secretary and the village head, and it did not take long for the two sides to reach an agreement on relocation and compensation. The township now belongs to W District of the city, and while the villagers still keep their rural household registrations, they live in neat urban-style townhouses, obtain employment in the city, and send their children to the urban schools in the neighborhood. As for compensation, villagers obtained spacious housing units (4 - 7 bedroom townhouses, depending on the size of the family), cash for their farm land, and access to reemployment programs of the city. The new industrial park attracts many migrant workers to the area, who need to rent rooms for accommodation. Vacant rooms in villagers' townhouses, relatively cheap and in a convenient location, are desirable for them, and rents have become a primary source of income to the villagers of Zhang Village.

In the agreement with the city government, Zhang Village keeps the ownership of several pieces of collective land, which are close to a major road of the new industrial park. A hotel, an office building, and a small street market now occupy the land, and the village generates hefty annual collective income from the rents. In order to 'maintain the cohesiveness of the village community and share the prosperity among all the members', as declared by the village Party secretary (Field notes: 22 July 2013), a welfare program of distributing cash benefits to villagers is designed and implemented in Zhang Village. The village welfare program is well-known in the city of Taizhou, and local officials described it as 'a pioneer and innovative model of community organizing in villages-within-cities, and for other communities to follow' (Interview 1: 21 July 2013). With its recent history of social change and well established village welfare projects, Zhang Village was purposefully sampled (Patton, 1990) for a case study to understand the changing meaning and mechanisms of community bonding and organizing in contemporary rural China, which is at the core of the inquiry of the research.

I was introduced to Zhang Village in the summer of 2013 and secured my access to the site through personal networks with governmental officials in Taizhou. A qualitative research design was employed for the project, and during the seven weeks of fieldwork in 2013 in the village, the research team gathered ethnographic data via three ways.

First, I, together with two university students from a local college as my research assistants, stayed in the village and used participant observation to collect data. This ethnographic approach of observation and interaction was used as the primary method of data collection.

Secondly, in-depth and unstructured interviews with villagers, migrant workers in the village, and local cadres and officials were carried out. We used snow-ball sampling, starting with the key informants and asking interviewees to refer us to other members of the community for interviews. In total, we completed fifteen interviews, in which we asked the respondents to give real-life examples and walk us through their recent experiences in their own community. The small amount of interview data was used only to complement our participant observation, which was the major source of data for the study.

Lastly, local archives of news coverage, state documents, gazetteers, village records, and meetingminutes were used as the third source of data. The archival data, on the one hand, helped to depict and understand the local contexts of the village community, and on the other hand, demonstrated some social interactions that could complement the field data.

Field notes and interviews were transcribed after the fieldwork and put together with relevant local archival documents for analysis. In order to form a meaningful 'extended case study' (Burawoy, 1998), which conceptualizes social phenomena through empirical research of concrete cases and aims at theoretical extension, I coded the data to generate consistent theory-embedded themes, such as meaning of community, conformity, membership boundary, welfare rights, exclusion, and social justice. The contents under these themes were then put into a dialogue with the existing literature to extend the theories of community politics, power, and social inequality. This method may not be able to produce findings that could be generalized to other villages in different locations, but can be powerful in identifying and analyzing important and theoretically relevant processes and mechanisms of community development in the changing Chinese countryside.

Findings

Collective negotiation: Community ties and sense of protection

Community, in its classical sense, is a cohesive and relatively egalitarian entity that offers individual members protection and empowerment through collectivity, and Zhang Village played that role for villagers during the state requisition of its farm land. When the city government of Taizhou approached the village to discuss the plan of an industrial park in 2000, villagers, via their personal ties in the community, were mobilized and organized to defend their shared interest. A villagers' committee meeting was called in late March and over 450 villagers representing their households showed up. To avoid the attention of the local government, there was no official announcement of the meeting, but all the families in the village got the information.

At the meeting, villagers agreed that they would only talk to the local governmental officials as one collective group and no one should sign individual contracts with the government (Meeting minutes: March 2000). This oral agreement was accepted as a rule among the villagers and they implemented it in Zhang Village through personal networks. Chen Laifa, whose extended family used to have a large amount of farm land, received a special visit from an official from the city government, who hoped to persuade him to comply with the development plan.

'They offered me prices higher than other villagers and wanted to use me as a starting point of the land requisition. I did not even realize that my family could be that important. But my cousin, who works in the village government, as well as some of my friends in the village, did. They and the village Party secretary came for a discussion, days before the visit of the official. I then understood that I needed to stand firm for the village … Of course, I turned down the offer. I have so many connections in the village and how can I betray them? My family still needs to live here, you see.' Chen Laifa said with a sincere smile. (Interview 10: 13 August 2013)

After a few meetings, the villagers of Zhang Village came up with a clear and firm collective request for compensation. The village government composed an open letter to the city government of Taizhou, starting with: 'As law-abiding citizens, we support the government's decision of developing an industrial park in our township. Meanwhile, as citizens protected by the law of China, we request the following items as compensation.' The letter was circulated in the village through the network of personal ties and all the households signed on it. The village Party secretary and thevillage head, as well as two other active villagers, represented Zhang Village to negotiate with the city officials, promising the community not to compromise any of the items in the letter.

At the same time, villager families put up slogans and banners in front of their houses, which asked for a fair process of negotiation and compensation, to show their solidarity. A city official, who visited the village during that time, was impressed by the collective efforts of the villagers.

'It was quite frightening, actually, to see them so united. It was like if we had rejected their requests, they would have attacked the government… Yeah, we basically agreed with everything.' He said. (Field notes: 21 July 2013)

Through personal ties and networks, villagers of Zhang Village formed a community of solidarity, where differences in power status among community members were inconspicuous. Faced with the more powerful urban governmental officials, the community not only provided the rural villagers with an escape as in Turner's (1969) arguments, but also the collective negotiation power to defend their own interest. In the still dichotomous and hierarchical urban-rural structure of China, bonding via ties in rural communities like Zhang Village during the land requisition buffers some of the stress and anxieties for the rural population in the increasingly stratified Chinese society, and contributes to the survival and wellbeing of the marginalized groups (Whyte, 2010).

Welfare conditionality: Community as conformity

After Zhang Village was relocated and resettled in the new industrial park with the state compensation, the patterns and organization of everyday life of the villagers drastically changed. Since the farm land disappeared and the villagers have to take up different jobs in various parts of the city, they no longer share a common work space or collective issues and interest. The village government tried to maintain the bonding of the community through the existing cultural and social activities, such as collective celebration of the Spring Festival and the Mid-Autumn Festival, night of card games, night of art performance, and field trips for children and parents, but did not achieve much success. The attendance rate of the community activities kept declining.

'The interactions among villagers were very much reduced. We even lost track of whether new babies were born or elders passed away in the families of the villagers. We then started to worry that in some years, we would totally forget there was once a village collective… So we started the welfare project, with our income from the collective land, to add something material to the community.' Said the village head. (Interview 2: 24 July 2013)

The coverage of the village welfare program is universal and generous, including premium payments for villagers' national social, medical, and old-age insurances, villagers' participation in the provincial rural medical service program, water and cable-TV bills of the villager households, and cash distribution to every villager at the end of the year. Special assistance to the more needy families in the village was also established. As many migrants come to the industrial park to work, the villagers are concerned with the social disorder and the safety of their community. In 2005, Zhang Village decided to collaborate with the local police department and form a community team of security, with some of the collective income of the village. One policeman, paid by Zhang Village, was sent for the task, and under his leadership, training, and supervision, young male villagers voluntarily participate in the program and take shifts to patrol in the village. They receive some very limited payments from the village government, and often describe their participation as for the 'common interest of Zhang Village.' (Field notes: 22 July 2013)

The village welfare programs, as the village leaders hoped, turn out to be effective ways to rearticulate the bonding in the community. For the villagers, the generous offering of the village welfareprograms once again builds the common ground in the community and they appreciate the bonding. I met Lu Xia, who married out of the village and into an urban family in 2009, at her parents' house for several times during the fieldwork.

'I try to come back whenever possible (laugh). Here, people care about each other. I remember that after the welfare programs started, people began to attend village meetings and all kinds of gatherings-festivals, celebrations, and so on. We gossiped about the amount of rent income of the village and discussed how much we might get at the end of the year-that was the shared goal (laugh)… No, I cannot receive anything now because I am married out. But still, I like the social environment-villagers are connected with one another. We don't have any of that in the city…' She said. (Fieldwork notes: August 10, 2013)

However, in order to be eligible for the benefits of the village welfare programs and stay in the bonding mechanisms of the community, individual villagers need to meet a bunch of conditions. As stated in the regulations of village welfare, created by the village government and passed at a meeting of the villagers' committee, villagers who disobey laws and state policies (the Family Planning Policy, in particular, which was abolished in 2016), violate moral rules (such as abandoning children or elder parents), or cause troubles for social stability shall not receive any benefits. Villagers who commit such violations will need to publicly admit their mistakes and correct their behaviors under the supervision of the whole village before their families can be re-considered for the entitlement.

Guiding, or demanding, members to comply with the regulations, the community bonding through welfare programs then becomes effective tools to implement state policies and community management. As elsewhere in rural China, villagers in south Zhejiang Province prefer to have more children (especially boys) and larger households for security, and it is difficult to implement the Family Planning Policy. According the village head, before the resettlement of the village and the welfare programs, the failure of family planning in Zhang Village often caused him troubles for his cadre performance evaluation (Interview 2: 24 July 2013). However, in the past decade, there was only one incident of violation-a Li family had a girl after a boy, and the extended family were excluded from the village welfare programs, although they paid the required fines in full upon the birth of the baby girl.

The family has been almost invisible in Zhang Village. When we inquired of the family during our interviews, all our respondents replied that they had not seen them for a long time and lost contact with them. As we failed to meet the family at any of the village activities that we attended, we knocked at the door of their family house in the village, hoping to have a dialogue. A young woman, opened the door yet politely declined our request. 'We will not help your research.' She said and closed the door. (Field notes: 22 August 2013)

The other villagers that we met during the fieldwork, however, showed little sympathy to the family and regarded them as deserving the consequences of the stupid mistake. Li Guan, a distant cousin of the father, also agreed with the opinion:

'My cousin and his wife, they are really not very smart. Why do you want to have more children? It costs so much. Let alone the tuitions and so on, just think about the lost in village welfare! They should really look at the numbers. And you know what, it is also disrespectful to the village cadres. They worked very hard to keep us together and get us all thebenefits. When the city government evaluates them, they look at the Family Planning Policy. We should be appreciative and do not cause those troubles, then everybody gets the money and we are all happy.' (Interview 6: 2 August 2013)

When the village government adopts the grassroots welfare programs to re-connect villagers, villagers often understand conformity to the conditions of welfare eligibility as personal respect to the cadres and efforts to construct the common good in the community. They are then willing to compromise and sacrifice their personal and family interest to maintain the bonding of a cohesive community through the welfare programs.

While community bonding through personal and family ties united the villagers of Zhang Village to protect their shared interest by negotiating with the city government during the land requisition, their re-bonding through community welfare programs after the resettlement ask them to comply with local regulations and consent to state rules and social norms to protect the reconfigured common good. In community administration, in order to affirm identification and stay in the village bonding, common villagers regulate their behaviors to meet the norms of the community, and sometimes need to sacrifice some self interest. They are able to rationalize such practices as for the shared interest of the cohesive village community.

From state socialism to post-socialist reforms, village cadres in China have been mobilizing particular personal ties to connect grassroots rural communities with the administrative and management of the state (Oi, 1989). In the drastic process of urbanization and relocation in Zhang Village, the cadres continue their instrumental roles of mediating between the state system and the local society, although through the new mechanisms of the welfare programs. The village keeps offering the marginalized villagers protection and buffering their stress in the urbanizing society, but via the welfare projects, it at the same cultivates compliance and serves as a grassroots agent of social and political management. Under the effective leadership of the village cadres, the contents of rural governance may have changed, but the structure of the administrative patterns in the village remainsintact. Village governance by the newly-established welfare programs appears softer in strategies and more beneficial to the common villagers, but the nature of political management still exists. That contributes to the 'micro-foundation' of state system and the construction of social stability in contemporary rural China (Lee and Zhang, 2013).

Welfare membership: Community as exclusion

When the city government of Taizhou agreed to compensate Zhang Village for the farm land, villagers claimed their amount based on the household registrations in the village. Families with more members registered in the village were entitled to more farm land before the resettlement, and could receive more cash compensation after the relocation. As the current welfare programs aim to share the recent prosperity among the registered villagers, the same boundary of village membership based on household registrations applies. A clear and rigid line is drawn against the newly emerged migrants in Zhang Village.

Since the establishment of the industrial park, many migrant laborers from inland provinces of China have come to search for employment opportunities, and they rent housing units from the villagers for the convenient location. According the official statistics kept by the village, in 2013, the local population size of Zhang Village was 2,183, yet 1,097 non-residential migrants lived in the community. As migrants elsewhere in China (e. g. Zhang, 2001), tenants in Zhang Village are often presenting a threat to safety in the community (e. g. Interview 9: 15 August 2013).

With little objection from either the villagers or the migrants, the tenants in the village are excluded from all the social insurances and cash payments programs organized by the village government, because they did not contribute to the current collective income and thus are not entitled to the benefits. One more controversial practice of the villagers is that they monthly charge the tenants for water and cable-TV, although the costs are covered by the village welfare provision. The villagers go to the village government to view the utility bills every month, divide the total by the number of the rooms in their townhouses, and ask each tenant to pay for his or her share. All the tenants refused our interview requests, but in our casual conversations, they protested that the practice is 'mean and unfair' (Field notes: 15 August 2013).

While the debate about the utility charges remains largely covert and does not arouse much conflict and resentment in the village, the discriminative practice of the village team of security sometimes infuriates the migrant tenants. In its statement of objectives, the security team claims to safeguard the lives, properties, and interest of the local villagers, against threats and dangers from the outside. The migrant workers living in Zhang Village are not only excluded from the protection as non-local residents, but are also often regarded as the outside threats. The research team joined the members of the security team-all young male villagers-for a routine village patrol on a summer evening. They greeted the villagers coming back from work in the local dialect and with a warm smile, but stopped the migrants to ask about the names of their landlords and what they were heading for. 'They (migrants) come and go and it is so hard to remember their faces. It is safer just to check on every of them so that they would not cause troubles.' One of the team members said.

In the eyes of the villagers of Zhang Village, their community that entitles local residents to generous welfare benefits is a closed entity, the boundaries of which need to be maintained and safeguarded with care. The purpose to stay cautious against the migrant workers and exclude them from thevillage programs is to protect clear identification, cohesiveness, and the common good of the villagers. The migrant workers in the village, however, view these practices of exclusion as severe insults and discrimination.

So as to defend the benefits and interests of the insiders, communities sometimes develop and accept bonding mechanisms to exclude and discriminate against outsiders (Emirbayer and Goldberg, 2005). The persistent us/them boundary in welfare entitlement and community bonding in Zhang Village, which local villagers articulate in their social practice, deprives the migrants of their basic rights of respect and survival. The differentiation and exclusion in Zhang Village takes roots in the household registration system in China, yet meanwhile, it is also a social and cultural practice constructed in the everyday life of the rural community. The boundary work (Lamont and Molnar, 2002) through welfare benefits and entitlement in Zhang Village delineates the local villagers as cohesive insiders, who through community mobilization tactfully shield the threats and invasion from the outsiders. They refer to the rules and mechanisms of their community bonding as a local cultural norm, with little reflection on the consequences of the exclusion and its impacts on the migrant residents.

As for the migrant population in Zhang Village, although they often try to rationalize the differentiated treatment by admitting that they do not belong to the village community, they sometimes find the discrimination too disrespectful to endure and expressed their frustration and anger in our conversations. But as an unstable floating group and the absolute social minority in the village, the migrant population fails to organize formal protesting to collectively demonstrate their grievances or resist the practices of the villagers. Instead, they live in a separate social world from the local villagers in the same residential community, and the tension between the two groups remains highly visible yet barely discussed. Their experience should draw academic and policy attention to the increasing rural-to-rural migration in today's China, due to unbalanced development among different regions. While the urban-rural hierarchy often directs the debates around the household registration system in China (Whyte, 2010), exclusion and discrimination of migrants in rural communities adds an important dimension to understand social inequality and the need to reform thecurrent policies.

Conclusion and discussion

During the drastic social and economic changes in contemporary China, community life in rural villages faces challenges, disruption, reinterpretation, and reorganization. The multiple dimensions and aspects of the meaning of community are often revealed in these processes, which intriguingly demonstrate the new politics of community in the modern world. In Zhang Village, a village-within-city in the urbanized countryside, when the traditional community bonding and protection through personal ties became challenged after the resettlement, village-based welfare and service programs, such as provision of insurance premiums, sharing collective revenues, and neighborhood security service, were established to connect and organize villager families via entitlement and benefits. The villagers receive generous coverage in the village welfare system, but at the same time, they conform to social management and discriminate against the non-local residents as mechanisms to maintain community bonding and safeguard their collective interest.

The multi-dimensional and relational construction and understanding of community life around the village welfare projects arouse scholarly attention to the complex politics of power and inequality in community-based welfare and service. Marginalized groups, during social changes in particular, often facilitate close bonding in their communities for survival and protection (Collins, 2010). The community bonding can function as a buffering zone or an escape for them, as in Turner's (1969) description of the communitus.

In the global welfare retrenchment since the 1990s, one prevalent approach adopted by the governments worldwide is to shift the responsibility of welfare provision and protection to grassroots organizations and communities. China while still making centralized efforts to improve the social welfare system of the nation, also stresses the role of communities in delivering local benefits and social services (Myles and Quadagno, 2002). The communitarian school might hail the approach as reviving grassroots values and moral norms, balancing rights and responsibility, and improving welfare planning and delivery (Etzioni, Volmert and Rothschild, 2004). However, as this research argues, in order to incorporate community-based welfare projects into the fulfillment of justice in a society, it is important to discuss rationally and democratically the entitlement and duties of community members, and the relationship between community insiders and outsiders.

This discussion could be particularly difficult in contemporary rural

China, where state management through the instrumental mediation of village cadres stays effective and social stability is highly prioritized for grassroots leaders. Even though the Chinese government has been promoting political democratization of villages for two decades, the implementation often stays at the 'cosmetic level' (Kennedy, 2007, p. 456) in elections. Civic participation and rational discussions remain distant and irrelevant in the grassroots political institutions. Policy efforts and training to raise villagers' consciousness of rights, power, participation and equality, although scarce and difficult to implement in rural China, are crucial to change the structure of governance and build the foundations of justice-oriented communities.

The personal ties and grassroots initiatives of welfare protection in Zhang Village offer security and valuable benefits to the marginalized rural villagers in contemporary China, but it is still necessary for the community to take further steps to discuss rights, power equality, and citizenship to truly realizethe potentials of community-based welfare and service programs. Future research of the community-centered welfare reforms needs also to view communities as multi-dimensional and relational constructions and critically examine overt and covert conformity, exclusion, and oppression in the community projects, so as to achieve the reform goals.

References

Anderson, B. (1983) Imagined Communities: Reflections on the Origin and Spread of Nationalism, Verso, London.

Bloustien, G. (2007) Wigging people out: Youth music practice and mediated communities, Journal of Community and Applied Social Psychology, 17, 446–462.

Burawoy, M. (1998) The extended case method, Sociological Theory, 16(1), 4–33.

Chang, L. (2009) Factory Girls: From Village to City in a Changing China, Spiegel & Grau, New York, NY.

Collins, P. (2010) The new politics of community, American Sociological Review, 75

(7), 7-30.

Dai, H. (2013) Social inequality in a bonded community: Community ties and villager resistance in a Chinese township, Social Service Review, 87(2), 269-291.

Dwyer, P. (2004) Understanding Social Citizenship, Policy, Bristol.

Emirbayer, M. and Goldberg, C. (2005) Pragmatism, Bourdieu, and collective emotions in contentious politics, Theory and Society, 34, 469-518.

Etzioni, A., Volmert, D. and Rothschild, E. (2004) The Communitarian Reader: Beyond the Essentials, Rowman & Littlefield, Boulder, CO.

Fei, X. (1998) Xiang Tu Zhong Guo [Earth-bound China], Peking University Press, Beijing, China.

Kennedy, J. (2007) The face of 'grassroots democracy' in rural China: Real versus cosmetic elections, Asian Survey, 42(3), 456-482.

King, A. (1985) The individual and group in Confucianism: A relational perspective, In D. Munro, eds, Individualism and Holism: Studies in Confucian and Taoist Values, Center for Chinese Studies, University of Michigan, Ann Arbor, pp. 57-70.

Lamont, M. and Molnar, V. (2002) The study of boundaries in the social sciences, Annual Review of Sociology, 28, 167-195.

Lee, C. K. and Zhang, Y. (2013) The power of instability: Unraveling the microfoundations of bargained authoritarianism in China, American Journal of Sociology, 118(6), 1475-1508.

Mertha, A. (2008) China's Water Warriors: Citizen Action and Policy Change, Cornell University Press, Ithaca, NY.

Myles, J. and Quadagno, J. (2002) Political theories of the welfare state, Social Service Review, 76(1), 34-57.

O'Brien, K. and Li, L. (2006) Rightful Resistance in Rural China, Cambridge University Press, Cambridge, MA.

Oi, J. (1989) State and Peasant in Contemporary China, University of California Press, Berkeley, CA.

Patton, M. (1990) Qualitative Evaluation and Research Methods, Sage, Beverly Hills, CA.

Rouse, C. (2004) Engaged Surrender: African American Women and Islam, University of California Press, Berkeley, CA.

Slevin, K. (2005) Intergenerational and community responsibility: Race uplift work in the retirement activities of professional African American women, Journal of Aging Studies, 19, 309-326.

Stoetzler, M. and Yuval-Davis, N. (2002) Standpoint theory, situated knowledge and the situated imagination, Feminist Theory, 3, 315-33.

Turner, V. (1969) The Ritual Process: Structure and Anti-Structure, Aldine, Chicago, IL.

Whyte, M. (2010) Myth of the Social Volcano: Perceptions of Inequality and Distributive Injustice in Contemporary China, Stanford University Press, Stanford, CA.

Wong, C. K., Chau, K. and Wong, T. (2002) Neither welfare state nor welfare society, Social Policy and Society, 1(4), 293-301.

Zhang, L. (2011) The political economy of informal settlements in post-socialist China: The case of chengzhongcun(s), Geoforum, 42(4), 473-483.

Zhang, L. (2001) Strangers in the City: Reconfigurations of Space, Power, and Social Networks within China's Floating Population, Stanford University Press, Stanford, CA.

寻找"新文化运动"在百年法治中的印记

徐爱国

北京大学法学院教授

一、百年法律史中缺失的新文化运动

翻阅中国法律史的现有成果,不管是大陆的,还是台湾的,基本上都看不到"新文化运动"一词[①]。这似乎意味着,中国近现代百年法律史没有了新文化运动,依然完整。历史果真如此吗?是新文化运动在法律人眼中为虚空,还是法律人的研究出了问题,忘却了新文化运动在法律史上的地位和作用?

第一,遇到的问题是"现代"的概念。"现代"一词,西方文献中的定义是明确的,从家族团体到社会国家、从基督教的黑暗时代到新教改革、从封建割据到民族国家王权的兴起,西方社会从前现代进入现代。在立宪及其理念方面,世俗的和民族的王权统一、宪法和法律体系的构建、宪政和民权的确立、自由和民主的保障、平等和权利的追求,都是现代法的基

---

* 该文已在《清华法学》2016年第2期发表。
① 法律史著作中,民国时代的杨鸿烈曾经用过"新文化运动"一词,但一带而过,转而大谈三民主义,见其《中国法律思想史》第301页,中国政法大学出版社,2004年。

本特征;在具体法律理念方面,私产神圣、契约自由、等价交换、损害赔偿、罪刑法定、公正审判、正当程序,都是现代法律的基本精神。从时间上看,自14世纪以后,西方步入"现代"社会①。西方社会对东方社会的"殖民",则发生在19世纪中后期。"殖民"包含了法律的内容,以西方法律改造东方法律,或者说,改变东方法律以符合西方法律的标准,除去了军事和政治殖民的标签,实际上也是"东方法律的现代化"。法律史家经常提及的说法,就是西方列强对日本、伊朗和中国的军事侵略与法律移植。日本明治维新成功与现代法律的确立、中国戊戌变法失败与清末君主立宪的流产,都是讨论东方国家法律现代化的热门话题。以此为标准,中国的现代化从1840年的鸦片战争开始,法律的现代化标识是清末启动的君主立宪和法律修订。但是,在文史哲领域,新文化运动和五四运动,将中国现代化进程分割成"近代"与"现代"两个阶段,也就是说,西方的"现代"在中国区分成了"近代"与"现代"。

第二,从时间上看,如果把法治的百年史定位于1906—2015年,那么1915—1923年间发生的新文化运动只是百年史前段中的晚期小插曲。新文化运动是一场"文化"的运动或者"思想"的运动,或是启蒙,或是思潮,或者是文字与文学革命,或者是政治与社会的革新,或者是民主与科学的倡导。② 以法学的观点看,新文化运动可以是思想的、文化的,最多是政治与社会的运动,但是肯定不是法律的运动。法律运动讲究政统与法统,思想、文化以及政治、社会的思潮可以影响法律的创制和适用,但是,制度与思想的关系是间接的,而非直接的。这就导致了正统的法律史中没有新文化运动的地位。从法统上叙述,中国现代的法律思想源于康、梁、严复的思想启蒙,现代法律制度源自清五大臣国外考察、清帝下达新政的诏书、沈家本、伍廷芳的修律。从政统上说,清帝退位诏书的下达到中华民国临时约法的颁布,中国社会从封建走向共和。文人学者们呐喊

---

① 伯恩斯等著、罗经国等译:《世界文明史》,第2卷,商务印书馆,1987年,第222页。
② 李新宇:《什么是"新文化运动"?》,《社会科学战线》2004年第3期;李维武:《新文化运动时期的价值观重建及其启示》,《社会科学战线》2014年第2期;郑师渠:《新文化运动与反省现代性思潮》,《近代史研究》2009年第4期;郑师渠:《"五四"后关于"新文化运动"的讨论》,《北京师范大学学报(社会科学版)》2010年第4期。

鼓噪的文化运动或者思想运动,与主权国家的法律变革相去太远,以至入不了法律史。

以法统的顺序展开中国法律百年史,标准的体例是:继光绪帝1902年宣布实行"新政"以后,又在1906年宣布实行了"预备立宪",并从1902年起按照西方资产阶级的法律原则和体系修订了各种法律。应该说,这场新政运动的理论基础是康有为和梁启超的理论,把中国思想史纳入到人类思想史范围内考察,康梁的理论则直接是英国人洛克和法国人孟德斯鸠君主立宪论的翻版。我们通常的性质界定是,"变法"和"维新"要求伸民权、争民主、开议院、定宪法,因此是以改良主义为基本路径,以君主立宪为最终目标的旧民主主义性质的宪政运动。从制度层面上考察,1905年清政府派载泽等五大臣出洋考察宪政,次年回国,清廷确立了新政与修律的指导原则:"量中华之物力,结与国之欢心。"最终的结果是,中国采用了专制制度浓厚的君主制度下的宪法。从1908年清政府颁发的《钦定宪法大纲》日本式的宪政,到1911年的《宪法重大信条十九条》英国宪法模式,法律文本仍然以君主立宪的形式继续保持清朝皇帝的统治地位。[①]

立宪需要具体的法律与之匹配,1902年5月13日,清朝统治者颁发上谕:"现在通商交涉,事益烦多,著派沈家本、伍廷芳将一切现行律例,按照交涉情形,参酌各国法律,悉心考订,妥为拟议,务期中外通行,有裨治理。"[②]于是就有近代的刑法、民法、商法和诉讼法。从此,中国的历史上,有了西方现代法律体系的划分。封建社会民刑不分变成了近代的部门法体系,这种法律体例上的变化,标志着中国法律从古代过渡到了现代。沈家本主持翻译了大量外国法典和法学著作,制定了一整套源于近代大陆法系的法律制度。虽然没有来得及实施,清王朝就灭亡了,法律体系没有发生实际的法律效力,但是法律文本保存了下来,直接指导了中华民国的法律实践。

孙中山领导了辛亥革命,南京临时政府设计了《中华民国临时政府组

---

① 蒲坚:《中国法制史》,光明日报出版社,2000年,第259页。
② 高汉成主编:《大清新刑律——立法资料汇编》,社会科学文献出版社,2013年,第3页。

织大纲》,1912年颁布了《中华民国临时约法》。袁世凯夺权后,有了1915年《中华民国约法》。北洋政府时期,军阀争权,但也制定颁布宪法,曹锟有1923年的《中华民国宪法》。1928—1946年,南京国民政府称"训政"时期,制定和颁布了涵盖宪法、刑法、民法、刑事诉讼法、民事诉讼法和行政法在内的完整的法律体系,史称为"六法全书"。[①] 1946年,中华民国称进入"宪政"时代,颁布了宪法。从政治上讲,民国取代了清帝国、军阀篡夺了共和国、国民党实现了国家统一,政权在变更,但是法统还在。宪法的性质一直在变,但即使是刺刀下的袁记约法和曹氏的贿选宪法,都还是在"民主"形式下确立。刑法和民法等一般法律,自清末修律到六法全书,内容上没有实质的变化。可以说,百年法律史,一直都是以西方法律在中国社会中的移植为主线。

新文化运动有各种不同的类型分类。从时间上看,有以1915年《新青年》出版为起点,有以1919年五四运动为起点;在结束时间上,学界无一致看法,有止于1923年之说,也有延续至40年代之说。从代表人物上看,中心人物有陈独秀、李大钊、胡适、钱玄同、周作人、鲁迅,外围有争议的人物有晚年的梁启超和官方人物戴季陶和胡汉民。从思潮上看,并存的有无政府主义、自由主义、生命哲学、社会达尔文主义和马克思主义。从目的追求上看,有"民主与科学"、有"重新定估一切价值"的"怀疑"精神、有社会改造运动的倡导[②]。为了与法学研究方法同步,本文把新文化运动区分为两个层面。第一,运动早期的两大流派:以胡适为代表的自由主义,以陈独秀和李大钊为代表的共产主义;第二,晚期的两大政党理论,以戴季陶和胡汉民为代表的法律公共利益和社会化、早期共产党的根据地与工农苏维埃。如果不做时间上的区分,更简单的划分是新文化运动下的自由主义和新文化运动下的共产主义。

[①] 邓建鹏:《中国法制史》,北京大学出版社,2011年,第385页。
[②] 陈少雷:《古今中西论争:中国近代以来的三次文化思潮及其启示》,《探求》2015年第2期;耿云志:《关于五四新文化运动的几个问题》,《社会科学战线》2009年第10期。

二、百年法治的三个文化渊源

静态地看,中国百年法治史是三种文化元素的混杂史,三种文化是中国固有法律传统、西方法律传统和社会主义法律传统。中国法律传统,简单地讲就是"亲亲尊尊",或者说"家族和等级"。社会的基本结构为家族,家族扩大为国家,国家为专制皇权一统天下。干名犯义、留存养亲、亲亲相隐、亲属相奸、亲属相盗、亲属相殴、故杀子孙、夫妻相殴、子孙违反教令和发冢行为,都是中国固有传统在法律上的体现[①]。身份地位不同,享受的权利与承担的义务也不同,贵族有贵族的礼,平民有平民的礼;"刑不上大夫、礼不下庶人""出礼而入刑"。夫殴妻与妻殴夫,法律责任不同;夫殴妻与夫殴妾,责任也不一样。西方法律传统,简单可归结为"个人主义"和"自由主义"。在扩展的意义上,还包括平等、民主、分权和人权。基本权利、分权制衡、地方自治、正当程序、公正审判、罪刑法定、法不既往、私产神圣、契约自由、等价有偿、平等互利、损害赔偿,都是现代西方法律的必要要素。社会主义传统,简单可描述为"集体主义"和"平等主义"。国家利益和公共利益至上、法律的社会本位、政党对法律活动的领导、议行合一、专门的检察体系、法律对劳动者的保护、婚姻独立于民法、犯罪的预防、人民公敌的审判,都是带有浓厚社会主义色彩的法律制度。动态考察,不同历史时期,三种文化因素各有突出。总体上看,中国近现代法律史,是西方法律传统和社会主义法律传统对中国固有法律传统的冲击。西方法律原理的引进,起源于1840年的鸦片战争;苏俄法律原理的引进,起源于五四新文化运动;社会主义法律制度的确立,则归功于新中国的建立。新中国建立之初,我们废除了旧的"六法全书",1952年的司法改革确立了司法活动中的社会主义原则[②]。建国初期,中国聘请了苏联的法

[①] 赫善心《中国新刑律论》,杨度《论国家主义与家族主义之区别》,深家本《沈大臣酌拟办法说帖》,刘廷琛《奏新刑律不合礼教条文请严饬删尽折》,陈宝琛《读劳提学及沈大臣论刑律草案平议》,劳乃宣《倡议修正新刑律案说帖》,见高汉成主编:《〈大清新刑律〉立法资料汇编》,社会科学文献出版社,2013年,第775—806页。

[②] 张小军:《1949年至1953年司法改革演变及若干反思——以新法学研究院对旧法人员的改造和1952年司法改革为例》,《政治与法律》2010年第12期。

律专家来培训中国的法律人才①,从那个时候起,根据地法律的红色传统,宪法、劳动法和婚姻法的社会主义性质,政党政治在中国法律活动中的特殊角色和地位,一直是中国法律社会主义性质的具体表现。

从现象上看,法律的运作总是综合性的,而非分析性的。议会立法、行政执法和司法适法,不会专门援引和区分何种主义与何种传统,三种文化传统混杂在一起。为了避免烦琐和空洞,这里以鲁迅小说《一件小事》来分析一下其中蕴含的法律传统冲突。以法学的眼光看《一件小事》,法律叙述是这样的:

> "我"与人力车夫达成一运输合同,车夫将我运送到 S 门。一老女人横穿马路,车夫紧急刹车。妇人敞开的背心挂到了车把上,慢慢摔倒。车夫扶妇人进巡警驻所,不再送我到 S 门。我托巡警送车夫一大把铜元。

此故事涉及三种法律关系,其一,我与车夫之间存在合同关系,由于"交通事故"没把我送到目的地,车夫违约;其二,车夫与妇人之间存在侵权关系,妇人倒地,"摔得很重",衣服挂在车把上;其三,我与车夫之间存在赠予合同,我给他一把铜元。

小说发表于 1920 年,那个时候,有西式的民法草案,但未进入立法程序。可适用的民事法律回溯到《大清现行刑律》中的民事责任部分。此部法律性质为刑法,民事规定过于简略,尚无专门现代意义上的合同、侵权和赠予规则。假定此系列案件诉诸法庭,后上诉到最高法院即大理院。大理院会依照"法律""习惯"和"条理"的顺序来判案。法律会指向《大清现行刑律》,习惯会指向直隶通行惯例,条理即为法理,既可能指向习惯,又可能指向西式民律草案。

在我与车夫的合同纠纷案中,依"法律",无明确规定;依"习惯",直隶雇佣契约的习惯为:如果我终止合同,我得支付全程报酬;如果车夫终止合同,我只支付出发地到事故地之间的报酬②;依"条理",车夫终止合同,

---

① 唐仕春:《建国初期来华苏联法学专家的群体考察》,《环球法律评论》2010 年第 5 期。
② 参见前南京国民政府司法行政部编《民事习惯调查报告录》,中国政法大学出版社,2005 年修订版,第 345 页。

我可以要求他实际履行，实际履行不能的，车夫给我从事故地到目的地之间的雇车费用。

在车夫与老妇侵权纠纷中，依"习惯"，"杀人偿命、欠债还钱"，车夫过失地、非刃地殴伤老妇，老妇先看医养伤，保辜期之后，依结果判定车夫是杀人还是伤人。重者车夫入罪、轻者损害赔偿[①]；依"条理"，得看车夫对老妇是否有注意义务、是否尽到注意义务、车夫行为与老妇结果之间是否存在因果关系、老妇是否存在过错、是否是意外事件。如此综合考虑，决定是车夫赔偿老妇，还是各按自己过失消化损失，还是老妇"碰瓷"不支持车夫赔偿。

上述两种情形下，依"习惯"判定，法律思维模式是中国传统式的，依"条理"判定，法律推理是西方法治的。鲁迅只是写小说，不涉及法律考察。从作者偏好看，他先是对老妇存有偏见，"慢慢倒地""装腔作势""误我行程"，不是车夫撞人，而是老妇撞车。这里的思维模式是西式的。后来，被车夫精神感动，他"惭愧""苦痛"之后，高大的车夫与渺小的自我让他掏出大把的铜元作为馈赠。留给我们思考的法律问题是，他的赠予是基于左派人士对社会底层的劳工和妇女的同情呢？还是基于封建士大夫对穷人的慷慨施舍呢？前者是共产主义的利他主义，后者是中国传统的乐善好施。

如果这件"小事"到了诉讼这一步，法院怎样判决都是有合理性的。即使不同判断结果相互冲突，判决的理由都有各自的正当性，每种判决理由都有不同的法律传统作为支撑。究其原因，就在于百年来，中国固有传统、西方法律传统和社会主义法律传统共时存在。这样的情形一直延续到现在。2006年南京彭宇案[②]引起的法律争议和社会热议，就是鲁迅那件小事的完整再现。引起法律争议的原因，就在于中国现行法同样同时存在着三种不同的法律文化元素。

[①] 张晋藩：《中华法制文明的演进》，中国政法大学出版社，1999年版，第183页。
[②] 2006年11月20日上午，原告在南京水西门公交车站准备乘车过程中倒地受伤，被告第一个从车上下来。被告将原告扶起等原告家属到来后，一起送进医院。原告称为被告所撞，被告则称先无身体接触，后为助人为乐。初审法院基于"公平责任"判定被告彭宇给付原告45876.36元，占原告损失的40%，见"徐XX诉彭宇人身损害赔偿纠纷案"，南京鼓楼区人民法院，(2007)鼓民一初字第212号。被告不服上诉，后引起社会热议，最后是双方达成和解。

三、新文化运动在百年法治中的影像投射

百年法治史上的三种传统,同样存在于新文化运动的思想潮流之中。从后来的政治倾向上看,李大钊走向共产主义,胡适倾向于自由主义,梁漱溟坚持保守主义,正好符合百年来的三种文化传统。但是,在20世纪前20年的场景下,新文化运动干将们的思想倾向并不十分明显。民主与科学代表了新思想的全部,直指中国传统的专制与愚昧。在反对封建的大旗下,自由主义和社会主义混合一起,共同构成了新文化运动的主旋律。

新文化运动中思想的模糊与彷徨,典型地存在于胡适的思想历程之中。从他身上,我们可以发现三种思想及其演化。在美国读书期间,胡适就读过洛克的《政府论》和《人类理解论》。洛克是西方自由主义的源头,自然权利、社会契约、有限政府、个人自治、自由民主、权力分立、反抗暴政,奠定了西方政治法律制度的理论基础。有了洛克的启蒙,才有了胡适自由主义的萌芽。同时,一个20岁出头的东方后生,是否真正理解自由主义,还是值得怀疑的。从胡适的课堂作业内容上看,他还是懵懵懂懂、将信将疑。最典型的是他在读书笔记最后的总结和感想。他说,

> 通过对人类早期历史的仔细研究和对现存的原始部落的实际观察,现代学者们相信,政治社会真正的起源是宗族式的家庭,洛克关于国家的构想主要是指向个人的。对他而言,国家存在仅仅是为了个人的幸福。他认为,如果国家被外国征服,个人就会回到自然状态,拥有在其他社会或国家寻找他自己的安全和保护的完全自由。个人的存在也是为了国家吗?他的存在也是为了这个国家的其他个人吗?国家没有比仅仅为个人提供安全和保护更加重要的职责吗?[①]

这是一个中国人初次阅读西方文献的共同疑惑:家族主义与自由主义,国

---

① 席云舒:《胡适与洛克的〈政府论〉两篇研究》,《社会科学论坛》2014年第11期。

家利益与个人权利。两对范畴的前一项,在中国延续了几千年,后一项是西方的特有物。以东方人的情感来阅读西方的理论,胡适的困惑自然而然。比较严复和梁启超等上一代自由主义者而言,年轻胡适的自由主义尚未成型。这是胡适自由主义的第一阶段,以中国旧文化初试西方的自由主义。

在《新青年》时期,胡适的文学革新兴趣大于对政治变革的兴趣。严格地讲,自由主义是一个政治的术语,当胡适开始"关心政治而不参与政治"①的时候,他面临的不是自由主义与中国固有传统的冲突,而是自由主义与共产主义的矛盾。他对新兴的共产主义的态度是模糊的。一方面,在20—30年代与孙中山的交恶②,他的出发点还是自由主义的。对孙中山军政、训政和宪政三阶段论,胡适提出异议,认为孙的训政是低估了民主制度自身的教育作用。他在《我们什么时候才可有宪法》和《我们能行的宪法与宪政》中说:

> 民治制度的本身便是一种教育。人民初参政的时期,错误总不能免的,但我们不可因人民程度不够便不许他们参政。
> 人民需要的训练是宪法之下的法治生活。
> 故中山先生的根本大错在于误认宪法不能与训政并立。
> (宪政)不是什么高不可攀的理想,是可以学得到的一种政治生活的习惯。
> 宪政可以随时随地开始,但必须从幼稚园下手,逐渐升学上去。
> 宪政的学习方法就是实行宪政。
> (宪政)先从有限制的选举权下手,从受过小学教育一年以上的公民下手,跟着教育的普及,逐渐做到政权的普及。

---

① "在我成年以后的生命里,我对政治始终采取了我自己所说的不感兴趣的兴趣(disinterested-interest)。我认为这种兴趣是一个知识分子对社会应有的责任。"朱承:《胡适与辛亥革命的延续——兼论知识分子与社会革命》,《学术界》2011年第7期。

② "孙中山与胡适的关系,虽然经历了几个阶段的变化起伏,并有若干不可调和的根本分歧,仍大体可以用求同存异来定位。双方关系的破裂,突出表现在1922年胡适在陈炯明事变中公开站在陈炯明的一边,指责孙中山的观念行为。"桑兵:《陈炯明事变前后的胡适与孙中山》,《近代史研究》,2001年第3期。

现在需要的宪法是一种易知易行而且字字句句都就实行的宪法。①

另外,孙中山强调国家统一和反对帝国主义,而胡适鼓吹地方自治和国内政治改革。孙中山受到了苏俄的影响,而胡适的政治哲学则是自由主义的。另外一个方面,胡适试图调和自由主义和共产主义,或者通过共产主义达到自由主义。史家考证胡适的亲共亲俄的态度源自他访问俄国,相关文献里,学者们经常引用胡适对苏俄外交委员"美国也是独裁政治""苏俄言行一致"的首肯。由此,胡适称苏俄"真是用力办新教育,努力想造成一个社会主义新时代。依此趋势认真做去,将来可由狄克推多过渡到社会主义民治制度"。他进而得出结论苏俄与美国"这两种理想原来是一条路,苏俄走的正是美国的路"。② 这种融合了社会主义思潮的自由主义,胡适称之为"新自由主义"(New Liberalism)或"自由的社会主义"(Liberal Socialism)③。

1937年后,胡适去了美国。十月革命后,苏俄社会主义同样传到了美国。美国社会民主党党魁印制、储存和散发过支持苏俄的传单,美国以间谍罪起诉了民主党党魁,联邦最高法院判定间谍罪成立。不久后,在另外一个案件中,亲俄人士上街散发支持劳工的传单,最高法院判定间谍罪不成立。霍姆斯大法官在这两个案件中提出了危害国家安全之"迫在眉睫危险"的标准。在危害国家安全和言论自由之间,被告人是否有罪,就要看他们的言论是否迫在眉睫地带来安全风险。在法律的一般原则上,美国更注重言论自由。在20世纪前20年的同类案件中,支持言论自由的判例居多。换一个角度说,在共产主义兴起的时候,即使是美国人对此学说和运动也采取了谨慎的态度。这就不难解释胡适在20世纪30年代之前无法判定共产主义的性质了,也不难解释他对共产主义抱有的期望,虽然他的理由是中国信仰共产主义的学者都是他的朋友。美国法律对共

---

① 赵慧峰,俞祖华:《从严复到胡适:近代自由主义思潮的传承与调适》,《文史哲》2010年第6期。
② 罗志田:《北伐前数年胡适与中共的关系》,《近代史研究》,2003年第4期.
③ 赵慧峰,俞祖华:《从严复到胡适:近代自由主义思潮的传承与调适》,《文史哲》2010年第6期。

产主义的进攻发生在20世纪50—60年代,这就是政治学上经常提及的麦卡锡主义,法律学上经常提及的斯密斯法案。那个时候,胡适时而在美国,时而在中国。受到美国文化强烈影响的胡适,对自由主义有了更清晰的认识。从他40年代以后鼓吹的自由主义上看,他的自由主义已经成熟。在《自由主义》和《自由主义是什么》中,他将自由主义界定为自由、民主、容忍、和平渐进的改革。他称基本权利是自由,多数人的统治是民主,而多数人的政权能够尊重少数人的基本权利才是自由主义的精髓。从思想渊源上看,他抛弃了洛克转向了密尔①,从制度来源上看,他的自由接近于美国宪法第一修正案。突出地,针对蒋介石的政治取向,他呼吁言论自由、结社自由、个性自由和容忍自由。甚至,他一改关心却不参与政治的立场,在美国人的鼓动下,试图成立自由党、参选民国总统。②

以胡适一人的思想来概括新文化运动的文化属性,是不全面的。但是,以此为着眼点,也能大体上看出新文化运动在百年政治法律史中的性质与地位:其一,新文化运动是对中国传统的一次否定。其二,新文化运动的干将们尚不能够区分西方世界内部的自由主义和社会主义。其三,在20世纪初期,西方学界也无法细致地区分民主与多数人的暴政、自由与平等的矛盾、科学与宗教的通融。其四,1917年发生的十月革命,对中国新文化运动时期的学者和对于西方世界来说,都是新生事物。20世纪初的西方人对于共产主义的认识,也是雾里看花。其五,以西方政治法律取代中国传统法律,起点是清末和民初,思想指导者是严复和康梁。在此基础上,新文化运动只是更广泛地传播了西方的思想。其六,新文化运动在思想史上的贡献,是第一次在中国引进和传播了共产主义理论。其七,新文化运动只是思想的运动,与政治法律制度建设还有一定的距离。

---

① 历史学者称,胡适在上海澄衷学堂读书时(1905~1906年)就曾读过严译的《群己权界论》。1925年,胡适所推荐的"青年必读书"十本中,就有密尔的《论自由》。1947年,胡适称密尔的《论自由》为"划时代的巨著"。晚年,胡适承认自己受《论自由》影响很大,还希望有白话文版本,并附注释。张书克:《胡适和约翰·密尔的〈论自由〉》,《广东社会科学》2011年第6期。

② 欧阳哲生:《胡适与司徒雷登:两个跨文化人的历史命运》,《史学月刊》2014年第1期。杨天石:《蒋介石提议胡适参选总统前后——蒋介石日记解读》,《近代史研究》2011年第2期。

四、新文化运动遗留的未解法律难题

按照史学的通说,新文化运动改变了中国的历史,至少标志着中国社会从近代走到了现代。从法律史的意义上讲,现代对于古代的革新,无非体现在两个方面,一是中国法律传统的断裂,二是法律本位重新确立为社会本位。如果我们仔细考察历史,那么可以提出这样的疑问:其一,新文化运动改变了中国法律的固有传统吗?其二,20世纪之后,民国法律的社会本位究竟源自共产主义,还是源自西方新自由主义?

在公法意义上,以三民主义改造中国社会,确立共和和再造共和,近代中国的中西冲突急剧而惨烈,但是在私法领域,西方法律对中国传统的改造却波澜不惊,更多的时候,中国传统在暗流深处东西并存。典型地,在一夫一妻问题上,中国法律传统是"一夫一妻多妾"。形式上看,中国传统与西方法律"一夫一妻制"并不冲突,因为一夫一妻多妾依然是一夫一妻制度,只是妾不是妻。但从实质上考察,一个男人同时专断地支配多个女子的性权利,怎么也不能称为一夫一妻。中国妻妾之分别,在于区分两者的身份,妾不是妻,并不能改变一夫多妻的实质。即使如此,一夫一妻多妾的传统一直保留了下来,直到现在。虽然形式上满足了西方法律的精神,但实质上满足了中国传统文化[①]。民国政府依然遵循一夫一妻多妾制,1949年后,中国大陆不存在新的妾,但是此前的妾依然享受类似于妻的法律地位。

这里,以"父债子还"法律变迁为例,可以窥见中国传统在近现代法律中顽强的生命力。民事交往和规则,中国古代社会同样存在,但因其"细故"上不了官方法律的层面,称为民事习惯。父债子还的习惯涉及到继承法。中国古代,财产为家庭共有制,家庭财产的占有和处分权归家长保有,子女和妻妾除个人特有财产外不能够支配和处理家庭财产。家父在,

---

[①] 按照正统的礼制,一夫一妻多妾为官宦人家合法婚姻形式,但是在现实生活中,特别是社会底层里,尚存在着一妻多夫现象,有趣的文章,参见苏成捷:《性工作:作为生存策略的清代一妻多夫现象》,载黄宗智、尤陈俊主编:《从诉讼档案出发:中国的法律、社会与文化》,法律出版社,2009年,第111—139页。

子女不得"私擅用财"。父亲死亡后,并不改变家庭财产的性质,只是家庭财产由旧的家长转移到新的家长。如果家长负有债务,那么家子就要偿还家父的欠债。这就是父债子还的由来,法律术语称为"概括继承""包括继承"或"无限继承":继承人既要继承被继承人的债权、又要继承被继承人的债务。

中西继承法的冲突,我们看一看立法规定和立法草案的历史沿革:①

1909年完成、1910年颁行的《大清现行刑律》规定了民事财产制度:禁止"别籍异财"和"卑幼私擅用财"。民事习惯上,称子偿父债为民德美行、合于礼教。《大清国承继法草案理由书》第34条规定:"遗产承继人自承继启始时始,享受授继人财产上一切权利义务。"特殊情况下,当继承人有区别于家庭共有财产的个人财产,且被继承人的财产不足以偿还其债务时,继承人以自己的自有财产偿还,但以三分之一为限。

1911年《大清民律草案》承继法第3条规定:"所继人负有债务时,以所继人财产偿还。若继承人愿意以自己特有财产清偿者,听。"但此草案未来得及公布实施,实践中,法律渊源仍然是《大清现行刑律》的民事有效部分的规定。

1925年《民律第二次草案》同时规定了无限继承和有限继承。无限继承即为概括继承,继承人同时继承被继承人的债权和债务,延续父债子还的传统;有限继承则体现西方法律精神,继承人偿还被继承人债务,以被继承人的财产为限。但前提条件是,继承人要在法定时间内公开表达采用何种继承的方式。如果逾期不声明,则适用无限继承。

1930年《中华民国民法》(继承法编)第1174—1176条依然采用概括继承的基本原则,但是设定例外条款,继承人可以在法定期间内向法院声明有限继承或抛弃继承,以摆脱无限继承的责任。1930年的民法一直有效延续,直至台湾现行民事法律制度。

从立法例分析,1910年的继承制度,父债子还为常态,适当保护子孙的自有财产;1911年的继承制度,西方个人主义原则最为明显,采有限继

---

① 详细考察,参见卢静仪:《清末民初家产制度的演变——从分家析产到遗产继承》第4章第3节"从父债子还"到"限定继承",元照出版有限公司,2012年,第250—268页。

承制度,但子自愿偿还父债,法律也不禁止;1925年的继承制度,同时兼顾中西继承制度,授予继承人自由选择的权利;1930年的继承制度,以概括继承为原则,有限继承为例外。从原理上看,继承制度延续从中国固有传统到采西式法律、最后保中国固有传统兼顾西方现代法律。

但是,如果从立法转向司法,则现实的情形是,在父债子还的问题上,中国传统从来都没有缺席过。北洋政府时代的最高法院为大理院,在1912—1928年间,大理院宣称"判断民事案件,应先依法律所规定,法律无明文者,依习惯法;无习惯法者,依条理"。此间政局混乱、军阀横行,但民间诉讼还在有序进行。大理院的判案原则似乎很好地融合了中西方文化上的冲突,也就是说,遵循西方法律,也不违背中国的民俗,甚至,对习惯的遵循,超过西式的民事法规。1928年以前,民国没有正式生效的专门民事法律,所适用的继承法渊源,实际上是大清的法律①。在大清法律没有明确规定的地方,大理院适用民事习惯。中国民事习惯,则是"父欠债子当还,子欠债父不知""必得照数清偿,以全其父之信用"。② 试举一例,李氏三兄弟状告王氏,称王氏父亲生前曾借李氏父亲钱款,王氏推脱,理由之一是质疑借据的真实性,之二则称其兄长尚在,不该由他偿还。此案打到大理院,大理院以事实证据不清发回重审。不过,在判词中,大理院给出了指导性意见:"父生存时负下之债务,应由其子偿还。"如果家产未分析,则由执掌家产之子偿还;如果已经分析,则诸子平均分摊债务,"此民事上至当之条理"。③

新文化运动是一场思想解放的运动,矛头指向的是中国固有文化。在宪法和刑法等公法意义上讲,新文化运动对法律有着间接的意义。但是,对私法而言,特别是对身份法律而言,新文化运动并没有产生太多的影响。在这个意义上,新文化运动依然遗留了疑难的问题。思想与制度存在太多的距离,即使说1915年以后法律制度是在向西方制度看齐,但

---

① "民国成立后,刑事法虽以暂行新刑律为其依据,民事法却沿用清末现行律的有效部分。"陈顾远:《中国文化与中国法系》,中国政法大学出版社,2006年,第195页。
② 前南京国民政府司法行政部编:《民事习惯调查报告录》,中国政法大学出版社,2005年修订版,第731、380、505、520页。
③ 卢静仪:《清末民初家产制度的演变——从分家析产到遗产继承》,元照出版有限公司,2012年,第259页。

是,起决定性作用还是清末以来的启蒙运动,新文化运动只是起到了推波助澜的作用。

新文化运动遗留的另外一个费解的问题,是20世纪20年代国民党对新文化运动的态度。1919—1920年前后,戴季陶和胡汉民等创办了《星期评论》和《建设》,与《新青年》呼应,倡导将思想运动转变为社会运动。孙中山表示过支持,胡适也为他们写过稿。从两本期刊发表的文章上看,主要是呼吁劳工运动和妇女运动。按照戴季陶的解释,既然要将世界最新的思想引进到中国,那么当时最新的理论就是劳工的经济与社会权利[①]。国民党20年代与苏俄的亲密关系,似可推演出戴季陶和胡汉民接受了共产主义思想,而且,那个时期的孙中山和胡适都不反感苏俄的制度和理念。戴季陶的社会运动鼓动时间不长,后既与孙中山的三民主义不合,又与胡适的思想运动相悖。戴氏的社会运动是否属于新文化运动的一部分,史学界认识上有差异。但是,胡汉民在民国法律史上留下的印记则不可不察。20世纪20—30年代,胡汉民充任立法院院长,也正是在这个时期,南京政府制定和颁布了六法全书。胡汉民在"三民主义"大旗下的"法律公共利益本位"学说,直接影响了国民党的法律。在《社会制度之进化与三民主义的立法》一文中说,

> 然而民有、民治、民享的新国家何以完成?必先以武力扫除建设之障碍;而彻底表现革命主义,尤在于立法。是以无任何革命,当以法律彻底其革命主义。如斯之立法,谓之革命的立法。
>
> 三民主义立法与我国古代法律思想不同,与欧美的法律观念尤异。……欧美近代立法的基础,俱以个人为本位,根本上认个人为法律的对象,《拿破仑法典》可推为代表欧美个人思想的法律制度。迨至十九世纪末二十世纪之初,其立法趋向始由个人的单位移至社会的单位。

在这里,胡汉民既反对中国家族和专制的法律、又反对欧美个人主义法律,还反对苏俄阶级斗争的法律。但是,任何理念都有其来源,胡汉民统

[①] 欧阳军喜:《国民党与新文化运动——以〈星期评论〉、〈建设〉为中心》,《南京大学学报》(哲学·人文科学·社会科学)2009年第1期。

称为"三民主义的立法原则",究竟是来自个人主义,还是社会主义,或者是中国固有传统?字面上无法判断。只是在立法的层面上,强调公共利益成为民法和刑法的基本原则。① 从西方法律史的角度说,强调法律的社会本位、民法中的公共利益、刑法上的社会防卫、社会法上对劳工与妇女的法律平等保护,都是对19世纪资本主义个人本位法律的否定,多多少少受到共产主义理论的影响,而且,在相对的面相上,这又与中国固有家族本位的文化相契合。因此,留下的困惑是:胡汉民在起草六法全书的时候,他的"三民主义立法原则"究竟受到哪种"主义"的影响?

结　语

新文化运动是一场思想运动或文化运动,而法律则是国家权力的运作活动,思想与制度的差异性导致了主流法律史中新文化运动的缺失。但是,法律需要思想指导、法律本身又是文化的一个面相,这就为新文化运动的法律研究提供了分析的平台。新文化运动内容广泛,既有纯粹思想性的文史哲学,又有实践理想的政治哲学,还有人类具体法律活动的社会运动,这就为新文化运动的法律研究提供了三重领域:新文化运动的立法原则和司法理念、新文化运动的宪政理想和新文化运动下的法律变迁。

百年法律史是三种法律传统的冲突与融合,中国固有法律传统、西方自由主义的法律精神和社会主义法律运动同时存在于百年法律实践之中。新文化运动的法律取向是西方法律精神联合社会主义思潮攻击中国固有法律传统,既与百年法律史相契合通融,又与百年法律史龃龉难入。相契合的地方,法律的三种传统同样存在于新文化运动中。相龃龉的地方,主要集中在中国固有传统上。新文化运动在气势上大败中国固有文化,但是在法律层面上,中国法律传统一直存在,特别是在私法及身份法领域,中国固有传统依然占据主导地位。新文化运动期间,政局动荡、宪法转换频繁,但是民法制度却一直引用大清帝国的法律。

自由主义精神和社会主义思潮合并存在于新文化运动之中。自由主

---

① 杨鸿烈:《中国法律思想史》,中国政法大学出版社,2004年,第302页。

义与中国法律的连接点起源于清末立宪和修律,新文化运动的自由主义,只是清末启蒙运动的进一步发展,只不过将宫廷改良扩展至教授学生。中国法律与西方现代法律的融合,这个法律成就并不能算到新文化运动的头上。与之不同的是,新文化运动时期苏俄爆发了1917年的革命,因此,新文化运动在历史上的贡献,还在于将共产主义引进了中国,其中就包含了共产主义的法律。中国共产党的共产主义性质毋庸置疑,值得研究的是,南京国民政府训政时期制定和颁布的三民主义与社会至上的法律,究竟是受到社会主义思潮的影响,还是受西方国家法律社会化的影响。但是,从现象上看,法律的公共利益至上,不管源自哪种主义,都与社会主义法律传统和中国固有法律传统相匹配。